国家社科一般项目《信息化发展对党的建设的重大影响及其对策研究》最终成果

2015年全国文化名家暨"四个一批"人才项目

《信息化时代的从严治党：重点与难点问题研究》阶段性成果

信息化时代的
政党重塑与党的建设

刘红凛　著

人民出版社

目　录

前　言 / 1

第一章　信息化发展对世界政党的影响 / 15

一、信息技术发展与当代信息社会……………………………18

二、信息化发展对世界政党的影响……………………………30

三、信息化发展对美国政党的影响：案例分析与思考…………39

四、信息化发展对政党政治的"双刃效应"…………………53

第二章　信息化发展对党的建设的宏观影响 / 57

一、党建目标与信息化发展的时代要求………………………60

二、党的建设主线与信息化发展的时代要求…………………70

三、信息化时代的党建战略布局与基本内容…………………80

四、信息化时代的党建基本方略与基本要求…………………89

第三章　党建信息化与"互联网＋党建" / 101

一、党建信息化的发展历程与基本特征………………………104

二、党建信息化与新时期的党务公开 ·························114

三、"互联网＋党建"：党建信息化的深度发展 ·············129

第四章　信息化发展与党的思想理论建设 / 155

一、党的意识形态与思想建设 ····························158

二、信息化发展对党的思想建设的挑战 ··················173

三、加强执政理论体系建设，增强执政党意识 ············181

四、新时期加强党的思想建设的策略与方法 ··············196

第五章　信息化时代的组织建设与党内民主 / 211

一、党内民主及其时代要求 ····························214

二、信息化时代的党内选举与党内民主 ··················231

三、信息化发展与基层党建服务化 ······················245

第六章　信息化时代的权力监督与党风廉政建设 / 269

一、党风廉政建设的价值目标与现存问题 ················272

二、信息化时代的廉洁政治与权力监督 ··················292

三、新时期加强党风廉政建设的基本方略 ················309

第七章　信息化时代的全面从严治党 / 325

一、全面从严治党的基本遵循与基本模式 ················328

二、全面从严治党必须全面加强党的规矩建设 ············348

三、全面从严治党必须深化党的建设制度改革 ············364

参考文献 / 377

后　记 / 391

前　言

　　高度重视并不断加强党的建设，是中国共产党在革命、社会主义建设与改革开放中不断取得胜利的一大法宝。党的建设 90 多年来的历史经验告诉我们：党的建设始终是与所处的时代环境、中心任务紧密相联；在不同的历史时期，党所处的环境、政治生态与中心任务不同，党的建设的时代主题、主要矛盾与时代要求也有所不同。立足于党的历史使命与伟大事业，根据环境变化与时代发展要求，紧紧围绕党的政治路线与中心工作，来不断加强党的建设、不断提高党的领导能力与领导水平、不断推进党的事业发展，这是党的建设基本的成功经验，也是不二选择。① 那么，党的历史使命与伟大事业是什么？党在执政时期的中心任务是什么？毫无疑问，中国共产党的现实使命，就是要致力于实现中华民族的伟大复兴。在革命时期，党的二大提出"打倒军阀！打倒国际帝国主义！为和平而战！为自由而战！为独立而战！"的口号，就是要实现民族独立与主权统一，为实现富民强国、民族复兴创造基本条件。在执政时期，无论是毛泽东时

---

① 　刘红凛、张垚:《深刻认识信息化对党的建设的影响》,《人民日报》(理论版) 2012 年 9 月 4 日。

代强调"工业现代化、农业现代化、科学文化现代化、国防现代化",改革开放以来强调"以经济建设为中心",还是 21 世纪以来强调"全面建设或全面建成小康社会",党的中心任务归根结底就是要致力于建设富强民主文明和谐美丽的社会主义现代化国家与实现民族复兴大业。在社会主义建设时期,党的建设与党的领导要始终围绕这一中心任务来进行。

一、本书研究的时代背景与问题意识

从根本上看,制约与影响党的建设乃至国家现代化建设的主要因素是什么?是领导还是群众、是制度还是机制、是观念还是方法、是内因还是外因?对于这一问题,不同的人从不同角度、不同层面可以给出不同的回答。但放眼人类发展,马克思主义者既强调人民群众是推动历史发展的根本动力,又强调"科学是一种在历史上起推动作用的、革命的力量"[①],甚至把科学作为人类历史上"最高意义上的革命力量"[②]。这告诉我们两个方面的道理:一方面,从科技革命、社会发展、国家发展之间的关系看,三者密切相关,比如农业革命与农业文明、工业革命与工业文明、信息革命与信息文明相辅相成;从根本上看,是科技革命推动社会发展、社会变革与文明形态发展与国家发展,而不是相反。具体到国家与民族,哪个国家哪个民族能够领先世界科技革命与产业革命,谁就能够领先世界经济发展与文明发展,比如在农业社会中国曾经雄踞世界、在工业社会英国曾经雄踞世界、在信息社会美国也曾经如此;相反,哪个国家哪个民族滞后于世界科技革命与产业革命,谁就会落后乃至被动挨打。另一方面,从科技革命、社会发展与政党发展关系看,三者也是密切相关的,是科技革命推动社会发展进而推动政党发展,也是科技革命推动社会变革进而推动政党变革,而不是相反。尽管从表面看来,科技发展与政党发展、

---

① 《马克思恩格斯文集》第 3 卷,人民出版社 2009 年版,第 602 页。
② 《马克思恩格斯全集》第 19 卷,人民出版社 1965 年版,第 372 页。

科技革命与政党变革之间相去甚远，甚至有人认为是"风马牛不相及"，但仔细分析就会发现，在人类社会历史上，朋党与农业社会息息相关，大众型政党与工业社会息息相关，信息化政党与信息社会息息相关，这不是一种偶然，其背后必然蕴含着一定的内在逻辑关系。

从 20 世纪中叶以来，科技进步日新月异，以系统论、信息论、控制论以及信息技术、空间技术等为标志的第四次现代科技革命迅速发展；①特别是 20 世纪 80 年代以来，以计算机的广泛使用、数据信息库与信息高速公路的建立、互联网的出现等为标志的第五次信息技术革命快速发展，②这正如 20 世纪 80 年代美国未来学家阿尔温·托夫勒（Alvin Toffler）所言："一枚信息炸弹正在我们中间爆炸，这是一枚形象的榴霰弹，像倾盆大雨向我们袭来，急剧地改变着我们每个人内心世界据以感觉和行动的方式。"③信息网络技术的迅速发展对世界产业结构、生产方式、生活方式等产生了重大影响，使人类社会发生了翻天覆地的变化，人类社会从过去的工业社会迈入到信息社会。比较而言，信息技术革命是一场比工业革命影响更为深刻的技术革命、产业革命，对人类社会的影响更为直接、更为全面。因为从根本上看，工业革命只是一种机械技术革命，其本质在于用机器解放了人的四肢，使人们从繁重的体力劳动中解放出来；当代信息技术革命则是一种智能革命，其本质是用人工智能机解放了人脑，使人们从复杂的智力劳动中逐步解放出来。这正如国内有的学者所言：

①　在科技界，人们一般认为，迄今为止世界上共发生了四次科技革命，20 世纪中叶之前的三次科技革命分别为：第一次科学技术革命发生在 15—18 世纪，以近代物理学的诞生、蒸汽机的发明为代表的机械革命为主要标志，第二次科学技术革命开启于 19 世纪 30—70 年代，以电磁理论、电力和运输革命为主要标志；第三次科学技术革命开始于 20 世纪初至 50 年代，以相对论、量子力学、原子能技术等为显著标志。

②　人们一般认为，迄今为止人类社会经历了五次划时代的信息技术革命：第一次信息技术革命即人类语言的形成与运用，第二次信息技术革命即文字的发明与使用，第三次信息技术革命即印刷术的发明与使用，第四次信息技术革命即 20 世纪以后广播电视的发明与使用，第五次信息技术革命即以互联网为代表的当代信息技术革命。

③　［美］阿尔温·托夫勒：《第三次浪潮》，生活·读书·新知三联书店 1984 年版，第 229 页。

"如果从物质、能量和信息这三个维度来描述人类现代化进程，信息化无疑是 20 世纪中叶以来世界变化最重要的驱动力量。"① 在信息化时代，信息既是产业更是第一生产力，信息既是产品更是资本；谁拥有信息技术优势与更多信息资源，谁就能够把握主动权。当代信息技术革命在影响人类社会生产方式与生活方式、经济发展与政治发展的同时，也对世界政党政治、政党生存发展等产生了重大影响。对以美国为首的西方国家而言，时至今日，信息网络技术已经有 30 多年的快速发展，已经很大程度上改变了政党与民众关系、政党政治生态，深刻影响着政党政治发展，政党信息化、政党民主化、政党开放化等已经成为西方政党发展的一个基本趋势。因此，美国民主党前主席安德烈（Joe Andrew）曾经深刻指出："谁能够有效地利用信息网络，与民众进行沟通，谁将主导未来。"②

在我国，时至今日，信息网络技术也已经有 20 多年的发展，对党的建设与党的领导的影响日渐深刻：一方面，面向 21 世纪，我们党在面临着"四大考验"（执政考验、改革开放考验、市场经济考验、外部环境考验）与"四大危险"（精神懈怠的危险、能力不足的危险、脱离群众的危险、消极腐败的危险）的同时，还面临着"第五大考验"，即信息网络技术发展或曰信息化发展的重大考验；而且，信息化发展使我们党面临的"四大考验"与"四大危险"更加凸显、有关问题更加突出，党要管党、从严治党的任务更加艰巨、更为紧迫。另一方面，信息化发展对党的建设的影响是全方位、多层次的，既有技术层面的影响也有内容方面的影响；既影响党的建设的模式与方式，使党建信息化、"互联网＋党建"成为大势所趋，也影响党的建设的基本理念与基本内容，还影响着党的领导体制与领导方式，甚至也影响党领导的现代化事业与民族复兴的中国梦。因此，我们党既要积极适应信息化发展的时代要求，进一步加强与改进党的

---

① 高世楫：《信息化提升政府绩效，推进政府转型》，见《下一次浪潮：信息通讯技术驱动的社会与政治创新》，上海远东出版社 2012 年版，推荐序，第 5 页。

② Costas Panagopoulos, *Part-e Politics：Investigating the Online Presence of Major Parties in the United States*,Campaigns & Elections,September 2003,p.32.

建设；又要积极引领信息化发展，以信息化发展来推动我国现代化建设与民族复兴大业。对于这一问题，早在 2001 年，江泽民就指出："各地各部门的领导干部，必须加紧学习网络化知识，党的建设工作、思想政治工作、组织工作、宣传工作、群众工作，也都应适应信息网络化的特点。"①总之，面对当代信息网络技术发展，世界上几乎没有人、没有国家、没有政党能摆脱其影响，世界各国政党都面临着前所未有的挑战，也面临着新的转型发展机遇；对世界各国主流政党特别是执政党而言，只有正视与适应信息化发展的时代要求，趋利避害、积极应对，不断创新发展乃至转型发展，才能立于不败之地。

二、本书的内容结构与重点难点

本书的基本内容主要有以下七个方面：

一是信息化发展对当今世界政党的影响，主要涉及信息技术发展与当代信息社会，信息化发展对当今世界政党的影响与基本对策，信息化发展对美国政党政治影响的案例分析，信息化发展对政党政治发展的"双刃效应"等四个方面的基本内容；旨在在信息化时代人类文明转型、政党—国家—社会关系变化的背景下，深刻分析信息化发展对当今世界政党的影响以及国外主流政党的应对举措；以美国政党政治作为典型案例，深刻剖析信息化发展对美国政党开放化、空心化、选举政治个人化的影响。在此基础上，探讨信息化发展对世界政党正反两个方面的影响，为思考信息化发展对中国共产党的影响提供比较与借鉴。

二是信息化发展对党的建设的宏观或整体影响，主要涉及党的建设目标与信息化发展的时代要求，党的建设主线与信息化发展的时代要求，党的建设基本内容与信息化发展的时代要求，党的建设基本方略与信息化发展的时代要求等四个方面的基本内容；旨在深入分析信息化发展对党的建

---

① 江泽民：《在中南海怀仁堂举办的法制讲座上的讲话》，《人民日报》2001 年 7 月 11 日。

设的整体影响或宏观影响。因为无论是从党外还是从党的领导角度看，中国共产党都是一个有机整体，信息化发展对党的建设的影响具有整体性；只有深刻把握信息化发展对党的建设的整体影响，才能树立整体的、系统的党建观，并根据信息化发展对党的建设目标、主线、方略等的要求，进一步分析信息化发展对党的建设具体内容的影响及其对策。

三是党建信息化与"互联网＋党建"，主要涉及我国党建信息化的发展历程与基本特征，党建信息化与党务公开，"互联网＋党建"对党建信息化的内在要求等三个方面的基本内容；旨在深刻分析信息网络技术发展对党的建设技术层面的影响，深入探讨如何运用信息网络技术推进党务公开与党的建设"改革开放"、创新党建模式与方式、破解制约党的建设的"技术瓶颈"与"人力困境"，致力于实现党的建设的信息化、公开化乃至现代化。

四是信息化发展与党的思想理论建设，主要涉及马克思主义政党的意识形态与思想建设，信息化发展对党的思想建设的挑战与突出问题，增强执政党意识、加强执政理论体系建设，信息化时代加强党的思想建设的若干建议等四个方面的基本内容；旨在深刻分析信息化发展对党的思想建设或意识形态建设的影响，探求信息化时代把握"话语权"、加强党的思想理论建设的基本策略、基本原则与有效方式，致力于实现党的思想理论建设的大众化、时代化。

五是信息化时代的组织建设与党内民主，主要涉及党内民主及其时代发展要求，信息化时代的党内选举与党内民主建设，信息化时代的基层党建与服务化取向等三个方面的基本内容；旨在深刻分析信息化发展对党的组织建设（主要是党内民主、干部队伍建设与基层党组织建设）的影响，探求信息化时代发展党内民主、加强执政骨干队伍建设、加强基层党组织建设的基本策略与有效方式，致力于实现党的组织建设的民主化、科学化、服务化。

六是信息化时代的权力监督与党风廉政建设，主要涉及党风廉政建设的价值目标与现存问题，信息化时代的廉洁政治与权力监督，信息化时代加强党风廉政建设的基本方略等三个方面的基本内容；旨在深刻分析信息化发展对党风廉政建设的影响，探求运用网络监督、网络反腐推进党风廉政建设的基本策略与基本方法，致力于用"科技＋教育＋制度"来推动党风廉政建设制度化、实现干部清正与政治清廉化。

七是信息化时代的全面从严治党，主要涉及全面从严治党的基本遵循与基本模式，全面从严治党必须全面加强党的规矩建设、必须深化党的建设制度改革等三个方面的基本内容；旨在深刻分析信息化发展对党的制度建设、党的规矩建设的影响，探求全面从严治党、全面加强党的规矩建设、认真落实从严治党责任的基本思路与基本方法，致力于实现党的建设的制度化、规范化、科学化。

以上七个方面的基本内容，就其内在逻辑关系或内容结构看，大致可划分为两大板块：第一板块即第一章"信息化发展对当今世界政党的影响"，这属于世界政党比较与借鉴篇，也是本书研究的难点之一；因为国内对相关问题的研究多为介绍性、概括性的，具体而深入的研究依赖于详细材料与深度的系统分析。第二板块包括第二章"信息化发展对党的建设的宏观影响"、第三章"党建信息化与'互联网＋党建'"、第四章"信息化发展与党的思想理论建设"、第五章"信息化时代的组织建设与党内民主"、第六章"信息化时代的权力监督与党风廉政建设"、第七章"信息化时代的全面从严治党"等六部分内容，这是本书的主体与重点所在。

进一步而言，上述第二板块作为本课题研究的主体内容，又可分为三个层面的内容：一是总论或概论（第二章），深刻分析信息化发展对党的建设的整体影响。二是分论，从第三章到第六章分别论述信息化发展对党的建设的基本模式与方式（技术层面）、党的思想理论建设、党内民主与组织建设、党风廉政建设等的深刻影响及相关对策。三是合论（第七章），深刻论述信息化时代全面从严治党的基本遵循（基本规律）、综合治理模式与全面加强党的规矩建设。之所以如此安排，一方面是因为，党的制度建设具有全局性、根本性，要全面从严治党必须深化党的建设制度改革；另一方面是因为，新时期要全面从严治党，必须对政党进行综合治理、全面加强党的规矩建设，党的制度仅仅是党的规矩的一部分内容而非全部。总之，第二板块的内容安排，既体现了党的建设的五大布局（即思想建设、作风建设、组织建设、廉政建设、制度建设），又有所丰富与发展。既突出强调信息化发展对党的建设技术层面的影响，即对党建模式与方式的影响，又将党的思想建设与理论建设密切结合起来、将党的组织建设与党内民主密切联系起来、将党的作风建设与廉政建设密切联系起来、将党的制度建设与党的规矩建设密切联系起来，进行深入、系统而全面的思考，有助于增强本书研究的整体性与完整性。

三、本书的主要创新与主要观点

本书的主要创新之处，概括说来主要有三个方面：一是研究视角方面的创新。在书中，我们不是简单地就事论事、就信息化发展对党的建设的表面影响而看问题，而是以信息化发展对当今世界政党的影响为坐标来看信息化发展对党的建设的深刻影响；不是简单分析信息化发展对党的建设的具体影响，而是从党的建设整体布局与具体内容的统一中来看问题，既注意分析信息化发展对党的建设的整体影响，又深刻分析信息化发展对党的建设的具体影响，以达到整体与部分的统一。二是研究内容与研究材料方面的创新。与研究视角相适应，本书既研究信息化发展对党的建设的整体影响，又研究信息化发展对党的建设具体内容的影响；既研究信息化发展对党的建设的影响，又注意信息化发展对党的领导、党的中心工作（现代化建设）的影响；既研究信息化发展对党的建设技术层面的影响，又深入研究信息化生产方式、信息社会等对党的建设基本理念、基本内容、基本模式与方式的影响。在研究资料创新方面，我们通过相关国际会议、对美国政党政治的实地调查、对国内相关问题的问卷调查等，提供了许多新的鲜活材料。三是研究方法方面的创新。本书研究综合运用各种研究方法、具体问题具体分析，十分注重研究的整体性与系统性；以政党—国家—社会关系、党的建设—党的领导—党的现代化事业之间的关系为基本分析范式，充分运用系统分析法、政党政治生态分析法，突出强调历史纵向比较与现实横向比较研究，注重规范研究与调查研究相结合，个案研究、案例比较、综合比较相结合，突出研究的深度与广度。

与研究视角创新、研究内容创新相辅相成，本书研究的主要思想与创新观点主要体现在以下七个方面：

关于信息化发展对世界政党的影响，我们认为：信息网络技术发展30多年来，"互联网+"已经成为当今时代的总特征，已经引发了世界生产变革与社会变革，已经改变了既有的政党—国家—社会关系，已经对当今世界主流政党产生了重大影响，比如改变了政党既有的阶级基础与社会基础、弱化了政党的传统功能、改变了政党与民众关系、增强了政党政治的民主化与个性化色彩，导致了西方政党空心化、政党政治媒体化与个性化，迫使当代主流政党不得不发展党内民主、扩大民众政治参与，推行政党组织扁平化、政党开放化、政党信息化等。当代美国两大政党的"空心化"、网络化、开放化、直接民主化等也充分说明了这一点。尽管美国两大政党在世界政党类型体系属于极端类型、具有极化特征，尽管中西政党之间具有明显差异，但信息化发展所引发的政党信息化、政党网络化、政党开放化乃至政党政治个性化等，则具有一定的世界趋势性。如何正确处理政党"封闭性"与"开放性"、政党组织化与网络化、党内民主与大众政治参与、政党领袖与政党集团、政党政治个性化与民主化之间的关系等，则是当今世界主流政党面临的共同问题。

关于信息化发展对党的建设的宏观影响，我们认为：信息化发展对党的建设的影响与挑战，可谓新时期党的建设面临的"第五大考验"，而且使党的建设面临的"四大考验"与"四大危险"更加凸显。信息化发展对党的建设既有整体影响，更有具体内容方面的影响，二者相辅相成。在一定意义上说，信息化发展对党的性质、党建目标、党建布局与党建基本方略等方面的整体影响，左右着信息化发展对党的建设的具体影响及其相关对策。就信息化发展对党的建设的整体影响而言，首先，信息化发展赋予党的先进性与纯洁性、党的执政能力新内涵与新要求，要求我们党必须代表信息化生产方式与信息文明发展的时代要求，对各种不良政治现象奉行"零容忍"。其次，信息化发展赋予党建目标新内涵，要求我们在建设学习型服务型创新型马克思主义执政党的同时，还要致力于实现党的建设"信息化、开放化、大众化、公开化、民主化、服务化、社会化、清廉化、制度化、规范化、科学化、现代化"，当然，这"十二化"对党的建设不同内容的要求有所不同，比如党建模式与方式要突出信息化、公开化，党的思想建设或意识形态建设要突出大众化，党的组织建设要突出公开化与民主化，党的基层组织建设要突出社会化与服务化，党风廉政建设要突出清廉化，党的制度建设要突出制度化、规范化、科学化，整个治党理政要突出现代化。最后，信息化发展对管党治党基本方略提出了新要求，要求党的建设科学化与全面从严治党，而且要致力于实现科学治党与从严治党的有机统一。

关于党建信息化与"互联网＋党建"，我们认为：信息化发展对党的建设最直接、最直观的影响，就是技术层面的影响、就是党建信息化与开放化，即充分运用信息网络技术来建立党建网站、推行电子党务、实行党务公开、推动党建工作、提高党建效率。第一，随着我国信息网络技术四个阶段的发展，即 Web1.0 时代（1994—2001 年）、Web 2.0 时代（2001—2008 年）、Web 3.0 时代（2008—2014 年）以及正在到来的网络空间时代，党建信息化进程也在不断推进，先后经历了推行电子党务、建立党建网站、党建信息即时化以及正在到来的"互联网＋党建"等四个发展阶段。尽管中外政党利用信息网络技术推进政党信息化方面有一定共性，但中外政党信息化的侧重点有所不同。如西方政党信息化主要围绕"选举政治"推进，主要是为选举政治服务；我国党建信息化则主要围绕改进党建工作、提高党建效率而进行，主要是为加强与改善党的领导服务。第二，党建信息化推进党务公开，要求党的建设公开化、透明化乃至开放化，要求我们党要从"封闭式"党建模式向"开放式"党建模式转变。第三，"互联网＋党建"既是党建信息化的重要表现，也是党建信息化不断发展的必然结果，但更意味着党建信息化从量变到质变。因此，搭建信息网络平台、运用信息技术手段开展党建工作，这只是为"互联网＋党建"提供了技术平台，但绝不是"互联网＋党建"的核心要义。从根本上看，"互联网＋党建"意味着信息网络化与党的建设的深度融合，意味着党的建设"改革开放"与突破发展"瓶颈"，意味着党建理念、党建内容、党建制度与党建模式的创新发展。

关于信息化发展与党的思想理论建设，我们认为：政党意识形态乃政党之"魂"；以马克思主义为指导、坚定党的理想信念、坚持科学理论武装，可谓立党之本、兴党之本。然而，随着我们党从"革命党"向"执政党"的历史转变，随着改革开放以来"单位人"向"社会人"的历史转变，随着"封闭社会"向"信息社会"的发展转变，党的思想理论建设或意识形态建设的"话语权"正在发生转变。在信息化时代，"话语影响力与感染力"已经比单纯的"话语掌控"更重要；如何实现党的意识形态的大众化，使广大党员群众对党的理论"真听真信真学真用"，有效解决"不信马列信鬼神""言行不一"等突出问题，无疑成为信息化时代党的思想建设面临的突出问题。这要求我们，第一，要适应"革命党"向"执政党"的历史转变，实现党的思想理论从"革命理论"向"执政理论"的历史转变，增强执政党意识、民主意识、法治意识，构建科学的执政理论体系，实现党的思想理论或意识形态的大众化。第二，要正确研判当前思想理论建设形势、树立并坚持正确的策略，既要坚持与发展马克思主义理论，更要实现党的思想理论与先进文化、社会主义核心价值观的深度融合，通过先进文化与社会主义核心价值观建设来深化党的思想理论建设。第三，既要改进思想建设的方式与方法，实现"灌输教育"向"精神润化"的转变，更要将党的思想理论的价值取向融入党和国家的大政方针与法律制度之中，为党的思想理论建设提供坚实的政治保障、经济保障与制度保障。

关于信息化时代的组织建设与党内民主，我们认为：政治民主、政治透明、政治公开已成为信息化时代的世界大势，"党内民主是党的生命"已经成为全党的基本共识，党务公开已经为进一步发展党内民主创造了前所未有的条件。党的建设的历史经验告诉我们：执政时间越长越要倍加重视党内民主建设，党内民主建设的直接目的在于增强党的活力、激发全党的积极性主动性创造性、维护党的团结统一，党内民主建设的根本路径就在于坚持与完善民主集中制、实现党的组织建设的制度化与民主化。在信息化时代加强党的组织建设，第一，既要正确认识党的组织建设面临的"老大难"问题，那就是权力过分集中、官僚主义、选人用人不够科学等问题，更要深刻认识选人用人在治党理政中的关键性及其现存问题，而且要用发展党内民主来破解有关问题。第二，我们要坚持党管干部原则，因为政党提名公职候选人是政党政治的铁律。新时期要形成"系统完备、科学规范、有效管用、简便易行"的科学有效的选人用人机制，必须对现行干部制度进行改革，对干部实行科学的分类管理，正确处理"选任制""委任制""聘任制"干部在选拔方式、选拔程序、选拔标准方面的不同，既要避免"一刀切"，更要克服与避免三者"错位"。其中，对于该选任的领导干部，应实行组织提名与差额选举相结合，以理顺权力"授受"关系、克服"委任制"弊端、实现对上负责与对下负责的一致性。第三，我们要适应信息化发展的时代要求，克服基层党组织建设中存在的"重发展轻服务、重管控轻服务、重形式轻实质、重眼前轻长远、重给予轻自力、重自建轻联建"等错误倾向，大力推进基层服务型党组织建设，以基层服务型党组织建设引领基层善治、在基层服务型党组织建设与基层善治的互动中巩固党的执政基础与群众基础。

关于信息化时代的权力监督与党风廉政建设，我们认为："为政清廉才能取信于民，秉公用权才能赢得人心"，这是党的建设的基本经验，也是执政兴衰的基本定律；党风廉政建设关系民心向背、执政成败。执政党赢得广大群众的认同，主要有三个方面的考量，即执政业绩、群众利益诉求满意度、政治清廉度。要做到干部清正、政治清廉，就必须大力加强党的纯洁性建设与党风廉政建设。首先，要正确认识党风廉政建设的历史发展与现实问题，"四风"问题、"权力异化"、权力腐败等已经严重影响了党的形象、破坏了党群关系、危及党的生命。其次，必须加强对权力的监督与制约。当今信息化发展既对党风廉政建设提出了新要求，要求对各种不良政治现象"零容忍"；也为党风廉政建设提供了新契机，如政治透明、政治公开有助于加强对权力的监督、破解"监督难、监督不力"问题，网络监督与网络反腐则有助于开创党风廉政建设新局面、提高党风廉政建设成效。最后，既要充分运用网络监督与网络反腐来促进党风廉政建设，也要有效规制自发的网络监督与网络反腐，致力于形成官方主导、官民互动、协同推进、"制度化＋科技化"的党风廉政建设新格局；更需要从党、人、制度三个层面齐发力，标本兼治，"正人心"与"正制度"相辅相成。因为技术终归是技术、格局终归是格局，再先进的技术也需要人来运用，再合理的格局也需要用科学制度来保障；因为在思想改造与党性教育方面，党员干部个体具有自主性与主观能动性，制度与体制建设则对整个党和国家具有根本性。

关于信息化时代的全面从严治党，我们认为：全面从严治党是信息化发展的时代要求，对政党进行综合治理是现代民主政治发展的必然要求。新时期要全面从严治党，第一，必须遵循马克思主义执政党建设的基本规律，即以党的先进性为准绳来从严治党、以对不良政治现象"零容忍"来从严治党、以从严治吏为关键推进从严治党、以科学制度规范与保障推进从严治党、在自律与他律的统一中推进从严治党、以科学的党建责任制落实从严治党、在治党与理政的统一中推进从严治党、以政党治理体系现代化来推进从严治党。这八个方面相辅相成，既体现了全面从严治党的基本理念、基本制度、基本方式、基本行为、检验标准的有机统一，也体现了全面从严治党的主线与目标、态度、重点对象、制度保障、主观能动性、责任落实、制约因素、治理模式与方式的有机统一。第二，必须对政党进行综合治理，充分发挥政党内部规范、政党法律规范、政党社会规范在政党治理中的协同作用。这是因为，政党内部规范、政党法律规范、政党社会规范各自的特点、效力与适应范围有所不同，我们不能将三者相混同，也不能将三者相互替代。否则，以道德代替法律会放纵罪犯，以道德代替党内规章制度会导致"人治"；以法律代替道德会导致滥施处罚，以法律代替党内规章制度会导致另一种形式的"党政不分"、会导致政党国家化与行政化;以党内规章制度代替国家法律,则会重蹈"党政不分""以党治国"覆辙。我们只有将"党规党纪"当作"党规党纪"来看待,将"国家法律"当作"国家法律"来对待,将"社会道德"当作"社会道德"来对待,党规党纪、国家法律、社会道德在全面从严治党中才各具其作用与价值。① 进一步而言,要全面从严治党,必须以党的性质与宗旨为价值归依,从内核与原点、党章、党的路线方针政策、党纪与党内具体规章制度、党的优良传统和工作惯例、道德规范、国家法律规范等七个层面全面加强党的规矩建设,从内到外为全面从严治党构筑起"三维空间""多重防线"与"天罗地网"。这是因为,对广大党员干部而言,党纪国法等"硬规矩"是规矩,必须遵守;"软规矩"也是规矩,也必须遵守。"硬规矩"犹如带电的"高压线",碰不得,一碰就"跳闸";"软规矩"犹如带电的"低压线",也碰不得,若经常去碰,久而久之,就会变得"麻木不仁"。现实中,不少党员干部违规违纪违法,往往是从践踏"软规矩"开始的。试想,党员干部如果不讲马克思主义理想信念、不讲为人民服务的根本宗旨、不讲共产主义道德,那还叫什么共产党人?如此一来,党内"硬规矩"又如何谈起?第三,新时期要全面从严治党,必须深化党的建设制度改革,尤其要完善民主集中制、健全党内民主制度体系,深化相关体制机制改革、有效破解制约党的建设的"瓶颈",建立科学的党建责任清单与评价体系、认真贯彻落实党建责任制。正如习近平总书记所言:认真落实管党治党责任,"各级各部门党委(党组)必须树立正确政绩观,坚持从巩固党的执政地位的大局看问题,把抓好党建作为最大的政绩"。②

---

① 刘红凛:《党的规矩及其时代要求》,《中共中央党校学报》2015 年第 3 期。

② 习近平:《在党的群众路线教育实践活动总结大会上的讲话》,《人民日报》2014 年10 月 9 日。

第一章

信息化发展对世界政党的影响

　　早在20世纪80年代，美国未来学家阿尔温·托夫勒就深刻指出："一枚信息炸弹正在我们中间爆炸，这是一枚形象的榴霰弹，像倾盆大雨向我们袭来，急剧地改变着我们每个人内心世界据以感觉和行动的方式。"① 从现代科学技术发展看，20世纪中叶以来，以计算机的发明为开端的信息技术革命，在80年代以后得到迅速发展，对当今社会产业结构、人们的行为方式、政党政治的影响，更为直接、深刻、全面。就对产业结构的影响而言，阿尔温·托夫勒深刻指出：从根本上看，工业革命，只是一种机械技术革命，其本质在于用机器解放了人的四肢，使人们从繁重的体力劳动中解放出来；而信息化发展所引发的信息革命，则是一种智能革命，其本质在于用人工智能机解放了人脑，使人们从智力劳动中逐步解放出来。就对政党的影响而言，美国民主党前主席安德烈曾经深刻指出："谁能够有效地利用信息网络，与民众进行沟通，谁将主导未来。"② 如果从20世纪80年代国际互联网（Internet）建立算起，世界信息网络技术已经有了30多年的快速发展，人类社会已经进入信息社会与互联网时代，"互联网+"

---

① ［美］阿尔温·托夫勒：《第三次浪潮》，生活·读书·新知三联书店1984年版，第229页。

② 参见 Costas Panagopoulos, *Part-e Politics：Investigating the Online Presence of Major Parties in the United States*, Campaigns & Elections, September 2003, p.32。

已经成为当今时代特征。面对信息网络发展，没有人、没有国家、没有政党能够摆脱其影响，西方国家与西方政党如此，在我们国家也是如此。对任何一个政党特别是执政党而言，只有正视与适应信息网络发展的时代要求，不断创新、不断变革、转型发展，才能立于不败之地。

一、信息技术发展与当代信息社会

信息技术与人们的生活、社会交往息息相关。迄今为止，人类社会经历的五次划时代的信息技术革命，都对人类社会产生了巨大影响。比如第一次信息技术革命，即人类语言的形成与运用，极大地促进了人与人之间的信息交流与思想传播。第二次信息技术革命，即文字的发明与使用，结束了"口口相传""结绳记事"的时代，使人类知识、思想、智慧的传播打破了地域局限，也打破了时空局限，可以永世相传，极大地促进了人类文明的发展。第三次信息技术革命，即印刷术的发明与使用，使得书籍报刊成为人类思想与智慧的重要载体，可以大量印刷，可以在上层与民间广泛传播，打破了权贵精英对思想与知识的垄断局面；而且，知识在广大民众中的扩散，不仅促进了工业变革与社会变革，也促进了文化变革与人的革新。第四次信息技术革命，即发生在 20 世纪以后的广播、电视的使用，使人类社会真正进入到男女老幼皆宜的大众传播时代。[①] 第五次信息技术革命，即发生在 20 世纪 50 年代以来以计算机、互联网为显著特征的当代信息技术革命。从历史上看，每一次信息技术革命都极大地促进了人类文明发展，促进了人们的沟通、交流与文明的传播，改变着人们的思想观念与行为方式，甚至也推进着政治发展与政党变革。比较而言，以计算机的发明、信息数据库的建立、国际互联网的形成等为显著标志的第五次信息

---

① 大众传播一词最早出现于 20 世纪 30 年代的美国。西方一般认为，1450 年德国 J. 谷登堡发明的金属活字印刷，将人类带进了大众传播的时代；但文盲以及文化程度不高的人肯定是被排除在外的。比较而言，20 世纪以来的广播、电视等电子媒介的诞生和发展，才真正使信息传播进入"大众传播时代"。

技术革命，对人类社会的影响史无前例、空前广泛，使人类社会从工业化时代迈入信息化时代，使人类文明从工业文明社会迈入信息文明社会，知识与信息不断成为当今时代生产力的要素，而且可以称为当今时代的"第一生产力"。①

（一）信息网络技术的当代发展与基本特征

信息技术（Information Technology，IT），有人也称谓数字化或信息通讯技术，简单说，是人们对信息进行处理与管理的各种技术的总称。但是，不同人、不同视角对信息技术的理解不同。比如从人的角度看，有人认为，凡是有助于提高人的信息器官功能的方法与工具，都可以称为"信息技术"；但这不是本书所言的信息技术。再比如，从历史发展角度看，人类语言的形成、文字的发明、印刷术的发明、广播电视的发明，都是信息技术革命的重大标志，这可谓广义的信息技术；但我们在本书研究中所言的信息技术取其"狭义"，主要是指 20 世纪 50 年代以来第五次信息技术革命所言的信息技术，尤其是指当代信息网络技术。20 世纪中叶开启的人类社会第五次信息技术革命，首先表现为计算机革命，自 1946 年世界上第一台电脑在美国诞生以来，先后经历了大型机与微型机两大发展阶段，1976 年第一台微型计算机的问世使得信息业迅猛发展；而 1983 年以计算机为物质载体与技术支撑的国际互联网（Internet）在美国的建立，则开启了世界范围内的信息网络革命，开始使地球成为"地球村"，并形成一个没有时空限制的网络空间。在此需要强调的是，信息技术与信息化密切相关、相辅相成，所谓信息化，就是"充分运用信息技术，开发利用信息资源，促进信息交流和知识共享，提高经济增长质量，推动经济社会

---

① 关于"信息技术发展与当代信息社会"的相关内容，部分内容以《信息化发展对党的建设的多重影响——从信息技术、信息化生产方式到信息社会》为题发表于《中共中央党校学报》2011 年第 6 期，人大复印资料《中国共产党》2012 年第 3 期全文转载。

发展的历史过程"。① 因此，人们常常将信息技术与信息化相通用，只要谈信息化就离不开信息技术，在本书中，我们也常常将二者通用。

需要强调的是，当代信息网络技术不是一蹴而就的，而是不断发展、技术水平不断提高的。大致说来，从 1983 年至今，以美国为代表的国际互联网的发展可划分为四个阶段：第一阶段 Web 1.0 时代（1983—2001年），即以数据为核心、静态的传统的门户网站时代，主要展现的是网络的媒体属性，"内容为主、服务为辅"是这一时期的突出特点。在互联网上，人们可以上传有关文件、展示有关文档，但不能实现双向互动。若从信息技术的整体平台和产业角度看，中国工程院院士李国杰等认为，在这一阶段，广泛使用的是第二代信息技术平台，即个人计算机和通过互联网连接的分散服务器；在此以前，普遍采用的是第一代信息技术平台，即大型主机和简易的哑终端。② 比较而言，在 20 世纪 80 年代，互联网主要应用于企业与商业领域；进入 90 年代以后，个人计算机与互联网才走入寻常百姓家。第二阶段 Web 2.0 时代（2001—2008 年），即动态的互联网时代。在这一阶段，互联网具备了社会交往特性，人们不仅可以从网上阅读信息文档，也可以实现彼此间的互动、共同建设互联网，如脸谱（Facebook）、推特（Twitter）等社交网站的运用就是典型的例子。第三阶段 Web 3.0 时代（2008—2014 年），即互联网即时化时代，或者说移动互联网时代。在这一阶段的主要特点是，传统网站在弱化，移动互联网与社交网络在兴起并被广泛运用，如微信（Wechat）、微博（Weibo）等即时聊天与网络社交工具等被广泛运用。具体而言，移动互联网时代又可以细分为 2G 时代、3G 时代与 4G 时代。第四阶段即正在到来的网络空间时代。这是一个互联网从量变到质变的时代，以云计算、大数据、互联网统一体为基本特征，以超级 APP 为基础将会形成互联网统一体、实现互联

---

① 高世楫：《信息化提升政府绩效，推进政府转型》，见［美］达雷尔·M. 韦斯特：《下一次浪潮：信息通讯技术驱动的社会与政治创新》，上海远东出版社 2012 年版，推荐序，第 5 页。

② 李国杰：《新一代信息技术发展新趋势》，《人民日报》2015 年 8 月 2 日。

网信息的全面整合。而且，信息处理的集中化和大数据化、信息服务的智能化和个性化等，将会促进信息网络技术与各行各业的深度融合，"互联网+"成为这一阶段的代名词，为人类社会发展带来极大的想象空间。[1]

在我国，尽管近 20 年我国互联网技术与产业迅速发展，2014 年 11 月第一届世界互联网大会与 2015 年 12 月第二届世界互联网大会都是由我国发起，在我国浙江乌镇举办的；但从历史发展看，我国信息网络技术的发展比美国等大约晚 10 年。比如 1983 年国际互联网（Internet）在美国建立，我国 1990 年才开始国家计算机与网络设施（简称 NCFC）建设，1994 年 4—5 月中国国家计算机与网络设施才正式开通了与国际 Internet 的专线连接、开始向 NCFC 成员提供全部的 Internet 服务，1995 年我国互联网接入和服务向全社会全面开放。从 1995 年至今，我国互联网技术与产业后来居上、快速发展，时至今日，大致经历了三个发展阶段，正在进入第四个发展阶段。对此，国内相关学者如被誉为"博客之父"的方东兴等对中国互联网 20 年的发展阶段有着比较详细的论述，具体参见表 1-1。[2]总的来说，我国互联网 20 年四个发展阶段，基本上是紧跟世界互联网发展步伐，但毫无疑问，在时间上前三个发展阶段均稍微滞后于以美国为代表的西方互联网发达国家。

表 1-1　中国互联网发展阶段与特征（方兴东）

阶　段		第一阶段	第二阶段	第三阶段	第四阶段
阶段名称	史前阶段	互联网 1.0	互联网 2.0	互联网 3.0	网络空间时代
大致时间	1994 年之前	1994—2001 年	2001—2008 年	2009—2014 年	2015—2024 年
阶段特性	科研阶段	商业化阶段	社会化阶段	即时化阶段	网络空间阶段
突出属性	学术属性	媒体属性	社交特性	即时属性	网络空间属性
中国网民临界点	无	3%（3370 万，2001 年）	22%（3 亿，2008 年）	50%（7 亿，2015 年）	70%（10 亿，2024 年）

---

[1]　关于以美国为代表的世界信息网络技术发展阶段的相关内容，发表于《信息网络化对美国政党政治的影响》，《政治学研究》2015 年第 4 期。

[2]　方兴东、潘可武、李志敏、张静：《中国互联网 20 年：三次浪潮和三大创新》，《新闻记者》2014 年第 4 期。

续表

阶　　段	第一阶段	第二阶段	第三阶段	第四阶段
全球网民临界点	0.4（1600万，1995年）	8.6%（5.73亿，2002年）	23.9%（15.87亿，2008年）	40%（30亿，2015年）	65%（50亿，2024年）
商业创新	邮件	门户、B2C	博客、视频、SNS	微博、微信	变革各行各业
制度创新	科研机构	产业部门	九龙治水	意识形态主导	网络空间治理
文化创新	国际交流	网络媒体	个人媒体		
中国领军企业或应用	邮件	新浪、搜狐、网易、8848等	百度、阿里、腾讯等	新浪微博、腾讯微信、余额宝等	腾讯、阿里、百度等
全球领军企业	AOL、Compuserve等	Netscape、Yahoo、Amazon等	Google、Yahoo、eBay等	Facebook、Youtube、Twitter等	Google、Apple、Facebook等
全球基本格局	美国绝对主导	美国主导	中国开始崛起	中国崛起	中美两强博弈

　　另外，在国内，也有的学者从人性、人的需求角度出发，将国际互联网的发展划分为四个阶段：第一个阶段即"信息互联"阶段，主要解决了人类知情权的平等问题；第二阶段即"消费互联"阶段，如电子商务的出现与兴起为人们的生活消费带来很大方便，足不出户即可尽情消费；第三阶段即"生产互联"阶段，主要服务于人的就业和事业发展；第四阶段即"智慧互联"阶段，主要解决人类精神生活需求。[1] 也有学者提出了互联网发展的一个新名词——"端管云"时代，视"端管云"为移动互联网的核心技术，认为这里的"端"是指用户的终端设备及上面的软件，是直接与用户打交道的部分；"管"是指连接用户与移动互联网服务的通道，也即我们通常所说的"网络"；"云"则指提供移动互联网服务的计算、存储基础设施，代表着信息技术发展的趋势和方向。[2] 值得注意的是，从整个信息网络技术发展的角度看，所谓的"端管云"时代并不能代表信息网络技术发展的一个新阶段，而是具有第三阶段向第四阶段跨越的某些特征。

---

① 　李志民：《信息技术发展与教育变革》，《中国德育》2015年第19期。

② 　张垚：《"端管云"时代的移动互联网与西方政党变革》，《社会主义研究》2015年第3期。

同广播、电视、报刊等传统媒介相比，信息网络作为一种新媒介，具有很大的潜力和优势。一般而言，广播电视比报刊的传播速度要快、传播范围要广、受众人群要多得多；但无论是广播电视还是报刊，都具有自上而下、单向传播的特点，无法顾及受众的个人喜好与个人特点，难以实现受众与传统媒体之间的及时互动。因此，在传统媒介时代，信息容易封闭，容易形成上层信息垄断；谁能够掌控报纸、书刊与电视等传播媒介，谁就可以垄断信息、垄断话语权乃至垄断思想。比较而言，以互联网为代表的新媒体具有开放性、交互性、虚拟性、即时性、快捷性、全面性、廉价性等特点，彻底改变了传统传播方式所具有的速度局限、地域限制与受众局限，使得信息舆论的传媒渠道更加广阔、速度更加快捷、方式更加便捷；而云计算、大数据、博客、微博、微信等的广泛运用，可以实现信息资源的大众化、公开化、平等化、全球化、多样化，可以实现传播渠道、传播主体、传播对象的大众化，使人人都可成为"信息人""自媒体"。在互联网上，人人平等、人人自主，不但所有人都可以共享信息资源、创造信息；而且，可以有效实现网民"一对一""一对多"的及时互动。尤其是移动互联网的形成与普及，使得人们可以在任何时间（anytime）、任何地点（anywhere）以任何方式（anyway）进行信息交流与互动，用户只需在智能手机上轻轻一点，就可以在网上随意浏览信息、发表信息、参与讨论、展现个性与智慧。这些优势，是传统媒体广播、电视、报纸等无法比拟的。而且，"在网络及移动传媒空前活跃的大背景下，传播媒体的大众化、平民化、交互性，甚至每个人都可以成为一个自媒体，导致传统传播媒体的神秘性和尊严的削弱，与传统传播媒体相联系的政治、艺术和体育的明星偶像地位也急速下降"。[①]信息网络技术在社会生活乃至政治生活中的广泛运用，则会极大地促进政治公开、政治透明与大众政治参与。

[①] 　朱嘉明：《互联网文明与中国制度转型》，《文化纵横》2014 年第 2 期。

（二）信息化时代的文明转型与社会变革

历史发展表明：人类社会的文明形态是以科技进步为条件或主要依据的，科技革命必然会引发生产力变革与社会变革。对此，美国经济学家熊彼特曾深刻指出：唯有通过技术创新，方可以破坏旧的经济结构和创造新的结构，实现"产业突变"和促进"经济发展"，最终改变的都是人们生存的时空状态，或者说是人们的社会组织的时空范式。① 也就是说，唯有通过技术革命，才能改变人类文明形态、实现人类文明的发展与转型。当然，这里的人类文明，主要是指人类生存方式、生活方式以及与此相应的思想文化与制度；这里的人类文明形态划分，主要是以科技尤其是以技术为标志或标准的，是指向全人类而非某一国度某一地区的，也不是以具体人、具体国家的价值取向与现实的文化实体为标准的。这与亨廷顿所言"文明的冲突"之"文明"或"普世文明"有着根本的区别。从根本上看，亨廷顿在其著作《文明的冲突与世界秩序的重建》中所言的"文明"，是以地域、语言、宗教、文化以及文化实体为标准的；② 侧重强调文明是一个文化实体而非政治实体，是放大了的文化，是"价值、规则、体制和一个既定社会中历代人赋予了头等重要性的思维方式"。③ 亨廷顿把历史上的文明与今天的文明划分为"中华文明、日本文明、印度文明、伊斯兰文明、西方文明、东正教文明、拉丁美洲文明以及可能存在的非洲文明"八大类，实际上是为世界"文明的冲突"与国际冲突建立理论依据或者说寻找依据；一些西方学者所言的"普世文明"，表面上只是一种价值或者"价值观"，但实际上强调的是"西方文明中的许多人和其他文明中的一些人目前所持有的假定、价值和主张"，④ 而且往往附带着强烈的个人偏

---

① 参见朱嘉明：《互联网文明与中国制度转型》，《文化纵横》2014 年第 2 期。

② ［美］亨廷顿：《文明的冲突与世界秩序的重建》，新华出版社 2002 年版，第 24—54 页。

③ Thomas S.Kuhn，*The Structure of Scientific Revolutions*,Chicago：University of Chicago Press,1962,pp.17-18.

④ ［美］亨廷顿：《文明的冲突与世界秩序的重建》，新华出版社 2002 年版，第 44 页。

好与附带产品，是为其寻求"西方消费模式和大众文化在全世界的传播"、西方价值观在世界的传播而服务的。

从人类文明发展角度看，以科技及其相应的生产与生活方式为标准，人们一般把以渔猎为主要特征的原始社会称作"前文明时代"或原始文明。人类文明的开端之所以从奴隶社会算起，很大程度是因为原始社会的"人"，充其量还是"自在人"；只有到了奴隶社会，人才真正成为"自为人""社会人"。如此算来，从奴隶社会至今，人类文明大致经历了三大文明时代，即农业文明时代（也有的称之为农耕文明时代）、工业文明时代（有的称之为商工文明时代）以及今天的信息文明时代。所谓人类文明转型，就是指随着科学技术的重大变革，人类社会从一种文明形态转向另一种更高级的文明形态。当然，人类社会文明形态的转变，主要是由科技革命引起的，但不仅仅表现在科技方面，而是指由科技革命引发的全方位的社会变革，这包括生产技术、生产工具、生产方式的变革，也包括分配方式、交换方式、生产关系的变革，还包括人们的思维方式、价值观念、生活方式、交往方式的变革，也包括上层建筑的变革等。在国内，有的学者从整体上或广义上来理解人类文明形态，认为农耕文明具有混沌的思维方式、神本的价值观念、小农的生产方式、村社的生活方式、等级的组织形式、专制的政体形式、混杂的规则形式、交往的地域限制等显著特点，要实现从农业文明向商工文明的转变，需要全面实现九大要素，即"思维方式的理性化、价值观念的人本化、交换方式的市场化、生产方式的工业化、分配方式的普惠化、生活方式的城市化、政治组织的民主化、管理方式的法治化、活动范围的全球化"。[1] 也有的学者从狭义上理解人类文明形态，认为"文明形态就是人类生存和生活方式"，"支撑人类历史的主要是文明形态、思想文化形态和制度形态"，而且认为"文明形态是最根本的，其次是思想文化形态，再次是制度形态"。[2] 实际上，从广义上看，

---

[1]　张恒山：《从文明转型看当代中国社会稳定状态》，《中共中央党校学报》2014年第3期。

[2]　朱嘉明：《互联网文明与中国制度转型》，《文化纵横》2014年第2期。

狭义的文明形态与思想文化形态、制度形态是相辅相成的，都统一于人类文明。从历史发展看，一般来说，人类文明形态的演变过程是渐进的，许多要素并非同时发生的，一般是先有技术革命，后有生产方式与生产关系变革，然后再引发人们的思想观念变革与上层建筑变革等；但是，一种文明形成以后，一般具有超越时空与地域的稳定性与趋同性。然而，当今信息技术革命所引发的社会变革与人类文明转型，却明显具有"时空压缩"的特点，技术革命、生产方式变革、社会变革之间的时间间隔非常短暂，信息技术革命对世界各国的影响非常广泛、各国差别不是很大。这无疑与信息网络技术的快捷性、即时性、全球化等密切相关。

比较而言，20世纪中叶特别是20世纪80年代以来，由信息网络技术所引发的社会变革比工业革命引发的社会变革更为深刻。这正如我们在本章开篇所言：从根本上看，工业革命只是一种机械技术革命，其本质在于用机器解放了人的四肢，使人们从繁重的体力劳动中解放出来，从而颠覆了支撑人类文明发展的动力基础；而信息网络技术发展所引发的信息革命，则是一种智能革命，其本质在于用人工智能机解放了人脑，使人们从智力劳动中逐步解放出来。如果从物质、能量和信息这三个维度来分析人类文明的发展过程，我们发现，肇始于18世纪60年代的第一次工业革命与肇始于19世纪70年代的第二次工业革命，主要是动力革命、物质革命，机器在解放人的四肢的同时，也极大地促进了生产力发展、极大地提高了人类社会的物质生活；而肇始于20世纪40—50年代的第三次科技革命即能源革命，有效解决了人类社会发展与人类生活的能源问题；而当代信息技术革命则属于知识革命、信息革命，极大地解放了人的大脑、提高了人的思维能力与认知能力，其发展的空间比物质与能源更大，对人类生活的影响也是空前的巨大。进一步而言，信息技术革命必然导致信息化生产方式取代工业化生产方式，必然会将人们从工业社会带入信息社会，实现社会的信息化、工厂自动化、办公自动化和家庭的自动化。对于这一点，阿尔温·托夫勒在《第三次浪潮》一书中有着深刻论述。在该书中，托夫勒将人类文明发展的三大历史跨越形象地比喻为"三次浪潮"，将人类文明

发展相应地分为"三个时期"，即第一次浪潮为农业阶段，历时数千年，
与人们常说的农业社会、农耕文明相对应；第二次浪潮为工业阶段，历时
三百年，与人们常说的工业社会或商工文明相对应；第三次浪潮即为现在
的信息化阶段，至今为止，历时只有几十年。托夫勒认为：工业社会的共
同特征，那就是以不可再生的煤炭、石油等为能源基础，以生产技术的突
飞猛进、大规模的生产与销售系统的形成为技术特征。而且他深刻描述了
工业革命对人类社会的生产与消费、人际关系与生活方式、权力机构与
政治体制等各个方面的影响，并提出了一系列精彩的论断。如托夫勒认
为：工业社会把人类生活劈成"生产与消费"两半，"贪得无厌，商业腐
化，人际关系的冷酷，并非利润制度独有的现象，并不是资本主义与社会
主义的反映，而是工业化的后果，是所有以市场为中心的社会的反映"①；
"标准化，专业化，同步化，集中化，好大狂，集权化，这六个相互联系
的原则，组成了工业化文明的法则，统筹安排了千百万人的行动，影响到
人类生活的各个方面。它是生产与消费分裂的后果"②；在工业社会需要庞
大的政府作为工具以组织协调整个体制的运转，"权力金字塔是由各企业、
政府各部门的统治集团所组成，并由最高权力集团所掌控……人名，口
号，党派，可能有变化，革命来而复去，但权力的基本结构依然如故，它
是工业化文明的需要"③；尽管代议制是工业社会政治结构的基础，但"一
开始就没有达到由人民来统治的理想。代议机构的组成，远不能削弱技术
专家与社会权贵的控制，反而成为他们保持权力的主要工具。代表操作的
原则，是控制社会更加重要的工具……代议制的民主政治，实际上是对工

① ［美］阿尔温·托夫勒：《第三次浪潮》，生活·读书·新知三联书店 1984 年版，第
7—8 页。
② ［美］阿尔温·托夫勒：《第三次浪潮》，生活·读书·新知三联书店 1984 年版，第
7—8 页。
③ ［美］阿尔温·托夫勒：《第三次浪潮》，生活·读书·新知三联书店 1984 年版，第
9 页。

业技术不平等的确认，是挂羊头卖狗肉的冒牌货"①。总之，从托夫勒对于工业社会的种种描述与分析中，我们可以看出，在工业社会，生产方式、人际关系、组织原则、权力结构、代议制度等，都是相辅相成、相互适应的。

而在当今时代，由信息网络技术革命所导致的信息社会则与工业社会有明显的区别乃至本质的区别。对于这一点，托夫勒在《第三次浪潮》一书中也有着大胆的乃至惊人的预测，强调多样化、综合化、非同时化、分散化、优化、分权化等将成为信息化社会的显著特征。比如他认为：在第三次浪潮所引发的信息化社会，原料大部分可以再生、浪费减少，将实行集中与分散相结合的生产方式；传统的群体化传播工具将被非群体化传播工具削弱，报纸逐渐失去读者；信息领域的深刻变革注定会改变人们的思维方式，社会记忆被极大地扩大；生产可以实现短期化的个别或完全的定制，无纸化办公成为趋势；电子家庭得以诞生，工作地点可以转移到家里；整个工业革命时代的总危机、大公司危机将会爆发，技术与通讯重建了世界市场；新的社会规范将取代旧的社会规范，固定工作时间将会改变、非全日制工作迅速发展，社会节奏个人化；非标准化的生产，带来了非标准化的消费；传播工具的多样性给社会带来各式各样的形象、思想、象征与价值标准；打破标准化以后，分权主义将成为突出的政治问题，以集权为主要特征的领导方式将会改变；生产者与消费者将会合一，人们从被动的消费者转变成为主动的产销合一者；人与自然的对抗状态将会改变，开始强调人与自然的和睦相处；社会进步不再以技术和物质生活标准来衡量，丰富多彩的文化成为衡量社会的标准；民族国家将面临前所未有的压力与挑战，封闭国界将会被打破；新的全球经济的意识形态不是放任主义或马克思主义，而是全球主义或"全球意识"，国家主义将过时；政

---

① ［美］阿尔温·托夫勒：《第三次浪潮》，生活·读书·新知三联书店 1984 年版，第 10 页。

党将失去吸引力、参加选举的人日益减少；等等。① 而且，托夫勒大胆预测："第三次浪潮文明要求领导人的作风与品质，不在于自信武断，而在于从善如流；不在于横行霸道，而在于富于想象；不在于权迷心窍妄自尊大，而在于对领导新世界的局限性颇有自知之明"，因此认为，21 世纪的民主政治，必须根据"少数派权力、半直接民主、决策分工"这三个至关重要的原则来重新思考政治生活。② 总之，今天看来，30 多年前托夫勒对信息社会的种种预测颇有洞见，在许多方面都应验了。

时至今日，信息网络技术发展对人类社会所带来的影响，远远超出了人们的预期，它不仅推动着生产力的发展与产业升级换代，改变着生产方式、资源配置与经营方式，改变着生产关系、社会结构与社会关系，也在急剧地改变着人们的思维方式、交往方式、行为方式，对上层建筑变革与政治发展具有深远的影响。总之，信息网络发展造成了当今全方位"大众化"时代，"互联网＋"已经成为当今时代的总特征。对此，有的学者将信息网络发展所推动的"全方位大众化"概括为九个方面，即信息资源大众化、教育大众化、传播媒体大众化、语言大众化、物质和文化消费大众化、技术大众化、资本和投资大众化、货币形式大众化、民主大众化，并且认为："如果说上述九个方面的大众化是事实，说明人类文明存在的时空范式正在改变，而且会继续下去，意味着民众和'屌丝们'不再受制于精英，开始拥有创造信息和分享信息的权力，实现世世代代追求而未能做到的民智自我开发，进而提高多元化的自组织影响日常的经济和政治生活，以及经济和政治制度的转型"。③ 的确，世界信息网络技术发展 30 多年来，这九个方面的大众化已经成为不争的事实，比如：传统的信息资源被政府与少数人垄断的局面已经被打破，政治公开、政府公开、党务公

---

① ［美］阿尔温·托夫勒：《第三次浪潮》，生活·读书·新知三联书店 1984 年版，第 15—39 页。
② ［美］阿尔温·托夫勒：《第三次浪潮》，生活·读书·新知三联书店 1984 年版，第 40—41 页。
③ 参见朱嘉明：《互联网文明与中国制度转型》，《文化纵横》2014 年第 2 期。

开、官员财产公开、学术教育资源公开等，已经成为当今世界发展的基本趋势，这无疑是信息网络技术推动的必然结果；过去受教育的特权、精英教育的特权等已经被信息网络所打破，教育正在成为可从网上获得的公共资源，各种网络教育平台的建立就是突出的表现，这无疑为广大民众的学习教育提供了前所未有的开放资源与开放空间；众多网民都拥有自己的博客、微博、QQ 与微信，已经成为自媒体、"信息人"，传统精英的地位在下降；"有钱就这么任性""No zuo no die"（不作不死）"且行且珍惜"等大众网络语言，具有"生动、诙谐、深刻、简洁"等特点，其影响力越来越大，不但全面进入人们的生活；而且，一些网络语言也开始进入官方话语体系，如习近平总书记捧红的网络热词就有"拍苍蝇、打老虎""年轻人不要总熬夜""点赞""蛮拼的""命运共同体"等，[①] 传统的呆板的"官话"的影响力越来越下降；物质和文化消费已经实现大众化，人与人之间的消费差别在急剧缩小，各种各样的"网购""海淘"等就是明显的例子，广大民众足不出户就可实现自由消费，等等。信息网络技术在改变着人们的生产、消费与生活方式的同时，也极大地促进了广大民众的政治参与，网络问政、网络监督、网络反腐等风起云涌、快速发展，信息网络技术的发展为参与式民主乃至直接民主的兴起提供了有力的技术支撑。

二、信息化发展对世界政党的影响

至今为止，在以美国为首的西方发达国家，信息网络技术已经有了30 余年的快速发展，对西方国家的经济、政治、社会发展已经产生了巨大影响，这从以下三个方面可以看出：第一，信息网络技术发展引发了产业结构、社会阶级与阶层的变化，传统产业工人的规模与效用在下降，中产阶级迅速崛起并成为社会的中间力量，西方"橄榄型社会"已经形成。

---

① 《习大大捧红的网络热词，你知道几个》，光明网，网址：http：//news.ifeng.com/ a/20160211/47410568_0.shtml。

第二，随着信息化发展，许多新经济组织、非政府组织在崛起，其作用、影响力与吸引力在加强；同时，"网络媒体"作为"第四种权力"，其影响力与作用越来越大。第三，信息网络技术发展使得政治沟通、政治宣传等发生了巨大变革，以前主要是通过报纸等平面媒体、电视媒体等进行政治沟通与政治宣传，如今网络媒体已经成为政治沟通与政治宣传的主渠道；同时，信息网络技术的广泛运用，使得人们的政治参与的热情与能力极大提高，对直接民主、参与式民主、协商民主的期盼大为增强，这使得电子民主、网络民主、参与式民主、直接民主等成为可能，无疑对世界民主政治与政党政治带来巨大的影响。①

（一）信息化发展对世界政党的主要影响

信息网络技术发展对西方经济、政治与社会发展的重大影响，必然会影响到政党—国家—社会关系的变化，影响到政党政治生态的变化，必然会给政党与政党政治带来巨大挑战。对于这一点，我们在 2014 年 9 月 23 日至 24 日，与德国艾伯特基金会上海办公室联合举办了"信息化时代的社会转型与政党转型"国际学术研讨会，来自德国、英国、荷兰、法国、肯尼亚，以及国内的中国人民大学、中共中央党校、中国社科院等 20 余所大学和研究机构的 130 余位专家学者，齐聚一堂，共同研讨信息化发展对世界政党的影响。国内外学者普遍认为：同 20 世纪五六十年代相比，随着信息网络的发展，西方政党现在的确在衰落甚至面临着危机，其党员基础已没有过去那么牢固，影响力与政治实力也在下降。概括说来，信息网络发展对西方政党与政党政治的挑战主要有以下几个方面：

一是随着信息网络发展与社会阶层的新变化，西方政党传统的阶级基

---

① 关于"信息化发展对世界政党的主要影响"与"信息化时代的社会转型与政党转型"国际学术研讨会的相关内容，部分内容以《信息化时代的政党变革——基于中外实践的比较与思考》为题发表于《学术前沿》2015 年第 1 期，人大复印资料《政治学》2015 年第 6 期全文转载。

础与执政基础在逐渐萎缩，党员数量普遍在下降、老龄化现象日趋严重，希望入党的人越来越少。对于欧洲政党的情况，德国波恩大学政治学与社会学研究所研究员福尔克·贝斯特（Volker Best）指出：从党员年龄结构看，西方政党的党员老龄化现象日趋严重，如 2000 年以来，德、法、英、意、荷等国 60 岁以上的党员所占比例都比较高，分别为 32%、42%、56%、30%、34%；但不管哪个党派，年轻党员所占比例都低于平均水平，因此，党内活跃度目前比较低，因为年轻党员活跃程度比较高、年龄越大活跃程度越低。从公共政治需求看，党员数量已经难以满足公共政治需求，比如在荷兰，有的政党大选中甚至在党内找不到合适的候选人，不得不寻找非党员作为政党候选人，这一严重问题随着党员数量的减少将不断扩大，荷兰有 12000 个政治职位需要党员来担任，但实际活跃的党员只有 4.5 万—6 万人；在德国，由于人口结构变化，有的政党成员在未来 20 年将会减少 60%；在法国，当前法国社会党总共有 12 万党员，可供其填充的官员职位却有 5 万多个；等等。总之，这些国家的政党，都急需招募年轻党员来充实队伍。[①] 托马斯·珀甘特克（Thomas Poguntke）则进一步指出，在北欧党员衰减的情况更为明显，有些国家的党员人数已经非常少了，达到无进一步下滑空间的地步；而且，工会在历史上作为左翼政党的同盟组织，其成员也在全面减少，工会成员与政党成员的数量减少呈现出正相关关系。[②]

二是西方政党传统的作用与功能在弱化，政党与公民之间的关系在逐渐弱化。在西方社会，人们一般认为，政党是联系国家与社会的桥梁或中介，政党与民众之间的关系是代表与被代表关系；但欧美之间有一定的差

[①] ［德］福尔克·贝斯特：《党员的招募：采用现代战略吸收年轻人、建设一个新生代政党》，2014 年 9 月在上海行政学院与德国艾伯特基金会上海办公室联合主办的国际研讨会"信息化时代的社会转型与政党转型"上的发言。

[②] ［德］托马斯·珀甘特克：《变化中的政党—公民社会关系：纽带的侵蚀？》，2014 年 9 月在上海行政学院与德国艾伯特基金会上海办公室联合主办的国际研讨会"信息化时代的社会转型与政党转型"上的发言。托马斯·珀甘特克系德国海因里希·海涅大学杜塞尔多夫政党研究所所长。

别，比如欧洲政党作为国家与社会之间的纽带功能很明显、政党在政府中发挥着重要作用，而在"多元主义"流行、三权分立的美国，政党与选民之间的纽带关系不像欧洲那么明确。20世纪80年代以来，随着信息化发展，大量社会组织、非政府组织、社会运动等蓬勃发展，这些都成为执政者与社会民众进行沟通的重要工具，也成为广大民众政治参与的工具，而且对年轻人具有更大的吸引力。因此，在西方国家，政党作为国家与社会之间的桥梁与纽带功能逐渐被削弱，逐渐被新社会运动、非政府组织等所替代，政党与民众的纽带关系遭到侵蚀并不断弱化。那么，在当代欧洲，为什么一些年轻人愿意参加非政府组织、愿意做志愿者，而不愿参加政党组织呢？对此，贝斯特通过8个欧洲国家的调查结果告诉我们：从欧洲年轻人的政治参与兴趣看，年轻人最看好的是"投票选举"，62%的人对投票选举表示认可；其次为媒体、非政府组织，第四才是"参与党内工作"。这其中的原因主要有三个方面：一是许多欧洲年轻人感觉自己很忙、无法在政治上长期保持活跃，而参与非政府组织、社会运动等不需要长期投入。二是非政府组织等的工作形式比较松散，参与非政府组织与社会运动等不需要长期忠诚，而政党都有自己的政纲、需要长期忠诚，对欧洲青年而言，他们认为对政党的"长期忠诚"会影响到他们的个人诚信。三是近一半的欧洲年轻人认为，自己既不左也不右，入党的愿望很低，因此，吸引他们入党的难度比较大，只有10%的年轻人表示他们与某个政党靠得比较近。而少数年轻的政党追随者之所以入党，一方面是受家庭成员、朋友、学校的政治态度的影响；另一方面是因为，这些年轻人要么有比较强的道义感，要么喜欢辩论、喜欢热闹生活、积极参与游行示威，要么喜欢在体制内工作。[①]

　　三是欧洲政党的党内关系在弱化、民众对政党的认同度在降低。具体说来，这主要表现为三个方面：第一，在政党内部，在过去20年间，西

---

① ［德］福尔克·贝斯特：《党员的招募：采用现代战略吸收年轻人、建设一个新生代政党》，2014年9月在上海行政学院与德国艾伯特基金会上海办公室联合主办的国际研讨会"信息化时代的社会转型与政党转型"上的发言。

方政党和基层尤其是和基层党员之间的关系发生了巨大变化，党员对政党的认同度与忠诚度在降低，党内关系呈现出松散化趋势；在党内成员不断缩减的同时，政党内部也面临内部"参与危机"。第二，西方政党在选民尤其是在年轻人中的信度在降低。相关资料显示，欧洲和美洲 25 个国家的抽样调查表明，被调查者中对政党表示"信心较大"或"信心很大"的人不足 20%。① 在欧洲，贝斯特等认为，很多欧洲青年人认为"政治就是说空话"，政治是老男人才玩的游戏，甚至搞不懂"政治在搞什么"；因此，欧洲的年轻人对议会的信任程度非常低、对政治人物的信任度更低，他们更信任"绿色和平运动"等非政府组织。② 第三，西方民众对政党的认同度与忠诚度在降低，政党面临着社会参与危机。这主要表现为选举的波动性在不断扩大、缺席选举的现象日益严重，正如有的西方学者所言："选民这次选这个党、下次却选另一个党"的现象在扩大；许多公民选择通过非政府组织、社会运动等非传统渠道来参与政治，而不再通过政党，在欧洲甚至出现了"反政党式"的政治。

四是西方选举政治个人化倾向在增强。在信息化条件下，西方政党领导人的作用不是在下降，而是在上升，在选举政治中发挥着越来越重要的作用；而政党在选举中的角色在弱化，在下降。西方学者认为这是不争的事实。如莫里斯·弗吉尔认为，信息化时代是一个个人化和媒体化的时代，是一个高度互动的时代，西方竞选活动呈现出"个体化与媒体化"倾向。在西方选举中，政党候选人不仅要展现"作为专业政治家的候选人"的一面，更要展现"作为血肉之躯的候选人"的一面；因为作为一个党的党魁或候选人，代表党竞选固然重要，但他们要以"个体实体"来代表党进行竞选、需要展示有血有肉的人之形象。因此，任何一个政党候选人或领导者，除了要善于陈述自己的政见外；还需要展示个性，展示作为政治

---

① 资料来源：www.worldvaluessurvey.org。

② ［德］福尔克·贝斯特：《党员的招募：采用现代战略吸收年轻人、建设一个新生代政党》，2014 年 9 月在上海行政学院与德国艾伯特基金会上海办公室联合主办的国际研讨会"信息化时代的社会转型与政党转型"上的发言。

家的形象、作为一个父亲乃至一个健康丰满的人的形象。因此，就需要通过加强与选民的深度互动与沟通，来提升形象、增加吸引力、赢得民众的信任，以调动更多的人走出家门来为其投票。这种情况导致了人们更加关注政党领袖与政党候选人，而不再是政党本身；因而政党候选人与民众的关系在加强，政党与民众的关系在削弱。[①] 这种情况不仅在欧洲如此、美国如此，即使在原苏东地区也是如此。总之，在信息网络时代，许多国家的政党候选人（领导人）通过社交媒体（包括微信）来展现他们的个人形象，与民众进行沟通，以此消解政治家和公民之间的鸿沟，增加选民对自己的了解、信任与支持。

（二）西方政党对信息化发展的基本反应

面对信息网络与经济社会发展对政党带来的挑战，西方政党不会坐以待毙，而是采取积极的态度去应对。实际上，20世纪70年代以来西方大党老党的现代化取向，正是应对经济社会发展特别是信息化发展所带来的政党危机、选举危机而采取的应对举措。总的来说，西方政党现代化的理论与实践涉及对政党性质、职能、组织方式与结构、地位和作用的再认识，除了淡化政党阶级色彩、推行意识形态"中间化"，打造网络化政党、推行政党信息化，加强党内制度建设、规范党内政治运作，强化内部纪律、强调"纪律是民主的美德"等人们所熟知的一些措施外，西方政党如何应对信息网络挑战的以下举措也值得我们关注：

一是推行党内民主、扩大党内政治参与。这主要表现为改造官僚化的组织结构、实行政党组织"扁平化""网络化"，加强党员的声音、扩大党内民主参与，落实基层民主、增强直接民主，推进党内政策和决策民主化，增强政党、领袖与党员的沟通，更新政党理念、树立现代政党形象，

---

① 莫里斯·弗吉尔：《西方政治人士如何使用新媒体来打造自身形象并与公众沟通》，2014年9月在上海行政学院与德国艾伯特基金会上海办公室联合主办的国际研讨会"信息化时代的社会转型与政党转型"上的发言。

提高政党开放性、增强吸引力等。对于什么是党内民主，中外有不同的理解、不同的定义、不同的内容界定；在西方学者看来，他们尤其重视党内直接参与或党内直接民主。比如久力亚·桑得利（Giulia Sandri）等认为，党内直接参与既可以进一步增强政党代表性、强化政党合法性、提高公众对党的信任，也可提高现有党员的积极主动性、吸引更多新的党员；并且认为，党内直接参与既包括党员在党内领导人与政党候选人的选举、制定政纲、党内审议与决策中的直接参与，也包括直接参与政府相关的一些决策。[①] 托马斯·珀甘特克则认为：强化直接民主的关键，就是党内直接选举领导人，以政党领导人的代表性来弥补政党代表性与纽带功能的削弱；而且认为，民主选举的政党领导人的代表性，与政党的代表性与纽带功能具有等效的"象征意义"，因为他代表着党、代表着民众。[②] 有关资料显示，德国社民党从 1997 年起，开始由全体党员选举总理候选人，英国工党由全体党员直接投票决定党的领袖人选。另外，即使欧洲学者也认同"党内民主是有限度的"，如何正确处理民主与效率之间的关系，既让党员更多表达意见，也要保证决策的科学性与有效性，既强化基层党员的声音，也兼顾政党中间层的意见，避免从一个极端走向另一个极端，这是一个两难问题，着实考量着政党及其领导人的智慧。

二是开放党组织、接纳新型党员、建设新生代政党。党员招募乃政党的一项基本功能，党员作为政党坚定的支撑者与政治基础，也是新媒体等无法取代的。在西方国家，面对政党吸引力下降的形势，为了克服党员萎缩、党员老龄化现象，鼓励年轻人入党，欧洲许多大党老党想方设法招募年轻人入党、努力推行新党员标准，以使党员结构更加灵活、入党更加容

---

① ［法］久力亚·桑得利:《加强党员的声音：西方政党的党内民主新形式与党员参与》，2014 年 9 月在上海行政学院与德国艾伯特基金会上海办公室联合主办的国际研讨会"信息化时代的社会转型与政党转型"上的发言。桑得利系法国里尔天主教大学欧洲政治学院政治学助理教授。

② ［德］托马斯·珀甘特克:《变化中的政党—公民社会关系：纽带的侵蚀?》，2014 年 9 月在上海行政学院与德国艾伯特基金会上海办公室联合主办的国际研讨会"信息化时代的社会转型与政党转型"上的发言。

易，这也是西方政党推进党内民主的一种新方式。在当代西方，有的学者从宽泛意义上来理解党员，把党员划分为五种类型：一是传统党员，要缴纳党费、登记注册；二是新型党员，缴纳的党费比传统党员少，但无法成为党派候选人；三是政党支持者，他们不加入政党，但会向政党捐赠；四是政党追随者，他们会定期关注或在线关注政党的活动，如通过推特来关注政党的问题；五是新闻关注型党员，他们会订阅政党定期发布的简报或者其他杂志等。[①] 这种观点也着实反映了西方政党政治的现状，比如在英国、澳大利亚等，这五种类型的党员都有。那么，欧洲政党应靠什么方法吸引年轻人、建设新生代政党呢？对此，福尔克·贝斯特提出了三个方面的建议：一是使政党活动更加有趣，在党内要创造良好的交友空间，如针对年轻人的兴趣与利益专门举办一些论坛等；二是党内要为年轻人的脱颖而出创造条件，如专门为年轻人留出一些党内职位、放宽限制条件、在党的中央机构里保持年轻人占一定的比例等；三是要加强吸收年轻党员乃至其他党员的力度，如建立政党支持者网络、新加入的党员党费打折、允许网上申请入党、放松地域限制，想方设法吸引那些教育程度高、流动性大的年轻人入党。[②]

三是扩大民众对党内事务的参与、提高政党代表性。一般而言，判定政党是否民主主要有两个维度：一是党内参与维度，即党内党员参与情况，主要是看党员是否能够直接参与党内的审议、决策与选举；二是政党代表维度，即政党回应性，主要是看党员与民众是否被政党充分代表，政党是否充分考虑了选民的诉求与意愿等。对政党而言，党内参与度与政党代表度之间客观上存在一定张力，这种张力体现了党员与选民之间的张力，如何处理好两者之间的关系则事关党内民主发展与政党执政成败。在

---

① ［法］久力亚·桑得利:《加强党员的声音：西方政党的党内民主新形式与党员参与》，2014 年 9 月在上海行政学院与德国艾伯特基金会上海办公室联合主办的国际研讨会"信息化时代的社会转型与政党转型"上的发言。

② ［德］福尔克·贝斯特:《党员的招募：采用现代战略吸收年轻人、建设一个新生代政党》，2014 年 9 月在上海行政学院与德国艾伯特基金会上海办公室联合主办的国际研讨会"信息化时代的社会转型与政党转型"上的发言。

当今西方政党成员萎缩、政党功能削弱的形势下，西方政党开始实行开放政策，允许新型党员参与党内决策，甚至允许他们参加党内投票（如选举领导人）。对此，桑得利指出：西欧乃至世界其他国家的一些政党如法国、比利时、以色列、荷兰、日本、澳大利亚、德国等，已经开始用"开放初选"方式选举政党领导人；也有些国家如法国、意大利、芬兰、智利等，开始用开放式的初选来选举国家领导人。在这种开放式的初选中，参加选举者并不只是党内注册登记的正式党员，而是所有选民、所有公民。桑得利也坦承：当前世界各国各政党"开放式初选"的制度化水平比较低，往往取决于政党精英的战略性选择。① 当然，世界上各国情况不一，有的国家、有的政党至今仍然坚持用"封闭式"初选方式来选举国家领导人或党内领导人；即使同一个国家的不同政党，其做法也有所不同。值得注意的是，任何事物、任何办法都具有两面性，开放式初选有助于扩大民众对党内事务的参与、提高政党代表性与开放度，但也可能对政党造成一些伤害，如影响党内党员的积极性与忠诚度、增加社会对政党的组织渗透性甚至导致政党空心化。

四是利用信息网络加强与民众沟通、正确处理政党与媒体关系。信息网络技术发展对人类社会乃至政党最直接的影响之一，就是引发沟通方式、政治宣传方式的变革。在信息网络条件下，任何一个政党都不可能主导、更不可能控制网络言论，只能有效利用信息网络加强与民众的沟通。对此，西方政党主要有两方面的做法：一方面，积极利用信息网络进行政

---

① ［法］久力亚·桑得利：《加强党员的声音：西方政党的党内民主新形式与党员参与》，2014 年 9 月在上海行政学院与德国艾伯特基金会上海办公室联合主办的国际研讨会"信息化时代的社会转型与政党转型"上的发言。在互动环节，桑得利进一步解释道：西方政党向非党员开放、实行开放式初选，其对政党结构的影响在各国不一样，如欧美相比，欧洲的初选不同于美国的初选。另外，欧洲目前的开放式初选制度化水平比较低，可能只是一时行为，并未真正制度化、进入制度化的流程当中。至于开放式初选对党员或政党结构的影响，桑得利认为很难概括，但可以例子来说明，比如在意大利，选择首相、中央与地方的政府领导人与政党领导人，初选有 1000 多次，一般情况下都是党派正式党员最终胜出；葡萄牙、西班牙、法国等的开放式初选结果说明，总体而言，对正式党员的影响并不是那么负面。

治宣传、政治动员乃至筹集政党经费，加强政党与选民的政治沟通，尤其强调政党领袖、政党候选人与广大党员与民众的沟通，以宣传政党政见、密切联系民众、树立政党与政党领袖形象，达到赢得选民支持、赢得大选、赢得执政地位之目的。另一方面，注重转变观念、改善政党与网络媒体的关系，把党从"新闻报道的对象"变成"影响新闻报道的主体"，加强媒体公关，培养"适应媒体社会发展的沟通能力"。比如法国社会党在2002 年总统选举和立法选举失败后，就开始注意利用信息网络收集信息、传播信息、进行政治动员；开始强化党内积极分子的责任与能力，促使他们更加注意倾听民众声音、保持与群众的对话；注重增强政党与网络媒体迅速互动的能力，及时了解社交网络舆论、充分运用网络媒体影响社会舆论与网络，对不利的网络舆论等及时回应，如在选举期间，法国社会党对不利传言在 1 小时内必须做出反馈。[1]

三、信息化发展对美国政党的影响：案例分析与思考

美国被誉为现代政党的发源地之一，美国政党政治在世界上具有重要但又独特的影响；同时，美国又是当今世界信息网络技术最为发达的国家，在许多方面引领世界信息网络发展潮流。从历史上看，美国政党发展与信息化发展密切相关，这正如《信息改变了美国》一书的作者阿尔弗雷德·钱穆勒所言："信息一直在美国社会中起着重要作用。它对管理国家的政治和行政、国家的经济活动，以及信息处理和通讯都是必不可少的。"[2] 那么，信息网络技术发展对当今美国政党与政党政治影响如何？如美国民主党与共和党这两大政党如何运用信息网络技术进行政党活动与

---

[1]　刘红凛：《法国社会党胜选的三维理论分析：从民情民意、结盟策略到政党调适》，《当代世界与社会主义》2012 年第 6 期。

[2]　参见高世楫：《信息化提升政府绩效，推进政府转型》，见［美］达雷尔·M.韦斯特：《下一次浪潮：信息通讯技术驱动的社会与政治创新》，上海远东出版社 2012 年版，推荐序，第 7 页。

选举活动、如何回应信息化发展而进行政党变革？这是值得研究的典型案例。遗憾的是，无论是在美国还是中国，研究信息网络发展对美国政党影响的文献并不多，可供借鉴的文献非常有限。如我们在哈佛大学图书馆进行相关文献检索，其结果只有《电子政党政治学》（Part-e Politics）、《你"喜欢"的候选人》（Candidates You "Like"）、《共和党的网站》（Republican State Party Sites：New Internet Basics）、《互联网时代的肮脏政治》（Dirty Politics in the Internet Age）等为数不多的几篇文献。我们参阅有限的相关文献与会议研讨，根据 2013 年 8—12 月在美国哈佛大学访学期间的相关考察、访谈与研究，对信息网络化对美国政党政治的影响作以案例剖析。[①]

（一）世界政党谱系中的美国政党

要想了解信息网络技术发展对美国政党的影响，首先必须对现代美国政党与政党政治有一个基本认识。对此，学界的基本共识是："空心化""开放化""分权化"等是美国政党与政党政治的显著特点。美国两大政党是美国选举政治的工具与政治标签，其主要功能是提名公职候选人和参与选举。美国政党实行开放式初选，在绝大多数州所有公民都可以参加初选；美国初选被视为"州政府行为"，主要由州法规定，政党不能自主决定。政党成员则是选民中具有一定政治倾向的自由公民，无须在党内进行登记注册、无须交纳党费、无入党退党之说，甚至无党内权利与义务可言；选民只要在选举中投票支持某党，就可以声称是该党成员。上述特点决定了美国两大政党组织功能虚化、政治家个人作用突出，党内组织松散、缺乏统一的权威。此外，美国两大政党实行中央与地方分权，属于典型的"分权型"政党。

[①] 关于"信息化发展对美国政党的影响：案例分析与思考"的相关内容，以《信息网络化对美国政党政治的影响》为题首发于《中国社会科学内部文稿》2015 年第 2 期，正式公开发表于《政治学研究》2015 年第 4 期。

要想深刻认识信息网络技术发展对美国政党的影响，我们还必须从现代政党类型学划分中、在现代世界政党比较中来认识美国两大政党的类型特征及其极化特点。至于现代美国政党属于何种政党类型？中外学者政党类型的划分标准不同，对美国两大政党的类型归属的认识也有所不同。比如，法国政治学者迪韦尔热（Maurice Duverger）根据政党起源，将政党分为"内生型政党"与"外生型政党"；根据党员吸收方式，将政党分为"直接政党"与"间接政党"；根据政党成员参与程度，将政党分为"极权政党"与"有限政党"。① 一般说来，"内生型政党"组织比较涣散，关系比较松懈，纪律性比较差，一般以"投票区委员会"作为基层党组织，党员与政党精英的关系比较疏远；"外生型政党"组织比较健全、纪律比较严格、基层组织分布广泛、多以支部为单位。根据迪韦尔热提出的上述标准，美国两大政党显然属于"内生型政党"与"有限政党"，但是属于"直接政党"还是"间接政党"则不得而知；因为美国两大政党的党员是选民中具有一定政治倾向的自由公民，无须登记注册，很难说是"直接吸收"还是"间接吸收"。

以政党功能为标准，美国政党政治学者纽曼（Sigmund Neumann）将政党划分为"代表性政党"与"整合性政党"两种类型，前者指以代表社会中个别团体或特定选民的利益与意见为基本任务的政党，也被称为"掮客型政党"；后者指坚持某种主义来积极整合、动员选民的政党。② 从现实情况看，当代美国的民主党、共和党与英国的保守党等属于典型的掮客型政党；而西欧各国的社会党则属于整合型政党，但战后欧洲社会党也存在一个从"大众型政党"向"全方位党""卡特尔党"转变的问题。美国政治学教授兰尼（Austin Ranney）根据政党权力集中程度，将政党划分为"集权型政党"与"分权型政党"，二者的区别主要看政党控制其成

---

① Maurice Duverger, *Political Parties*：*Their Organization &Active in the Modern States*,trans. from the French , London：Mcthuen&Co., 1967,p.40.

② Sigmund Neumann，*Modern Political Parties*：*Approches to Comparative Politics*. Chicago：the University of Chicago Press,1956,pp.404-405.

员及政治动员的程度；而根据团结度，兰尼将政党又划分为"高团结度政党"与"低团结度政党"。① 按照这一划分，美国两大政党显然属于分权型、低团结度政党。

总的来说，上述关于政党类型的划分，往往具有非此即彼的特点与简单化倾向，其解释力有很大的局限性。因此，我们需要充分考虑当代世界各国政党的多样化特点，打破传统的"两分法"范式的束缚；需要对当代世界政党进行光谱式的类型划分，既能为分析世界各国政党搭建统一平台，又有利于准确把握世界各国政党的特点。具体来说，这一政党谱系划分主要基于以下三个维度：

首先，从政党的组织功能与领袖作用之关系看，当今世界政党大致可以划分为五种类型：一是极端化的、个人专制化的"强领袖—强组织"型政党，其显著特点是政党领袖实行个人专制，政党领袖主导政党，政党组织功能强大，其典型代表就是纳粹党。二是集体领导化的"强组织—强领袖"型政党，其突出特点是政党组织强大、实行集体领导、政党领袖的个人作用突出；但是，政党组织与政党领袖之间具有很大的制约性，政党领袖受制于党内集体领导。中国共产党大致属于此类。三是平衡化的"组织较强—领袖较强"型政党，即政党组织功能比较强，领袖个人作用也比较突出；但总的来说，政党领袖的个人作用比较有限。欧洲社会党大致属于此类。四是互补化的"组织较弱—领袖较强"型政党，即政党组织及其功能比较弱，政党领袖个人作用突出，在党内一般实行寡头统治。英国保守党等传统资产阶级政党大致属于此类。五是极端化的"组织虚化—领袖强化"型政党，即政党组织及其功能弱化，政党领袖个人作用强化、政党政治趋向于个人化。美国两大政党基本属于此类。以上五种政党类型，从一个极端到另一个极端，政党组织功能从强大、较强，再到较弱、虚化；而政党领袖的功能则从强大、较强，再到较强、强化（乃至个人化）。总

---

① Austin Ranney，*Governing : An Introduction to Political Science*，New Jersey : Prentice-Hall,Inc.1993, pp.219-225.

之，上述政党谱系的两个极端类型，都呈现出明显的政党个人化倾向。

其次，从政党纪律与个人自由度看，当今世界政党类型也可以划分为五种类型：一是极端化的"党纪极严—党员无自由"型政党，其突出特点是党内纪律极其严格，党员无条件地服从政党领袖与政党组织，个人专制型的政党基本都是如此。二是"党纪严格—党员有限自由"型政党，即党内纪律严格，但党内纪律是建立在党内民主之上的，党员权利明确、有相对自由，党组织一般不再干预党员"私人领域"的事情。当代中国共产党大致属于此类。三是"党纪比较严格—党员比较自由"型政党，即党内纪律比较严格，但党内民主水平较高，党员个人比较自由。欧洲社会党大致属于此类。四是"党纪比较弱—党员自由度较高"型政党，英国保守党等传统资产阶级政党大致属于此类。五是"党纪松弛—个人完全自由"型政党，美国两大政党基本属于此类。在以上五种政党类型中，从一个极端到另一个极端，政党纪律从极严、严格、比较严格到比较弱与党纪松弛；而党员自由度从无自由、有限自由、比较自由到较高自由与完全自由。在政党谱系中，这五种政党类型从左到右，基本上与上述以政党功能与领袖作用为标准的政党类型划分相对应。

再次，从政党封闭性与开放度并结合政党组织原则来观察，当今世界政党也大致可划分为五种类型：一是"封闭—专制"型政党，只有正式登记注册的党员才能参加党内活动，而且强调保守党内秘密、个人绝对服从党内纪律，吸收党员条件极为严格。二是"封闭—民主集中"型政党，虽然吸收党员的条件与程序比较严格，只有正式登记注册的党员才能参加党内活动，强调保守党内秘密、个人服从党内纪律，但政党建立在民主集中制原则之上。中国共产党大致属于此类。三是"封闭—比较民主"型政党，虽然强调只有正式登记注册的党员才能参加党内活动，但党内活动建立在民主原则之上，吸收党员的条件比较宽松。欧洲社会党大致属于此类。四是"半封闭—半民主"型政党，无论是不是正式登记注册的党员，都可以参加党内活动，如党内提名等，但政党界限比较明显，有的甚至在党内实行寡头统治。英国保守党等传统资产阶级政党大致属于此类。五是

"开放—自由"型政党，政党基本无正式登记注册的党员，所有公民都可以参加政党活动，具有很高的自由度。美国两大政党是这一极端类型的代表。以上五种政党类型，从左到右，政党开放度从封闭、半封闭到开放；而党内民主度则从专制、民主集中、比较民主、半民主到自由，这五种政党类型基本与前两种以政党组织功能、政党纪律等为标准的五种政党类型基本相对应。

从上述对政党类型的光谱式、序列式的划分可以看到，美国两大政党可谓当今世界政党谱系中的一个极端，表现出极化特征。这里的"极化"，不是指一般意义上的国内政治势力的分化、截然对立与零和博弈，而是指其在世界政党比较中所呈现的极端化特征。在此意义上，美国两大政党并非当今世界政党的"一般代表"，并不具有普遍性，而是一个极端化的典型。这是研究美国政党与政党政治必须注意的。

（二）美国政党信息化的发展阶段与基本特征

信息网络技术发展对美国政党乃至世界政党的影响，都首先是技术层面的，即政党对信息网络技术的运用，如建立政党网站，实现政党信息化、网络化等。需要强调的是，信息化发展对政党技术层面的影响并非是一成不变的，而是随着信息网络技术的阶段性发展而不断深化的，呈现出明显的阶段性特征。从世界范围看，无论是美国还是其他西方政党，对信息网络技术的运用都稍晚于信息网络技术发展本身，呈现出一定的延时性、阶段性特征。根据英国学者雷切尔·吉布森（Rachel Gibson）的研究，信息化发展对西方政党的影响大致可划分为四个阶段，即早期实验阶段、标准化阶段、网络社区建设及参与阶段、动员及数据分析阶段，且后三个阶段分别对应于 Web 1.0 时代、Web 2.0 时代及 Web 3.0 时代。[①] 吉布

---

① ［英］雷切尔·吉布森:《社会和技术趋势及其对西方政党的影响》，2014 年 9 月在上海行政学院与德国艾伯特基金会上海办公室联合主办的"信息化时代的社会转型与政党转型"国际研讨会上的发言。

森教授的"四阶段说"颇有道理，但具体到美国政党而言，则存在一定的时空错位，需要稍加修正。我们认为，美国政党信息网络化的"早期实验阶段"与 Web 1.0 时代相对应，"标准化阶段"与 Web 1.0 向 Web 2.0 的过渡期相对应；"网络社区建设及参与阶段"与 Web 2.0 时代相对应；"动员及数据分析阶段"与 Web 3.0 时代乃至网络空间时代相对应。具体说来，迄今为止，美国政党信息网络化发展大致经历了如下四个发展阶段：

第一阶段"早期实验阶段"（1994—1999 年）。在这一阶段，随着 Web 1.0 时代的开启（1983—2001 年），美国政党开始运用 Web 1.0 技术建立静态的、实验性的政党门户网站；但这一阶段的美国政党网站还比较原始、内容相当简单，而且政治作用并不明显，主要意图是跟上时代潮流、在网上保持"政党存在"。就美国两大政党建立政党网站的具体情况而言，1994 年美国加利福尼亚州民主党参议员黛安娜·范斯坦（Dianne Feinstein）开创先河，建立了历史上第一个个人竞选网站。1995 年，美国民主党建立了政党网站。1996 年，美国民主党总统候选人克林顿（William Jefferson Clinton）建立了个人竞选网站。比较而言，在这一时期，美国共和党对网站的重视与运用稍逊于民主党，如 1996 年美国共和党总统候选人鲍勃·多尔（Bob Dole）在一次电视辩论中竟给选民报出了一个错误的个人竞选网站地址；1999 年美国共和党才建立政党网站，而且是先有州层面的政党网站。从世界范围看，美国并非世界上最先建立政党网站的国家。尽管美国信息网络技术在全世界最发达，但世界上第一家政党网站并非出自美国，而是 1994 年澳大利亚工党建立了政党网站，另外，德国社民党也于 1995 年比较早地建立的政党网站。

第二阶段"标准化阶段"（大约 2000 年前后）。这一阶段，美国政党网站仍以主页和电子邮件为主，但已将政党简介与政党候选人信息等内容纳入网站，开始呈现出网页创意与专业外观，开始运用网站从事政党竞选活动和政治沟通。同时，由于一些专业网络公司开始参与政党网站制作，不同政党网站的水平差距开始显现。正如玛丽·克莱尔（Mary Clare

Jalonick）所言：到 2001 年底，共和党的网站大为改观，开始呈现出一些新的要素、新的内容，其中包括时事新闻、政党新闻、区县联系、议题、成就、在线活动、网上调查等；而在新泽西州、俄亥俄州和宾夕法尼亚州的共和党网站上，已经开始公开其所有候选人的传记与信息，弗吉尼亚州共和党网站则已经与其候选人网页建立了链接。① 事实上，早在 1998 年，美国自由党候选人、前职业摔跤运动员杰西卡·文图拉（Jesse Ventura）就开始使用电子邮件争取选民支持，并意外当选明尼苏达州州长；2000 年，美国共和党人约翰·麦凯恩充分运用信息网络进行总统候选人竞选与筹资，这都充分证明了网站在竞选筹资、政治沟通方面的强大功能。

第三阶段"网络社区建设及参与阶段"。随着 Web 2.0 时代（2001—2008 年）的开启与 Web 2.0 技术的广泛运用，尤其是社交网络平台（如 Facebook、Twitter）的建立，美国政党网站开始呈现动态性，政党候选人开始运用各种社交媒体加强与网民的沟通与互动，甚至通过社交网络来招募选举志愿者、吸引支持者。这一阶段，美国专业化的网络竞选团队也开始出现，并备受重视。如 2004 年美国民主党人霍华德·迪安（Howard Dean）运用推特（Twitter）和"偶遇"（Meetup.com）等社交网站，发起了一场声势浩大的草根竞选运动，并由此在竞选中崛起，成为民主党总统候选人之一。到了 2006 年，网络视频已经成为美国竞选活动的重要工具。在 2008 年美国总统大选中，雅虎、美国时政漫画杂志《Slate》和新闻博客网站《赫芬顿邮报》（Huffington Post）等联合举办了美国大选总统候选人网上辩论会，选民通过互联网直接向总统候选人提问并得到及时反馈，实现了普通人的政治参与。这也是美国总统选举史上一次历史性的突破，证明了互联网在政治选举中的巨大作用。特别值得提及的是，在 2008 年美国总统大选中，民主党候选人奥巴马（Barack Hussein Obama）在缺乏深厚政治背景与大财团支持的劣势条件下，以网络作为主战场，充

---

① 参见 Costas Panagopoulos, *Part-e Politics*：*Investigating the Online Presence of Major Parties in the United States*, Campaigns & Elections, September 2003, p.34。

分运用推特（Twitter）、脸谱（Facebook）、你的电视（Youtube）等社交网站与视频网站等来展现个人形象、争取人心，吸引了大量女性、外裔美国人与普通蓝领阶层的支持，并竞选成功，成为美国历史上第一位黑人总统、第一位"互联网总统"。可以说，如果没有对网络的充分运用，没有虚拟视频"我的奥巴马"（My BO），奥巴马是难以扭转选举困境、在初选中战胜民主党党内候选人希拉里（Hillary Diane Rodham Clinton）、在大选中战胜共和党候选人麦凯恩（John Sidney McCain III），从而成为美国历史上第一位黑人总统。整体上看，在这一阶段，美国政客已经充分意识到，互联网已经成为集电视机、电影院、广播电台、电话、报纸、市政厅、筹资场所等于一体的强大的竞选招募中心，可以收集、创建和共享其他媒体的信息，具有十分强大的竞选功能。来自美国互联网服务公司拜威集团（The Bivings Group）的信息表明，2002 年，美国中期国会选举中只有 55% 的候选人有竞选网站；而在 2006 年，美国国会中期选举中已经有97% 的候选人有了竞选网站；到了 2007 年，则每一位总统候选人都有自己的竞选网站与脸谱（Facebook）等社交网页等。

　　第四阶段"政治动员及数据分析阶段"。随着互联网信息的全面整合与网络空间时代的到来，美国政党及其候选人更加注重网络政治动员，信息网络在选举中表现出更大的战略性与针对性。正如吉布森所言：这一阶段，虽不一定是政党顺应信息技术的最后阶段，但也标志着其"成熟"；它显示了一个努力的递进，即从内部部署动员支持者和积极分子，发展到外部应用，以便动员选民和选区；实现了一个实际转变，即从自定义构建网络社区、选民注册加入社区，转变为走出去，主动去发现选民自己的社交媒体空间、获得他们的数据和网络，以增强政治动员的针对性与有效性。[①] 应该说，这代表着一个新的开端，信息网络在政治选举中将扮演更重要的角色、发挥更大的作用。但实际情况却不尽如人意。美国互联

① ［英］雷切尔·吉布森：《社会和技术趋势及其对西方政党的影响》，2014 年 9 月在上海行政学院与德国艾伯特基金会上海办公室联合主办的"信息化时代的社会转型与政党转型"国际研讨会上的发言。

网服务公司拜威集团的研究表明：2006年美国国会中期选举中，80%到94%的竞选网站处于第一级水平，仅提供基本竞选活动信息；14%到55%的竞选网站达到第二级水平，除了提供基本竞选活动信息之外，还提供博客、视频、音频、订阅和下载等服务；只有3%到12%的竞选网站达到第三级水平，即除了提供前两级服务外，还具有社交网络功能；至于运用信息网络进行"政治动员及数据分析"的候选人，则少之又少，这既与信息网络的发展程度有关（如网民规模、技术特点等），更与选举团队进一步运用信息网络的意愿与能力有关。

（三）美国选举政治个人化与政党空心化

信息化、网络化在技术层面对政党的影响，是初步的、直观的；由信息网络发展引发的生产力与社会变革，以及由此引发的政党政治的环境与内容变化乃至政党转型，才是更深层次的、更重要的。对于美国政党政治而言，信息网络技术发展对美国政党政治的重大影响，突出表现是2008年总统大选中奥巴马作为"网络总统"的胜出。这一方面标志着美国政党政治个人化、媒体化的加剧；另一方面标志着原本"空心化"的美国政党更加"空心化"，原本组织功能弱化的美国政党进一步弱化乃至虚化。

一方面，信息网络发展使得美国政党政治的个人化、媒体化色彩加剧，奥巴马作为"互联网总统"的胜出就是典型的例证。在美国乃至世界各国，随着信息网络技术的普及与发展，推特（Twitter）、微博（Weibo）、微信（Wechat）等社交网站与即时交流工具迅速兴起并被广大民众广泛运用，这使得信息资源大众化、公开化、平等化，使得人人可以成为"自媒体"、成为"信息发布者"。在这样一个高度互动的时代，个性突出的政治领导人更容易赢得民众的好感和追捧，也必然对以选举为中心的美国政党政治产生重大影响。以信息技术在选举中的运用与作用为标准，我们可把包括美国在内的西方选举划分为前现代竞选活动（或近代选举阶段）、现代竞选活动、当代竞选活动三个阶段。在前现代竞选阶段，政党主要通过个人化的政治动员（如开会、集会、演讲）与散发选举印刷品等来进行选举动员，具有劳动密集、费时费力等特点；现代选举中，政党除运用传统手段进行选举动员外，还广泛运用新媒介与新手段（如电视、广播、新闻广告、民意调查等）进行政治动员与政治宣传，具有电视新闻密度高、竞选费用高等特点。而在当代选举中，政党及其候选人不但仍可以通过散发印刷品、电视宣传、电视辩论等手段进行政治动员与政治宣传，更可以通过政党网站、电子邮件等互联网技术进行政治宣传与政治动员，加强与民众的互动与沟通；政党候选人还广泛运用个人网站、网络社交平台等进行个性化宣传与"政治营销"，以收集选举信息、筹集选举经费、招募志愿者甚至组建竞选团队。总之，当代选举实现了传统政治与网络政治的新老结合、实现了高科技与政治的紧密结合，充分体现了互联网在政治选举中的巨大作用。如在 2008 年美国总统大选中，奥巴马以网络作为主战场，依靠各种网页、社交网站、网络电视等吸引了上百万粉丝，筹集了大量选举经费；没有互联网，奥巴马就不可能当选为总统。同时，竞选手段、竞选策略以及竞选重点也发生了历史性变化，使得在个人主义盛行的美国，以政治家为中心的竞选活动更加个体化、媒体化。具体来说，这主要表现为四个方面：(1) 互联网在选举中的广泛运用，改变了广播、电视媒体的"单向性"与选民的"被动性"的状况，有效地实现了候选人与选民的双向互动、激发了普通民众的政治参与热情。这也是奥巴马成功运用互联网竞选的关键所在。(2) 在互联网时代，要想赢得选举，就必须增强个人竞选网站的吸引力，有效运用各种网络交流工具来吸引民众。这要求政党候选人不仅要展现其作为政治家的亲民形象与强大能力，也要展现其作为个体人、家庭人与社会人所具有的健全人格魅力，如此才能更好地吸引选民、赢得选民的信赖与支持。这足以改变传统选举中候选人对政党的单向依赖、弱化政党对其候选人的"掌控"，从而使得政治人物与政党之间出现某种张力。(3) 政党候选人通过网络建立个人竞选团队、招募志愿者以及筹集选举经费等活动，必然会弱化政党的传统功能（如招募志愿者、筹集选举经费）。(4) 候选人通过互联网、大数据等可以深入了解民意、有效收集选举信息、分析网民政治意愿，这使得"如何有效争取摇摆不定的中间选民"成为选举的重点，从而改变了政党选举的侧重点。总之，在美国，"互联网总统"的胜出与政党政治的个人化，意味着美国政党的角色与作用在弱化、政治领袖的个人角色与作用在强化，意味着政党领袖的独立性在增强、与民众的距离在缩小。放眼世界，当代美国选举政治中表现出的"个人化"与"媒体化"倾向，在英国、法国、德国及荷兰等西方国家也有明显表现，在一些发展中国家、原苏东国家也有突出表现；通过信息网络来充分展现候选人善于与民众沟通、值得民众信赖的"领袖魅力"，这已经成为信息网络化时代民主政治发展的一个基本趋势。

另一方面，在信息网络时代，美国政党政治的个人化与网络政治参与的兴起等，进一步加剧了美国政党的开放化、空心化乃至政党虚化。具体来说，这主要体现在三个方面：（1）信息网络技术的发展使原本开放的美国政党更加开放。在世界政党谱系中，美国民主党与共和党本来就属于"开放型政党"，其主要功能就是提名公职候选人、组织政治选举，政党成员主要在选举中展现政治色彩；而随着信息网络技术的发展，信息网络所具有的开放性、公开性、透明性等特征有效地增加了政治透明度，提高了政党的开放度，使得美国政党初选的开放度大为增加。正如美国学者希福莱（Micah L.Sifry）所言："无论是民主党的悲哀还是共和党的喜悦，选举日的结果都无法掩盖这样一个重要事实，那就是美国民众的生活在发生重大转变。由互联网所产生的新的工具与实践，已经达到一个新的群聚效应，那就是从原来的政治封闭到现在的普通老百姓参与政治过程。"[①] 实际上，信息网络发展不仅使美国政党更加开放，也使其他西方政党开始实行开放政策，打破"只有正式党员才能参加党内选举"的政治传统。正如法国学者久力亚·桑得利所言：法国、比利时、以色列、荷兰、日本、澳大利亚、加拿大以及德国等国，用开放的

---

① Micah L. Sifry, *The Rise of Open-Source Politics The Nation*. November 22，2004，p.15.

初选来选举政党领导人；法国、意大利、芬兰、智利等国还用开放的初
选来选举国家领导人，在这种开放的初选中，参加选举者并不只包括党
内注册的正式党员，而是包括所有选民。① 那么，开放式初选会带来什
么样的影响？对美国政党而言，更加开放的初选，有助于提高选民的政
治参与度，同时也使美国两大政党"空心化"程度加剧。(2) 网络筹款
进一步弱化了美国政党筹集经费这一传统功能。政党经费为政党活动之
必需，不但政党的日常工作需要大量经费（如办公与活动场地租赁等)，
现代选举更需要耗费大量人力、物力与财力。在美国，由于两大政党只
是选举的政治标签、党员无须交纳党费，因此政党经费主要依靠政治捐
款与国家大选补助。尽管美国法律对政治捐款与政党经费有严格规定，
但选民把钱捐给谁、不捐给谁，则完全凭选民自愿。在过去，美国政党
经费筹集主要依靠政党，候选人个人能力有限；但随着信息网络时代的
到来，政党候选人开始通过网络来筹集选举经费。比如在 2008 年总统
大选中，奥巴马通过在网上呼吁支持者"捐三美金"、许诺"捐款就可
以抽奖赢得和奥巴马见面的机会"等方式，成功打造了一个"网络提款
机"，筹集到大量政治捐款。据美国联邦选举委员会公布的资料，奥巴
马在 2008 年 1 月收到的 3600 万美元捐款中，有 2800 万美元是通过互
联网募集的；且其中 90%的捐款，单笔金额都在 100 美元以下，这些小
额捐款多半是通过网上转账进行的。毫无疑问，候选人拥有个人"网络
提款机"，不但可以筹集大量选举经费，而且也能减少对政党筹集经费
的依赖，进一步强化政治人物的个人色彩、弱化政党的传统功能。(3)
政治领袖个人与选民关系的强化将弱化政党与选民关系。西方传统政党

---

① 桑得利同时指出，斯洛文尼亚、委内瑞拉等国，仍采取"封闭式"初选、只允许
党内成员参加；在意大利，各政党、各地方初选的开放程度也是有差别的，如在
2013—2014 年意大利选举中，北方联盟（右翼民粹主义政党）采用"封闭式"初选，
只有正式党员才能参加，而意大利民主党则采取开放式初选，党员与非党员都可以
参加。参见［法］久力亚·桑得利:《加强党员的声音：西方政党的党内民主新形式
与党员参与》，2014 年 9 月在上海行政学院与德国艾伯特基金会上海办公室联合主
办的"信息化时代的社会转型与政党转型"国际研讨会上的发言。

理论一般认为，政党是现代民主政治的工具，是联结国家与社会的纽带，具有代表民众、联系民众、聚集民意、组织与运作政府、监督政府等作用。因此，政党与民众的关系是现代政党政治的根本问题，其关键在于政党的代表性与合法性。而政党的代表性，一般说来有三层含义，即全党的代表性、政党领袖的个人代表性、党员的代表性；其中，政党的代表性既要考虑党员因素与党员意见，也要考虑选民因素与选民意见。在传统政党政治时代，全党的代表性往往大于领袖个人的代表性。但是，随着信息网络技术发展与社会组织多元化发展，一些非政府组织在联系国家与社会方面发挥着越来越重要的作用，一些新社会运动在促进民主政治发展中的作用也越来越重要，而政党官僚化、行政化倾向却越来越明显，这使得西方国家一些年轻人更愿意信任非政府组织、更愿意参加比较松散自由的非政府组织。如此一来，西方政党成员的数量在下降、对公民的吸引力在下降，民众对政党的认同度也在下降，政党作为联系国家与社会纽带的角色在弱化，并面临前所未有的危机。而信息网络技术的发展、选举政治的个人化等为政党与选民关系带来了新的挑战，当然也有学者认为"随着信息网络技术的发展，互联网为政党重铸党群关系创造了空前的机遇"①。然而，这种"机遇"是对政党而言，还是对政党领袖个人而言呢？应该说，对政党组织功能强大的一些欧洲政党而言，这是一种机遇；它们通过网络政治参与，吸纳新型党员、扩大党内直接民主，进而增强全党的代表性与政治候选人的代表性，以改变目前的颓势。但对于政党"空心化"、选举政治个人化的美国而言，信息网络时代政治参与的加强、政党领袖个人与民众关系的强化，却使"空心化"的政党更加"空心化"。因此，信息网络发展对美国政党而言更像一种"催化剂"而非"黏合剂"，对政治领袖个人是一种"福音"，对政党却是一种空前挑战。

---

① 参见 Costas Panagopoulos, *Part-e Politics ： Investigating the Online Presence of Major Parties in the United States*, Campaigns & Elections, September 2003, p.32。

四、信息化发展对政党政治的"双刃效应"

信息网络时代是一个急剧变化的时代，变革成为当今世界政党政治的主题；任何政党只有与时俱进，才能不断发展、始终赢得民众的认同。然而，信息网络是一把"双刃剑"、对世界政党政治具有"双刃效应"，既有利于开拓政党政治新局面，也给政党带来很大挑战。就美国主要政党而言，信息网络发展对美国政党政治的影响，除了前文所言之外，还有三个方面的消极影响值得注意：第一，互联网容易助长"肮脏政治"。正如美国学者约翰·C.德沃夏克（John C. Dvorak）所言："匿名是互联网的最大优势、最大力量所在。因此，政客们可以利用网络来抹黑对手，以混淆视听、颠倒黑白。"[①] 为避免这一现象，在信息网络技术发展到一定阶段、网络力量壮大到一定程度之时，相关部门需要采取一定措施来有效规制互联网言论与网络政治参与，如实行网上注册实名制、增强网民的政治理性与责任意识等。第二，信息网络时代所具有的开放性、匿名性、虚拟性以及海量信息的难以辨别性、网络的放大效应等，容易助长极端化言论以及种族主义、民粹主义，带来盲从、盲动与非理性，进而带来"网上多数人的暴政"。特别是一些政治人物、明星人物的言论，容易引起粉丝的盲从，也容易引起反对者的极端对抗。比如，奥巴马关于佛罗里达州白人协警乔治·齐默尔曼涉嫌枪杀非洲裔青年特雷文·马丁的一些言论，在网络放大效应下，就可以引发美国白人发出诸如"不要把我们当白人看待，只要把我们当黑人一样看待就可以"的感慨。第三，更为重要的是，网络政治对"空心化"的美国政党政治带来了极大挑战，虚拟的"网络政党"有可能改变传统的政党政治格局。首先，正如美国学者福瑞德曼（David H. Freedman）所言："在未来十年中，脸谱式（Facebook）政党和网上初选可能撬动美国政治固有的僵局；信息网络技术正在改变着选举规则，激发

---

① John C.Dvorak,"Dirty Politics in the Internet Age", *PC Magazine*, September 2008,p.54.

改革者去想象一个新的更加开放的政治品牌，其中之一就是网上投票与脸谱风格的竞选。"① 其次，相当多的美国学者认为，在未来10年，虚拟政党很可能胜过传统政党。专门研究网络民主的学者汉斯·克莱恩（Hans Klein）指出：通过在线整合利益、收集民意，很容易凝聚一部分民众，重塑民主政治。可以看到，网络提供了一个可以绕过传统提名方式的途径，更有利于选民在信息更加公开的条件下权衡利弊、选出真正代表他们的候选人。最后，对于网上选举等新的政治现象的实现与发展，其现实壁垒主要是政治方面的，而非技术层面的。

在当今世界政党谱系中，美国政党具有极化（极端化）色彩，信息网络发展对美国政党的影响是否具有"风向标"意义，目前还难以断定；但是，在美国所发生的一些新的政党政治现象却不容忽视：第一，政党信息化、网络化成为时代必然。在信息网络技术时代，各政党推行电子党务、实现办公信息化、建立政党网站、充分运用信息网络技术开展活动等，这已经成为世界政党政治发展的基本趋势。第二，政党开放化成为时代发展必然。在信息网络化时代，无论是美国政党、欧洲政党，还是发展中国家政党，尽管政党开放化的程度有所不同，但都面临从"封闭型"政党向"开放型"政党转变的趋势。比如，欧洲一些主流政党在保留传统党员的基础上，开始修改党员标准、放宽党员条件以吸纳新型党员，开始重视政党追随者、关注者等非正式党员的支持，开始让新型党员、非正式党员等政党支持者参与党内活动，甚至参加党内选举。那么，政党开放会对政党带来什么样的影响？如何处理好政党开放性与组织渗透性的关系、传统党员与新型党员的关系、党员与民众的关系、政党集中统一与党内民主的关系、政党眼前利益与长远发展的关系，等等，都是各国政党在不同程度上面临的共同难题。第三，政治个人化趋势再现。正如英国学者吉布森所言：信息网络时代，意味着民主个人化时代已经到来，同时意味着程序化时代被削弱，新时代民主的"个人化模式"将取代传统的政党组织化模

---

① David H. Freedman,"Candidates You 'Like'", *Discover*, Sep.2012.

式。通过强化政党领导人的代表性与纽带功能，可以取代以政党组织为纽带的、结构化的传统模式。① 那么，这只是西方经验，还是世界政党政治的普遍规律？20世纪初，米歇尔斯就曾提出著名的寡头政治铁律，认为"正是组织使当选者获得了对于选民、被委托者对于委托者、代表对于被代表者的统治地位"，"组织处处意味着寡头"。② 进一步讲，从马克斯·韦伯（Max Weber）所言的魅力型权威、传统型权威到现代法理型权威，再到信息网络时代的魅力型权威的复活或"魅力型—法理型"权威的结合，这是世界政党政治的新发展，还是民主政治的否定之否定？政治的个人化会不会带来新一轮的独裁与专制？这都值得深思。第四，政党空心化趋势值得警惕。尽管美国两大政党"空心化"是世界政党政治中的极端现象，但在信息网络时代，政党信息网络化、政党开放化、政治个人化会不会带来各国不同程度的"政党空心化"？这是一个值得警惕的问题。尤其是对以组织优势见长的政党而言，如何平衡好领袖权威与组织权威、领袖个人作用与政党整体功能之间的关系，是十分重要的问题。毕竟相对个人而言，政党组织是"铁打的营盘"，再强大的个人也是"流水的兵"。

---

① ［英］雷切尔·吉布森：《社会的和技术的趋势及其对西方政党的影响》，2014年9月在上海行政学院与德国艾伯特基金会上海办公室联合主办的"信息化时代的社会转型与政党转型"国际研讨会上的发言。

② ［意］罗伯特·米歇尔斯：《寡头统治铁律——现代民主制度中的政党社会学》，天津人民出版社2003年版，译者序言，第1页。

第二章

信息化发展对党的建设的宏观影响

　　对中国共产党而言，党的建设是与党所处的时代、环境和任务紧密联系在一起的；立足于党领导的伟大事业与历史使命，根据环境变化与时代发展要求，围绕党的政治路线与中心工作，不断加强党的建设、改善党的领导，不断提高党的领导水平与执政水平，不断推进党的事业发展，这是党的建设成功的基本历史经验。新时期，中国共产党既面临着发展机遇，也面临着严峻的时代挑战，这正如胡锦涛在庆祝建党 90 周年讲话中所言："全党必须清醒地看到，在世情、国情、党情发生深刻变化的新形势下，提高党的领导水平和执政水平、提高拒腐防变和抵御风险能力，加强党的执政能力建设和先进性建设，面临许多前所未有的新情况新问题新挑战，执政考验、改革开放考验、市场经济考验、外部环境考验是长期的、复杂的、严峻的。精神懈怠的危险，能力不足的危险，脱离群众的危险，消极腐败的危险，更加尖锐地摆在全党面前，落实党要管党、从严治党的任务比以往任何时候都史为繁重、更为紧迫"。① 在此需要强调的是，新时期我们党在面临"四大考验"与"四大危险"的同时，还面临着"第五大考验"，即信息化发展的重大考验；而且，信息化发展使党面临的"四大危

---

① 胡锦涛：《在庆祝中国共产党成立 90 周年大会上的讲话》，《人民日报》2011 年 7 月 2 日。

险"更加凸显。进一步而言，信息网络发展对党的建设的影响与考验是全方位、多层次的，既有宏观层面的影响，也有具体层面的影响；既有技术方面的影响，也有内容方面的影响。既在整体上影响党的建设的目标、主线、整体布局与基本方略，也具体影响党的思想建设、组织建设、作风建设、反腐倡廉建设、制度建设等党的建设各方面的内容；既影响党的建设理念，也影响党的建设的模式与方式；既影响党的政治理念与领导理念，也影响党的领导方式与执政方式。因此，信息化发展对党的建设的影响，我们不能简单从技术层面去理解，也不能单纯从党的自身建设角度去理解，需要从党的建设、党的领导、党领导的伟大事业相统一角度，从信息技术革命、信息化生产方式、信息社会三个层面，全面、深入、多层次地去认识信息化发展对党的建设的重大影响。在本章我们主要从整体上看信息化发展对党的建设的宏观影响，接下来的几章将分别论述信息化发展对党的建设具体内容的影响。

一、党建目标与信息化发展的时代要求

中国共产党是以马克思主义为指导的先进政党，先进性是马克思主义的本质特征；立足于党的先进性来进一步思考"建设一个什么样的党、怎样建设党"，这始终是党的建设的根本问题；紧紧围绕党的政治路线来加强党的建设，紧紧围绕党的建设目标来布局党的建设、推进党的建设伟大工程，这是党的建设的基本经验与基本原则。然而，无论是党的先进性、党的政治路线、党的中心工作，还是党的建设的目标与战略布局，都是历史的、具体的、发展的。在不同历史时期不同环境下，党的先进性的时代要求不同，党的政治路线有所不同，党的建设的目标与战略布局也有所不同，比如革命时期与计划经济时期有所不同，计划经济时期与社会主义市场经济建设时期也有所不同；同理，封闭年代与开放年代也应该有所不同，信息化发展所导致的政治公开透明必然会对党的建设目标与战略布局产生重大影响。这是我们研究信息化发展对党的建设的影响首先应注

意的。①

（一）党的建设目标的历史发展与当代定位

从党的建设发展历程看，党的建设目标既不是在党成立之时即明确提出的，也不是一成不变的，而是有一个历史的探索与丰富发展过程。从根本上看，中国共产党是以马克思主义为指导、按照列宁的建党原则建立起来的无产阶级先进政党，但是，中俄国情不同，对党的建设的要求也有所不同。在一个处于半殖民地半封建社会的大国，在一个政治经济文化都比较落后、农民占人口大多数、工人数量很少的农业大国，如何建设一个马克思主义政党、如何建设这样的党？这是建党初期中国共产党人面临的重大问题。在党的一大，尽管我们党定名为"中国共产党"，但由于条件与实践限制，当时并未制定出一个完整的"党章"。到了党的二大，才制定了《中国共产党章程》，明确指出了党的任务与现实目标。《中国共产党第二次全国大会宣言》明确指出：中国共产党是中国无产阶级政党，他的目的是要组织无产阶级，用阶级斗争的手段，建立劳农专政的政治，铲除私有财产制度，渐次达到一个共产主义的社会。同时，明确指出了党的现实目标，其核心内容就是"消除内乱，打倒军阀，建设国内和平；推翻国际帝国主义的压迫，达到中华民族完全独立；统一中国本部为真正民主共和国"。那么，为了实现党的奋斗目标，我们应该"建设一个什么样的党、怎样建设这个党"呢？围绕这一问题，以毛泽东同志为核心的党的第一代中央领导集体，坚持以马克思列宁主义为指导、理论联系中国实际，不断实践、不断探索，1939 年 10 月，毛泽东在《〈共产党人〉发

---

① 关于"党建目标与信息化发展的时代要求"的相关内容，部分内容以《党建工程的历史推进与党建目标的时代飞跃》为题发表于《理论探讨》2014 年第 2 期；部分内容以《党建目标的历史发展与"三型政党"的时代定位》为题发表于《中共福建省委党校学报》2013 年第 6 期；部分内容以《学习型服务型创新型马克思主义执政党的思想内涵与时代要求》为题发表于《南京政治学院学报》2013 年第 4 期。

刊词》中明确提出了关于党的建设目标的三个重要论断：一是在党的历史上第一次明确提出党的建设目标，强调要"建设一个全国范围的、广大群众性的、思想上政治上组织上完全巩固的布尔什维克化的中国共产党"。[①]二是明确提出"党的建设伟大工程"，把党的建设当作一项"伟大工程"来看待。毛泽东认为："建设这样一个党的主观客观条件也已经大体具备，这件伟大的工程也正在进行之中。帮助进行这件伟大的工程，不是一般党报所能胜任的，必须有专门的党报，这就是《共产党人》出版的原因"。[②]三是明确提出了"党的建设围绕党的政治路线进行"的基本原则。毛泽东在明确提出中国共产党在中国革命中战胜敌人的三个法宝（统一战线、武装斗争和党的建设）基础上，进一步明确了"三大法宝"之间的关系，强调"十八年来，党的建设过程，党的布尔什维克化的过程，是这样同党的政治路线密切地联系着，是这样同党对于统一战线问题、武装斗争问题之正确处理或不正确处理密切地联系着的。这一论断，很明显地，已经被十八年党的历史所证明了。倒转来说，党更加布尔什维克化，党就能、党也才能更正确地处理党的政治路线，更正确地处理关于统一战线问题和武装斗争问题。这一论断，也是很明显地被十八年来的党的历史所证明了"。[③]从以上三方面看，在革命时期，党的建设目标就是要"建设一个全国范围的、广大群众性的、思想上政治上组织上完全巩固的布尔什维克化的中国共产党"。为了实现这一党建目标，毛泽东强调要着重从思想上建党、紧密围绕党的政治路线来加强党的建设，并以党的建设伟大工程来承载党建目标、实现党建目标。

1949 年新中国成立，宣告中国共产党客观上已经从"革命党"转变为全国范围内的执政党，党的建设的目标理应实现从"革命党"向"执政党"的转变。尽管我们党在革命胜利前夕已经意识到这一问题、开始强调执政党思维，如 1949 年 3 月党的七届二中全会强调：党的工作重心要由

①《毛泽东选集》第 2 卷，人民出版社 1991 年版，第 652 页。
②《毛泽东选集》第 2 卷，人民出版社 1991 年版，第 602 页。
③《毛泽东选集》第 2 卷，人民出版社 1991 年版，第 605 页。

乡村转移到城市、实行由城市领导乡村的工作方式，必须用极大的努力去学会管理城市和建设城市。1956 年，毛泽东在《中国共产党第八次全国代表大会开幕词》中也明确指出"我们的党已经成了团结全国人民进行社会主义建设的核心力量"。邓小平在党的八大《关于修改党的章程的报告》中甚至明确提出了"执政党"概念，认为"中国共产党已经是执政的党，已经在全部国家工作中居于领导地位"；强调"执政党的地位，使我们党面临着新的考验"，这些考验包括容易沾染官僚主义习气、面临脱离实际和脱离群众的危险、容易犯教条主义和经验主义错误、容易滋长骄傲自满情绪。[①] 然而，遗憾的是，由于受"革命党思维定式"、阶级斗争理论、"两大阵营"意识形态斗争、"苏联模式"以及计划经济等多方面的影响太深，我们党的执政党思维方式与执政党建设目标迟迟未能明确建立起来，以至于沿着革命党思维与阶级斗争的路越走越远。1967 年确立的"五十字建党大纲"，即"党组织应是无产阶级先进分子所组成，应能领导无产阶级和革命群众对于阶级敌人进行战斗的朝气蓬勃的先锋队组织"，更是背离了执政党建设的正确方向，走到了另一个极端。直到"文化大革命"结束、党的十一届三中全会以后，我们党认真总结"文化大革命"乃至整个社会主义建设探索阶段的经验教训，拨乱反正，实现了党的工作重心转移到以经济建设为中心、实行改革开放，开始实现从"革命党思维"向"执政党思维"转变。与此同时，开始深入思考执政党建设问题，如 1980 年邓小平明确提出：要在新的历史条件下思考和解决"执政党应该是一个什么样的党""党怎样才叫善于领导"的问题。[②] 党的十二大报告把党的建设目标确定为"努力把党建设成为领导社会主义现代化事业的坚强核心"。在改革开放初期，围绕执政党建设问题，邓小平强调：坚持党的领导，必须改善党的领导；除了改善党的组织状况以外，还要改善党的领导工作状况、改善党的领导制度；党委的领导主要是政治上的领导，党委要"管大

---

① 《邓小平文选》第 1 卷，人民出版社 1994 年版，第 214 页。
② 《邓小平文选》第 2 卷，人民出版社 1994 年版，第 276 页。

事""抓方针"，不能包办一切、干预一切，党必须在宪法和法律的范围内活动。

需要进一步强调的是，即使是改革开放以来，我们党从"革命党思维"向"执政党思维"的重大历史转变、从"革命党建设模式"向"执政党建设模式"的重大转型，也并非一蹴而就的，也是有一个不断深化认识、不断发展的过程，甚至在一定意义上说，在1991年苏东剧变之前，我们党对"什么是执政党、怎样建设执政党"仍处于探索之中。苏共执政失败的深刻教训使我们党清醒地认识到："历史和现实都表明，一个政权也好，一个政党也好，其前途命运最终取决于人心向背，不能赢得最广大人民的支持，就必然垮台"。① 即使是以马克思列宁主义为指导的先进政党，若不能"不断提高党的领导能力与执政能力、不断提高拒腐防变与抵御风险的能力"，若不能"代表与维护广大人民群众的根本利益、始终赢得人民群众的拥护与支持"，也会分崩离析甚至亡党亡国。因此，在深刻总结苏东剧变乃至世界大党老党执政失败教训的基础上，1992年党的十四大强调："我们一定要结合新的实际，遵循党的基本路线，坚持党要管党和从严治党，加强和改进党的建设，努力提高党的执政水平和领导水平，使我们这个久经考验的马克思主义的党，在建设有中国特色社会主义的伟大事业中更好地发挥领导核心作用"。②1997年党的十五大则明确强调要"依法治国、建设社会主义法治国家"，明确提出了执政党面临的"不断提高党的领导水平和执政水平、提高拒腐防变和抵御风险能力"这两大历史课题，开启了党的建设新的伟大工程，把党的建设目标定位为"把党建设成为用邓小平理论武装起来、全心全意为人民服务、思想上政治上组织上完全巩固、能够经受住各种风险、始终走在时代前列、领导全国人民建设有中国特色社会主义的马克思主义政党"③。直到2000年以后，我们党对党的历史方位的转变、马克思主义执政党的性质与马克思主义执

① 《江泽民文选》第3卷，人民出版社2006年版，第129页。
② 江泽民：《论党的建设》，中央文献出版社2001年版，第66页。
③ 江泽民：《论党的建设》，中央文献出版社2001年版，第263页。

政党建设目标才有了更加深刻的认识，如党的十六大明确指出："我们党历经革命、建设和改革，已经从领导人民为夺取全国政权而奋斗的党，成为领导人民掌握全国政权并长期执政的党；已经从受到外部封锁和实行计划经济条件下领导国家建设的党，成为对外开放和发展社会主义市场经济条件下领导国家建设的党"；同时强调，我们要把党建设成为"始终是中国工人阶级的先锋队，同时是中国人民和中华民族的先锋队，始终是中国特色社会主义事业的领导核心，始终代表中国先进生产力的发展要求，代表中国先进文化的前进方向，代表中国最广大人民的根本利益"。[①] 可以说，"三个代表"重要思想的提出，是党的第三代中央领导集体以苏东剧变、冷战结束为时代背景，适应社会主义市场经济的建立与发展，立足于党的历史方位转变，深刻总结国内外执政党建设的经验教训而得出的基本结论，是对马克思主义政党性质与党建目标的新判断、新定位：一方面，"三个代表"重要思想突出强调"党的先进性与代表性"，把先进性作为马克思主义政党的本质特征；强调党的先进性与人民性、民族性的三者统一，"最大多数人的利益和全社会全民族的积极性创造性，对党和国家事业的发展始终是最具有决定性的因素"。[②] 另一方面，"三个代表"重要思想表明，我们党已经实现了由"革命形态"的党向"建设形态"的党、由阶级斗争的党向"三个代表"的党的历史转变，科学回答了执政条件下"建设一个什么样的党、怎样建设这个党"，即执政的马克思主义政党应该是"三个代表"的党。

（二）信息化发展赋予党的建设目标新内涵

从 1995 年我国接入国际互联网、面向全社会服务开始至今，互联

---

① 江泽民：《全面建设小康社会，开创中国特色社会主义事业新局面——在中国共产党第十六次全国代表大会上的报告》，人民出版社 2002 年版，第 50 页。

② 江泽民：《全面建设小康社会，开创中国特色社会主义事业新局面——在中国共产党第十六次全国代表大会上的报告》，人民出版社 2002 年版，第 14 页。

网在我国已经有 20 年的发展，信息网络在迅速改变着中国社会，也迅速改变着党的政治生态。与之相适应，从党的十六大至今，执政党建设目标的内涵也在不断丰富与发展。那么，信息化发展对执政党建设目标具有什么样的影响？表面看来，这也许是个"伪命题"，国内相关研究鲜有涉及这一问题，但是，仔细分析就会发现，这的确是个值得关注的重大命题。信息化发展除了影响党的建设的环境与党建目标的实现手段外，还赋予党的建设目标新的时代内涵，影响人们对党的建设目标的新认识与深刻把握。

从党的十六大以来党的建设目标的表述与基本内涵看，明显呈现出不断丰富与发展的迹象，这从党的十六大到十八大关于党的建设目标的表述可见一斑。党的十六大以来，以胡锦涛同志为总书记的党中央以改革创新精神推进党的建设伟大工程，科学定位马克思主义执政党建设目标，科学布局党的建设新的伟大工程，至少在两个方面有所突破、有所创新：一方面，强调要"以改革创新精神全面推进党的建设新的伟大工程、全面提高党的建设科学化水平"。如在党的十七大报告中强调"以改革创新精神全面推进党的建设新的伟大工程"的基础上，党的十七届四中全会明确提出"党的建设科学化"这一新命题，强调"提高党的建设科学化水平"这一新的时代要求。对此，胡锦涛 2009 年 11 月在中共中央政治局集体学习时进一步明确了党的建设科学化的基本要求，即"加强和改进党的建设，要努力在以科学理论指导党的建设、以科学制度保障党的建设、以科学方法推进党的建设上见到实效"。[①] 这一思想，在党的十八大报告中得到充分体现。另一方面，对马克思主义执政党建设目标进行新概括、新定位。如党的十七大报告明确使用了"马克思主义执政党建设"这一新概念、新表述，强调要"使党始终成为立党为公、执政为民，求真务实、改革创新，

---

① 胡锦涛：《扎实贯彻党的十七届四中全会精神，努力提高党的建设科学化水平》，《人民日报》2009 年 11 月 29 日。

艰苦奋斗、清正廉洁，富有活力、团结和谐的马克思主义执政党"。① 在此基础上，在党的十八大报告中又创造性地提出要"建设学习型、服务型、创新型的马克思主义执政党，确保党始终成为中国特色社会主义事业的坚强领导核心"。②"学习型服务型创新型马克思主义执政党"这一执政党建设新目标，可谓是党的领导集体持续接力、党的建设伟大工程不断推进、党的建设目标不断完善的结果，其中既包含着对马克思主义政党建设目标的历史继承，也蕴含着与时俱进的丰富与发展，是对马克思主义执政党党建目标的新概括、新定位，标志着我们对"什么是马克思主义执政党、怎样建设马克思主义执政党"的认识更加全面，达到一个新的历史高度。

也许有人会说：在党的十七大、十八大对党的建设与党建目标的表述中，还看不到"信息化"或"信息网络技术"字样。从对执政党建设目标的具体表述看，的确如此；但自党的十六大以来，在党的历次代表大会的报告中，"信息化"一词出现的频率越来越高、使用面越来越广、对党的中心工作的影响越来越深，这势必影响到对党的建设乃至党的建设目标的理解与认识。我们通过对党的代表大会报告文本的统计分析发现：在党的十五大报告中"信息化"一词只出现了 1 次，强调要"推进国民经济信息化"。而在党的十六大报告中"信息化"一词则出现了 5 次，而且使用范围比较广泛，如在"全面建设小康社会"的论述中强调要"基本实现工业化，大力推进信息化，加快建设现代化"；在经济建设与经济体制改革部分强调"信息化是我国加快实现工业化和现代化的必然选择"，要"坚持以信息化带动工业化，以工业化促进信息化""走新型工业化道路"，要"优先发展信息产业，在经济和社会领域广泛应用信息技术"；在国防建设

①　胡锦涛：《高举中国特色社会主义伟大旗帜　为夺取全面建设小康社会新胜利而奋斗——在中国共产党第十七次全国代表大会上的报告》，《人民日报》2007 年 10 月 25 日。

②　《中国共产党第十八次全国代表大会文件选编》，人民出版社 2012 年版，第 46—47 页。

部分强调要"努力完成机械化和信息化建设的双重历史任务,实现我军现代化的跨越式发展"。到了 2007 年党的十七大报告,"信息化"一词出现 6 次,如强调要"全面认识工业化、信息化、城镇化、市场化、国际化深入发展的新形势新任务",要"大力推进信息化与工业化融合",要"按照建设信息化军队、打赢信息化战争的战略目标,加快机械化和信息化复合发展,积极开展信息化条件下军事训练"等。而到了党的十八大报告,"信息化"一词则出现 12 次,在社会主义建设的诸多方面都强调"信息化",如在经济建设部分强调要致力于"工业化基本实现,信息化水平大幅提升,城镇化质量明显提高",要"坚持走中国特色新型工业化、信息化、城镇化、农业现代化道路,推动信息化和工业化深度融合、工业化和城镇化良性互动、城镇化和农业现代化相互协调,促进工业化、信息化、城镇化、农业现代化同步发展";在社会管理部分强调"必须加强社会管理法律、体制机制、能力、人才队伍和信息化建设";在国防建设部分强调"加紧完成机械化和信息化建设双重历史任务,力争到二〇二〇年基本实现机械化,信息化建设取得重大进展""提高以打赢信息化条件下局部战争能力为核心的完成多样化军事任务能力""坚定不移把信息化作为军队现代化建设发展方向,推动信息化建设加速发展"等。总之,信息化对中国特色社会主义现代化建设的影响、对党的中心工作的影响,必然会影响到对党的建设与党建目标的理解与认识。

进一步而言,党的十五大尤其是党的十六大以来,党的建设目标内涵的变化无疑凝聚了时代精神、体现了时代发展要求。比如"三个代表"重要思想无疑充分体现了经济社会发展对党的代表性与先进性的时代要求;"立党为公、执政为民、清正廉洁、团结和谐"的党建目标定语则充分体现了民主政治发展的时代要求。而党的十八大所提出的"学习型、服务型、创新型的马克思主义执政党"建设目标,更是充分体现了信息社会的时代特点与时代要求。第一,在执政党建设目标中之所以强调"学习型",无疑体现了信息化时代学习型社会的时代要求。众所周知,信息化时代是一个知识爆炸的时代,也是一个知识经济时代,更是一个不好好学习就

迅速落后的时代。因此，2001 年 5 月，江泽民在亚太经合组织人力资源
高峰会议上提出要"构筑终身教育体系、创建学习型社会"，党的十六大
报告提出要"形成全民学习、终身学习的学习型社会，促进人的全面发
展"，并把建成学习型社会作为全面建设小康社会的一个重要目标。正是
基于建设学习型社会的时代背景与时代要求，2004 年党的十六届四中全
会提出要"努力建设学习型政党"，2008 年胡锦涛在全国组织工作会议上
强调"各级党组织都应该成为学习型组织，各级领导班子都应该成为学习
型团队，各级领导干部都应该成为学习的表率"，2009 年党的十七届四中
全会更加明确地提出："必须按照科学理论武装、具有世界眼光、善于把
握规律、富有创新精神的要求，把建设马克思主义学习型政党作为重大而
紧迫的战略任务抓紧抓好。"第二，在执政党建设目标中之所以强调"服
务型"，这既体现了马克思主义政党的本质要求，也充分体现了信息化时
代服务型政府建设的必然要求。所谓服务型政府，简单说，就是为人民、
为公众、为社会服务的政府，就是一个以人民为本、对人民负责、接受人
民的监督的政府，就是一个民主、法治、高效、廉洁、廉价的政府。对
此，2002 年党的十六大明确提出要"加快行政管理体制改革，建设服务
型政府"，党的十八大报告明确地指出："要按照建立中国特色社会主义行
政体制目标，深入推进政企分开、政资分开、政事分开、政社分开，建设
职能科学、结构优化、廉洁高效、人民满意的服务型政府。"[1]在我国，中
国共产党作为唯一的领导党与执政党，无疑对建设服务型政府具有领导责
任。这要求执政党必须适应服务型政府建设的要求，理顺党政关系、依法
执政、科学执政、民主执政，必须努力建设服务型马克思主义执政党、以
服务型马克思主义执政党建设引领与推动服务型政府建设。第三，在执政
党建设目标中之所以强调"创新型"，无疑体现了信息化时代创新型国家
的时代要求。信息化时代是一个不断创新的时代，也是一个不创新就落后
的时代。所谓创新型国家，简单说，就是指以技术创新为经济社会发展核

---

① 《中国共产党第十八次全国代表大会文件选编》，人民出版社 2012 年版，第 26 页。

心驱动力的国家。2006 年 1 月，胡锦涛在全国科学技术大会上提出要"建设创新型国家"，要大力实施科教兴国战略和人才强国战略、加快建设国家创新体系、为全面建设小康社会进而建设世界科技强国奠定坚实基础，并明确提出了创新型国家建设的目标、任务与指标。此后，2007 年党的十七大报告明确提出要"提高自主创新能力，建设创新型国家"，把"建设创新型国家"视为国家发展战略的核心、提高综合国力的关键，强调要坚持走中国特色自主创新道路、把增强自主创新能力贯彻到现代化建设各个方面。总之，在我国，要建设创新型国家，必须建设创新型马克思主义执政党、以创新型马克思主义执政党引领创新型国家建设。

二、党的建设主线与信息化发展的时代要求

要实现党的建设目标，必须沿着党的建设主线来布局党的建设、推进党的建设；否则，偏离党的建设主线来"搞党建"，就会忘记初衷、偏离正确的方向与目标。那么，党的建设的主线是什么？这需要我们追根溯源、牢记根本、高瞻远瞩、矢志不移。从根本上看，先进性是马克思主义政党的本质特征，应该始终是党的建设的主线所在。从历史发展看，在党的十七大以前，我们党一般强调围绕党的先进性、党的建设目标来加强党的建设，在党的代表大会报告中并未使用与强调"党的建设主线"一说，比如党的十六大报告只是强调"加强和改进党的建设，一定要高举邓小平理论伟大旗帜，全面贯彻'三个代表'重要思想，保证党的路线方针政策全面反映人民的根本利益和时代发展的要求"，① 并没有出现"党的建设主线"一说。直到党的十七大报告，才正式提出并使用"党的建设主线"这一概念，强调"必须把党的执政能力建设和先进性建设作为主线，坚持党要管党、从严治党"。到了党的十八大报告，"主线"一说被广泛运用到

---

① 江泽民:《全面建设小康社会，开创中国特色社会主义事业新局面——在中国共产党第十六次全国代表大会上的报告》，人民出版社 2002 年版，第 49—50 页。

中国特色社会主义事业的各个方面，如在经济建设部分强调要"以科学发展为主题，以加快转变经济发展方式为主线"；在国防建设方面强调要"以加快转变战斗力生成模式为主线"；在党的建设部分强调"全党要增强紧迫感和责任感，牢牢把握加强党的执政能力建设、先进性和纯洁性建设这条主线"，并丰富与发展了党的十七大提出的"党的建设主线"的内涵，增加了"纯洁性建设"。那么，在新的历史时期，信息化发展对"党的建设主线"带来什么样的影响呢？一方面，随着信息社会发展与党的建设形势发展变化，我们党开始重视与强调"党的建设主线"，并不断丰富发展，"党的建设主线"一说本身就是适应新时期党的建设的形势与任务而提出的；另一方面，信息化发展赋予党的先进性建设、纯洁性建设、执政能力建设新的时代内涵。

（一）信息化发展赋予党的先进性新内涵

从根本上看，先进性是马克思主义政党的本质特征，是立党之本、执政之基、力量之源，也是同其他政党的根本区别所在。那么，什么是党的先进性？对于这一政治概念，我们不能简单地望文生义，把党的先进性简单理解为"走在时代前列"；而必须从马克思主义党建学说中去找依据、找答案。从党的学说史看，马克思、恩格斯以唯物史观、群众观为理论基础，在指导19世纪工人运动的过程中，对无产阶级政党的性质、指导思想、纲领和策略、组织领导等进行了系统阐述，形成了马克思主义政党观，其基本思想内容包括：共产党是工人阶级的先进组织，必须以科学理论为指导、坚持科学的纲领和正确的策略原则，必须坚持民主原则、加强党的纪律、珍惜与加强党的团结等。对于共产党的先进性，马克思在《共产党宣言》中开宗明义地指出："在实践方面，共产党人是各国工人政党中最坚决的、始终起推动作用的部分；在理论方面，他们胜过其余无产阶级群众的地方在于他们了解无产阶级运动的条件、进程和一般结果"；在价值取向方面，"过去的一切运动都是少数人的或者为少数人谋利益的运动。无产阶级的运动是绝大多数人的、为绝大多数人谋利益的独立的运动。"① 这一论断，是关于马克思主义政党先进性的经典论述，它深刻说明：马克思主义政党的先进性主要表现为三个方面，即理论上的先进性、实践上的先进性、政治上先进性（价值取向的大众性），而且是三者的有机统一、缺一不可。对于这一点，"三个代表"重要思想讲得很清楚，那就是中国共产党要始终代表中国先进生产力的发展要求、代表中国先进文化的前进方向、代表中国最广大人民的根本利益。马克思主义政党之所以在理论上具有先进性，就是因为马克思主义政党有科学的理论作指导，坚持辩证唯物主义和历史唯物主义，能够把握人类社会发展规律、政治发展规律与执政规律。这正如列宁所言："只有以先进理论为指南的党，才能实现先进战士的作用"。② 马克思主义政党之所以在实践上具有先进性，关键在于它能够推动社会发展与社会进步，能够创造出比资本主义更多、更快、更高的生产力，同时创造出比资本主义更好的政治文明与精神文明。对于这一点，毛泽东曾经深刻指出："判定认识或理论之是否真理，不是依主观上觉得如何而定，而是依客观上社会实践的结果如何而定。真理的标准只能是社会的实践"。③ 马克思主义政党之所以在政治上具有先进性，集中体现为党的政治立场与价值取向，核心要义在于共产党能始终代表绝大多数劳动人民的根本利益，坚持立党为公、执政为民、全心全意为人民服务，而非像剥削阶级政党那样以"公共利益"为幌子，实则代表少数剥削者的根本利益。胡锦涛曾经深刻指出："相信谁、依靠谁、为了谁，是否始终站在最广大人民的立场上，是区分唯物史观和唯心史观的分水岭，也是判断马克思主义政党的试金石"。④

然而，党的先进性是历史的、具体的、发展的，"必须放到推动当代

---

① 《马克思恩格斯选集》第 1 卷，人民出版社 1995 年版，第 283 页。
② 《列宁选集》第 1 卷，人民出版社 1995 年版，第 312 页。
③ 《毛泽东选集》第 1 卷，人民出版社 1991 年版，第 284 页。
④ 胡锦涛：《在"三个代表"重要思想理论研讨会上的重要讲话》，《人民日报》2003 年 7 月 2 日。

中国先进生产力和先进文化的发展中去考察，放到维护和实现最广大人民的根本利益的奋斗中去考察，归根到底要看党在推动历史前进中的实际作用"；^① 在不同历史时期、不同发展阶段，党的先进性的表现形式、基本内涵与基本要求有所不同。比如工业社会与信息社会的产生方式不同，先进生产力的内涵与代表形式有所不同，中国共产党"代表中国先进生产力的发展要求"的内涵与要求有所不同，党的先进性的内涵也必然有所不同。这是因为，在工业社会，机器大生产代表着先进生产力的发展要求；而在信息化时代，智能化生产、信息化生产则代表着先进生产力的发展要求。再比如，在革命时期与建设时期、改革开放时期，人民群众的内涵有所不同，人民群众的根本利益诉求也有所不同，中国共产党"代表中国最广大人民的根本利益"内涵与要求也有所不同。这是因为，在革命时期，工人、农民、军人、知识分子等是人民的主体，如今在改革开放中产生的新的社会阶层也成为社会主义建设者，成为人民的一部分；在改革开放初期，解决温饱问题是老百姓的基本利益诉求，而在全面建成小康社会的新时期，人民群众的利益诉求明显有所提高。总之，在当今信息化时代，信息化生产方式成为先进生产力的代表，网络文化已经成为先进文化的重要组成部分，新的社会阶层也成为社会主义建设者，成为人民群众的一部分，党的先进性的内涵必然要体现信息化发展的时代要求，信息化发展赋予党的先进性建设新的时代内涵；我们党要代表先进生产力的发展要求与先进文化的前进方向，就必须适应信息化发展的时代要求；要代表最广大人民群众的根本利益，就必须兼顾在信息化发展过程中成长起来、与信息化生产方式相适应的新的社会阶层的利益。^②

---

① 江泽民：《全面建设小康社会，开创中国特色社会主义事业新局面——在中国共产党第十六次全国代表大会上的报告》，人民出版社 2002 年版，第 13 页。
② 关于"党的先进性内涵"的相关内容，部分内容以《理论契合与实践互动：论党的先进性与纯洁性的关联与差异》为题发于《江西社会科学》2012 年第 5 期。

（二）信息化发展赋予党的纯洁性新内涵

对马克思主义政党而言，先进性与纯洁性相辅相成，前者犹如"标杆"，犹如党的政治生命线，后者犹如"底线"，犹如党的政治"健康线"；没有纯洁性，党的先进性就无从谈起。因此，纯洁性也是马克思主义政党的本质属性之一，对党的创造力、凝聚力、战斗力有着根本性影响。正如习近平所言，我们党 90 多年的历史经验表明："什么时候党的纯洁性保持得好，党就更加坚强有力，党的事业就能健康发展；什么时候党的纯洁性受到影响和削弱，党的战斗力就会下降，党的事业就会遭受损失"。[1] 苏东剧变的教训从反面充分说明：一个马克思主义政党，不管其历史上多么强大、业绩多么辉煌，如果失去了纯洁性，则必然会失去战斗力、凝聚力、影响力，必然会失去人民群众的支持，必然会走向失败乃至衰亡。正反两方面的经验教训深刻表明，纯洁性事关党的生死存亡和前途命运；一个党执政时间越长，越要倍加注意保持党的纯洁性。[2]

尽管我们党始终注重纯洁性建设，在革命年代毛泽东强调要建设"一个有纪律的、思想上纯洁的、组织上纯洁的党，合乎统一的标准的党"，[3]但是，在相当长的历史时期，纯洁性建设并没有成为党的建设的重要内容；随着党风廉政建设形势的日益严峻，纯洁性建设才浮出水面、才越来越受到党的重视，直到党的十八大前后，我们党才明确提出党的纯洁性建设。2012 年 1 月，胡锦涛在中央纪委的讲话中强调："实践证明，我们党作为马克思主义执政党，只有不断保持纯洁性，才能提高在群众中的威信，才能赢得人民信赖和拥护，才能不断巩固执政基础，才能实现党和国家兴旺发达、长治久安"，并要求"全党都要从党和人民事业发展的高

---

[1]　习近平：《扎实做好保持党的纯洁性各项工作》，《求是》2012 年第 7 期。

[2]　关于"党的纯洁性"的部分内容，部分内容以《党的纯洁性的建设的时代要求与制度保障》为题发于《南京政治学院学报》2012 年第 5 期，人大复印资料《中国共产党》2013 年第 1 期全文转载。

[3]　《毛泽东文集》第 3 卷，人民出版社 1996 年版，第 261 页。

度，从应对新形势下党面临的风险和挑战出发，充分认识保持党的纯洁性的极端重要性和紧迫性，不断增强党的意识、政治意识、危机意识、责任意识，切实做好保持党的纯洁性各项工作"。① 随后，2012 年 3 月 1 日，习近平在中央党校春季学期开学典礼上发表《扎实做好保持党的纯洁性各项工作》的讲话，对党的纯洁性建设作出了比较详细的部署，把党的纯洁性建设的内容概括为三个方面，即思想纯洁、组织纯洁、作风纯洁；强调要"坚持党要管党、从严治党，坚持强化思想理论武装和严格队伍管理相结合、发扬党的优良作风和加强党性修养与党性锻炼相结合、坚决惩治腐败和有效预防腐败相结合、发挥监督作用和严肃党的纪律相结合，不断增强自我净化、自我完善、自我革新、自我提高能力，始终保持党的思想纯洁、组织纯洁、作风纯洁"，同时强调"保持党的纯洁性，关键在党的各级领导干部"，领导干部要以身作则带头保持纯洁性。② 在党的十八大报告中，我们党对纯洁性建设的重视又进一步提高，把纯洁建设上升到党的建设主线的高度来认识。

新时期我们党为什么要突出强调"纯洁性建设"？概括说来，至少有两个方面的原因。一方面是因为形势所逼、任务所逼。正如习近平所言："在深刻变化的国内外环境中，管党治党的任务越来越艰巨，如何保持党的纯洁性也面临不少新情况新问题"，"理想信念不坚定、作风不正、原则性不强、为政不廉等不符合党的纯洁性要求的问题，在一些党员和党的干部中不同程度地存在，这必然影响党在人民群众中的威信和削弱党的战斗力。"③ 具体而言，新时期党的纯洁性建设面临的突出问题主要表现为：在思想纯洁方面，一些党员干部理想信念飘忽，世界观、人生观、价值观、权力观偏移或者发生异化；有的党员干部表面上讲马克思主义，内心却迷信鬼神，暗地里信奉"权力至上、金钱至上、实用主义、享乐主

---

① 胡锦涛：《切实做好保持党的纯洁性各项工作，深入推进党风廉政建设和反腐败斗争》，《人民日报》2012 年 1 月 10 日。

② 习近平：《扎实做好保持党的纯洁性各项工作》，《求是》2012 年第 7 期。

③ 习近平：《扎实做好保持党的纯洁性各项工作》，《求是》2012 年第 7 期。

义",对马克思主义理论的"真学真懂真信真用"问题比较突出。在组织纯洁方面,有的党员组织性、纪律性、党性观念弱化,对党的认同度降低;有的党员干部公信度不高,宗派主义、地方主义、山头主义、圈子意识严重;有的党员干部利欲熏心、阳奉阴违,心中只有权力、只有利益、只有领导,忘记了党的宗旨、忘记了党的纪律、忘记了人民群众。在作风纯洁方面,有的党员干部宗旨意识淡薄,缺乏联系群众的动力与感情,脱离群众、脱离实际,官僚主义、形式主义、命令主义、好人主义现象比较突出;有的因循守旧、求安图稳、工作敷衍,缺乏开拓创新精神与进取精神;有的追求"形象工程"与"政绩工程",弄虚作假、急功近利、劳民伤财;有的追求享乐、生活奢侈、作风败坏;等等。在清正廉洁方面,有的干部明显存在着思想腐败、道德腐败、生活腐败、权力腐败现象;有的党员干部特别是领导干部贪污受贿、生活腐化、涉案金额巨大,窝案、集体腐败、行业腐败、家族腐败、权力与利益集团相勾结等成为一段时间以来腐败的新特点;而且,腐败案往往引发群体性事件或重大责任事件。在道德纯洁方面,有的党员干部道德失范,言行不一、口是心非、搞"双重"或"多重"人格,虚伪与伪善现象比较突出。

另一方面是信息化发展、政治公开透明的时代要求,甚至可以说,是信息化发展的形势所逼。这是因为,在"密室政治"盛行的封建社会,各级官吏纯洁不纯洁,百姓难知、难晓;在信息网络发展之前,虽然我们党也强调监督,但在信息不畅、政治不够透明、权力运行不够公开的条件下,"朦胧政治"在所难免,党员干部中不纯洁现象难以看清、难以暴露,也难以查处。但是,在信息网络条件下,党风廉政建设的形势发生了明显变化,信息网络技术使得政治公开透明、权力只能在阳光下运行,使得"金鱼缸政治"或"透明政治"成为现实必然;在以前一些难以为百姓察觉、难以监督的不纯洁现象,在信息网络条件下很容易被发现、被监督、被查处,这必然对党风廉政建设提出了更加严格的要求,对党的纯洁性建设提出了更高的要求。

（三）信息化发展赋予党的执政能力新内涵

一般而言，能力是主观见之于客观的东西，是主体改造客体的本领。党的执政能力，简单说，就是执政党行使执政权力、履行执政职能、完成执政使命的能力和水平。按照党的十六届四中全会的表述，即"党提出和运用正确的理论、路线、方针、政策和策略，领导制定和实施宪法和法律，采取科学的领导制度和领导方式，动员和组织人民依法管理国家和社会事务、经济和文化事业，有效治党治国治军，建设社会主义现代化国家的本领"。[①]一般而言，执政能力应该是伴随着党的执政地位的确立而产生、随着执政实践的推进而提升的，是政党执政后的一项根本问题。从历史上看，谈论执政能力并非始自今日，我们党在执政前夕、建设初期就已经意识到执政能力问题，比如在 1949 年 3 月党的七届二中全会上毛泽东就强调：随着党的工作重心要由乡村转移到城市，党必须用极大的努力去学会管理城市和建设城市。但是，在相当长的一个历史时期内，由于我们党的执政意识、执政思维没有树立起来，党的执政能力一直是被涵盖在党的领导能力之中的，直到迈入 21 世纪我们党才明确提出执政能力、突出强调执政能力建设。有关资料显示，2001 年 5 月，江泽民在《努力提高党的领导水平和执政能力》一文中首次明确提出了"执政能力"这一执政党建设新概念，强调"关键取决于我们党，不仅取决于党的正确的理论路线方针政策，也取决于各级党组织贯彻落实党的理论路线方针政策的能力和水平，也就是说，取决于我们党的领导水平和执政能力"。[②]在庆祝中国共产党成立 80 周年大会的讲话中，江泽民明确提出要"进一步解决提高党的执政能力和领导水平、提高拒腐防变和抵御风险能力这两大历史性课题"；直到 2002 年党的十六大，才明确提出"加强党的执政能力建设"，首次把增强执政能力写进党章总纲中。

---

① 《中共中央关于加强党的执政能力建设的决定》，《人民日报》2004 年 9 月 27 日。
② 江泽民：《论党的建设》，中央文献出版社 2001 年版，第 484 页。

2004 年党的十六届四中全会通过的《中共中央关于加强党的执政能力建设的决定》，是加强党的执政能力建设的纲领性文件。在该《决定》中，高度强调加强党的执政能力建设的重要性，认为"这是关系中国社会主义事业兴衰成败、关系中华民族前途命运、关系党的生死存亡和国家长治久安的重大战略课题"；① 明确提出了加强党的执政能力建设的总体目标，那就是"通过全党共同努力，使党始终成为立党为公、执政为民的执政党，成为科学执政、民主执政、依法执政的执政党，成为求真务实、开拓创新、勤政高效、清正廉洁的执政党，归根到底成为始终做到'三个代表'、永远保持先进性、经得住各种风浪考验的马克思主义执政党，带领全国各族人民实现国家富强、民族振兴、社会和谐、人民幸福"；② 系统阐述了加强党的执政能力建设的五大任务，即坚持把发展作为党执政兴国的第一要务，不断提高驾驭社会主义市场经济的能力；坚持党的领导、人民当家作主和依法治国的有机统一，不断提高发展社会主义民主政治的能力；坚持马克思主义在意识形态领域的指导地位，不断提高建设社会主义先进文化的能力；坚持最广泛最充分地调动一切积极因素，不断提高构建社会主义和谐社会的能力；坚持独立自主的和平外交政策，不断提高应对国际局势和处理国际事务的能力。并明确提出了加强党的执政能力建设的基本思路，那就是"提高党的执政能力，关键在于搞好党的建设，不断增强党的创造力、凝聚力、战斗力。必须坚持党要管党、从严治党的方针，紧密联系治国理政的实践，全面加强和改进党的思想、组织、作风和制度建设"；③ 明确提出了加强党的执政能力建设的七大举措，即坚持用邓小平理论和"三个代表"重要思想武装全党，不断提高马克思主义理论水平；深化干部人事制度改革，建设一支善于治国理政的高素质干部队伍；按照政治坚定、求真务实、开拓创新、勤政廉政、团结协调的要求，把各级领导班子建设成为坚强领导集体；加强和改进党的基层组织建设，使党的基

---

① 《中共中央关于加强党的执政能力建设的决定》，《人民日报》2004 年 9 月 27 日。
② 《中共中央关于加强党的执政能力建设的决定》，《人民日报》2004 年 9 月 27 日。
③ 《中共中央关于加强党的执政能力建设的决定》，《人民日报》2004 年 9 月 27 日。

层组织真正成为贯彻"三个代表"重要思想的组织者、推动者、实践者；坚持和健全民主集中制，增强党的团结和活力；大兴求真务实之风，保持党同人民群众的血肉联系；加强党风廉政建设，深入开展反腐败斗争。①

进入新世纪新阶段，我们党为什么突出强调加强党的执政能力建设？一个根本的原因，那就是，世情、国情、党情的变化使我们党面临着长期执政与继续深化改革开放的双重考验，面临着"不断提高党的领导水平和执政水平、拒腐防变和抵御风险的能力"两大历史性课题；面对新形势新任务，相当一部分党员干部面临着力不从心、"本领恐慌"。20世纪90年代以来世界上许多大党老党执政失败的教训启示我们，一个党要想保持长期执政，就必须按现代政党执政规律办事、大力加强执政能力建设、不断提高执政能力。

那么，对我们党而言，执政能力包括哪些方面的内容？对此，不同的人从不同角度有不同的看法，如有的从能力主体角度把执政能力划分为"各级组织和领导干部的执政能力、全体党员的能力、党的整体的执政能力"等几个方面；② 党的十六大报告从提高党的各级组织与领导干部能力的角度，提出了"小五种"执政能力，③ 即不断提高科学判断形势、驾驭市场经济、应对复杂局面、依法执政、总揽全局的能力。这都有一定的道理。但从根本上看，执政能力建设是中国共产党领导的中国特色社会主义事业与党的建设新的伟大工程的连接点，只有从党的领导、中国特色社会主义事业与党的建设的密切关联中来理解党的执政能力建设，才能深刻理解其根本性；只有结合党领导的中国特色社会主义建设的各个方面、执政党的执政职能来理解执政能力建设的基本内容，才能深刻把握加强党的执政能力建设的基本要求、基本内容与现实的切入点。因此，党的十六届四中全会从中国特色社会主义建设的整体布局出发，统筹社会主义建设的基

---

① 《中共中央关于加强党的执政能力建设的决定》，《人民日报》2004年9月27日。
② 王长江：《准确把握党的执政能力建设的科学内涵》，《人民日报》2004年7月5日。
③ 为了加以区别，理论界一般把党的十六大要求领导干部应该具备的"五种能力"称之为"小五种能力"，把党的十六届四中全会强调的"五种能力"称之为"大五种能力"。

本方面、统筹国内局势与国际局势，提出了当前和今后一个时期加强党的执政能力建设的主要任务，即按照推动社会主义物质文明、政治文明、精神文明协调发展的要求，不断提高驾驭社会主义市场经济的能力、发展社会主义民主政治的能力、建设社会主义先进文化的能力、构建社会主义和谐社会的能力、应对国际局势和处理国际事务的能力。[①]

然而，党的执政能力是历史的、具体的、发展的，是随着执政环境、执政要求的变化而不断变化的，也是在执政实践中不断提高、不断发展的。因此，党的执政能力是一个开放的系统，在不同历史时期要求有所不同；加强党的执政能力建设，必须努力体现时代性、把握规律性、富于创造性。在新的历史时期，随着经济社会与技术的发展，党的执政能力的内涵必然要进一步丰富与发展，比如党的十八大以来，我们党先后提出要提高"国家治理体系和治理能力""公共服务共建能力""宣传和组织群众能力"等新的内容，这无疑是时代发展的要求。另外，在信息化条件下，执政党廉洁自律的能力，反腐倡廉的能力，自我净化、自我完善、自我革新、自我提高的能力，利益协调与社会整合能力，应对信息网络等新媒体的能力，维护信息安全的能力，国际传播能力，创新能力，等等，都突出地摆在执政党目前，都成为党的执政能力建设的新生点。[②]

三、信息化时代的党建战略布局与基本内容

党的建设目标的实现是有条件的，而非自然而然就能实现的。新时期要实现党的建设的新目标，就必须沿着党的建设主线来进行、依靠科学的党建布局来支撑、依靠党的建设伟大工程来承载来推进。对于党的建设基本布局与基本内容，在党的建设历史上也有一个发展过程，我们需要有一

---

① 《中共中央关于加强党的执政能力建设的决定》，《人民日报》2004 年 9 月 27 日。

② 关于"党的执政能力"与"党的建设战略布局"的相关内容，在先期出版的个人专著《学习型、服务型创新型：马克思主义执政党建设新目标》（上海人民出版社 2014 年版）一书中有所体现。

个科学的认识。

（一）党的建设战略布局与基本内容

从历史上看，在毛泽东党建思想中，党的建设中主要强调三大内容，即思想建设、组织建设与作风建设；在革命年代与改革开放以前，我们党强调党的建设主要是强调这三个方面的内容。改革开放以来，我们党认真总结"文化大革命"与国际共产主义运动的经验教训，开始认识到，对和平建设时期、常态条件下的治党理政而言，制度更具有根本性，正如邓小平所言："我们过去发生的各种错误，固然与某些领导人的思想、作风有关，但是组织制度、工作制度方面的问题更为重要，这些方面的制度好可以使坏人无法任意横行，制度不好可以使好人无法充分做好事，甚至会走向反面"。[①] 因此，改革开放以来，邓小平特别强调"制度建设"，认为"领导制度、组织制度问题更带有根本性、全局性、稳定性和长期性。这种制度问题，关系到党和国家是否改变颜色"[②]，强调"必须使民主制度化、法律化，使这种制度和法律不因领导人的改变而改变，不因领导人的看法和注意力的改变而改变"[③]。可以说，强调制度建设是邓小平党建理论的显著特点，也成为执政党建设布局的基本组成部分。20 世纪 90 年代以来，随着我国改革开放、社会主义市场经济的深入发展，廉政建设与反腐败斗争又提上了党建日程。从改革开放以来党的代表大会对党的建设基本内容的概括看，党的十五大报告重点强调了"加强党的思想建设、加强党的组织建设、加强党的作风建设与反对腐败斗争"这四个方面；党的十七大报告则强调要"以坚定理想信念为重点加强思想建设，以造就高素质党员、干部队伍为重点加强组织建设，以保持党同人民群众的血肉联系为重点加强作风建设，以健全民主集中制为重点加强制度建设，以完善惩

[①] 《邓小平文选》第 2 卷，人民出版社 1994 年版，第 333 页。
[②] 《邓小平文选》第 2 卷，人民出版社 1994 年版，第 333 页。
[③] 《邓小平文选》第 2 卷，人民出版社 1994 年版，第 146 页。

治和预防腐败体系为重点加强反腐倡廉建设，使党始终成为立党为公、执政为民，求真务实、改革创新，艰苦奋斗、清正廉洁，富有活力、团结和谐的马克思主义执政党"，[①] 把党的建设归纳为五大方面，即思想建设、组织建设、作风建设、制度建设、反腐倡廉建设。党的十七届四中全会通过的《中共中央关于加强和改进新形势下党的建设若干重大问题的决定》关于党的建设内容，沿用了党的十七大"五大建设"一说。到了党的十八大，党的建设整体布局继续沿用"五大建设"一说，但"五大建设"的先后顺序有所调整，因为制度带有根本性、整体性、全局性，党的建设的各个方面都需要通过加强制度建设来保障，故将"制度建设"放在了"反腐倡廉"的后面。到目前为止，党的建设的整体布局或基本内容定格为"五大建设"，即党的思想建设、组织建设、作风建设、反腐倡廉建设、制度建设。

值得注意的是，在新的历史时期，要深刻理解党的建设的整体布局或基本内容，需要注意以下两个方面：一方面，需要通盘考虑党的建设新的伟大工程，密切结合党的建设的时代主题、建设主线、"两大历史性课题"、基本目标、基本要求等进行深入的理解。从整体上看，党的十八大对此有着比较系统的论述、值得我们深入思考，党的十八大报告强调："全党要增强紧迫感和责任感，牢牢把握加强党的执政能力建设、先进性和纯洁性建设这条主线，坚持解放思想、改革创新，坚持党要管党、从严治党，全面加强党的思想建设、组织建设、作风建设、反腐倡廉建设、制度建设，增强自我净化、自我完善、自我革新、自我提高能力，建设学习型、服务型、创新型的马克思主义执政党，确保党始终成为中国特色社会主义事业的坚强领导核心"。[②] 另一方面，党的建设是为党的领导、党的

---

① 胡锦涛:《高举中国特色社会主义伟大旗帜　为夺取全面建设小康社会新胜利而奋斗——在中国共产党第十七次全国代表大会上的报告》，人民出版社 2007 年版，第50页。

② 胡锦涛:《坚定不移沿着中国特色社会主义道路前进　为全面建成小康社会而奋斗——在中国共产党第十八次全国代表大会上的报告》，人民出版社 2012 年版，第49—50页。

中心工作服务的，要深刻理解党的建设的基本内容，还必须密切联系马克思主义执政党建设的基本原则以及中国特色社会主义的现实目标、道路、制度、理论等，进行深入的理解。对于这一点，党的十八大修订的党章有着比较完整的论述："中国共产党要领导全国各族人民实现社会主义现代化的宏伟目标，必须紧密围绕党的基本路线，加强党的执政能力建设、先进性和纯洁性建设，以改革创新精神全面推进党的建设新的伟大工程，整体推进党的思想建设、组织建设、作风建设、反腐倡廉建设、制度建设，全面提高党的建设科学化水平。坚持立党为公、执政为民，坚持党要管党、从严治党，发扬党的优良传统和作风，不断提高党的领导水平和执政水平，提高拒腐防变和抵御风险的能力，不断增强党的阶级基础和扩大党的群众基础，不断提高党的创造力、凝聚力、战斗力，建设学习型、服务型、创新型的马克思主义执政党，使我们党始终走在时代前列，成为领导全国人民沿着中国特色社会主义道路不断前进的坚强核心"；[①] 同时，明确指出，党的建设必须坚决贯彻以下四项基本原则与基本要求，即坚持党的基本路线，坚持解放思想、实事求是、与时俱进、求真务实，坚持全心全意为人民服务，坚持民主集中制。总之，党的十八大修订的党章对党的建设战略布局与基本内容的表述，既整合了党的十八大党建精神的有关内容，又重申了"党的奋斗目标、围绕党的基本路线加强党的建设、党的宗旨与执政本质、发扬党的优良传统与作风、增强党的阶级基础和扩大党的群众基础、提高党的创造力凝聚力战斗力"等党建基本内容，同时强调了党的建设的四项基本要求，值得我们深入、系统地去理解。

（二）信息化发展对党建基本内容的影响

从党的建设基本内容看，党的十八大报告对党的思想建设、组织建设、作风建设、反腐倡廉建设、制度建设等"五大建设"都做出了具体的

[①] 《中国共产党章程》，人民出版社 2012 年版，第 16—17 页。

部署，如在思想建设方面，强调要"坚定理想信念、坚守共产党人精神追求"，要抓好思想理论建设这个根本、党性教育这个核心、道德建设这个基础。在作风建设方面，强调要"坚持以人为本、执政为民，始终保持党同人民群众的血肉联系"，坚持为民、务实、清廉，提高做好新形势下群众工作的能力、密切联系群众，严整"四风"。在组织建设方面，强调要积极发展党内民主、增强党的创造活力，深化干部人事制度改革、建设高素质执政骨干队伍，坚持党管人才原则、把各方面优秀人才集聚到党和国家事业中来，创新基层党建工作、夯实党执政的组织基础等。在反腐倡廉建设方面，强调要"坚定不移反对腐败，永葆共产党人清正廉洁的政治本色"，坚持中国特色反腐倡廉道路，坚持标本兼治、综合治理、惩防并举、注重预防方针，全面推进惩治和预防腐败体系建设。在制度建设方面，强调"要坚持民主集中制，健全党内民主制度体系"，要健全党员民主权利保障制度、完善党的代表大会制度、完善党内选举制度以及完善党员定期评议基层党组织领导班子等制度。而且，将制度建设贯穿到党的"思想建设、组织建设、作风建设、反腐倡廉建设"之中，比如在作风建设方面强调要完善党员干部直接联系群众制度，在组织建设方面强调要深化干部人事制度改革、完善干部考核评价机制、健全干部管理体制、完善公务员制度等，在反腐倡廉建设方面强调要全面推进惩治和预防腐败体系建设、健全反腐败法律制度、严格执行党风廉政建设责任制、健全纪检监察体制等。①

从党的十八大关于党建基本内容的表述中，尚看不到"信息化"一词，那么人们不禁要问，信息化发展对党的建设基本内容的影响何在？对于这一问题，早在 2001 年江泽民就指出，各地区各部门的领导干部，必须加紧学习网络化知识，党的建设工作、思想政治工作、组织工作、宣

---

① 关于"信息化发展对党建内容的时代要求"相关内容，作为本书的阶段性研究成果，以《信息化发展对党的建设的多重影响：从信息技术、信息化生产方式到信息社会》为题发表于《中共中央党校学报》2011 年第 6 期，人大复印资料《中国共产党》2012 年第 3 期全文转载。

传工作、群众工作等，都应该适应信息网络化的特点。[①] 如今十多年已过，信息化发展对党的建设的影响更加深刻。结合国内外近年来的政党理论与实践，我们发现，信息化发展对党的建设的基本要求，除了赋予党的建设目标、党的建设主线等新的时代内涵外，对党的建设基本内容的影响与要求可以概括为"十二化"，即信息化、开放化、大众化、公开化、民主化、服务化、社会化、清廉化、制度化、规范化、科学化、现代化，这"十二化"要求体现在党的建设与党的领导的各个方面、对不同的党建内容有不同的要求，对党建模式与方式的要求主要体现为信息化与公开化，对党的思想建设或意识形态建设的要求主要体现为大众化，对党的组织建设的要求主要体现为公开化与民主化、基层党建的服务化与社会化，对党风廉政建设的要求主要体现为清廉化，对党的制度建设的要求主要体现为制度化、规范化、科学化，对党的领导的要求主要体现为治国理政现代化。这几个方面的内容，是我们接下来要分章论述的重点内容，在此提纲挈领、概述如下：

信息化发展影响党的建设的模式与方式，要求党的建设信息化、开放化，推行"互联网＋党建"的模式与方式。之所以如是说，是因为信息化发展对党的建设的影响首先表现在技术方面。20世纪90年代以来，面对信息网络技术发展，一方面，西方国家许多政党纷纷建立政党网站、推行电子党务，充分运用信息网络技术等新手段加强党的建设，"电子化政党""网络党"应时而生。另一方面，在信息化时代，西方一些政党特别是大党老党开始打破传统的"封闭式"党建模式，政党开放成为一个基本趋势，比如欧美一些政党开始注重吸纳"新型党员"，让新型党员、非正式党员等政党支持者参与党内活动甚至参加党内选举。对中国共产党而言，信息化的这种技术影响也不可避免，我们既要广泛运用信息网络技术来开展党的建设，建立党建网站、推行电子党务、实现党建信息化；也要适应信息化发展的时代要求，实现从传统的"封闭式"党建模式向"开放

---

① 《江泽民文选》第3卷，人民出版社2006年版，第300页。

式"党建模式的历史转变，积极推进"互联网＋党建"的党建新模式与新方法。

信息化发展影响党的思想建设，要求党的思想理论与意识形态大众化。面对信息化发展与社会发展，西方一些大党老党纷纷推行"意识形态中间化"、努力增强政党意识形态的包容性与吸引力；信息化发展对中国共产党的思想理论建设的影响也不可避免，甚至比对西方政党意识形态建设的影响更大。这是因为：第一，在信息化时代，社会舆情与思想状况更加复杂，文化多元、价值多元、思想多元是信息化发展的一个必然趋势，这势必给党的思想理论建设带来巨大影响；第二，西方国家利用信息技术优势进行文化渗透、思想渗透也在所难免，这势必增加党的思想理论建设的难度；第三，在信息化时代，信息资源大众化、传播媒体大众化、信息公开化等成为一个必然的趋势，这必然要打破传统媒体时代自上而下的单向传播方式，使信息化时代的"话语权"与封闭时代的"话语权"有了很大区别。在这样的时代背景下，"话语权"就不再仅仅是控制舆论的权力与能力、队伍与平台问题，也不再仅仅是能够说话、说话的声音频率的大小问题；关键是话语吸引力、感染力的大小强弱与受众的接受度问题。总之，在信息化条件下，我们党如何坚持马克思主义、发展马克思主义，如何抵御西方思潮的影响、增强党的意识形态的吸引力；如何加强网上思想舆论阵地建设，掌握网上舆论主导权，提高思想理论教育的有效性；等等，都值得深入思考。

信息化发展影响党的组织建设与党内民主建设，要求党内事务公开化、民主化。随着信息化发展，政治公开、政治透明成为时代发展的必然，网络参与、网络民主成为大众参与的重要形式之一，人们的民主意识、参与意识、监督意识等空前提高；而且，信息网络技术的广泛运用为一定范围内实行直接民主提供了可能，政党组织扁平化、党内民主化成为时代发展的必然要求。在这样的背景与条件下，执政党如何实行党务公开、推行政治公开透明？如何发展党内民主、尊重党员主体地位、保障党员权利？如何确保民主选举、民主监督，增强选人用人的公信力？如何克服党内已存在的党内官僚化、行政化弊端，增强党内活力？如何适应大众参与、网络民主的要求，满足广大民众政治参与的需要，增强政党吸引力？这些都是党的组织建设与党内民主建设面临的突出问题。实际上，党的十六大以来，我们党强调切实推进党内民主、加强党内基层民主建设等等，无疑也是适应信息化发展的时代要求而采取的基本举措。

信息化发展影响党的基层组织建设，要求基层党建服务化、社会化。随着信息化发展与经济社会发展，社会多元、组织多元成为一个必然的趋势，媒体的作用更加凸显，成为与立法、行政、司法并立的"第四权力"。社会组织的多元发展、新媒体的广泛运用，成为民众联系国家的新渠道，在一定程度上可以代替政党固有的一些社会功能，比如组织民众、联系民众、代表民众、集结民意、收集党费、政治动员与政治宣传等，这势必影响基层党组织对广大民众的吸引力与影响力，势必影响基层党组织的功能定位与作用发挥。而且，在信息网络条件下，党员规模已经不等于政党的核心战斗力，关键在于政党成员的质量与作用发挥；党组织的主要功能已经不再是单纯的"社会管控"，而是要积极推进社会善治、服务群众与服务社会。在这种背景下，如何加强基层党组织建设、有效发挥基层党组织的作用？如何解决"干部在干、群众在看"等现象，克服自上而下、以命令式搞党建的传统思路，发挥广大党员与群众的积极性、主动性与创造性来共同推进基层党组织建设与基层善治？这势必成为新时期基层党组织建设面临的突出问题。正是在这样的背景下，2014年中央办公厅《关于加强基层服务型党组织建设的意见》强调：面对新形势新任务，基层党组织要转变工作方式、改进工作作风，把服务作为自觉追求和基本职责，寓领导和管理于服务之中，通过服务贴近群众、团结群众、引导群众、赢得群众。

信息化发展影响党风廉政建设，要求党员干部清廉化。在信息化背景下，政治透明、权力公开运行使得权力暴露在"阳光下"，使得广大民众对腐败的关注度在提高、容忍度在降低，使得广大民众网络监督与网络反腐的热情高涨、能力在提高。在这样的背景下，如何加强党的作风建设，使广大干部做到德才兼备、言行一致、廉政亲民，言必信、行必果、令行禁止？如何运用网络技术反腐倡廉、加强对权力的监督，让权力在阳光下运行，确保"权为民所用、情为民所系、利为民所谋"？如何使广大干部敬畏舆论、敬畏媒体、慎言慎微？这必然对党的干部队伍建设、党风廉政建设提出更高的要求。面对信息化发展，"鸵鸟式干部""言行不一的干部""腐败干部"等是无法适应信息社会发展要求的。

信息化发展影响党的制度建设，要求党的建设制度化、规范化、科学化。在传统的封闭年代、政治不公开透明的年代，"运动式"党建具有一定的市场，对政党建设制度化要求也不是很高。但是，在信息公开、政治透明、政治民主的新时期，对党的建设制度化、规范化、科学化的要求空前提高。这要求党的建设不但要加强制度建设、深化党的建设制度改革、健全党内民主制度体系，实现党的建设制度化，克服因人而异现象；要求党的建设规范化科学化，做到程序公正与结果公正，把权力关进制度的笼子里。在信息化条件下，只有党的建设制度化、规范化、科学化，才能提高党的建设的成效，才能使党的建设经得起时间与实践的检验，才能赢得广大人民群众的信赖与支持。

信息化发展影响党的领导与党领导的现代化事业，要求治国理政现代化。在我国，中国共产党是唯一的领导党，也是唯一的执政党，是社会主义现代化事业的领导核心；积极推进我国现代化事业、早日实现中华民族伟大复兴的中国梦，是中国共产党的历史使命与历史责任所在。在信息化时代，信息网络技术发展对我国现代化事业提出了更高的要求，对党的领导也提出了更高的要求。在这样的背景下，如何通过加强党的建设来加强与改善党的领导，不断提高党的领导能力与执政水平，这是我们党面临的重大历史课题。我们只有坚持依法治国、依法执政、科学执政、民主执政，不断提高党的领导水平与执政水平，实现治国理政的现代化，才能为加快推进我国现代化事业、早日实现中华民族伟大复兴的中国梦提供坚强领导与政治保障。

四、信息化时代的党建基本方略与基本要求

"党要管党、从严治党"可谓党的建设的基本经验与重要原则，也是改革开放以来党的建设的基本方针和基本要求。从历史上看，党的十三大就明确提出"党要管党、从严治党"，一方面认为"党政不分使党顾不上抓自身的建设，党政分开才能保证做到'党要管党'"；另一方面强调：对经不起考验的腐败分子，"仅仅靠教育不能完全解决问题，必须从严治党，严肃执行党的纪律"，"从严治党，除了必须把少数腐败分子开除出党之外，还必须着眼于对绝大多数党员经常地进行教育，提高他们的素质"。1989 年政治风波以后，邓小平强调："要聚精会神地抓党的建设，这个党该抓了，不抓不行了。"[①]党的十三届四中全会以来，我们党始终如一地强调"党要管党、从严治党"，如党的十四大报告强调："我们一定要结合新的实际，遵循党的基本路线，坚持党要管党和从严治党，加强和改进党的建设，努力提高党的执政水平和领导水平"，开始将"党要管党""从严治党"连在一起进行思考；2001 年江泽民在"七一"讲话中更是把"党要管党"作为党建原则、"从严治党"作为党建方针来论述，强调"我们必须坚持党要管党的原则和从严治党的方针，各级党组织必须对党员干部严格要求、严格教育、严格管理、严格监督，坚决克服党内存在的消极腐败现象"[②]。由此可见，改革开放以来，我们党始终强调"党要管党、从严治党"；越是在重要历史关头、局面越复杂、任务越艰巨，越要强调"党要管党、从严治党"。

然而，时至今日，随着信息化的发展与经济社会的发展，随着党的历史方位变化、党员干部队伍变化，党的建设面临的形势越来越严峻、"四风"与腐败问题越来越突出，正如党的十八大报告所言："一些干部领导科学发展能力不强，一些基层党组织软弱涣散，少数党员干部理想信念动

---

① 《邓小平文选》第 3 卷，人民出版社 1993 年版，第 314 页。
② 《江泽民文选》第 3 卷，人民出版社 2006 年版，第 290 页。

摇、宗旨意识淡薄，形式主义、官僚主义问题突出，奢侈浪费现象严重；一些领域消极腐败现象易发多发，反腐败斗争形势依然严峻"，① 这是为什么？也正如习近平总书记所问："这么多年中央经常讲、反复提'两个务必'，围绕改进作风发了不少文件、采取了不少措施，但为什么背离'两个务必'，搞形式主义、官僚主义、享乐主义和奢靡之风那一套还有不小的市场？为什么还有些人对不正之风乐此不疲？"② 其背后的原因自然很多，既有客观方面的原因，也有主观方面的原因。客观上说，党的建设既受历史因素影响，也受现实环境因素影响。随着环境与任务的变化，党的建设面临的主要任务、主要矛盾或矛盾的主要方面必然会发生变化，党的建设面临的问题自然会层出不穷。从科学治党或党的建设科学化角度看，党的建设有其规律性；在相当长的时间内，我们对执政党建设的规律性与党的建设的科学化有所忽视，以至于面对不断变化的党建实践，仍然习惯于用传统思维思考新问题、用老办法解决新问题、用传统模式建设现代化政党，致使老问题没有解决好、新问题解决不了。从从严治党的角度看，目前党的建设之所以存在这样那样的突出问题，除了客观因素与对执政党建设规律把握不深外，我们不得不承认，在相当长的一段时间内明显存在"治党不严、治党不全、治党不力"问题。这正如习近平所言："客观上说，主要原因是党要管党、从严治党方针在有些地方没有落到实处，在一些方面管党、治党失之于宽、失之于松"。③ 总之，实践证明，面对党的建设形势变化，党的建设的基本方略也要与时俱进。在信息化条件下，仅仅强调"从严治党"已难以应对时代发展变化与党的建设的严峻形势，我们必须完善治党方略，既要坚持"党要管党、从严治党"，更要实行全面从严治党、不断提高党的建设科学化水平，实现全面从严治党与科学治党

① 《中国共产党第十八次全国代表大会文件汇编》，人民出版社2012年版，第5页。
② 李斌：《党面临的"赶考"远未结束——习近平总书记再访西柏坡侧记》，《人民日报》2013年7月14日。
③ 李斌：《党面临的"赶考"远未结束——习近平总书记再访西柏坡侧记》，《人民日报》2013年7月14日。

的理论契合与实践统一。

（一）实行科学治党，全面提高党建科学化水平

执政党建设有其规律性，只有把握执政党建设的根本规律、正确处理好党同人民群众的关系，按规律"治党"、按规律办事，以科学理论指导党的建设、以科学制度保障党的建设、以科学方法推进党的建设，才能有效解决党的建设面临的突出问题。然而，改革开放以来，在相当长的一段时间内，我们对执政党建设规律的把握不能不说是处于自在状态、摸索之中。直到党的十六大以来，我们党在提出与强调科学发展观的背景下，才开始突出强调党的建设科学化问题，党的十七届四中全会通过的《中共中央关于加强和改进新形势下党的建设若干重大问题的决定》正式提出了"党的建设科学化"这一重大理论与实践命题：一方面强调"坚持改革创新，推进党的建设科学化、制度化、规范化"是我们党作为马克思主义执政党加强自身建设的基本经验之一；另一方面强调"加强和改进新形势下党的建设，必须全面推进思想建设、组织建设、作风建设、制度建设和反腐倡廉建设，提高党的建设科学化水平"。2009 年 11 月，胡锦涛在中共中央政治局集体学习时又进一步强调："加强和改进党的建设，要努力在以科学理论指导党的建设、以科学制度保障党的建设、以科学方法推进党的建设上见到实效"，① 这为新时期党的建设科学化提出了明确要求。2011 年，胡锦涛在庆祝建党 90 周年的讲话中，明确提出了党的建设科学化"五个必须"的基本思路：必须坚持解放思想、实事求是、与时俱进，大力推进马克思主义中国化时代化大众化，提高全党思想政治水平；必须坚持五湖四海、任人唯贤，坚持德才兼备、以德为先用人标准，把各方面优秀人才集聚到党和国家事业中来；必须坚持以人为本、执政为民理念，

---

① 胡锦涛：《扎实贯彻党的十七届四中全会精神　努力提高党的建设科学化水平》，《人民日报》2009 年 11 月 29 日。

牢固树立马克思主义群众观点、自觉贯彻党的群众路线，始终保持党同人民群众的血肉联系；必须坚持标本兼治、综合治理、惩防并举、注重预防的方针，深入开展党风廉政建设和反腐败斗争，始终保持马克思主义政党的先进性和纯洁性；必须坚持用制度管权管事管人，健全民主集中制，不断推进党的建设制度化、规范化、程序化。① 胡锦涛的上述论述，把党的建设科学化与党的建设的五大布局（思想建设、组织建设、作风建设、制度建设、反腐倡廉建设）、新时期党的建设的热点难点、执政党建设的基本规律等紧密结合起来，为科学治党提供了基本思路。到了党的十八大，"全面提高党的建设科学化水平"成为党的建设部分的标题与思想灵魂。②

那么，什么是党的建设科学化、什么是执政党建设规律？从根本上看，科学的实质就是要正确认识与把握规律、自觉运用规律、严格按规律办事。党的建设科学化，简单说，就是执政的中国共产党要正确认识与把握马克思主义执政党建设规律，按规律办事、根据规律建设党，以科学理论指导党的建设、以科学制度保障党的建设、以科学方法推进党的建设、以科学标准检验党的建设；其直接目的在于实现党的自我约束、自我完善、自我发展。从理论上看，认识与把握政党规律，是党建科学化的前提，是不断提高党的建设科学化水平的基本支点。然而，社会科学规律、党的建设规律不同于自然科学规律，人类社会实践是"合规律性与合目的性"的统一。对党的建设科学化而言，其关键在于要正确处理好党与人民群众关系、始终赢得人民群众的拥护与支持。因为从执政规律看，是人心向背决定执政成败；从政党政治规律看，是民众选择党，而非党选择民众；从我们党的执政经验看，密切联系群众是我们党的最大政治优势，脱离群众是我们党执政后的最大危险。

① 胡锦涛：《在庆祝中国共产党成立 90 周年大会上的讲话》，《人民日报》2011 年 7 月 2 日。
② 关于"党的建设科学化"的相关内容，部分内容以《规律性、现代化与民主化——关于党的建设科学化的三点思考》为题发表于《新视野》2011 年第 5 期；部分内容以《问题、症结与进路：从执政主要矛盾角度谈党建科学化的破题》为题发表于《探索》2012 年第 3 期。

那么，如何认识与把握马克思主义执政党建设规律呢？在目前，主要有两种认识：一种观点认为，党建规律就是政党内部建设的规律，属于党内之事，与社会主义建设规律、执政规律并非一码事。另一种观点认为，党建规律就是政党活动规律，就是执政规律，就是要民主执政、依法执政、科学执政。我们认为，第一种观点就事论事、就党建而党建，忽视了党的建设与党的领导、党的执政之间的关系，失之狭隘。第二种观点，把执政党建设规律等同于执政规律，失之偏颇。实际上，执政党建设过程，就是正确处理内外关系、不断解决内外矛盾的过程；把握执政党建设规律，不能仅仅从政党内部建设角度狭隘地去分析，而应该从执政实践角度，从执政主体改造客体所涉及的内外关系、内外矛盾中去把握，既要正确认识与把握党内关系、党内矛盾以及政党自身发展中的问题，也要正确认识与把握执政所面临的主要关系、主要矛盾、主要问题。对我们党而言，需要将党的自身建设、党的领导、党领导的伟大事业紧密结合起来，从政党自身建设规律、执政规律、社会主义建设规律、人类社会发展规律相统一的角度来深刻把握执政党建设规律。在此意义上说，党的建设科学化实际上是科学建党、科学执政、科学领导、科学发展的统一。

值得注意的是，在不同历史时期，党所处的环境与政治任务不同，党的建设的时代主题、面临的主要矛盾与时代要求也有所不同。根据时代发展要求、围绕党的政治路线与中心工作，不断解决党的领导与党的建设所面临的主要矛盾或突出问题，是党的建设的成功经验。从这一角度看，党的十七届四中全会提出"提高党的建设科学化水平"这一命题，并不意味着过去的党建不科学，也不意味着过去党建不讲科学、现在要讲科学。实际上，今天看来的老观念、老办法，在过去可能是新观念新办法；今天用老办法解决新问题不灵，过去可能行之有效；尽管过去党的建设有失误，但也有成功之处，否则，我们党走不到今天、无法取得今天的成就。新时期强调"党的建设科学化"，主要是因为党的历史方位发生了变化，党面临的环境、党的中心任务发生了变化，随之党的建设面临的主要矛盾或矛盾的主要方面也发生了重大变化（当然也包括历史遗留问题）；同时，党的认识能力、建设理念也有了很大提高。因此，今天强调"党的建设科学化"，不能厚此薄彼、厚今薄古，而应实事求是，从党的历史方位变化、世情国情党情变化、政党转型发展、党建主要矛盾变化等角度来认识。

（二）要全面从严治党、对各种不良政治现象"零容忍"

在信息化条件下，执政党建设不仅要讲科学、按规律办事，而且也要讲从严，而且是要全面从严治党；否则，就容易产生"破窗效应"。"破窗效应"告诉人们：一个房子，如果窗户玻璃被打破而得不到及时维修，其他窗户玻璃也会莫名其妙地被打破；一面墙，如果出现一些涂鸦而得不到及时清理，则墙上很快就会画得乱七八糟、不堪入目；一个干净的地方，人们不好意思丢垃圾，一旦地上有了垃圾后，人们就会毫无愧色地向这里抛垃圾。从"破窗效应"中，可以得到这样一个道理：任何一种不良现象的产生与存在，都会传递一种暗示性、诱导性信息；如果不良现象得不到及时有效的治理，就会导致不良现象的无限扩展与蔓延。这一理论现象告诉我们，一个政党、一个党员，如果出现了党性不纯的污点而不能及时制止与改正，就会造成"习非成是、理所当然"的后果。对于这一点，习近平总书记曾经深刻指出，如果党的政治纪律成了摆设，就会形成'破窗效应'，使党的章程、原则、制度、部署丧失严肃性和权威性，党就会沦为各取所需、自行其是的"私人俱乐部"。①

对于全面从严治党而言，这个"严"字，既表现为严明的态度、严格的要求，还表现为严格的举措，是从严治党的态度、制度、举措、行为的有机统一。具体说来，这至少有三个方面的要求：（1）态度要严，对各种不良政治现象要实行"零容忍"，而非"适度容忍"。对党的建设问题，特别是对"四风"与腐败问题，是采取"零容忍"还是"适度容

---

① 习近平：《在第十八届中央纪律检查委员会第二次全体会议上的讲话》，《人民日报》2013 年 1 月 23 日。

忍"态度，这对党的建设的措施与实效有很大影响。若对"四风"奉行"水至清则无鱼""适度容忍"的态度，则无法有效打破"破窗效应"；若对腐败奉行"适度容忍"心态，甚至认为"腐败是改革发展的润滑剂""反腐倡廉影响经济发展"，则无法真正有效地反腐倡廉；若对"四风"问题、腐败问题采取选择性态度，因人而异、执法不公，则无法从根本上惩治"四风"与反腐倡廉；若有法不依、执法不严、惩处不力、惩办不公，即使建立起完善的权力制约与监督机制，也不足以整治"四风"与腐败。（2）制度与措施要严格。全面从严治党，必须"深耕细作"，而不能"粗放经营"。若对党的建设采取"粗放经营"，只作一般性要求而无操作性措施，或者只作原则性规定而无具体底线，或者只闻雷声不见大雨、只见"森林"不见树木，党的建设则难以做细、做小、做实，从严治党就难以落到实处、收到实效。因此，要全面从严治党，既要细致入微、不留死角有的放矢，牢固树立底线意识与底线思维，还必须增强党的建设各项制度的具体性与可操作性。（3）自上而下、以身作则、以上带下。对党的建设而言，是"自上而下"还是"自下而上"，是"上下一致、一视同仁"还是"上下有别、内外有别"，这不仅影响党的建设的态度与路径，还影响党的建设的实际成效。古人云：正人必先正己，正己才能正人；"子欲善而民善矣。君子之德风，小人之德草。草上之风，必偃"；"其身正，不令而行；其身不正，虽令不从"。历史充分证明："上行下效"是党风、政风乃至廉政建设的基本定律。只有从上做起、自上而下、以上带下、一级带一级，一级做给一级看，才能东风压倒西风、正气压倒邪气。只有上下左右一视同仁，坚持法律面前人人平等、制度面前没有特权、制度约束没有例外；不管涉及什么人，不论权力大小、职位高低，只要触犯党纪国法，都严惩不贷，如此才能"正乾坤"。总之，全面从严治党必须严字当头，从严从实，坚持严的标准、采取严的举措，令行禁止，坚决防止搞形式、放空炮、走过场；必须对"四风"与腐败问题奉行"零容忍"，猛药去疴、重典治乱，出实招、动真格、见实效，自上而下地以身作则，如此方能"正人心"。"实践证明，只有严要求、动真格，真实抓、抓真实，才能真正达到预期目的。"①

对于全面从严治党而言，这个"全"字，意味着从严治党要全覆盖，既要全面覆盖党的建设的各个方面与各项内容，也要全面运用各种方式、各种手段、各种力量来加强党的建设。这至少有三个方面的要求：(1) 就党的建设内容而言，全面从严治党内容要全覆盖，必须把全面从严治党贯彻落实到党的思想建设、组织建设、作风建设、反腐倡廉建设与制度建设的各个方面，全面落实从严治党责任、坚持思想建党和制度治党紧密结合、严肃党内政治生活、坚持从严管理干部、持续深入改进作风、严明党的纪律、发挥人民监督作用、深入把握从严治党规律。② (2) 全面从严治党，从根本上看，是为了不断提高解决党建内外矛盾的能力和水平、不断提高党的领导能力与执政能力；是为了始终保持党的领导核心地位、实现对中国特色社会主义事业的正确领导。因此，全面从严治党，不仅要从"小党建"（即党的自身建设）角度来思考，还需要从"大党建"（即党的建设、党的领导、党领导的现代化事业相统一）高度、从全面从严治党与全面深化改革相辅相成的高度，来深刻思考党的建设问题。这要求，全面从严治党必须坚持党的建设与党的领导的统一，必须坚持深化党的建设制度改革与政治体制改革的协调性、一致性，进一步改革与完善党的领导体制与领导方式。若脱离政治体制改革来探讨党的建设制度改革，党的建设就会陷入"自转""空转"甚至会流于形式；若没有党的领导体制与领导方式的改善、没有政府的简政放权与职能转变、没有干部人事制度的改革，③党的作风建设难以从

---

① 习近平：《在党的群众路线教育实践活动总结大会上的讲话》，《人民日报》2014 年 10 月 9 日。

② 习近平：《在党的群众路线教育实践活动总结大会上的讲话》，《人民日报》2014 年 10 月 9 日。

③ 党的领导体制和执政方式问题，说到底，是科学执政、民主执政、依法执政的体制与方式问题，归根到底，是政治体制问题。新时期完善党的领导体制和执政方式，必须加强民主法治建设，深化政治体制改革、依法治国，推进国家治理体系和治理能力现代化，提高治国理政的能力和水平。

根本上改观；若没有完善的权力运行制约机制与监督体系，则无法对权力实行有效的制约与监督、无法把权力关进制度的笼子里、无法让权力在阳光下运行，反腐倡廉也难以从根本上解决问题。党的十八届三中全会通过的《中共中央关于全面深化改革若干重大问题的决定》强调：既要"紧紧围绕坚持党的领导、人民当家作主、依法治国有机统一"深化政治体制改革，也要"紧紧围绕提高科学执政、民主执政、依法执政水平深化党的建设制度改革"，加强民主集中制建设，完善党的领导体制和执政方式，保持党的先进性和纯洁性，为改革开放和社会主义现代化建设提供坚强政治保证。（3）要全面从严治党，既要紧紧依靠全体党员、党的各级组织的力量来推进党的建设，也要充分调动广大民众的力量、国家法治的力量来协力推进党的建设，充分发挥人民监督、舆论监督、法律监督对党的建设的作用，对执政的中国共产党进行"综合治理"。这要求我们，全面依法治国的新时期，必须坚持依法治国、依规治党、以德治党的统一，充分发挥党内规章制度、国家法律、社会行为规范与道德规范在政党治理中的协同作用；因为在常态政治下，政党法律规范、内部规范、社会规范三者之间既有明显的区别、各有侧重，又相互联系、互相配合，共同构成一个国家的政党规范体系。这要求我们：首先，要大力加强党内规章制度建设、形成完备的党内法规体系，以党规党纪来管党治党，即"依规治党"。其次，要坚持依法治国与依规治党的统一，既要坚持依法治国、依法执政、依宪执政、党在宪法和法律范围内活动，也要把党内法规体系纳入中国特色社会主义法治体系之中进行系统思考，注意党内法规同国家法律的衔接和协调，用法治思维法治方式推进党的建设。再次，还要注意社会道德规范与行为规范在政党治理中的作用，广大党员干部要模范遵守社会道德与社会行为规范。最后，无论是对治党还是治国而言，徒善不足以为政，徒法也不足以自行，只有德法相济、方利于治，内外相济、才利于序。因此，对政党治理而言，也存在一个"德治"与"规治"、"自律"与"他律"的关系问题。在全党层面，要进一步完善党的各项规章制度、实行"依规治党"；在党员干部个体层面，必须自觉加强党性修养、廉洁自律。①

（三）坚持科学治党与从严治党的统一

对我们党而言，治国必先治党，治党务必从严，治党也务必科学；因此，在新的历史时期，全面从严治党既要讲"科学"，也要讲"从严"，更要实现二者的理论契合与实践统一。没有"科学治党"，党的建设就容易陷入"盲目"、陷入"人治"而缺乏成效；没有"从严治党"，"科学治党"就难以落实、容易流于形式。只有真正实现二者理论与实践的统一，才能真正促进党的建设、有效解决党的建设面临的突出问题。但这种统一，必须是具体的、实践的，而不仅仅是抽象的、理论的。进一步而言，科学治党与从严治党必须统一于党的建设主线，围绕党的建设主线来进行，并贯彻到党的建设各个方面；若离开党的建设主线，所谓的"科学治党"与"从严治党"就会偏失方向。必须统一于党的建设伟大工程与党的建设"五大布局"，既要通过党的建设伟大工程与"五大布局"来体现，又要引导党的建设的各项具体工作，使党的建设具有科学性、系统性、协调性与可操作性。必须统一于、服务于党的建设目标，围绕党的建设新目标来进行，使之有利于提高党的领导水平和执政水平、提高拒腐防变和抵御风险能力，有利于建设学习型、服务型、创新型的马克思主义执政党，有利于确保党始终成为中国特色社会主义事业的坚强领导核心。②

从党的建设历史看，由于主观与客观方面的各种原因，科学治党与从严治党有时契合（尽管在一定时期并未提出党建科学化，但一些做法却具有科学性），有时分离甚至背离；改革开放以来，二者也是有时契合、有

---

① 关于"要全面从严治党、对各种不良政治现象'零容忍'"的相关内容，部分内容以《十八大以来"党要管党、从严治党"的战略思路与显著特征》为题发表于《求实》2015 年第 5 期，《新华文摘》2015 年第 24 期论点转载。

② 关于"坚持科学治党与从严治党的统一"的相关内容，作为本书的阶段性研究成果，部分内容以《科学治党与从严治党的当代契合与有机统一》为题发表于《理论探讨》2014 年第 5 期。

时分离。历史实践证明：当科学治党与从严治党自觉或不自觉地契合时，党的建设就能沿着正确轨道前进、党的建设就会取得明显的成效、党领导的事业就能顺利发展；当二者背离时，党的建设就会成效大减，党的领导就会面临挑战，党的事业就会遭遇曲折。在新的历史时期，我们必须坚持科学治党与从严治党的完整统一。之所以强调要全面从严治党，其现实针对性就在于理想信念动摇、宗旨意识淡薄、"四风"问题突出、腐败现象严重，目的就在于加强党的纪律、严格党的制度、克服"破窗效应"与对腐败的"适度容忍"。之所以强调科学治党，主要针对的就是凭经验治党，靠"人治""运动方式"治党，忽视科学之治与"规则之治"；想破解的就是业已存在的思想僵化、墨守成规、因循守旧、不思进取；目的就在于以改革精神推进党的建设，促进党建理论、制度与方式创新，提高党的建设的有效性。

在新的历史时期，科学治党与全面从严治党的一个现实的结合点，就是要树立科学的党建观、全面贯彻落实党建责任制。因为从现实角度看，正如习近平总书记 2014 年 10 月在党的群众路线实践教育活动总结大会追问的那样："是不是各级党委、各部门党委（党组）都做到了聚精会神抓党建？是不是各级党委书记、各部门党委（党组）书记都成为了从严治党的书记？是不是各级各部门党委（党组）成员都履行了分管领域从严治党责任？"[①]这是当前科学治党与从严治党面临的突出问题。要解决好这一问题，首先要求各级党组织必须树立正确的政绩观，增强管党治党意识、落实管党治党责任，把抓好党建作为最大的政绩。其次，各级党组织要"树立正确的政绩观、把抓好党建作为最大的政绩"，就必须紧紧围绕"党的建设主线、党的建设战略布局、党的建设目标与任务"来抓党建、看政绩，"使从严治党的一切努力都集中到增强党自我净化、自我完善、自我革新、自我提高能力上来，集中到提高党的领导能力和执政能力、保

---

① 习近平：《在党的群众路线教育实践活动总结大会上的讲话》，《人民日报》2014 年 10 月 9 日。

持和发展党的先进性和纯洁性上来。"最后，必须认真贯彻落实党建责任制，切实提高党建工作成效。这要求我们，既要进一步建立与完善"党委抓、书记抓、各有关部门抓、一级抓一级、层层抓落实"的党建工作格局，"坚持党建工作和中心工作一起谋划、一起部署、一起考核，把每条战线、每个领域、每个环节的党建工作抓具体、抓深入"，坚决防止"一手硬、一手软"；①也要以改革创新精神、有力举措、科学方法来实现从严治党，深入把握全面从严治党规律，切实提高党的建设的成效。

在本章的最后，需要强调的是，信息化发展是新时期党的建设面临的重大考验，其对党的建设的影响是全方位的，也是深远的，不仅仅是技术层面的影响，还包括理念、制度层面；不仅影响着党的建设的模式、方式与方法，还影响着党的建设的内容、党的领导、党领导的现代化事业，我们必须以开放的心态、科学的态度来迎接信息化发展对党的建设的影响与时代要求。总的来说，我国对信息化发展对党的建设的影响，目前还基本停留在电子党务、党建信息化等技术层面；停留在"守势"，习惯于从"信息化发展对党的建设单向影响""如何应对甚至避免信息化对党的建设的挑战"等方面来思考相关问题，甚至一些人仍习惯于用传统思维、传统方式来开展党建工作，还不习惯于用现代思维、现代方式推进党的建设。对于信息化发展对党的建设的影响，我们必须上升到从"信息化生产方式影响我国经济社会转型、影响党的建设"这样的高度来深入思考有关问题；从"党的建设与信息化发展双向互动""以党建信息化引领我国信息化发展"这样的高度，来深入思考党的建设与信息化发展的双向互动关系；从"信息化发展事关党的领导、我国现代化事业与民族复兴大业"这样的高度，来深入思考信息化发展对党的领导的深远影响。

---

① 习近平：《在党的群众路线教育实践活动总结大会上的讲话》，《人民日报》2014 年 10 月 9 日。

第三章

党建信息化与"互联网＋党建"

　　信息化发展对党的建设的影响是多方面、多层次的，也是深远的；其中，技术应用最直观、最直接，这突出表现为建立政党网站、推行电子党务、广泛运用信息网络技术开展党建工作，以实现政党信息化。所谓政党信息化（在我国一般称为党建信息化），简单说，就是政党适应信息化发展的时代要求，广泛运用信息网络技术开展党建工作，以达到提高党建工作效率、增强对民众的吸引力与感染力、促进政党生存与发展之目的。值得注意的是，政党信息化是一个随着信息网络技术发展而不断发展、不断完善、不断深化的过程，它与电子党务、网络党建、"互联网＋党建"等概念既有一定联系，也有一定的区别，政党信息化以政党网站、电子党务、网络党建、"互联网＋党建"、党务公开等为基本内容。然而，由于中外政党政治的逻辑不同，政党信息化的着力点与主要内容也有所不同，这是我们研究党建信息化应该注意的一个重要问题。另外，需要注意的是，信息网络是把"双刃剑"，充分利用信息网络技术来推进党的建设，一方面，有助于创新党建模式与方法，拓展活动空间和活动方式，增强党的建设的透明度与参与度；有助于利用新技术、新手段来解决党的建设面临的新老问题，开创党建工作新局面；有助于提升党建工作的有效性、影响力。另一方面，也客观上给党的建设带来了前所未有的挑战，这主要涉及党建工作的能力与水平，以及党的建设内容的科学性、合理性、吸引力、影响力等方面。

一、党建信息化的发展历程与基本特征

前文已言，从 1983 年起至今以美国为代表的国际互联网已有 30 多年的发展，先后经历了四个发展阶段，即 Web1.0 时代（1983—2001 年）、Web2.0 时代（2001—2008 年）、Web 3.0 时代（2008—2014 年）以及正在到来的网络空间时代。在我国，从 1994 年 4—5 月正式开通与国际 Internet 的专线连接算起，迄今为止，我国信息网络技术经历了 20 多年的快速发展，也大致经历了四个发展阶段，即 Web1.0 时代（1994—2001 年）、Web2.0 时代（2001—2008 年）、Web3.0 时代（2008—2014 年）以及正在到来的网络空间时代。尽管我国信息网络技术的起步比美国等西方发达国家大约晚十年，但具有后发优势，甚至是后来居上，后三个阶段的发展基本与世界同步。随着我国信息网络技术 20 多年的发展，党建信息化也在不断推进。①

（一）党建信息化的发展历程与基本内容

面对世界信息网络的发展，我们党高度重视信息网络对党的建设的影响，积极运用信息网络技术开展党建工作。早在 2001 年 1 月，江泽民在全国宣传部长会议座谈会的讲话中就指出，现代社会，各种媒体特别是信息网络化迅速发展，舆论的作用和影响越来越大，越来越需要加强引导"，"要高度重视互联网的舆论宣传，积极发展，充分运用，加强管理，趋利

① 关于"我国党建信息化的发展历程与基本内容"的相关内容，部分内容以《信息化发展对党的建设的多重影响——从信息技术、信息化生产方式到信息社会》为题发表于《中共中央党校学报》2011 年第 6 期，人大复印资料《中国共产党》2012 年第 3 期全文转载；部分内容以《深刻认识信息化对党的建设的影响》为题发表于《人民日报》理论版 2012 年 9 月 4 日；大部分内容以《党建信息化的发展进程与"互联网＋党建"》为题发表于《南京政治学院学报》2015 年第 1 期。

避害，不断增强网上宣传的影响力和战斗力，使之成为思想政治工作的新阵地，对外宣传的新渠道。2010 年 1 月 5 日，时任中央政治局常委、国家副主席的习近平在全国基层党建工作手机信息系统正式开通仪式上强调指出，将手机等新技术应用到党建工作中，既是信息化时代发展的客观要求，也是党建工作与时俱进、改革创新的重要体现。① 概括说来，自 1994 年至今，我国党建信息化发展历程大致可以划分为三个阶段：

第一阶段（1994—1999 年）：推行电子党务与办公信息化。在这一阶段，国内信息网络技术发展处于第一个阶段（业界有的称之为第一个浪潮），国家开始高度重视信息化建设与信息化发展，如 1996 年成立了国务院信息化工作领导小组，以加强对全国信息化工作的组织和领导；1999 年我国提出了"政府上网"工程；2000 年又提出了"企业上网"和"家庭上网"等工程。在国家高度重视与鼓励下，我国信息网络技术发展呈现出厚积薄发的态势，当时产生了不少 IT 企业，搜狐、新浪、网易等就是其中的佼佼者。其中 1998 年 2 月爱特信公司正式推出了"搜狐"产品并更名为"搜狐公司"；1998 年 12 月，由四通利方、华渊资讯、华登集团等三家公司合作推出的"新浪网"诞生。② 在这一阶段，国内互联网的显著特征主要表现为商业化与媒体性，一些商业部门、媒体单位开始建立门户网站。就信息网络发展对党的建设的影响而言，这一阶段主要表现为有关党组织借助电脑、电子邮件等信息手段开展电子党务、提高办公效率，开启了党建信息化的大门。到目前为止，全国范围内的电子党务工作平台已经建立，已基本实现了党务工作的信息化、网络化、自动化、无纸化。在这一过程中，国内有关学者对电子党务的相关基础理论，如发展电子党务

---

① 李亚杰：《习近平出席全国基层党建工作手机信息系统开通仪式》，中国网，网址：http：//www.china.com.cn/policy/txt/2010-01/05/content_19184594.htm。

② 其中，四通利方是北京中关村一家高速成长的风险投资公司，于 1993 年 12 月注册成立，创业人为王志东；华渊资讯 1995 年初由斯坦福大学的三位学生创办，在与四通利方合并前，"华渊"已成为美国最大的华人网；华登国际投资集团 1974 年创建于美国旧金山。参见《"新浪网"诞生始末》，《光明日报》1998 年 12 月 16 日，网址：http：//www.gmw.cn/01gmrb/1998-12/16/GB/17908％5EGM10B-04.HTM。

的意义、电子党务与电子政务的建设、发展电子党务需要解决的基本问题等等，进行了初步研究与探索，初步形成了我国的"电子党务"理论。

第二阶段（2000—2009年）：党建网页与党建网站的建立与普及。2000年以来，我们党开始意识到信息化发展对党的建设的重大影响，除了2001年1月江泽民在相关讲话中强调"要高度重视互联网的舆论宣传……不断增强网上宣传的影响力和战斗力"外，2000年10月，党的十五届五中全会把信息化上升到国家战略高度，强调要加快国民经济和社会信息化。2003年初，中办专门印发了《关于进一步推进国家党委办公厅系统信息化建设的意见》，强调要推进信息化建设。2004年5月，中组部把"电子党务"作为重要课题进行研究，强调要致力于建立"三网三库一平台"组织信息化工作平台。2009年9月，党的十七届四中全会通过的《中共中央加强改进新形势下党建若干重大问题的决定》明确提出要"建立党委新闻发言人制度，办好党报党刊和党建网站""推进基层党组织工作信息化"等等。在此背景下，2000年以来，在我国电子党务迅速发展的基础上，开启了建立党建网页与"党建网站"的潮流。总的来说，我国各级党组织党建网站的建立，存在一个从党建网页到党建网站的发展过程，也存在一个从自发到自觉、从个人到单位、从部门到整体、从地方到中央的发展过程。最初，一些党组织一般是在本单位门户网站上先建立一个党建网页，以后才慢慢建立党建网站。

就目前我们掌握的情况看，在2000年以前，各级党组织基本上还没有建立党建网站，但一些党建工作者、研究者、爱好者等开始尝试建立个性化的党建网站或党建网页；由于近15年来我国信息网络技术发展迅速，一些党建网站的版本更新很快，一些早期的党建网站是在什么时间建立的、最初的模板模样如何等，目前在公开的材料中已经很难查找到了。据不完全统计，业界一般认为，2000年7月1日，北京市委组织部开通了"北京党建网"（现在叫"北京组工"），通常被认为是全国第一个组织工作专业网站；2000年7月18日，上海杨浦区委组织部创办开通了"杨浦党建网"，通常被认为是上海第一家地方党建网站；2000年9月，南京市鼓楼区委创办了全国第一家由地方党委主办的综合性党建网站，其内容涵盖组织、宣传、纪检、统战、党史、群团等整个党建工作，融党史文献、经典著作检索、党建理论探讨、基层党建与精神文明建设经验、先锋模范人物介绍于一体。从全国层面而言，2001 年 7 月，中组部"党建研究网站"开通，其内容主要是《党建研究》和《党建研究内参》的目录与部分文章的电子版；根据形势和任务的需要，近年来中组部"党建研究网站"在内容上有了较大拓展，新增了"党的建设重要论述""党的文献""组工信息""人才信息动态""加强党的先进性建设""给你推荐一本书"等栏目。[1] 2006 年 7 月 1 日，"中国共产党新闻网"依托 1997 年 1 月 1 日正式上线的"人民网"全新推出，成为当时乃至今日我国最集中、最系统、最全面地宣传和介绍中国共产党的权威网站。"中国共产党新闻网"设有"党的知识""经典著作""重要文献集""历次党代会""党史大事记""党史人物纪念馆""红色歌曲"和"影视作品"等多个大型资料库，并开设了"七一社区""理论论坛""党建论坛""党史论坛""党员博客"等多个互动板块。[2]

在这一阶段，从党建网站的层级与区域看，从中央到省、市、区县、街镇，"五级党建网站"基本建成，上下级党组织之间的党建网站大都建立了链接；但是，各级党建网站具有一定的独立性，全面范围内完整统一的党建网站尚未形成。从全国各级党建网站的内容与功能看，随着党建网站的建立、发展与改进，党建网站的内容从最初的党的路线方针政策、有关文献、规章制度、党建理论研究等的展示或宣传，逐渐向多功能、全方位发展。到目前为止，我国的党建网站大致可以分为六大类，即动态新闻网站、党务工作网站、理论型网站、宣传性网站、基层党建网站、综合型网站等。毋庸置疑，党建网站是进行网络党建、实现党建信息化的平台，全国各级党组织党建网站的建立为党建信息化的进一步发展奠定了良好

---

[1] 参见中组部"党建研究简介"，网址：http://www.djyj.cn/Default.aspx?tabid=102。

[2] 刘红凛、张垚：《深刻认识信息化对党的建设的影响》，《人民日报》2012 年 9 月 14 日。

基础。

第三阶段（2010—2014 年）：全国党建网络的形成与党建信息即时化时代（或者说移动互联网时代），以中办《关于党的基层组织实行党务公开的意见》与全国基层党建工作手机信息系统的正式开通为显著标志。一方面，2010 年 9 月，中共中央办公厅印发了中央政治局审议通过的《关于党的基层组织实行党务公开的意见》，要求在全国基层党组织中全面推行党务公开，这极大地推动了各基层党组织的党建信息化工作，各基层党组织开始纷纷建立党建网站，通过党建网站推行基层党务公开。同时，中央与各省的党建网开始联网，开始形成全国范围内的党建网络体系，比如"中国共产党新闻网"的各省分网陆续开通，2011 年 5 月，"中国共产党新闻网"山东分网开通，6 月，广西分网、河南分网开通；2012 年 6 月，浙江分网、江西分网开通，9 月，甘肃分网、湖北分网开通。另一方面，移动互联网的发展推进了党建信息即时化时代的到来。如 2010 年 1 月 5 日全国基层党建工作手机信息系统正式开通，[①] 时任中央政治局常委、国家副主席的习近平通过全国基层党建工作手机信息系统，向全国 100 万名基层党组织书记、大学生村官及省、市、县党委组织部部长发出问候短信："全国基层党建工作手机信息系统今天正式开通！我代表党中央，向全国的基层党组织书记、大学生村官致以亲切的问候！"[②] 同时习近平强调：全国基层党建工作手机信息系统正式开通后，关键是要用好、用活，充分发挥作用，并明确提出了三个方面的要求：第一，要利用这个系统，将党的路线方针政策、中央有关精神以及基层党建工作的有关政策信息等，及时发布给全国基层党组织书记、大学生村官，使他们通过手机就能经常听到党的声音，感受组织的关怀和温暖。第二，要鼓励基层党组织书记、大学生村官利用这个系统，向中央组织部、省区市党委组织部反映

---

① "全国基层党建工作手机信息系统" 2009 年 9 月由中央组织部和中国移动通信集团公司联合建成并投入试运行。

② 李亚杰：《习近平出席全国基层党建工作手机信息系统开通仪式》，中国网，网址：http://www.china.com.cn/policy/txt/2010-01/05/content_19184594.htm。

基层情况和问题，提出意见和建议。第三，要加强管理，保证安全，把手机信息系统真正建成传播党的声音的重要窗口，通达社情民意的崭新渠道，推进基层党建的有效载体，服务基层的重要手段。[①]2012年6月30日，在中国共产党成立91周年到来之际，中组部正式开通了共产党员网、共产党员电视栏目、共产党员手机报，[②] 在开通仪式上，习近平明确提出：哪里有共产党员，共产党员网就要努力覆盖到哪里，并突出党员意识教育和宣传，让每个党员都牢记自己的共产党员身份。[③]

　　需强调指出的是，党的十八大以来，在各级党建网站全面建立的氛围中，原本比较"神秘"的纪检机关也开始撩开其神秘"面纱"，开始建立与完善纪委网站与网络监督平台，加强网站的信息发布、监督举报、政策阐释和互动交流等功能，积极打造监督执纪网络平台、畅通监督举报渠道、强化正风肃纪正能量，彰显了党的十八大以来开门反腐的决心。[④] 如2013年9月2日中央纪委监察部官方网站正式开通，在中央纪委的带动下，各省（区、市）纪委、监察厅（局）纷纷建立官方网站，或对既有的网站进行改版升级，如2013年9月29日湖南省纪委官方网站"三湘风纪网"改版升级，11月6日四川省纪委监察厅互联网政务平台"廉洁四川网"正式开通，12月31日湖北省纪委监察厅网站正式上线，等等；截至2014年7月1日，全国31个省（区、市）和新疆生产建设兵团等纪委网站已经改版的有20家，正在计划改版的有9家，新开通3家，具体情况见图3-1"纪委官网建设情况"。[⑤] 另外，为了加强对违规公款吃喝、公款

---

① 　李亚杰:《习近平出席全国基层党建工作手机信息系统开通仪式》，中国网，网址: http：//www.china.com.cn/policy/txt/2010-01/05/content_19184594.htm。

② 　共产党员网是由中央组织部管理、中组部党员教育中心主办、央视网承办的党员教育平台，旨在为基层党组织和广大党员提供优质高效的教育服务管理功能。

③ 　李章军:《习近平出席共产党员网、共产党员电视栏目和共产党员手机报开通仪式》，《人民日报》2012年7月1日。

④ 　中国新闻网:《全国31省区市纪委开通官网　打造监督执纪网络平台》，网址: http：//www.chinanews.com/gn/2014/08-21/6518525.shtml。

⑤ 　中国新闻网:《全国31省区市纪委开通官网　打造监督执纪网络平台》，网址: http：//politics.people.com.cn/n/2014/0821/c70731-25514148.html。

旅游、大办婚丧喜庆等"四风"问题的监督与举报,2015年6月18日,中央纪委监察部还推出了反"四风"APP客户端。只要下载了该客户端,群众对身边的"四风"问题只要随手一拍,就可以通过手机照片、视频和文字说明等,实现"一键举报"、无须实名,这为加强党风监督提供了一个高效快捷的监督平台,向社会传递出中央驰而不息纠正"四风"的坚决态度。①

　　总之,在这一阶段,信息网络技术在党建领域得到比较全面的运用,既建立了网上理论宣传阵地、党员干部网络教育平台,还初步形成了统一的全国党建网络;既建立了"网上党支部",还建立了共产党员手机报;既开通了网络监督平台,还开通了监督举报移动APP;等等,使信息网络技术在宣传教育、学习交流、基层党组织建设、党风廉政建设方面得到广泛运用。

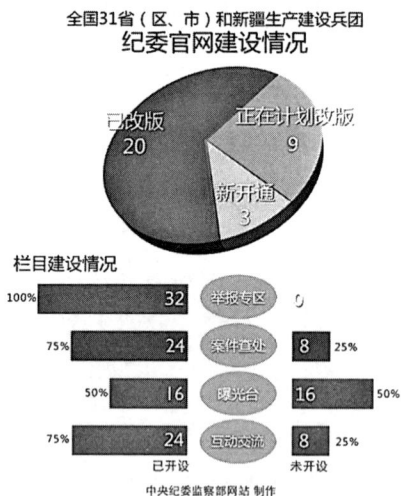

图3-1　纪委官网建设情况(截至2014年7月21日)

---

① 孙乾:《中央纪委监察部APP开通"随手拍一键举报"无需实名》,《京华时报》
　　2015年6月19日。

（二）政党信息化的共性与中外差异

面对信息网络技术的发展，当今世界各国政党都难以摆脱其影响；只要一个政党想有所作为、有所发展，不想被信息化大潮淘汰，在信息化面前就不可能无动于衷。因此，积极学习运用信息网络技术来加强政党建设、促进政党发展，这是当今世界的基本趋势。然而，由于中外政党—国家—社会关系不同、政党政治的逻辑与中心任务不同，中外政党信息化的立足点、价值目标与主要内容也有所不同。总之，中外政党信息化既有许多相同之处，也具有一定的内容差异。通过比较分析，我们发现，中外政党信息化的相同之处至少有以下三个方面：（1）信息网络技术发展与政党信息化发展之间的逻辑与节奏基本相同。无论是对我国还是对西方政党信息化而言，都是信息网络技术发展推动政党信息化发展，政党信息化的发展阶段与信息网络技术的发展阶段基本一致，但前者具有一定的滞后性，政党信息化的发展阶段基本以信息网络技术的发展阶段为标志、为分期。在这一点上，中外是基本一致的。比如以美国为代表的西方国家，1983年至今信息网络技术发展大致经历了四个阶段，即 Web 1.0 时代（1983—2001 年）、Web 2.0 时代（2001—2008 年）、Web 3.0 时代（2008—2014年）以及正在到来的网络空间时代；相应地，政党信息化发展也大致经历了四个阶段，即早期实验阶段（与 Web1.0 阶段相对应）、标准化阶段（与 Web2.0 阶段相对应）、网络社区建设及参与阶段（与 Web3.0 时代相对应）、动员及数据分析阶段（与网络空间时代相对应）。在我国也大致如此，党建信息化的第一阶段与我国 Web1.0 阶段相对应，第二阶段与我国 Web2.0 阶段相对应，第三阶段与我国 Web3.0 时代相对应，第四阶段与我国网络空间时代相对应。（2）中外政党信息化的技术手段比较一致，主要是运用信息网络平台、网络技术手段等开展党建工作，如美国有脸谱（Facebook）、推特（Twitter）、微博（Weibo）、微信（Wechat）、移动APP 等，中国也有类似的博客、QQ、微博、微信、移动 APP 等。在这一点上，中外基本一致，只是网络技术的名称或界面有所差异。（3）中外政党信息化的路径基本一致，基本上都是先有地方政党网站、个人网站，然后才有全国性的政党网站，最后实现全国性政党网站与地方政党网站的链接或联网；中外政党网站的水平，一般也是由最初的非标准化、非专业化，逐渐发展到后来的标准化与专业化。

通过比较分析，我们也可以发现，中外政党信息化的不同之处主要有以下四个方面：（1）中外政党信息化的重心与驱动力有所不同。在以"投票选举、政党竞争"为基本特征的西方国家，政党信息化的重心主要是围绕"选举政治"而展开，其政党信息化可谓是"选举压力驱动型"的；无论是建立政党网站、候选人网站、电子化政党，还是利用网络进行政治宣传与形象塑造，都是以赢得民众、赢得选举为主要目的。而在中国，党建信息化不以投票选举为目的，而是围绕加强党的建设、改善党的领导而展开的，可谓是"工作压力驱动型"的，其主要目的是为了改进党建工作、提高党建成效，以提高党的领导力、密切联系民众、更好地服务群众、赢得群众支持。（2）中外政党信息化的基本内容有所不同。比如在以选举为中心、实行"两党制"的美国，民主党与共和党主要是选举工具而非"为民众服务的工具"，最初建立政党网站是为了宣示政党的网上存在，建立个人"竞选网站"主要是为了推销自己；后来的政党在线活动，则是为了吸引民众、网上调查是为了了解民意、发电子邮件是为了争取选民，个人竞选网站则是为了展现个人形象、吸引支持者、招募志愿者、筹集竞选经费等。而在德国，尽管德国社会民主党也是以选举为主要目标的政党，但其组织特点与德国"多党制"特点决定了，政党网站既是"党务工具"也是"选举工具"，德国社会民主党的信息化要围绕"党务"与"选举"两个方面展开。对德国社民党内部而言，其"红色电脑"计划旨在通过信息网络平台来传播党的信息、简化入党手续、缴纳党费、促进党员交流、加强组织联系、促进党内民主、增强党内活力；对党外，则是想推荐与宣传政党候选人、塑造良好政治形象、吸引选民关注、让民众更好地了解政党及其候选人，以期赢得选民支持而赢得选举。而对中国共产党而言，党建信息化主要是为了提高党建效率、克服党建工作瓶颈，以更好地服务民众、联系民众。(3)中外政党信息化的时间节拍有所不同。比较而言，我国信息化发展的步伐略晚于西方，党建信息化的节拍也明显慢于西方政党。在国外选举型国家，尽管信息网络发展与政党信息化之间具有一定的延时性，但两者的发展阶段基本一致，信息网络技术在党内运用得比较快。比如在美国，政党信息化的第一、二阶段与其信息网络发展的第一阶段 Web 1.0 时代（1983—2001 年）在时间上比较吻合，1994 年美国加利福尼亚州民主党参议员黛安娜·范斯坦建立了第一个个人竞选网站，1995 年美国民主党建立了政党网站，1996 年美国民主党总统候选人克林顿建立了个人竞选网站；2000 年以后，美国政党网站开始走向"标准化"、呈现出专业外观，并开始运用网站从事政党竞选活动和政治沟通。美国政党信息化发展的第三阶段"网络社区建设及参与阶段"则与其美国 Web 2.0 时代（2001—2008 年）相对应，社交网络平台（Facebook、Twitter 等）在政党内部很快得到运用，政党候选人开始运用各种社交媒体加强与网民的沟通互动，奥巴马在 2008 年美国总统大选中更是以网络作为主战场而赢得选举，成为美国历史上第一位黑人总统、第一位"互联网总统"。而在中国，无论是信息化发展还是党建信息化都稍后于西方发达国家，在党建信息化的第一阶段主要是"推行电子党务、实现办公信息化"，尚无政党网站的建立；在我国 Web 2.0 时代（2001—2008 年），党建网站才开始建立并得到普及。(4)政党信息化的整体色彩与个体色彩有所不同。在美国，政党信息化明显呈现出强烈的个人色彩、个人色彩重于整体色彩，如美国政党候选人个人网站的建立与运用要比各级政党网站活跃得多，选举政治个人化、媒体化的倾向浓厚。而在我国，党建信息化的整体色彩浓厚、个人化色彩很弱，如党建信息化主要表现为各级党组织建立党建网站、运用信息化手段推进党务工作；尽管 2012 年 2 月 21 日在人民网上曾经出现过名为"胡锦涛"的微博，但类似的情况并不多见。总之，中外党建信息化在整体性与个体性方面的差异，深刻诠释了中外政党信息化的不同之处。

二、党建信息化与新时期的党务公开

党务公开与党建信息化密切相关，这是因为：一方面，党务公开是党建信息化的必然结果，也是当今民主政治发展的时代要求；另一方面，党建信息化为党务公开创造了前所未有的前提条件与技术支持。从历史上看，我们党是在白色恐怖下"秘密成立"的，"保守党的秘密"至今仍是入党誓词的内容之一，"秘密""机密""内部资料、注意保密""发至省部级、厅局级、县团级"等，在革命时期是党内文件、党内信息传达的"主要渠道"，时至今日也是一些党组织习惯性的工作方式。之所以至今如此，这与革命时期"秘密建党""封闭式建党"的历史传统有关，也与中国传统的"秘密政治""围墙政治""信息垄断"有关，与中国传统政治文化中的封建思想有关。然而时至今日，随着我们党从"革命党"向"执政党"的历史转变，随着民主政治、政治公开与党建信息化的发展，传统的"封闭社会"正在被瓦解，社会开放、政治透明、民主政治，"阳光政治""透明政治"等成为民主政治发展的时代必然。这使得传统的"秘密政治""封闭政治"必然要向"透明政治""公开政治"发展，使传统的"封闭式"党建模式必然要向"开放式"党建模式发展。[①] 在新的历史时期，信息网络技术的广泛运用为政治透明、党务公开提供了强大的技术支撑与网络平台；而且，人们的独立意识、民主意识、权利意识等对民主诉求的提高为党务公开、政治透明提供了强大动力乃至前所未有的压力，党务公开成为大势所趋、时代必然。毫无疑问，传统的"秘密政治""封闭政治""封闭式建设"的观念与模式，与现代"透明政治""政治公开""开放式建党"的观念与模式之间的冲突，仍然是新时期党务公开面临的最突出问题，亟须破解。

---

① 关于"党建信息化与党务公开"的相关内容，以《信息化时代的党务公开与党的建设》为题发表于《上海行政学院学报》2015 年第 1 期。

（一）党务公开的概念与历史发展

从表面上看，"党务公开"是由"党务"与"公开"两个概念合成的，其字面意思不难理解。然而，政党既不是私人组织，也不是企业组织，更不是利益集团；而是一个公共政治组织，它所从事的主要是公共政治事务，它所处理的主要是公共政治关系（包括政党与政府关系、政党与政党关系、政党与社会关系、政党内部关系等）；政党生命力与政治合法性的关键就在于广大民众的支持与认同，哪个政党赢得的民众多、支持大，哪个政党的政治合法性与政治力量就会强大。因此，尽管简单说"党务"就是党的事务与党的工作的总称，但是，我们必须清醒地认识到，"党务"不等于"私物"，而是具有公共性的。因此，要深刻理解党务公开，必须在充分认识党务的公共性的基础上，深刻认识党务公开的基本要素，具体说来，这涉及党务公开的主体、党务公开的依据、党务公开的内容、党务公开的范围、党务公开的形式等基本内容。

从目前国内情况看，有的人习惯于从狭义上来理解党务，认为党务就是"党内事务"，主要涉及党内思想理论建设、组织建设、作风建设、反腐倡廉建设与制度建设的各个方面；认为党务公开即党的内部事务的公开，涉及对内公开与对外公开两个方面。[1] 通常所说的"党务工作者"，实际上是就这层含义而言的。[2] 从政党内部建设角度看，这固然有一定的道理。然而，在我国，中国共产党是唯一的领导党也是唯一的执政党，它不是为了存在而存在、为了建设而建设、为了公开而公开的，而是为了完成一定的历史使命而存在、为了实现与改善党的领导而建设、为了推进党的建设而实行党务公开。因此，仅仅从狭义上理解党务与党务公开还远远

---

[1]　许耀桐：《党务公开论》，《理论探索》2012 年第 5 期。

[2]　另外，从党的工作层次看，有中央党务工作、地方党务工作、军队党务工作、基层党务工作等；从党的工作的具体内容看，既有党的总体工作、组织工作、宣传工作、统战工作、纪检工作、群众工作、国际事务工作之分，也有工作重点、工作重心、长远目标、近期目标、总任务、总政策、具体任务、具体政策等之别。

不够，我们必须从广义上，即从党的领导、党的建设、党领导的事业相统一角度来进一步理解党务与党务公开。

从广义上看，在我国，凡是与党的领导、党的建设有关的公共事务，都应该属于党务范畴，这既包括党内自身建设方面的事务，也包括党的领导方面的事务，涉及党的政治领导、思想领导与组织领导等诸多方面的内容。在此意义上看，所谓党务公开，对执政的中国共产党而言，既包括党内事务的内部公开与外部公开，也包括党的对外事务的内部公开与对外公开。概括说，即全党及党的各级组织，根据党内民主、人民民主、以党内民主推动人民民主等原则，根据党的有关规定，采取多种方式，将党的领导与党的建设的有关内容、程序、结果等在一定范围内进行公布（除了依纪依法应当保密的事项外）。其中，党务公开的内容既包括重大决策过程与结果的公开，党的思想建设、组织建设、作风建设、廉政建设、制度建设等工作情况的公开；也包括干部选举、候选人提名过程、候选人资料、党费的收缴与使用情况、发展党员、党员奖惩情况等的公开。党务公开的根本目的，就在于保障广大民众和广大党员的知情权、参与权与监督权等，增强党的工作的民主性、开放度和透明度，以促进党内民主、以党内民主带动人民民主，不断增强党的吸引力、影响力、服务力。

从我国党务公开的历史发展看，从 2004 年党的十六届四中全会通过的《中共中央关于加强党的执政能力建设的决定》提出要"逐步推进党务公开，增强党组织工作的透明度，使党员更好地了解和参与党内事务"算起，至今我国党务公开已提出十余年。在这十余年中，党务公开不断被重视、被深化，如 2007 年党的十七大报告强调"尊重党员主体地位，保障党员民主权利，推进党务公开，营造党内民主讨论环境"；2010 年 9 月，中办印发了中央政治局审议通过的《关于党的基层组织实行党务公开的意见》，在全国基层党组织中全面推行党务公开；2010 年 11 月，中央纪委和中组部联合发布了《关于开展县委权力公开透明运行试点工作的意见》，开始推行县级权力公开透明；2012 年党的十八大报告又进一步强调要"推进权力运行公开化、规范化，完善党务公开、政务公开、司法公开和各领域办事公开制度，健全质询、问责、经济责任审计、引咎辞职、罢免等制度，加强党内监督、民主监督、法律监督、舆论监督，让人民监督权力，让权力在阳光下运行"①。不但把党务公开作为"四大公开"之首，而且明确提出党务公开"制度化"问题。党的十八大以后一个月内，新华社以"人物特稿"形式披露了习近平、李克强等新一届政治局常委的家庭情况、成长经历和从政之路等，进一步激发了人们对党务公开、政治透明的遐思与期盼。

　　进一步而言，从党务公开的推进主体与基本路径看，在十多年的实践探索中主要存在两条路径。其中之一是由党委或党的组织部门领导推进的党务公开，各级党组织根据党的十六届四中全会精神、十七大精神、十七届四中全会精神，以及中共中央办公厅印发的《关于党的基层组织实行党务公开的意见》等，来全面推行基层党务公开，其目的在于尊重党员主体地位，保障与落实党员权利（包括党员的知情权、参与权、选举权、表达权、监督权等），提高党员对党内事务的参与度，充分发挥党员在党内生活中的主体作用，以激发广大党员的积极性、创造性，推进党内民主发展，增强党的生机活力与和谐统一。另一条路径是由党的纪检部门领导推动的党务公开，各级纪检机关依据我们党推行党务公开的有关精神，根据《中国共产党党内监督条例（试行)》、中央纪委《关于党的基层组织实行党务公开的意见（试行)》（修订稿）而展开，比如 2004 年 2 月江苏镇江市纪委按照《中国共产党党内监督条例（试行)》，以丹阳市作为试点开始推行党务公开；2009 年 10 月，中央纪委在全国确定了 50 家基层党务公开联系点、试点推行党务公开。值得注意的是，党务公开的推进主体与路径不同，其所强调的侧重点与目标追求也有所不同。就纪委推动的党务公开而言，由于其主要职能是纪律检查与监督，因此，其推动党务公开的直接目的就在于加强党的监督、加强党风廉政建设、预防权力腐败。

　　简单回顾我国党务公开十余年的发展历程，人们不难发现，从保障党

---

① 　胡锦涛:《坚定不移沿着中国特色社会主义道路前进　为全面建成小康社会而奋斗——在中国共产党第十八次全国代表大会上的报告》，人民出版社 2012 年版，第 29 页。

员权利→党内情况通报制度→党务公开、增强党组织工作透明度→推进党务公开、营造党内民主讨论环境→基层组织全面推行党务公开→县委权力公开透明→权力运行公开化、规范化→中央领导人公开个人与家庭情况等，这粗略地展现了党务公开的发展历程或发展脉络。这十余年的党务公开，既是保障党员权利的必然要求，也是发展党内民主、政治公开透明、反腐倡廉的时代要求，更是信息化发展的必然结果。在信息化快速发展的新时期，我们要从事关党的建设与党的领导全局高度，进一步深化对党务公开重大意义的认识。尽管从党的建设整体布局看，党务公开仅仅是党的组织建设的部分内容，是为保障党员权利、发展党内民主服务的；但是，党的建设是个系统工程，牵一发而动全身，对整个党的建设而言，党务公开如同打开了一扇窗户，窗口一开，新鲜的空气就会扑面而来，迅速充满整个房间，这必然促使传统的封闭式党建模式向现代的开放式的转变。同时，党务公开的全面推进，必然会促进广大党员民主意识的觉醒、民主参与积极性的提高，必然会促进党员的知情权、参与权、选举权、表达权、监督权等的进一步落实，必然会促进民主选举、民主决策、民主监督，这对整个党的建设的影响将是根源性的、长远性的。总之，在信息化发展的今天，党务公开事关党的建设的全局，事关党的建设模式与方式的更新换代，借用中办《关于党的基层组织实行党务公开的意见》所言：党的基层组织实行党务公开具有重要意义，这是深入贯彻落实科学发展观、提高党的执政能力、保持和发展党的先进性的必然要求；是扩大党内基层民主、保障党员民主权利、增强党的基层组织生机活力的客观需要；是实践党的宗旨、密切党群关系、促进基层和谐稳定的有效途径；是加强党内监督、规范权力运行、推进基层党风廉政建设的重要举措。党务公开这四个层面的意义，对基层党组织而言如此，对全党而言，也是如此。

（二）新时期党务公开的基本内容与基本要求

尽管到目前为止，在全党层面还没有专门关于党务公开的实施意见，但相关精神早已经昭然天下，如党的十六届四中全会通过的《中共中央关于加强党的执政能力建设的决定》就已经明确提出：要"逐步推进党务公开，增强党组织工作的透明度，使党员更好地了解和参与党内事务"；2007 年党的十七大报告则去掉了"逐步"二字，强调"尊重党员主体地位，保障党员民主权利，推进党务公开，营造党内民主讨论环境"；党的十八大报告更加明确地强调：要推进权力运行公开化、规范化，完善党务公开、政务公开、司法公开和各领域办事公开制度，让人民监督权力，让权力在阳光下运行。尽管目前对全党层面党务公开的基本原则、基本内容、基本程序、基本方式、基本制度保障等还无明文规定，但 2010 年 9 月 15 日中办印发了《关于党的基层组织实行党务公开的意见》，对基层党务公开的基本原则、基本内容、基本程序、基本方式、基本制度保障等有着明确的规定，我们可以以下见上、以小见大，进而明确新时期党务公开的基本内容与基本要求。

首先，关于党务公开的基本原则。中办印发的《关于党的基层组织实行党务公开的意见》，明确规定了基层党务公开的四大基本原则：（1）发扬民主，广泛参与。要保障党员主体地位，落实党员的知情权、参与权、选举权、表达权、监督权等党员基本权利，提高党员对党内事务的参与度，充分发挥广大党员的积极性、主动性和创造性，以促进党内民主与党的建设。（2）积极稳妥，注重实效。对我们这样一个有着 8700 多万党员的超级大党而言，党务公开必须坚持党的集中统一领导与发扬民主相结合，必须坚持自上而下的指导和自下而上的探索相结合，循序渐进，有领导、有步骤地去推进。既要坚持先建设、后公开，绝对不能"先公开、后建设"，或准备不好、匆忙公开，这样会导致工作的混乱与无序；也要坚持先党内后党外，但党务公开绝不能仅仅局限在"党内公开"。（3）统筹兼顾，改革创新。要把党务公开、政务公开、司法公开、各领域办事公开等密切联系起来，协调推进，并不断完善相关制度，而不能彼此割裂、单兵突进。从目前国内情况看，我国的政务公开实施比较早，有关规章制度也比较完善，党务公开则相对滞后，这是一个基本事实。如今要使党务公开、政务公开、司法公开等协调推进，首先必须大力推进党务公开，以基层党务公开推进全党党务公开，使党务公开与政务公开等相适应。另外，党务公开作为"四大公开"之首，要以党务公开进一步推进政务公开；如此一来，才能以党内民主带动人民民主。（4）区别情况，分类实施。对我们这样一个党员规模大、组织层级多（具有中央、省市、地市、区县、街镇、村居等六级党组织）、基层党组织类型复杂、分布广泛（有农村、国企、街道社区、机关、高校、事业单位、非公有制经济组织、社会组织、军队等九类基层党组织）的超级大党而言，不同层级的党组织功能或职能不同，不同类型的基层党组织的地位与作用不同、建设情况不同，党务公开的内容、重点与形式必然有所不同。因此，要在全党推行党务公开，既要有统一的领导与安排，也需要分类进行、因地制宜，不宜搞"一刀切"。其中，基层党务公开具有基础性、直接性、现实性、全面性、易操作性、低风险性等显著特点，率先推进基层党务公开，乃广大党员干部能力之所及、情感之所至、现实利益之所系；这有助于提高广大党员党的意识、政治参与意识、民主意识、监督意识，有助于直接调动广大党员群众的积极性、主动性、创造性；有助于一步一步地促进更高层级的从地方到中央的党务公开。以基层党务公开逐步推动地方与上层党务公开，无疑是我国党务公开的一个重要切入口，也是一条比较稳妥的路径选择。

其次，关于党务公开的基本内容。总的来说，党务公开要力求全面、真实，凡属党内规章要求公开的内容，凡是党员、群众关注的重大事项和热点问题，只要不涉及党和国家的秘密，都应该根据有关规定在适当范围内以适当方式予以公开。进一步而言，党务公开的内容，涉及党的政治建设（政治路线与大政方针的制定与贯彻落实）、思想建设、组织建设、干部队伍建设（包括领导班子建设与选人用人两个方面）、群众工作、党风廉政建设等党的领导与党的建设的全部内容。中办《关于党的基层组织实行党务公开的意见》将基层党务公开的内容概括为八个方面：（1）党组织决议、决定及执行情况，具体内容包括执行中央方针政策以及上级党组织的决议、决定和工作部署等情况，本地区本部门重要决策及执行情况，以及任期工作目标、阶段性工作部署、工作任务及落实等情况。(2) 党的思想建设情况，具体内容包括本级党组织开展思想政治工作、理论学习计划及落实、党员干部教育培训计划及落实等情况。(3) 党的组织管理情况，具体内容包括本级党组织的设置、主要职责、机构调整、换届选举，党员发展、民主评议、创先争优，党费收缴、管理和使用，党务工作经费管理和使用以及党员权利保障情况等。(4) 领导班子建设情况，具体内容包括领导班子职责分工、议事规则和决策程序，执行民主集中制、召开民主生活会、年度考核评价等情况。(5) 干部选任和管理情况，具体内容包括干部选拔任用、轮岗交流、考核奖惩、干部监督制度及执行情况等。(6) 联系和服务党员、群众情况，具体内容包括听取、反映和采纳党员、群众意见和建议，帮助党员、群众解决生产生活实际困难，接待来信来访、排查化解矛盾纠纷，办理涉及党员、群众切身利益重要事项等情况。(7) 党风廉政建设情况，具体内容包括执行廉洁自律规定、落实党内监督制度、推进惩治和预防腐败体系建设、落实党风廉政建设责任制、处理违纪党员等情况。(8) 其他应当公开的事项，如党员交纳的党费及其使用情况等。对全党而言，基层党务公开的这八项内容虽然不一定在各级党组织的党务公开中都是如此，但无疑具有重要参考价值。①

再次，关于党务公开必须坚持科学的程序与方式。没有科学的程序作保障，党务公开就难以落实、难以做到科学化与规范化；没有科学的、现代化的方式，党务公开就难以做到及时、有效。对于基层党务公开的程序，中办《关于党的基层组织实行党务公开的意见》明确指出了四个方面的要求与四个工作环节，即制定党务公开目录，规范公开的内容、范围、方式和时限等；依照目录实施党务公开，公开的时限要与公开的内容和范围相适应；收集反馈，认真收集党员对党务公开情况的意见和建议，及时

---

① 中共中央办公厅:《关于党的基层组织实行党务公开的意见》,《人民日报》2010 年 10 月 9 日。

作出处理或整改，并将结果向党员反馈；归档管理，对公开的党务信息资料应及时登记归档，并做好管理利用工作。[①] 至于党务公开的方式，则需要根据党务公开的内容和范围要求，本着方便、快捷、普遍、有效的原则，可以通过会议、文件、简报等传统方式进行公开；更要适应信息网络发展的要求，充分运用信息网络手段进行党务公开；努力做到既要上墙，也要"上线、上网"，通过广播电视、电子屏幕、局域网和互联网等多种形式进行公开。

最后，要建立与完善党务公开的制度保障。对党的领导与党的建设而言，制度带有根本性、全局性、稳定性和长期性。以科学制度保障党的建设，是从严治党、提高党的建设科学化水平的时代要求；要长期、有效地推进党务公开，必须建立健全党务公开工作的相关保障制度，使党务公开不因领导的改变而改变、不因领导人意志的改变而改变。中办《关于党的基层组织实行党务公开的意见》明确规定了基层党务公开必须建立健全四项保障制度，即（1）例行公开制度。要求列入党的基层组织党务公开目录的事项，按规定及时主动公开；暂时不宜公开或不能公开的，报上一级党组织备案。若公开事项如需变更、撤销或终止，由制定党务公开目录的党组织批准，报省部级党委（党组）备案后及时公布并作出说明。（2）依申请公开制度。党员按有关规定向党的基层组织申请公开相关党内事务。对申请的事项，可以公开的，党的基层组织向申请人公开或在一定范围内公开；暂时不宜公开或不能公开的，要及时向申请人说明情况。申请事项及办理情况应报上一级党组织备案。（3）监督检查制度。上级党组织要加强对党的基层组织党务公开工作的监督检查，推动工作落实。党的基层组织可通过聘请党员作为党务公开监督员等方式，加强对党务公开工作的监督。（4）考核评价制度。把党的基层组织党务公开工作情况作为党组织及其主要负责人年度工作考核和党建工作考核的重要内容。适时组织党员对

---

① 中共中央办公厅:《关于党的基层组织实行党务公开的意见》,《人民日报》2010 年 10 月 9 日。

党的基层组织党务公开情况进行评议，并及时公布评议结果。对不按规定公开或弄虚作假的，要批评教育，限期整改；情节严重的，要追究有关领导和直接责任人的责任。① 这四项基本制度，涉及党务公开制度、监督建设制度、考核评价制度三个方面，对全党党务公开而言，同样具有适用性或借鉴性。

（三）推行党务公开需正确认识的若干问题

尽管我们党提"党务公开"已有 10 多年，2010 年中办《关于党的基层组织实行党务公开的意见》也明确规定了基层党务公开的指导思想和基本原则，要求以保障党员权利，落实党员的知情权、参与权、选举权、表达权、监督权为重点；坚持发扬民主、广泛参与，积极稳妥、注重实效，统筹兼顾、改革创新等基本原则；力求全面、真实，将党员群众关注的重大事项和热点问题（只要不涉及党和国家的秘密）按照有关规定、根据一定程序、以合适的方式、在适当范围内及时公开，以公开为常态、不公开为特例。然而，无论是在过去十多年的基层党务公开的实践探索中，还是在全面推开中，都存在一些值得深思的问题，具体说来，主要有以下几个方面：

一是要正确处理党务公开与党的建设整体布局的关系，紧紧围绕新时期党建布局来推进党务公开。因为党务公开不是孤立的，而是党内民主建设乃至整个党的建设的重要组成部分，党务公开不能单兵突进；只有放眼党建全局、在党的建设整体布局中找准党务公开的位置，方能科学有效地推进党务公开、以党务公开推进党的建设的改革开放。党的十八大报告以"全面提高党的建设科学化水平"为主题，对新时期党的建设整体布局作了明确规定，即"一、二、三、四、五、八"的党建战

---

① 中共中央办公厅：《关于党的基层组织实行党务公开的意见》，《人民日报》2010 年 10 月 9 日。

略布局："一条党建主线"即牢牢把握加强党的执政能力建设、先进性和纯洁性建设这条主线；"两大历史课题"即不断提高党的领导水平和执政水平、提高拒腐防变和抵御风险能力；"三型政党"即建设学习型、服务型、创新型马克思主义执政党；"四自能力"即增强自我净化、自我完善、自我革新、自我提高能力；"五大建设布局"即党的思想建设、组织建设、作风建设、反腐倡廉建设、制度建设；"八项现实任务"即坚定理想信念、密切党群关系、发展党内民主、深化干部人事制度改革、集聚各方人才、创新基层党建、坚定不移反对腐败、维护党的集中统一。新时期推行党务公开，我们必须放眼全局，注意整体与部分、大系统与小系统的关系，紧紧围绕"发展党内民主、保障党员权利"来展开，紧紧围绕新时期党建战略布局来展开。这是因为，一方面，党的建设具有整体性、系统性与内在统一性，党的建设的各个方面是相辅相成的；现实中，党建中的许多问题是由多种因素综合造成的，单靠某一措施、某一部门难以从根本上解决，需要统一领导、整体部署、整合资源、综合施治。另一方面，尽管党的建设千头万绪，但各项工作最终都要落实到一个党建单位、一支党建队伍上来；若各党建部门"九龙治水"，"纪检抓纪检的、宣传抓宣传的、组织抓组织的"，缺乏统一规划、协同行动，则下级党组织只能疲于应付，"上级部门强调什么抓什么"，甚至陷入"以形式主义对待官僚主义、命令主义、形式主义"的怪圈，使党务公开乃至从严治党走样或落空。

二是要正确处理好党务公开与政务公开的关系，以党务公开推进我国政治透明化与民主政治发展。在我国，中国共产党是唯一的领导党与执政党，是政治权力中心，没有党务公开的引领与推动，其他的政治公开难以进一步持续推进。因此，党的十八大报告将党务公开与政务公开、权力运行公开等紧密结合起来，把权力运行公开作为党务政务公开的落脚点，在政治体制改革部分强调要"推进权力运行公开化、规范化，完善党务公开、政务公开、司法公开和各领域办事公开制度……加强党内监督、民主监督、法律监督、舆论监督，让人民监督权力，让权力在阳光下运行"①。这要求我们，第一，新时期推进党务公开必须与政务公开、厂务公开、村（居）务公开、公共事业单位办事公开等有机结合起来，相互促进、协调运转。由于政务公开提出的时间较早、相关制度比较完善，要使党务公开与政务公开协调发展、以党务公开进一步推动政务公开，就必须后来居上、大力推进党务公开。第二，必须以全面党务公开推进政务进一步公开，只有如此，才能与"以党内民主带动社会民主、以党内和谐推动社会和谐"的民主政治发展战略相一致。实际上，党务主要是一项政治事务，更容易实行全面公开。第三，要从"推进党的建设改革开放、推进政治体制发改革发展、推进中国特色社会主义事业进一步改革发展"的高度来认识党务公开。通过党务公开来推动领导干部家庭与工作信息公开、财产公开，进而推动权力运行公开透明、促进民主政治发展，这是广大人民的期待，也是我国民主政治发展的不二选择。这样做，既有利于正本清源、保障人民群众的知情权，也有利于发展党内民主、加强与改进党的建设，还有利于改善党的领导、维护党的形象，更有利于增强民众对改革开放和中国特色社会主义事业的信心、促进我国民主政治发展和中国特色社会主义的进一步发展。

三是要正确处理好党务公开"虚与实""宽与窄"的关系，突出党务公开的重点内容，避免"避实击虚、避重就轻"。党务公开总的要求是力求全面、真实，党务公开的内容涉及党的政治建设、思想建设、组织建设、干部队伍建设、群众工作、党风廉政建设等党的领导与党的建设的全部内容。但在现实执行中，有两个方面特别值得注意：一是"虚与实"的关系问题。有的单位与领导沿袭传统思维，认为干群有别、对党员群众"能公开的就公开、该公开的就公开、不好公开的就不公开、能保密的就保密"；习惯于将无关痛痒的内容详细公开，将事关群众利益的核心问题或敏感问题如公共财物的支配、利益分配、人事任免等，或者是"轻描

---

① 　胡锦涛：《坚定不移沿着中国特色社会主义道路前进　为全面建成小康社会而奋斗——在中国共产党第十八次全国代表大会上的报告》，人民出版社2012年版，第29页。

淡写",或者是以抽象方式、模糊方式、"打包"方式公开,或者以"保密""条件不成熟"等为借口干脆不公开,这样的公开使广大党员群众"难观其要",有走形式、走过场甚至愚弄群众之感。二是"宽"与"窄"的关系问题。有的单位与上述情况相反,将所有党务"事无巨细"地公开,项目繁琐、内容众多、方式陈旧。这样的公开,不但使广大党员群众"不得其要",甚至饱受"垃圾信息之害",久而久之会失去对党务公开的观感与兴趣,而且会对广大党务干部造成不必要的负担,甚至无谓地浪费财力、人力与物力。总之,党务公开的关键在于"真实、全面、重点突出",要正确处理"例行公开"与"依申请公开"的关系,将党员群众关注的重大事项和热点问题实行及时全面"例行公开";对那些"非重点、非热点""多数人不感兴趣、只有少数人或个别人感兴趣"的内容,可实行"依申请公开"或个人查阅。

四是要正确处理党务公开的"内与外""上与下"关系问题,即党务公开的范围与对象问题。有的党员干部认为,党务就像家务、属于党内私事,党内党外应该有别,党务公开应该只限于广大党员。实际上,这是对党务公开的一种片面理解,也是对党的领导与党的建设的"不理解"。在我国,党的领导不仅体现为对党员的领导,更体现为对人民群众的领导;党的各项工作不仅面向党员,更多的是面向人民群众。中国共产党的领导地位、公共政治属性等决定了,党的事务不是"家事",也不是私人事务,而是公共事务;党务公开的对象应该是所有相关人,既包括全体党员,也包括广大人民群众;党务公开不仅意味着党内公开,也意味着党外公开。总之,我们要从党的领导、党的建设、人民当家作主相统一的高度来理解党务公开,一方面要正确理解《关于党的基层组织实行党务公开的意见》中所强调的"坚持先党内后党外,循序渐进"这一原则,这句话至少有三层含义:一是"先党内后党外"本身就说明,党务公开不能仅仅限于党内党员,必须向群众公开,尽管这里有个先后问题。二是"先党内后党外"可以理解为一个公开过程的先后两个环节,即"先向党内公开、后向群众公开"。三是"先党内后党外"也可理解为党务公开的两个发展阶段,即第一个阶段先在党内实行党务公开，第二个阶段将党内公开推向党外、实现党内与党外都公开。但无论如何，党务公开决不意味着"仅仅在党内公开"，"先党内后党外"决不意味着"仅仅在党内公开"。另一方面要正确处理"基层党务公开、地方党务公开、中央党务公开"之关系。从根本上看，党务公开是就全党而言的，具有系统性、全面性、完整性；基层党务公开是整个党务公开的基础，但并非整个党务公开的"核心"与"关键"所在。若仅有基层党务公开，而无地方党务公开、中央党务公开，则既不能满足民主政治、透明政治的时代要求，也无法为基层党务公开提供持久动力。从现实角度看，基层党务公开必将唤起人们对"地方党务公开、中央党务公开"的政治诉求，必将进一步推动地方与中央党务公开。

五是要正确处理党务公开的战略实施与阶段步骤问题。世间任何事物都不可能一蹴而就，都有一个发展过程；立足现实、放眼长远乃科学发展之道。对党务公开也是如此，必须长远规划、循序渐进、分阶段分步骤进行。要做到这一点，需要注意两个方面的问题：一方面，党务公开必须以党的建设为基础，以党的建设规范化、制度化为前提。因此，实行党务公开首先必须有一个准备阶段，先建设后公开，而不能"先公开、后建设"或者准备不好匆忙公开，这样会导致工作混乱与无序。概括说，党务公开的准备阶段的工作主要包括：加强党务干部队伍建设，造就一批符合党务公开要求的党务干部队伍；加强制度建设，建立与完善党组织建设的各项规章制度；加强对已有规章制度、材料的归档整理等，使党务公开建立在党建制度化、规范化基础上。否则，无序、混乱的党务工作是难以公开的。另一方面，实行党务公开要循序渐进、明确发展阶段与战略步骤，因为缺乏长远规划与战略步骤的党务公开是难以持久有效的。概括说，党务公开的发展阶段与战略步骤大致可分为三个方面：第一步，可以先就党务公开本身进行认真思考，弄清"从公开什么到怎么公开"。第二步，深化党务公开、从党务公开到扩大党员参与度，认真思考"从参与什么到怎样参与"，做到以党务公开推动党员参与与党建发展。第三步，要围绕中心工作与党员群众的发展，进一步思考"发展什么、怎样发展"；因为党务公开本身不是目的，党建本身也不是目的，都要围绕中心、服务大局、促进发展做文章。这里的发展，当然是科学发展，既包括各地方、各单位的科学发展，也包括党员群众的科学发展。只有把党的建设与中心工作紧密结合，把党的建设与各单位发展、党员群众的自身发展紧密结合起来，党务公开才能找到根本的价值归属、才能获得持久发展动力。而脱离单位实际与党员群众发展要求的党务公开乃至所有党建工作，都是没有生命力的。

六是要正确处理好党务公开的发展动力与长效机制问题，为党务公开提供持久的推动力与科学的制度保障。这包括一个问题的两个方面：一方面，就党务公开的发展动力而言，总的来说，要坚持自上而下的指导和自下而上的探索相结合、上层推动与基层推动相结合、内力与外力协同推动，具体说来，主要包括以下四个方面的推动力：一是自上而下的推动，中央与上级组织要加强对下级党组织党务公开的组织领导与推动。二是自下而上的推动。从根本上看，广大党员是党内主体，其积极性、主动性、创造性的发挥是党的事业发展的持久动力，也是党务公开的根本动力；基层党务公开必将推动地方党务公开、中央党务公开，最终实现全党党务公开。三是民众压力。广大民众对加强与改善党的领导、实行党务公开、政治透明、民主政治的政治诉求与时代要求，无疑对执政党是一种压力。四是世界政党政治民主化透明化的压力。当今时代，政治民主、政治透明已经成为一种潮流，协商民主、参与式民主等在世界上方兴未艾，这对我国党内民主与国家民主都具有一定影响；在经济全球化、信息网络时代，我国经济发展不可能独立于世界体系之外，政治与政党发展也不可能独立于世界发展潮流之外。另一方面，就党务公开的长效机制而言，其核心问题是制度建设与制度保障问题。健全的党务公开制度保障体系应该是党务公开制度、监督检查制度、考核评价制度三个方面的统一，既包括使党务公开规范化、程序化、制度化方面的制度建设要求，如建立与完善例行公开制度、依申请公开制度，也包括建立与完善党务公开的监督检查制度、考核评价制度。另外，健全的党务公开制度保障体系还必须与整个党内民主制度体系相辅相成，如党务公开制度要与党员权利保障机制、党内选举制度、民主决策制度、民主监督制度等相配套、相协调，党务公开才能持续发展。

三、"互联网＋党建"：党建信息化的深度发展

2015 年 3 月 5 日，李克强总理在《政府工作报告》中明确提出：要"制定'互联网＋'行动计划，推动移动互联网、云计算、大数据、物联网等与现代制造业结合，促进电子商务、工业互联网和互联网金融健康发展，引导互联网企业拓展国际市场"①，李克强总理的这一席讲话，可以说宣告了中国"互联网＋"时代的到来。在这一背景下，"互联网＋党建"也应时而出。那么，"互联网＋"究竟是什么？尽管对于这一未完成的"公式"，不同行业有不同的理解；但毫无疑问，"互联网＋"意味着互联网、云计算、大数据等与具体行业、具体工作的深度融合，意味着传统行业的智能化、数据化。那么，"互联网＋党建"究竟是什么、对党的建设意味着什么？从广泛意义上看，党建信息化的过程就是不断致力于"互联网＋党建"的过程，其中，推行电子党务、建立党建网站、以信息化平台来推进党务管理与理论宣传等可谓"互联网＋党建"的第一步，也可称其为"互联网＋党建"的 1.0 时代；利用远程教育、微博、QQ 群等平台加强党的建设等可谓"互联网＋党建"的第二步，也可称其为"互联网＋党建"的 2.0 时代；利用移动 APP 等推进党的建设、办手机报等可谓"互联网＋党建"的第三步，也可称其为"互联网＋党建"的 3.0 时代。然而时至今日，世界信息网络技术正迈入网络空间时代，也是互联网从量变到质变的时代；以云计算、大数据、超级 APP 为基础的互联网统一体的形成，将促进互联网与各行各业的深度融合、促进"互联网＋"时代的

---

① 《2015 年国务院总理李克强政府工作报告》，中国网，网址：http://www.china.com.cn/cppcc/2015-03/17/content_35072578.htm。

真正到来。在这一时代，党建信息化不仅会实现从第三阶段向第四阶段的迈进，而且将会实现从量变到质变的飞跃，迎来真正意义上的"互联网＋党建"时代的到来。①

（一）党建信息化的优势与现实困境

前文已言，同广播、电视、报刊等传统媒介相比，信息网络作为一种新媒介，具有开放性、即时性、快捷性、全面性、廉价性等特点，具有传播速度快、覆盖面广、易于各方互动、不受地域与时间限制、省时省力等优势。信息网络的这些特点与优势，为党建信息化提供了前所未有的便利条件。时至今日，我国信息网络技术经过 20 多年的发展、党建信息化经过三个阶段的发展，信息网络技术在党的建设方面的作用与优势已经毋庸置疑，概括说来，这至少有三个方面的表现：第一，电子党务、网络党建、网上支部等不仅为党的建设提供了新的平台或载体，拓展了党建空间，丰富了党的建设的形式与手段；而且，有助于克服传统的工作方式如现场会议、文件传达、电话通知等所具有的速度慢、范围窄、效率低等问题，极大地提高了党建工作效率与覆盖面。第二，远程教育、网上理论阵地、信息资料库、手机报等的建立，为广大党员干部理论学习与业务学习提供了便捷，有助于提高理论学习与理论宣传的效率，有助于建设学习型党组织、成就学习型党员。第三，网络社区、微信群等的建立与广泛运用，为上情下达、下情上达提供了便利条件，为各级党组织、广大党员干部密切联系群众、倾听群众呼声、反映群众意见、维护群众利益等提供了便利条件；有助于充分发挥广大党员与群众的积极性、主动性、创造性来加强党的建设，克服传统的自上而下的命令式、被动式的党建模式，解决"领导干部在干、群众在看"等党建困境；有助于扩大党内参与、发扬党

---

① 关于"我国党建信息化的发展历程"与"互联网＋党建"的相关内容，大部分内容以《党建信息化的发展进程与"互联网＋党建"》为题发表于《南京政治学院学报》2015 年第 1 期。

内民主、加强对权力的监督与制约，充分依靠广大党员干部群众来建设学习型服务型创新型马克思主义执政党。

就目前情况看，充分运用信息网络技术推进党的建设的例子不计其数，上海浦东新区东明社区"阳光驿站"充分运用信息网络技术与网络平台，积极探索网络党建、推进区域化党建、解决党建新老难题、开拓党建新局面、提高党建效率，在浦东新区乃至上海市具有一定的代表性，也可谓是我国运用信息网络技术开展党的建设的一个缩影。① 经过调查研究发现，该社区的具体做法主要有三个方面：一是建立网络平台、推行"三公开"。该社区依托街道门户网站和居务平台，建立"党建工作动态""精神文明建设工作"等板块，及时发布有关信息；推进街道党务内网、政务内网、居务平台的互联互通，共同推进"党务公开、政务公开、居务公开"，如在新浪网注册"宜居东明"政务微博（2011 年2 月），本着"官办不官腔、引导不误导，既要点击率更要主旋律，既要正面性又要趣味性"原则，及时发布党政新闻、党建工作要点、党员活动通知、动态报道、温馨提示、信息反馈等；出台《微博管理暂行办法》，规范信息收集、整理、发布等，确保信息的准确有效；出台《网络舆情工作暂行办法》，从 2008 年 8 月起，安排专人每月编辑一期《网络舆情摘编》，以收集民意、了解民意、反映民意、维护群众利益；通过"社区服务动态"来推进社区服务、"助老服务""帮困救助"，促进基层服务型党组织建设。二是利用党建网站创新宣传途径、加强党员教育。该社区在党建网站上开辟了"社区党建""阳光服务""创先争优在行动""党建热点""党员学雷锋""组团式服务专区"等栏目，建立

① 浦东东明路街道是上海市浦东新区下辖的一个街道，乃上海市社会管理创新综合试点街镇之一。该街道由四个小区、37 个居委会组成，辖区面积 5.9 平方公里，现有住居民 5.8 万、外来人口 2.6 万，是名副其实的"村中城"。东明社区"阳光驿站"乃东明社区（街道）党工委设立的党员服务中心，集服务党员、信息交流、宣传推广、党员教育、组织生活等多重功能于一体。值得注意的是，东明社区"阳光驿站"的相关书面材料笔者看到过，但由于党建内网等具有封闭性，相关具体内容在公开的党建网上还难以全部看到。

手机报，将上级党组织、街道党工委、社区党组织、两新党组织等相关信息及时发布在相关栏目中，让网民及时知晓；利用 IPTV（Interactive Personality TV）①开展党员远程教育活动，通过党员手机报等为党员提供"空中课堂"；同时，建立街道党建网站与市区党建网站的链接、实现上下级党建信息资源的沟通与共享。三是搭建网络平台、服务"两新组织党员"与"流动党员"。如建立"两新"党组织 QQ 群、微信群，通过 QQ 群、微信群来发布会议通知、工作信息、学习材料、提交思想汇报、交流思想等；通过信息网络平台来组织"两新组织"党员开展"网上组织生活"；通过本区党组织与外来流动党支部的网络对接，如建立 QQ 群、微信群、手机短信等，及时将两地党组织的中心工作与相关信息传达给流动党员，共同推进"流动党员"党建工作。

然而，在看到各级党组织运用信息网络技术推进党的建设、取得明显成效的同时，我们也不得不承认，各级党组织在党建信息化方面存在这样那样的突出问题。概括说来，以下五个方面的问题比较突出，值得重视与改进：

一是党建网站重建立、轻日常管理，存在不少"僵尸网站"。所谓"僵尸网站"，按照网上流行的说法，那就是一些网站虽然建立了，但只有框架而缺乏具体内容，网站功能不全、有关栏目内容缺失、网站内容长期不更新，致使整个网站犹如僵尸一样，处于半死不活状态。比如点开一些单位的党建网站的相关栏目，经常会看到诸如"内容正在建设""无法打开该页面"等现象。从当前全国党建网站的建立情况看，街镇以上党组织基本都建立了自己的党建门户网站，甚至一些党支部也建立了门户网

① IPTV（Interactive Personality TV）即交互式网络电视，利用宽带有线电视网，集互联网、多媒体、通信等技术于一体，向家庭用户提供包括数字电视在内的多种交互式服务的崭新技术，用户可以通过三种方式来享受 IPTV 服务：计算机、网络机顶盒＋普通电视、移动设备（手机、平板等）。

站；但是，不少党建网站只能说是形象工程、"僵尸现象"不在少数。①"僵尸网站"的明显存在，与党建网站建设中的形式主义、官僚主义、消极不作为有关，有的党组织建立党建网站当摆设或证明网上存在，而非充分运用其促进党建工作开展；或者当初建立网站就是为了应付上级要求，以至于网站建成后无人管、无人问，也基本无用。

二是党建网站重形式、轻内容，重信息"粘贴"、轻"互动"，难以发挥密切联系群众、服务群众的功能，缺乏对群众的吸引力与影响力。如一些党建网站动态信息发布了不少、学习材料转发了不少，但仅仅有信息的发布，缺乏生动有效的阐释与互动；有的党建网站的内容让群众难以"看得懂、信得过"；有的党建网站缺乏与受众的互动平台或互动环节，即使设置了意见交流栏目也常常无反馈、无内容；等等，久而久之，这样的党建网站就失去了对民众的吸引力，更无法论及影响力。

三是缺乏高素质的网络党建工作者，一些地方与基层党建网站无专人进行管理与维护。比如，一些基层党员干部不敢、不能、不愿意在网上发声，即使针对网络谣言也不敢站出来澄清是非曲直；一些基层党务工作者往往还是经验式的工作方式，习惯于就事论事，缺乏现代党务管理的必要知识与能力，更缺乏既懂党务管理又懂信息网络技术的复合型人才。

四是网络党建难以反映实际党建情况。对地方与基层党组织而言，加强党员教育管理、服务中心、密切联系与服务群众等方面的工作是丰富多彩、各种各样的，有许多可圈可点的内容与做法。但是，这些丰富多彩的工作与做法在党建网上难以及时反映出来。即使从2010年以来要求基层党组织全面推行党务公开，但党务公开的各项内容在网上难以得到充分反映。具体来说，这可能有三个方面的原因：一是有的党务干部习惯于用传

① 截至2015年7月，全国性政府网站摸底普查结果显示，当时全国各级政府网站达85737个，其中省部级网站整体情况普遍较好，但基层网站尤其是县级以下政府及部门网站存在问题较多，亟须"关停并转""改版升级"。（参见程姝雯：《全国砍掉6373个政府"僵尸网站"基层网站较多》，《南方都市报》2015年8月3日AA08版。）那么，对于党建网站而言，全国究竟有多少"僵尸网站"，虽然没有具体的调查数据，但数量肯定也不少。

统方式开展党建工作，不习惯于用新技术、新手段来推进党建工作；二是有的党员干部以"信息安全"为名，拒绝将党建内容、党建活动上网；三是一些基层党组织的党建工作流于走形式、走过场，经不起信息公开的考验，一旦上网，就会留有"话柄"甚至容易"穿帮"，故抱持"能不上网就不上网"的态度。

五是党建网站的水平相对滞后。就目前我国党建信息化的整体技术水平而言，基本上还停留在 Web 2.0 甚至 Web 1.0 的技术水平上，主要表现为建立党建网页或党建网站，利用信息网络技术发布工作信息，利用信息网络平台张贴宣传教育材料、推行党务公开，利用网络媒体如远程教育网络等加强党员教育学习，等等；而在建立网络社区、实现网上互动，利用网络社区加强干部与群众、党员与群众的沟通等方面，可谓是刚刚起步、有很大发展空间。时至今日，尽管 Web3.0 技术（移动网络技术）已经在大众生活中广泛使用，但利用移动网络技术开展党建工作还不充分；尽管有的单位建立了"党员微信群""手机报"，但其内容非常有限，移动互联网的许多功能在党建领域有待发挥。另外，就全国党建网站的建立与管理情况看，基本上还是"八仙过海，各显其能"，"标准化、一体化"的全国性党建网络尚未建立起来，"互联网＋党建"发展前景广阔、任重道远。

（二）"互联网＋党建"的案例分析

从根本上看，"互联网＋党建"首先意味着综合运用信息网络平台、各项信息技术手段来推进党的建设；但是，仅仅运用信息网络技术开展党建工作还远远不是"互联网＋党建"的核心要义。在"互联网＋党建"时代，我们不仅要充分运用信息网络技术开展党建工作、提高党建工作效率，而且，要适应信息化社会的时代要求、实现信息网络发展与党的建设的深度融合。这必将促进党的建设模式的创新与转变、促进党的建设的开放化，也必将进一步促进党建理念创新、内容创新与制度创新，推进党的建设"改革开放"、破解党建工作瓶颈、提高党的建设的有效性。在此意义上看，一些单位的一些做法，如搭建信息网络平台，设置基础信息管理、党员和党组织报到、党员活动管理、党员积分管理、党代表工作室、微信主页、调查评议等各类模块等，只是为"互联网＋党建"提供了一些良好的技术平台；但是，如果仅有技术平台而不能与时俱进地更新党建理念、党建内容、党建制度，就难以有效破解当前党的建设的难题、推动党建创新，就还不能说已经实现了"互联网＋党建"。那么，如何运用信息网络技术打破传统"单位制党建"的瓶颈，有效解决"党员参与不足""党务工作者人手短缺""流动党员管理难题""两新党建困境"、静态党建考核的形式主义弊端等党建"老大难"难题，这既是党的建设面临的热点与难点问题，也是"互联网＋党建"亟须解决的基本问题。对于这些问题，一些地方单位先行先试、大胆创新，如山东菏泽从 2011 年起开始运用信息网络平台来打造"动态党建综合考评体系"，致力于实现"定性向定量考核、静态向动态考核、单纯党务向综合考核、传统方式向信息化考核"的转变，以破解传统的静态考核、台账式考核、年终考核的弊端。也有的单位设计研发"全国党建云"网站，致力于建立功能全面、覆盖各级党组织的全国统一党建网络体系。经过调查研究与分析，我们发现，一些成功的探索值得提倡，一些成功的经验值得发扬。在此，我们通过对两个案例的剖析，以期深化对"互联网＋党建"的思考。

案例 1：运用信息网络技术打造动态党建综合考评体系

从从严治党与党建科学化角度看，改革开放以来，党的建设一直面临着三大难题：一是"重业务、轻党建"，党建与业务"两张皮"现象比较突出。具体而言，这又有两个方面的表现：一方面，有的党员干部认为"党建务虚、经济务实""抓党建不容易出成绩、抓经济容易出成绩"，以至于集中精力抓了经济建设、党建工作有所忽视；另一方面，有的党组织与党务干部为了"党建"而"党建"、脱离中心任务搞党建，服务中心工作、服务群众不够，以至于党建工作做了不少但成效不明显、群众认同度与满意度不高。二是执政党建设重点对象错位、机关党建"灯下黑"现象比较突出。在革命年代，革命骨干、党员队伍与干部队伍具有很大的重合度，三者基本一致，通过全面加强党员教育管理就可以打造一支政治思想坚定、能力过硬的革命骨干队伍。然而，随着"革命党"向"执政党"的历史转变，时至今日，我们党已经有着8700多万党员，党员数量已经超过法国、德国等世界中等国家的全国人口数量；同时，普通党员与党员干部业已出现了明显的分野，各级领导干部无疑成为执政骨干，也理应成为执政党建设的重点对象。然而，在当今的党员干部队伍教育管理中，既有"眉毛胡子一把抓"、不分重点对象、搞"一刀切"现象，"领导得病，群众跟着吃药"现象比较明显；也有的忽视机关党建，甚至以"机关干部素质较高"为由，放松对机关党员干部的教育管理，致使机关党建"灯下黑"现象比较突出。三是党建考核抓手不硬、形式主义现象比较突出。时至今日，党建考核所采用的方式，一般还是以上级考评、年度考评、台账考评、定性考评为主，既缺乏可以量化的党建考核"抓手"，更缺乏科学的党建考核指标体系；在考核中往往突出了"上级意志"，对广大民众在党建考核中的意见有所忽视；既存在单位整体考核中党建考核所占比重很低现象，更存在忽视党建考核结果的权威与运用现象；等等。这容易导致党建考核中的"大箩筐"现象，一些单位把党建业绩当个"筐"、相关不相关的都往里装，难以以党建考核来调动广大党员的党建积极性，也容易导致党的建设"重结果轻过程，重突击轻常态，重活动轻长效"现象，致使党建考核年终突击整材料甚至搞形式主义。因此，如何抓住"执政骨干队伍建设"这个关键、牵住"科学考核"这个党的建设"牛鼻子"，以科学的综合考评体系来促进执政骨干队伍建设乃至整个党的建设，这是执政党建设的重点与难点问题，也是"互联网＋党建"必须着力解决的关键问题。

为了解决上述问题，一些党组织曾经努力探索，找到了一些行之有效的办法。其中，山东菏泽机关工委从 2009 年初开始，在菏泽市委的高度重视下，开始以互联网为载体开发党建管理信息系统，着力打造机关党建综合评价体系、认真落实机关党建责任制，取得了可喜的成绩；其相关做法与经验曾经得到中组部、山东省委组织部等相关部门的充分肯定，也曾经被评为 2014 年第二届"全国基层党建创新最佳案例"。① 概括说来，其基本做法主要有以下三个方面：②

（1）科学制定机关党建综合考评体系。具体包括三个方面的主要内容：一是合理确定考评对象、强化"一把手"管党意识，将党建考评对象由传统的"基层党组织"调整为"部门党组（党委）"，以强化各部门党组（党委）抓党建的责任、"一把手"管党治党意识，有效解决机关党建责任制落实难问题。二是合理设置党建考评内容，经过三次试行与不断修改，目前将党建考评内容划分为 7 大项，即领导重视情况、思想建设、组织建设、作风建设、党内民主建设、党风廉政建设、业务能力建设与争创一流工作等，并细化分解为 26 小项、43 个考核点；整个党建考核内容致力于把领导重视程度与党建实践工作情况联系起来，把党建与业务统一起来、以业务能力建设和争创一流业绩的实际效果来检验党建工作；把党风建设、政风建设、行风建设统一起来，将服务群众机制、问责制、行风评议等纳入作风建设的重要内容。三是合理设置考评比重与办法，对党建考核实行千分考、年度集中考核与动态跟踪考核相结合。其中，年度集中考核占 30％，由市纪委、市委组织部、市直机关工委等人员组成考核组，将年终党

---

① 第二届"全国基层党建创新最佳案例"由中国浦东干部学院、人民网·中国共产党新闻网、中国组织人事报和上海组织人事报社联合举办，《开发党建管理信息系统，创新机关党建综合评价体系》从全国 2000 多个案例中脱颖而出，被评为最佳案例。

② 2012 年暑期，笔者对菏泽机关党建综合考核评价体系进行了现场考察，同时考察了三家下级单位（医药管理局、司法局、供电公司）的党建情况。2013 年 4 月，在"全国机关党建综合评价体系研讨会"上，笔者对菏泽机关党建综合考核评价体系进行了综合点评。本案例研究依据笔者现场考察、该单位书面材料以及研讨会相关点评而写就。

建考核与领导干部年度考核、党风廉政建设惩防体系建设考核一并进行，凸显党建考核的权威性；而动态跟踪考核占70%，利用党建专网来上传各党组织党建工作资料并进行审核，在此基础上，由考核软件自动计分排序，得出下辖111个基层党组织的考核结果。

（2）开发机关党建管理系统软件、解决党建动态考核难问题。为了解决传统的人工党建考核所具有的难以促进平时工作甚至具有形式主义等弊端，他们利用一年时间开发设计了"机关党建管理系统软件"，建设与互联网物理隔离的党建专网，市直各部门建立终端，利用网络将市直111个部门全部纳入一个党建网络平台。其具体做法主要有四点：一是分类上传工作资料、分类审核。其中，对于日常性的单一工作，审核区分为"通过""未通过""不规范""虚假信息"四类；对于质化的综合工作，审核区分为"好""较好""一般""差"等四类。二是注重党建工作的常态化管理。为避免有关单位事后"补课"现象，系统设置了相关工作、相关活动的上传材料的时间节点，超过时间节点，考核软件自动禁止上传材料。三是增强考核系统的开放性、确保上传资料的真实性。首先，超级管理员可以根据市委中心工作及时将相关项目纳入考评体系之中；其次，将党建考核综合评价体系《评分标准》《量化分解要点》《上传资料操作规范》等材料，连同相关文件汇编成《机关党建考核综合评价体系实用手册》，下发各单位学习掌握；最后，加强对上传材料的审核与跟踪抽检，对于虚报材料一次扣除100分，对于抽检中发现的问题，首次进行批评教育，二次进行通报批评。

（3）强化考核结果的权威性、充分利用考核结果。每季度向各部门负责人书面反馈一次党建动态考核成绩，半年通报一次党建考核成绩，全年综合考评成绩以市委正式文件公开通报，并将年度考核结果作为市委评价领导班子、领导干部实绩的重要指标。对于年度考核前10名的部门党组（党委）书记，由市委授予"年度机关党建好书记"称号；对后10名的单位，则由机关工委书记、市委组织部长、市级分管领导进行约谈。①

从山东菏泽运用党建管理信息系统、创新党建综合评价体系的实际成效看，其成效显著，对党建工作的影响也是深远的，可以有效破解党的建设"两张皮""抓手不硬""考核难"、机关党建"灯下黑"等突出问题。从党建考评机制创新角度看，这一做法使传统的党建考核实现了"四大转变"：即实现了从传统的定性考核到定量考核的转变，使党的建设的各项工作细化、量化、指标化；实现了从传统的年终静态考核向日常动态考核的转变，强化了对党建工作的日常管理与考核；实现了从单纯党务考核向综合考核的转变，把党建工作开展情况与党建促进中心工作的实际成效有机统一起来；实现了从传统人工考核方式向现代信息化考核方式的转变，既提高了党建考核的及时性、客观性，又增强了考核工作的公平性与科学性。② 从对党建工作的长远影响看，这一做法有助于破解四大党建难题、认真贯彻落实党建责任制：一是把考核对象确定为部门党组（党委）而非党支部，这有助于增强书记管党治党意识、落实书记党建责任制，有助于形成"书记抓、抓书记，一级抓一级"的党建责任制新局面，有助于克服与解决机关党建"灯下黑"问题。二是围绕中心工作、强化考核重点，将"服务中心、强化队伍"作为机关党建考核的核心内容，这有助于解决党建与业务"两张皮"问题，有助于实现"小党建"与"大党建"的联动问题。三是将党建各项工作量化、进行自动量化考核，这有助于明确党建工作的具体责任与具体目标，有助于党建工作抓细、抓实，有助于实现党建工作从"软任务"到"硬指标"的转变，有助于破解党建平时"考核难、评价难"问题。四是强化党建日常考

---

① 菏泽市直机关工委：《探索完善考核综合评价体系》，中国共产党新闻网，2011年8月15日，网址：http：//theory.people.com.cn/GB/40557/227442/227448/15416583.html。

② 相关内容参见山东省菏泽市直机关工委：《建立考核综合评价体系，破解机关党建工作难题》，《中直党建》2011年第8期。

核与动态考核，以动态跟踪考核为主、年度考核为辅，致力于实现党建及时考核、动态考核、公平考核、公开考核的统一，这有助于实现党建过程与党建结果的统一，有助于克服党建考核年终搞突击、搞形式主义问题，有助于提高党建工作的实际成效。[①]

菏泽机关党建综合评价体系之所以能够积极推进并取得明显成效，其成功之道可以概括归纳为四个方面：（1）坚持从严治党、认真贯彻落实党建责任制。其中，"一把手"重视党建工作是其关键。没有市委"一把手"的高度重视与"授权支持"，没有机关党委书记、各直属部门党组（党委）书记的大力支持、认真去抓，机关党建责任制搞不出也搞不成。另外，党建责任制清单与综合评价体系是贯彻落实党建责任制的有力抓手。只有建立科学的党建责任制清单与综合评价体系，并坚持年终考核与动态考核相结合，才能实现党建过程与结果的统一，才能克服党的建设中存在的形形色色的形式主义，才能以党建实际成效推进中心工作、赢得广大群众的认同。（2）只有适应信息化发展的时代潮流，充分运用信息网络手段来推进党建工作与党建考核，才能打破传统党建模式的瓶颈，有效解决党建平时考核难、人为考核不客观、党务工作人手不足等问题，才能实现党建工作动态化、标准化、项目化管理，不断提高党建工作的效率与科学化水平。（3）贯彻落实党建责任制不仅要讲"从严"，还必须讲"科学"，坚持以科学理论指导党的建设、以科学制度保障党的建设、以科学方法推进党的建设。党的建设要讲科学与从严，一方面，要实现"选优与选劣""奖优与戒劣"的有机结合，但选劣、惩戒不能以"治人"与"惩罚"为目的，而要以改进环境、促进工作为目的。在党建工作中惯用的"选优、评优"机制对积极上进者固然有效，但对消极不作为者却无能为力；"选劣、戒劣"虽然对优秀者没有多大激励，但对消

---

① 相关内容参见菏泽市直机关工委：《"四个转变"推进机关党建综合评价体系建设》，《紫光阁》2012 年第 4 期。

极不作为者却有很大鞭策作用。要实现"奖优"与"罚劣"的有机结合，相关单位领导既要克服"报喜不报忧"的心态，也要克服"不敢管、不管问"的心态。另一方面，要实现科学治党与从严治党的统一，必须建立与完善各项规章制度，以制度治党、依规治党；否则，"以人治人"只能越治越难办。从制度建设角度看，好的制度可以让人"讲实话、办实事、办好事"，不好的制度鼓励人"说谎话、办虚事乃至投机取巧"。（4）从严治党必须为党的中心工作服务、围绕党的中心工作来展开、以人民群众满意的工作业绩来检验。从党的自身建设角度看，"组织有活力、内部团结统一"固然重要。但从党的领导与党的事业角度看，党的建设从来不是"自转"的，而是"公转"的；不是为建设而建设，而是为实现党的领导、完成党的中心任务服务。因此，要增强党的建设的有效性，就必须克服党的自身建设"自传""小循环"现象，致力于实现党的自身建设、党的领导、党的事业的联动，以党建推动队伍建设、以队伍建设推动中心工作开展、以实际工作成效来检验党的建设、以广大人民群众的认同来检验党的建设与党的领导。当然，任何制度、任何办法都不可能是十全十美的，都有完善与发展的空间，甚至具有一定的局限性。要认真贯彻落实党建责任制、持续推进党建综合评价体系，自上而下地推动固然很重要，但自下而上地推动更具有持久性。从菏泽机关党建综合考核评价体系的实践情况看，有两个方面的问题值得进一步思考：一方面，其党建工作主要是"自上而下"推动、其考评办法主要是"自上而下"考核。如何发挥广大党员乃至广大群众在党的建设中的积极性主动性，增强广大党员群众在党建考核中的话语权，以实现"自上而下"考核与"自下而上"考核的有机结合，这值得进一步思考、进一步完善。另一方面，就党建考核的"奖优"与"戒劣"问题而言，由于不同行业、不同单位的党建基础不同，花同样的力气难以取得同样的党建绩效；因此，简单的量化考核会有所忽视不同单位的党建基础与工作努力，这对个别党组织及其书记可能不公。若能在"评优"与"选

"劣"的同时，对年度进步快与年度下滑快的党组织也进行适当的"奖与惩"，可能会更加全面、公正。

案例 2：以云计算、大数据为基础打造全国党建网络统一体

要开创"互联网＋党建"新时代，首先必须紧跟信息网络发展的时代潮流，以云计算、大数据等为基础，着力打造全国党建网络统一体。没有覆盖各级党组织的全国党建网络统一体，"互联网＋党建"就很难谈起。从目前国内党建信息化水平看，尽管从中央到省、市、区县、街镇"五级党建网站"已基本建成，不少党组织的上下级党建网站都建立了链接，一些党组织积极运用各种网络手段来推进党的建设，但是，毫无疑问，至今为止覆盖各级党组织的全国党建网络统一体至今尚未形成，各级党组织的党建网站都具有一定的独立性甚至封闭性；应用云计算、大数据来加强党的建设还只是处于酝酿阶段。值得一提的是，有的媒体单位已经开始探索建立党建网络统一体，"全国党建云平台"就是一个比较典型的例子。从 2013 年下半年开始，人民网·中国共产党新闻网在对各地互联网与移动互联网党建需求进行调研的基础上，立足"大数据、云服务、影响力"，充分运用移动互联网、云计算等新技术，自主研发了"全国党建云平台"，实现了党建网站、手机、视频多媒体等各平台间的互联互通和立体互动，搭建起面向"PC＋移动终端"的"云信息、云服务、云管理"的新型互动式党建宣传与管理模式，并于 2014 年 3 月 29 日正式开通、投入运营。[①] 全国党建云平台页面网址为：http：//71.people.com.cn/GB/368918/index.html，其界面图如图 3-2 所示。

根据"全国党建云平台"的内部统计，截至 2015 年 3 月 26 日，

---

① 共产党员网：《"全国党建云平台"正式上线》，网址：http：//www.xzyl.gov.cn/mei-tizixun/20140331/33405.html。

图 3-2　全国党建云平台界面

已经有 1070 家各级各类党组织入驻全国党建云平台，微信同名账号"全国党建云平台"也同步上线。"全国党建云平台"宣称：全国党建云平台目前主要是打造一个全国性的"数字化、信息化、智能化"的宣传平台，主要目的是为"基层各级党组织在网上搭建党建信息宣传平台、典型经验展示窗口、基层党组织服务平台，从而更好地推动基层党建工作的创新发展"[1]。但是，我们通过对人民网·中国共产党新闻网研发的"全国党建云电视"（CPCTV）宣传册与演示图的观察分析发现，"全国党建云平台"不仅是一个"数字化、信息化、智能化"的理论宣传与经验展示平台，还具有党员教育、党务工作管理、党内信息传输、学习教育培训、党员互动交流、基层党组织服务、党员考评、党内评优投票乃至舆情分析研判等模块，也就是说，"全国党建云平台"还具有上述功能。尽管从目前情况看，"全国党建云平台"

---

[1]　全国党建云平台：《关于邀请各级党组织加入"全国党建云平台"的函》，中国共产党新闻网，网址：http://dangjian.people.com.cn/n/2014/0306/c117092-24545082.html。

与"互联网＋党建"的要求还有一定差别，但无疑为"互联网＋党建"初步搭建了一个全国范围内、可以覆盖各级党组织的全国统一党建网络平台；借助党建云平台，全国各级党组织可以实现互联互通、分级管理，各级党组织可以自主建站、自主管理、自助服务。

(三) 以"互联网＋党建"推进党的建设"改革开放"

随着信息化发展与党务公开的推进，随着"互联网＋党建"的全面推进，党的建设的模式与方式必然会发生重大转变，必然会从传统的"封闭式"党建模式转向现代"开放式"党建模式，这必然会促进党的建设进一步"改革开放"。客观而言，在信息不畅的年代，政治容易封闭、政党容易封闭，党建也容易封闭；因此，世界各国政党传统的党建模式一般是封闭式的，甚至带有一定的"神秘"色彩，政党工作部署与内部信息传达一般是自上而下、逐级传达，大多是依靠文件、报纸等媒介宣传与学习上级精神，党员教育管理的形式比较单一、对党员主体地位与党员群众在党的建设中的积极主动性有所忽视。这一方面使得政党容易等级化、科层制乃至官僚化，容易以命令方式或指示方式开展工作；另一方面使得党的干部可以优先获得政治信息，比一般群众具有信息优势，容易树立干部权威。因此，"封闭式、命令式、运动式"成为传统党建模式的显著特点，并习惯性地延续下来。

但是，在信息网络时代，充分运用信息网络技术与网络平台加强党的建设、开展党建工作成为时代必然，信息公开、党务公开等成为民主政治发展与党内民主发展的时代要求。这首先使得政治的封闭性、政党的封闭性与神秘性不复存在，人们对政党民主化、政治公开透明的呼声与要求越来越高；其次使得党员干部的信息优势不复存在，个人权威因此有所削弱，他们只能依靠强化责任、提高能力、积极工作、密切联系群众、热情为群众服务等才能赢得群众的认同、信赖与支持；最后，党员的个体意识增强、单位意识与集体意识有所弱化，这使得党员与非党员的差距在缩小，人们的入党意愿受此影响也有所降低。

面对变化了的现实与时代发展要求，继续沿用传统的党建理念、党建模式与方式来推动党建创新、用老办法解决党建新问题、用封闭式党建模式来建设信息化政党，这是难以奏效的。因此，在信息化时代，党的建设的理念、模式与方式都要适应党务公开、政务公开的时代要求，实行升级换代，由传统的"封闭式、命令式、运动式"党建模式与方式升级为"开放式、民主化、常态化"的党建模式与方式，由传统的"单位制"党建模式发展成为"社会化""区域化"党建模式，以增强党的适应性、创造力与生命力。这要求全党、各级党组织及其党务工作者必须适应信息化发展的时代要求，更新观念，从过去的"革命思维""控制思维""封闭思维"向建设思维、民主思维、开放思维转变；必须尊重党员主体地位、保障党员权利，大力发展党内民主、扩大党员的政治参与度、克服党内官僚化与等级制弊端；必须增强党的工作透明度，充分发挥广大党员群众在党建工作中的积极性、主动性、创造性；必须创新党建模式、方式与方法，充分利用新技术、新手段来推进党的建设；必须深化干部制度改革，进行民主选举、民主监督，增强选人用人的公开性、透明度与群众认同度；各级党员干部必须慎言慎微、言行一致、敬畏人民，"鸵鸟式干部"是无法适应信息化发展的时代要求的；必须紧紧围绕提高科学执政、民主执政、依法执政水平深化党的建设制度改革，完善党的领导体制和执政方式，提高科学执政、民主执政、依法执政的能力与水平。①

---

① 刘红凛：《信息化时代的党务公开与党的建设"改革开放"》，《上海行政学院学报》2015年第1期。

附录："全国党建云平台"界面与功能展示图：

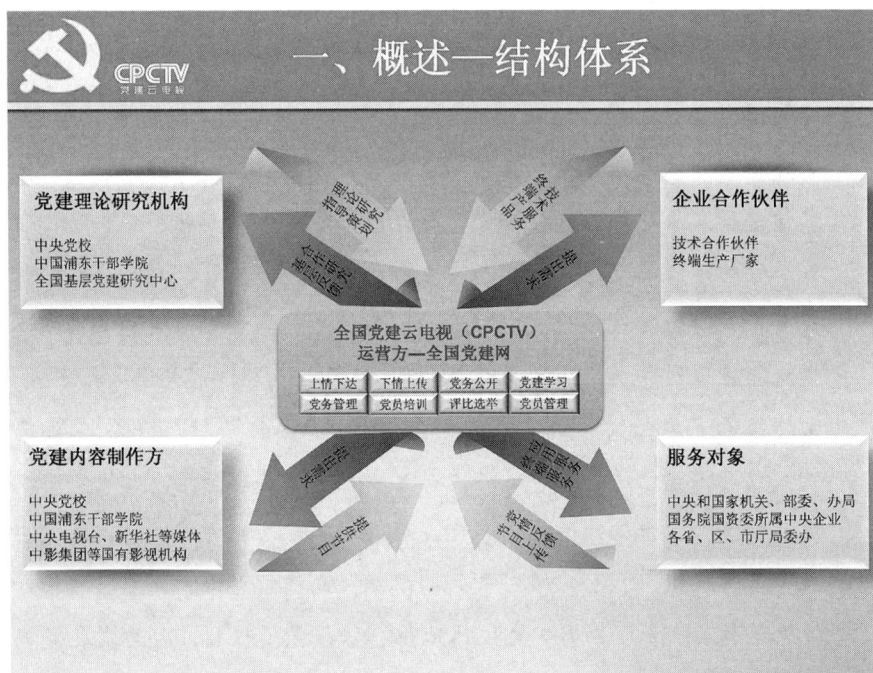

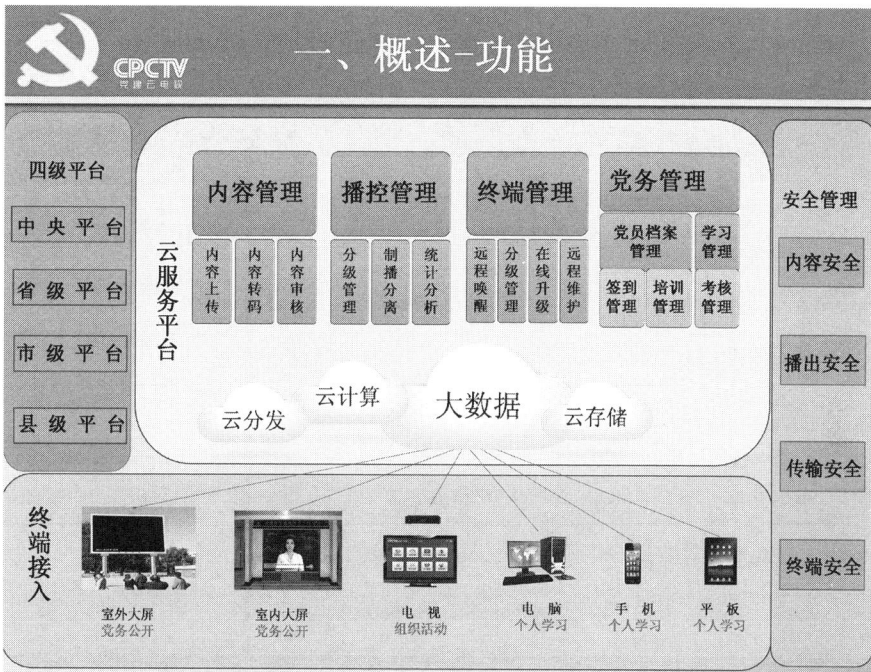

一、概述-功能

四级平台
中央平台
省级平台
市级平台
县级平台

云服务平台

内容管理　播控管理　终端管理　党务管理

内容上传　内容转码　内容审核

分级管理　制播分离　统计分析

远程唤醒　分级管理　在线升级　远程维护

党员档案管理　学习管理
签到管理　培训管理　考核管理

安全管理
内容安全
播出安全
传输安全
终端安全

云分发　云计算　大数据　云存储

终端接入

室外大屏 党务公开　室内大屏 党务公开　电视 组织活动　电脑 个人学习　手机 个人学习　平板 个人学习

一、概述-播控平台

CPCTV 信息管理系统　全国党建

节目管理
专题管理
内审管理
外审管理
推送管理
订单管理
统计分析
系统设置
操作员管理

中央播控平台
各省级播控平台
各市级播控平台
各县级播控平台

二、应用-党务管理

CPCTV党建云视频播控统计中心

当前位置：全国

党务管理

基层党组织管理

活跃度排行　0　　　0　收视活动

上传视频统计　0　　29　投票统计

签到统计　31

党员管理

运营维护

统计分析

二、应用-党员管理

CPCTV党建云视频播控统计中心

当前位置：拉萨市当雄县

党费缴纳情况

填报单位：当雄县　　　截止时间：2014/1/5 0:00:00

项目		总数	免缴纳	标准缴纳	经批准少缴	标准缴纳已缴纳	未缴纳	经批准少缴已缴纳	未缴纳
总计		26	0	24	2	24	0	2	0
一、在岗职工		20	0	18	2	18	0	2	0
公有制单位	合计	12	0	11	1	11	0	1	0
	党政机关工作人员	9	0	8	1	8	0	1	0
	事业单位管理人员、专业技术人员	0	0	0	0	0	0	0	0
	企业管理人员	3	0	3	0	3	0	0	0
	企业专拍技术人员	0	0	0	0	0	0	0	0
	工人	0	0	0	0	0	0	0	0
非公有制单位	合计	8	0	7	1	7	0	1	0
	企业管理人员	8	0	7	1	7	0	1	0
	企业专拍技术人员	0	0	0	0	0	0	0	0
	民办非企业单位管理人员、专业技术人员	0	0	0	0	0	0	0	0
	工人	0	0	0	0	0	0	0	0
二、农牧渔民		2	0	2	0	2	0	0	0
三、军人、武警		3	0	3	0	3	0	0	0
四、学生		1	0	1	0	1	0	0	0
五、离退休人员		0	0	0	0	0	0	0	0
六、其他		0	0	0	0	0	0	0	0

补充资料：

党务管理

基层党组织管理

党员管理

本年度恢复党籍名单　　本年度停止党籍名单

党员基本情况　　党员培训情况

出国(境)党员名单　　党内表彰情况

党员出党情况(1)　　党内出党情况(2)

发展党员情况(1)　　发展党员情况(2)

党员学历情况　　党员入党时间情况

37年新增加党员情况　　37年前减少党员情况

党费缴纳情况　　预备党员转正情况

发展私营企业主情况　　流动党员情况(1)

流动党员情况(2)　　发展对象情况

统计分析

运营维护

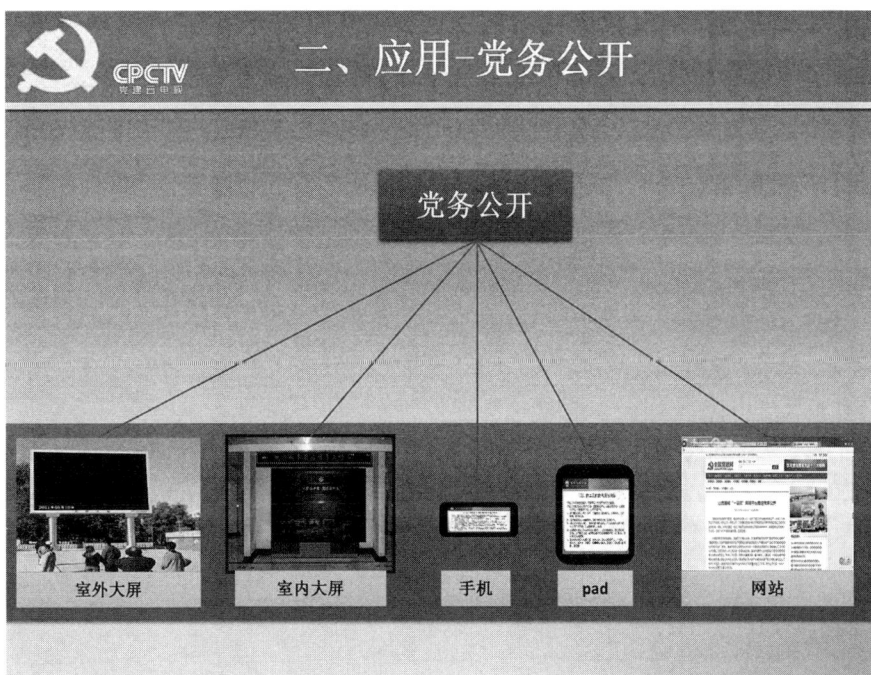

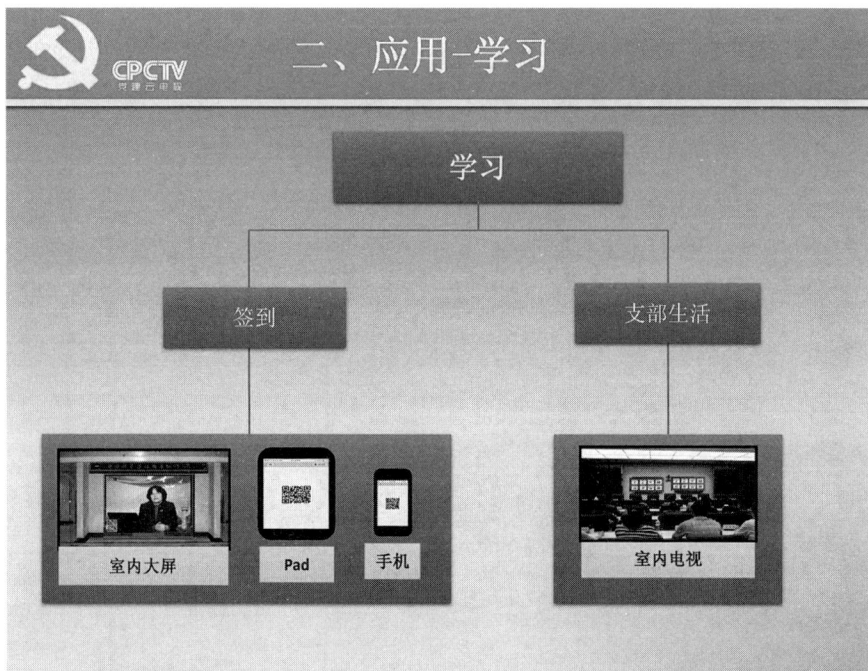

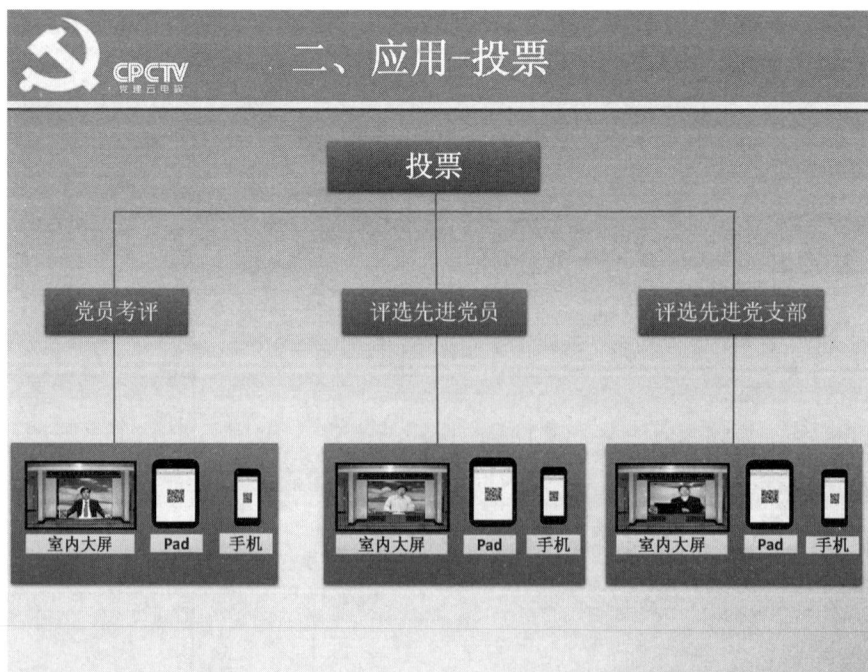

二、应用-终端界面

首页界面

二、应用-移动终端界面

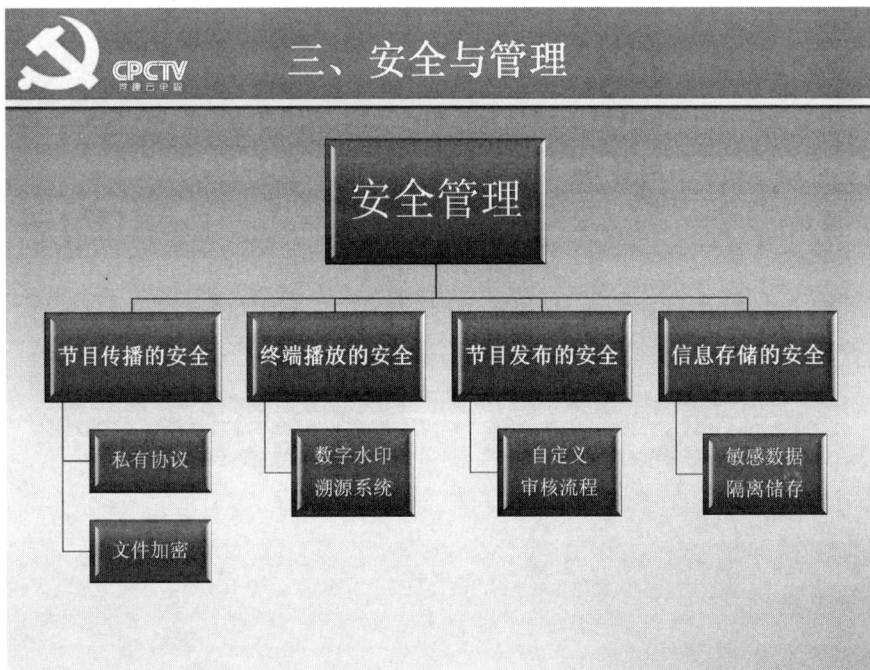

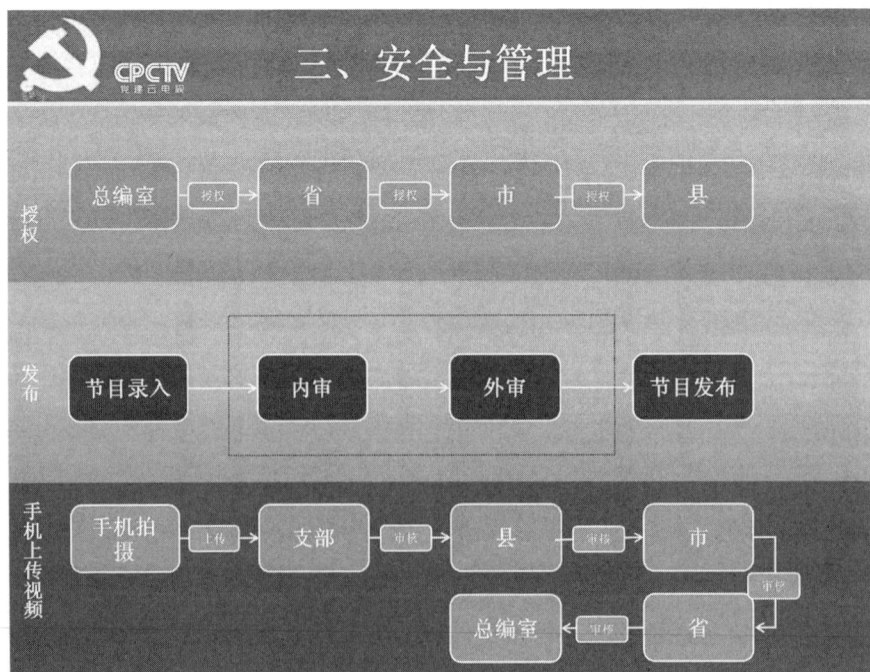

四、特 点

功能强大

➢ 通过中央播控平台可将中央的精神传达到省、市、县。
➢ 通过中央、省、市、县平台可逐级向上级汇报舆情。
➢ 聚学习、教育、互动交流、考核、评比、统计分析和党务管理强大功能，可实现基层党建工作的集成现代化。

安全可靠

➢ 运用云技术整合各类党建资源，实行统一播控、分级管理。
➢ 通过逐级审核机制确保了内容安全性。
➢ 通过加密协议传输数据确保了传输过程的安全性。
➢ 通过节目存储空间私密，下载过程中加密，下载到终端解密等防范措施确保了终端安全。

使用简单

➢ 提供了7键式遥控器，便于任何文化层级的人员使用。
➢ 提供了跨终端的一致性用户体验，支持手机、Pad、电脑、电视、室内外大屏。
➢ 提供了多渠道的访问模式，有网络即可使用或通过电视也可观看，不受网络带宽、属性的限制。

内容丰富

➢ 走群众路线，通过UGC(用户原创内容)模式产生内容。
➢ 通过各部门党建的视频资源整合到一起，丰富平台的内容资源库。

第四章

信息化发展与党的思想理论建设

　　中国共产党作为以马克思主义为指导的无产阶级先进政党，从理想信念与指导思想看，一方面，马克思主义是立党之本，乃共产党人的精神支柱，正如党的十八大报告所言："对马克思主义的信仰，对社会主义和共产主义的信念，是共产党人的政治灵魂，是共产党人经受住任何考验的精神支柱。"① 另一方面，马克思主义又是兴党之本，是党的指导思想与行动指南，是中国革命、建设与改革开放不断取得胜利的理论武器，正如邓小平所言："为什么我们过去能在非常困难的情况下奋斗出来，战胜千难万险使革命胜利呢？就是因为我们有理想，有马克思主义信念，有共产主义信念"②；"没有这样的信念，就没有凝聚力。没有这样的信念，就没有一切"③。因此，无论是从历史还是现实看，重视思想建党与思想建设，始终坚持马克思主义不动摇、坚定党的理想信念不放松、坚守共产党人的精神家园，这是党的建设最基本的经验之一；否则，动摇了马克思主义理想信念、丧失了党的基本政治立场与根本宗旨，"我们的事业就会因为没有正确的理论基础和思想灵魂而迷失方向，就会归于失败"④。然

---

① 《中国共产党第十八次全国代表大会文件汇编》，人民出版社 2012 年版，第 46 页。

② 《邓小平文选》第 3 卷，人民出版社 1993 年版，第 110 页。

③ 《邓小平文选》第 3 卷，人民出版社 1993 年版，第 190 页。

④ 江泽民：《论党的建设》，中央文献出版社 2001 年版，第 509 页。

而，马克思主义是开放的、不断发展的理论体系，与时俱进是马克思主义理论的基本品格；随着时代发展、实践发展与环境变化，马克思主义必然要进一步丰富与发展，我们党始终面临着加强思想理论建设问题。20世纪80年代以来，随着经济全球化、信息网络化时代的到来，面对苏东剧变与世界共产主义运动的挫折，面对"四大考验"与"四大危险"，有的党员干部出现了理想信念动摇、信仰迷失、权力异化、宗旨观异化乃至腐败变质等问题。因此，面对新形势新情况，加强与改善党的思想建设，与时俱进地发展马克思主义、用马克思主义最新成果指导实践，充分运用新技术新手段来开展思想教育、增强思想理论教育的有效性，等等，无疑成为新时期党的建设不得不正视的一个重大问题。只有正视当前党的思想建设面临的各种问题、把握信息化条件下思想教育的特点与规律、有效调整思想建设的方式与方法，才能进一步加强党的思想建设、提高思想建设的成效。

一、党的意识形态与思想建设

何谓政党意识形态？这是一个复杂的话题；因为在人文社会科学领域，意识形态本身就是一个非常复杂的概念，正如英国学者大卫·麦克里兰所言："意识形态在整个社会科学中是最难以把握的概念。因为它探究的是我们最基本的观念的基础和正确性。因此，它是一个基本内涵存在争议的概念，也就是说，它是一个定义（因此其应用）存在激烈争议的概念"；[1] 而且，"摇摆于肯定的与否定的含义之间，是意识形态概念的全部历史的特点"。[2] 从历史与现实情况看，人们对意识形态的理解至少有三种观点：一是把意识形态当作"观念科学"来看待。这是一种比较中肯的观点，意识形态概念的发明者德·特拉西以及后来的西方学者迪

---

[1] ［英］大卫·麦克里兰：《意识形态》，吉林人民出版社2005年版，第1页。
[2] ［英］大卫·麦克里兰：《意识形态》，吉林人民出版社2005年版，第12页。

尔凯姆、迪韦尔热等都持这种观点。如法国政治学家莫理斯·迪韦尔热认为，意识形态"是指解释一个社会的系统方法，它或者为这个社会辩护，或者批评这个社会，成为维护、改造或摧毁这个社会而采取行动的依据。自由主义、马克思主义以及一切重要的政治和社会学说都构成意识形态"。① 二是把意识形态作为"虚假观念"来看待，在否定或贬义或"特殊意义"上来使用"意识形态"一词。如马克思曾在此意义上批判"德意志意识形态"，并反对把自己的学说当作"意识形态"来看待。② 苏东剧变与冷战结束以后，一些西方学者或政治人物也习惯于从否定意义上使用意识形态一词，如苏东剧变后一些政党改弦易辙、强调自己"不再是意识形态性的政党"，而是所谓的"全面党""公平党""正义党"等。三是从中性或肯定意义上使用"意识形态"一词，如有的学者把意识形态作为"一定社会集团所持的总体世界观（包括其概念结构）及其要素"来看待；③ 有的把其作为"一个阶级的政治意识"来看待；有的把其作为一个国家的"思想上层建筑"来看待，认为"社会意识形态作为社会的观念（或思想）上层建筑，是对一定社会经济形态以及由经济形态所决定的政治制度的自觉反映。在有阶级的社会里，社会意识形态是直接或间接反映社会的经济及政治特点，体现一定阶级的利益和要求，力图保持或改变现存社会制度的思想观点和体系"④。对共产党而言，自列宁起开始从肯定意义上看待意识形态、把"马克思主义"作为马克思主义政党的意识形态来看，在我国也是如此。综上所述，客观地说，意识形态是一种客观的社会现象或政治现象，是一定的阶级或阶层基于一定的经济基础与政治地位而形成的思想体系，是特定阶级与阶层的思想观念与政治情感的系统化、理论化反映，是一个阶级或阶层的世界观与价值观的

① ［法］莫理斯·迪韦尔热:《政治社会学》，华夏出版社1987年版，第9页。
② 马克思本人曾经反对他人对自己的攻击、强调"我自己不是马克思主义者"(《马克思恩格斯全集》第3卷，人民出版社1960版，第15页)。
③ ［德］曼海姆:《意识形态与乌托邦》，商务印书馆2000年版，第58页。
④ 肖前:《马克思主义哲学原理》(上册)，中国人民大学出版社1994年版，第260页。

统一。至于政党意识形态，则是一个政党所代表的一定阶级的思想观念的集中反映，是一个政党的世界观、价值观、政治理念、理想信念、政治情感等的系统化与理论化。

（一）政党意识形态乃政党之"魂"

客观地说，对任何政党而言，都有一定的"主义"作大旗，都以一定的政治理念作指导，都以一定的政治纲领作指引。俗话说：物以类聚、人以群分，政党更是如此。政党之所以能够形成，自然是因为一些人有共同的政治理念才能走在一起、聚在一起而组成政党；之所以有的人选择参加了"甲党"，而有的却选择参加了"乙党"或"丙党"，很重要的一点，就是个人对政党意识形态或政党理念的认同使然。另外，政党意识形态是政党构成之要素，一个政党除了要有一定的成员、政党领袖、组织形式、活动经费外，还必须具有政党名称、政党理念、政党纲领、政党章程等意识形态要素，其中，政党名称如"共产党""社会党""保守党""自由党""民主党""共和党"等本身就是政党意识形态的集中体现；没有这些意识形态要素，一个社会组织或政治组织就不能称其为现代政党。因此说，政党意识形态（不管是叫"主义"还是叫"政党政治理念"）乃政党之灵魂、政党之旗帜，是政党安身立命之本，也是政党增强向心力与凝聚力、竞争力的一面旗帜；人们通常是以政党主义或意识形态来识别政党、认同政党、选择政党、追随政党的，对大党而言尤其如此。尽管西方学者习惯于用描述方法来给政党下定义，把政党作为选举性的政治组织来看待，有意无意地回避政党的阶级性；尽管当代一些西方政党奉行"意识形态中间化"甚至标榜"去意识形态化"；但都无法否认，政党意识形态具有客观性，任何现代政党都具有一定的意识形态，任何政党都是由一部分政治主张相同或相近的人按照一定组织原则组成并致力于追求一定政治理想或政治价值的政治团体，世界上没有一个政党敢说是"没有政治理念、没有政治纲领"的政党。①

　　对任何政党而言，之所以需要意识形态，这不仅是因为政党意识形态是一个"政治标签"、一面旗帜；更因为政党意识形态具有非常重要的功能与作用，乃政党"软实力"之所在，与政党的生存空间、发展空间密切相关。具体而言，政党意识形态的功能至少有三个方面：一是辩护与批判功能。政党意识形态具有"理论武装"与"理论批判"正反两个方面的功能，既要宣扬与维护本党的政治立场、政治理念、政治价值，以维护与扩大本党的政治合法性、吸引更多的民众支持；也要应对竞争性乃至敌对性政党意识形态的挑战与侵蚀，进而成为批判敌对意识形态的"理论武器"，以攻其心、夺其志、赢其众。二是凝聚与整合功能。政党意识形态作为某一阶级、某一阶层或某一群体的政治信仰与思想理念，对本党成员犹如"水泥"、犹如"黏合剂"，具有思想约束与行为约束之功能，有助于本党成员达成政治共识、统一思想、凝心聚力，也有助于本党统一行动、增强合力、提高竞争力或战斗力。三是激励、引导与动员功能。这与政党意识形态的凝聚与整合功能相辅相成。政党意识形态不仅是政党的一面旗帜、一种理想、一种世界观，还是一种价值观、一种行为准则，对本党成员具有很强的思想导向、价值导向与行为导向作用，有助于激发全体成员的激情、干劲、决心与信心，有助于增强全体成员的责任感、使命感与奋斗精神，有助于约束与规范全体成员的思想与行为。

　　毋庸讳言，任何政党的意识形态都具有一定的政治性、理想性与价值性。这首先是因为，政党是典型的政治组织，任何政党的意识形态都是基于一定的政治情感、一定的政治立场而形成的理论化、系统化的思想体系，是本阶级、阶层或政治群体的政治立场、政治观点、政治追求的集中体现，政党意识形态的政治性不言而喻。这正如马克思所言："统治阶级的思想在每一个时代都是占统治地位的思想。这就是说，一个阶级是社

---

① 关于"政党意识形态"的相关内容，以《论政党意识形态》为题发表于《山东师范大学学报》2007 年第 5 期。

会上占统治地位的物质力量，同时也是社会上占统治地位的精神力量"。① 其次，任何政党的意识形态都具有一定的理想性，是政党对其政治追求、未来发展图景的一种理想规划或向往，具有超越现实的一面；而且，都希望被其成员所认同、所信奉。最后，任何政党的意识形态都具有一定的价值性，既充分反映了本阶级、阶层或政治群体的价值取向与目标追求，也致力于争取、维护与实现本阶级、阶层或政治群体的现实利益或未来利益。

尽管政党意识形态具有一定的政治性、理想性与价值取向，不同的人对某一政党意识形态的看法与评价标准不同，但世界政党政治的实践表明：政党意识形态的确具有进步与落后、革命与保守、科学与不科学、文明与不文明之分。所谓政党意识形态文明，简单地说，就是政党意识形态要与客观的政党政治实践相一致、与广大人民群众的意志与利益诉求相一致，与人类政治文明发展的时代要求相一致。② 在此意义上看，进步性、正当性（民主性）、科学性可作为判断政党意识形态是否文明的三把标尺。只有代表时代发展进步要求、适应时代潮流、锐意进取的政党意识形态，才具有进步性、才能引领社会进步，正如列宁所言：只有革命的理论，才能有革命的运动，"只有以先进理论为指南的党，才能实现先进战士的作用"；③ 只有以人为本、充分反映民意、奉行"立党为公、执政为民"的政党意识形态，才能赢得广大民众的青睐与支持，才能具有更大的政治合法性，④ 因为"政党只是在作为民主政治工具的意义上才获得了无限的生命力"。⑤ 只有符合社会发展规律、不断吸纳时代精神、不断推动社会发展的政党意识形态，才具有科学性，才能有效指导实践、引领发

---

① 《马克思恩格斯全集》第3卷，人民出版社1960年版，第52页。
② 关于"政党意识形态文明"的相关内容，以《政党意识文明及其标准问题》为题发表于《江淮论坛》2012年第3期。
③ 《列宁选集》第1卷，人民出版社1995年版，第312页。
④ 这里的合法性，是合民意性、正当性与合法律性的统一，其中根本的是正当性与合民意性。
⑤ 王长江：《政党现代化论》，江苏人民出版社2004年版，第51页。

展。总之，对政党意识形态而言，这里的进步性、正当性（民主性）、科学性，主要是看一个政党的意识形态是否符合社会发展规律、能否推动社会发展与社会进步、能否取得最大多数人的认同与支持；这里的判断标准，既取决于政党的自我价值判断，更取决于实践判断，正如江泽民所言："党的先进性是具体的历史的，必须放到推动当代中国先进生产力和先进文化的发展中去考察，放到维护和实现最广大人民的根本利益的奋斗中去考察，归根到底要看党在推动历史前进中的作用"①；因为"实践高于（理论的）认识，因为它不但有普遍性的品格，而且还有直接现实性的品格"，"判断认识或理论之是否真理，不是依主观上觉得如何而定，而是依客观上社会实践的结果如何而定。真理的标准只能是社会实践"，② 最终还是要取决于广大民众的判断与认同。

总之，对政党而言，政党意识形态是把"双刃剑"，其理论建树得好、作用与功能发挥得好，则有助于凝聚党心、吸引民众，有助于政党发展；否则，一旦政党意识形态脱离实际、思想僵化、故步自封等，则不利于政党前进与发展。因此，一个政党的意识形态在实践中到底能够起到什么样的作用，既取决于其思想内容本身，也取决于其意识形态建设的能力与水平；对任何政党而言，不但要注意坚持其思想理论，而且要与时俱进地发展其思想理论，以提高其意识形态的说服力、凝聚力、感染力、竞争力，以此来赢得民众、巩固自身政治地位。

（二）党的理论基础与不变的价值追求

对马克思主义政党而言，其一大优势就在于有科学的世界观与理论作指导，这个世界观就是辩证唯物主义和历史唯物主义，这个科学的理论就是马克思主义。正如恩格斯所言："我们党有个很大的优点，就是有一个

---

① 江泽民：《全面建设小康社会，开创中国特色社会主义事业新局面——在中国共产党第十六次全国代表大会上的报告》，人民出版社 2002 年版，第 13 页。
② 《毛泽东选集》第 1 卷，人民出版社 1991 年版，第 284 页。

新的科学的世界观作为理论的基础。"① 中国共产党作为以马克思主义为指导的先进政党，马克思主义唯物史观、政党观、价值观无疑是党的思想理论基础，也是执政理论基础；忘记或背离了这一点，党的思想理论就会成为"无源之水、无本之木"。同时，中国共产党又是马克思主义与中国实际相结合的产物，全心全意为人民服务是中国共产党的根本宗旨，为"建设社会主义现代化强国、实现中华民族的伟大复兴"而努力奋斗是党的历史使命；忘记了这一点，党的意识形态或思想理论就会偏离价值目标与发展主线，就容易发生思想或理论偏移。②

第一，唯物史观是党的意识形态（思想理论）的哲学基础，也是判断马克思主义政党的试金石。之所以如是说，是因为"以前所有的历史观，都以下述观念为基础：一切历史变动的最终原因，应当到人们变动着的思想中去寻求，并且在一切历史变动中，最重要的、决定全部历史的又是政治变动"。③ 这决定了以往的历史观有两大致命缺点：一是重思想观念而忽视其背后的根源，二是忽视群众的活动。而马克思主义唯物史观与唯心史观具有根本不同，"它不是在每个时代中寻找某种范畴，而是始终站在现实历史的基础上，不是从观念出发来解释实践，而是从物质实践出发来解释观念的形成"。④ 概括说，马克思主义唯物史观包括以下基本观点：现实的人是历史的出发点，人类历史活动是群众的事业，生产力决定生产关系、生产关系对生产力有反作用，生产关系是一切社会关系的基础，社会存在决定社会意识，经济基础决定上层建筑，上层建筑服务或反作用于经济基础，国家是生产力发展到一定阶段的产物。值得注意的是，马克思主义唯物史观中蕴含着马克思主义群众观，强调人民群众是历史的创造者、是社会变革的决定力量，人民的意愿代表着时代精神、反映着历史的主

---

① 《马克思恩格斯选集》第 2 卷，人民出版社 1995 年版，第 39—40 页。
② 关于"党的理论基础与永恒不变的价值追求"的相关内容，以《党的执政理论的历史传承与当代创新》为题发表于《马克思主义研究》2013 年第 1 期。
③ 《马克思恩格斯选集》第 3 卷，人民出版社 1995 年版，第 334 页。
④ 《马克思恩格斯选集》第 1 卷，人民出版社 1995 年版，第 92 页。

流、决定着社会前进的方向。对共产党而言，坚持马克思主义群众观，就必须反对英雄史观、精英史观、圣贤史观；就必须相信群众、尊重群众、依靠群众、为了群众。从根本上看，"唯物史观是吾党哲学的根据"，群众观是共产党的基本观点，这一点在建党之初就已经确立、为我们党始终坚持。① 在革命时期，毛泽东就强调：群众观点是我们与国民党的根本区别，是共产党革命的出发点和归宿，"共产党的路线，就是人民的路线"。② 改革开放以来，党的十三届六中全会通过的《中共中央关于加强党同人民群众联系的决定》再次重申：人民群众是我们党的力量源泉和胜利之本，群众路线是党的根本工作路线，是党的优良传统和政治优势。胡锦涛进一步强调："相信谁、依靠谁、为了谁，是否始终站在最广大人民的立场上，是区分唯物史观和唯心史观的分水岭，也是判断马克思主义政党的试金石"。③

第二，马克思主义政党观是党的理论的思想基础与政治基础，也是我们党的立身之本。马克思、恩格斯在指导 19 世纪工人运动的过程中，对无产阶级政党的性质、指导思想、纲领和策略、组织领导等方面进行了系统阐述，形成了马克思主义政党观，其基本内容包括：共产党是工人阶级的先进组织，必须以科学理论为指导，坚持科学的纲领和正确的策略原则；必须制定科学的组织原则、坚持民主原则，加强党的纪律、坚持党的原则、珍惜与加强党的团结；等等。从根本上看，马克思主义政党观是建立在马克思主义唯物史观与群众观基础之上的，党的先进性也是以此为依据的。前文已言，先进性是马克思主义政党的本质特征，是立党之本、执政之基、力量之源、领导之条件。对于这一点，马克思恩格斯在《共产党宣言》中已经讲得很清楚："在实践方面，共产党人是各国工人政党中

① 早在 1921 年，毛泽东在写给蔡和森的一封信中就指出："唯物史观是吾党哲学的根据，这是事实，不像唯理观之不能证实而容易被人摇动。"《毛泽东文集》第 1 卷，人民出版社 1995 年版，第 4 页。

② 《毛泽东文集》第 2 卷，人民出版社 1993 年版，第 409 页。

③ 胡锦涛：《在"三个代表"重要思想理论研讨会上的讲话》，《人民日报》2003 年 7 月 2 日。

最坚决的、始终起推动作用的部分；在理论方面，他们胜过其余无产阶级群众的地方在于他们了解无产阶级运动的条件、进程和一般结果"①；在价值取向方面，"过去的一切运动都是少数人的或者为少数人谋利益的运动。无产阶级的运动是绝大多数人的、为绝大多数人谋利益的独立的运动"②。马克思的这三点论断深刻说明，马克思主义政党的先进性是理论上的先进性、实践上的先进性、价值取向上的先进性的统一，三者相辅相成、缺一不可；若仅仅强调党在理论与实践上的先进性而有所忽视党的价值取向上的先进性，党就会失去最广大人民群众的支持。这一点，是我们党始终牢记、始终坚持的，也正如江泽民所言："看一个政党是否先进，是不是工人阶级先锋队，主要应看它的理论和纲领是不是马克思主义的，是不是代表社会发展的正确方向，是不是代表最广大人民的根本利益"。③

马克思主义唯物史观、政党观、价值观等共同决定了，中国共产党始终不移的价值取向与宗旨，只能是立党为公、执政为民、全心全意为人民服务。从历史上看，早在1944年毛泽东就写下了《为人民服务》的不朽篇章；1945年毛泽东在《论联合政府》中强调：全心全意为人民服务不仅是党的宗旨，也是军队的唯一宗旨，"全心全意地为人民服务，一刻也不脱离群众；一切从人民的利益出发，而不是从个人或小集团的利益出发；向人民负责和向党的领导机关负责的一致性；这些就是我们的出发点"。④1956年邓小平指出："中国共产党员的含意或任务，如果用概括的语言来说，只有两句话：全心全意为人民服务，一切以人民利益作为每一个党员的最高准绳"⑤，而且认为：党是人民的工具而不是相反，"同资产阶级的政党相反，工人阶级的政党不是把人民群众当作自己的工具，而是自觉地认定自己是人民群众在特定的历史时期为完成特定的历史任务的

---

① 《马克思恩格斯选集》第1卷，人民出版社1995年版，第285页。
② 《马克思恩格斯选集》第1卷，人民出版社1995年版，第283页。
③ 江泽民：《论党的建设》，中央文献出版社2001年版，第512页。
④ 《毛泽东选集》第3卷，人民出版社1991年版，第1094—1095页。
⑤ 《邓小平文选》第1卷，人民出版社1994年版，第217页。

一种工具"①。改革开放以来，邓小平将"为人民服务"的思想具体运用到党的领导上，强调"领导就是服务"，"人民满意不满意、人民高兴不高兴、人民赞成不赞成，应当成为检验我们一切工作的标准。"党的十三届四中全会以来，以江泽民同志为核心的第三代中央领导集体，从执政角度进一步强调："全心全意为人民服务，立党为公，执政为民，是我们党同一切剥削阶级政党的根本区别"；② 党的十五大报告进一步强调："建设有中国特色社会主义全部工作的出发点和落脚点，就是全心全意为人民谋利益"。③ 总之，立党为公、执政为民、全心全意为人民服务，集中体现了马克思主义政党的先进本质与价值追求，从根本上回答了共产党"为谁执政、为什么执政"这个根本问题，是我们党能够赢得最广大人民群众支持、巩固执政地位、立于不败之地的根本所在；也是我们党同一切落后政党、保守政党、剥削阶级政党的根本区别所在。

第三，中国共产党始终不变的执政目标与使命，就是建设社会主义现代化强国、实现中华民族的伟大复兴；这是党的执政理论的主题所在，党的执政理论必须围绕这一主题展开的。这一点，在革命时期已经确立。1940 年毛泽东在《新民主主义论》中指出："我们不但要把一个政治上受压迫、经济上受剥削的中国，变为一个政治上自由和经济上繁荣的中国，而且要把一个被旧文化统治因而愚昧落后的中国，变为一个被新文化统治因而文明先进的中国。"④ 初步确立了党的执政目标与使命。新中国成立以后，党的执政目标与使命不断明晰、更加具体。如毛泽东在 1954 年 6 月强调，我们的总目标是"要实现社会主义工业化，要实现农业的社会主义化、机械化，要建成一个伟大的社会主义国家"⑤，初步确立了社会主义现代化建设的目标。1959 年末至 1960 年初，毛泽东进一步指出："建设社会

---

① 《邓小平文选》第 1 卷，人民出版社 1994 年版，第 218 页。
② 江泽民:《论党的建设》，中央文献出版社 2001 年版，第 505 页。
③ 江泽民:《论党的建设》，中央文献出版社 2001 年版，第 266 页。
④ 《毛泽东选集》第 2 卷，人民出版社 1991 年版，第 663 页。
⑤ 《毛泽东文集》第 6 卷，人民出版社 1999 年版，第 329 页。

主义，原来要求是工业现代化，农业现代化，科学文化现代化，现在要加上国防现代化。"① 由此确立了我国"四个现代化"的建设目标。改革开放以来，以邓小平同志为核心的党的第二代中央领导集体，继往开来，党的十二大把社会主义现代化建设的目标明确为"团结全国各族人民，自力更生，艰苦奋斗，逐步实现工业、农业、国防和科学技术的现代化，把我国建设成为高度文明、高度民主的社会主义国家"。党的十三大明确提出了实现社会主义现代化的"三步走"战略，并把"加紧社会主义现代化建设，争取实现包括台湾在内的祖国统一，反对霸权主义、维护世界和平"作为 20 世纪 80 年代的三大任务。② 1989 年党的十三届四中全会后，以江泽民同志为核心的党的第三代中央领导集体，将"建设中国特色社会主义、建设富强民主文明的社会主义国家"作为奋斗目标。可以说，尽管在不同时期、不同领导人的语言表述有所不同，但中国共产党所坚持的历史使命、建设主题是一脉相承的。从这一意义上看，党的执政理论实际上就是"如何建设社会主义现代化强国、实现中华民族的伟大复兴"的理论。

（三）党的思想理论的发展：从革命理论到执政理论

马克思曾经指出："一切划时代的体系的真正的内容都是由于产生这些体系的那个时期的需要而形成起来的。所有这些体系都是以本国过去的整个历史发展为基础的，是以阶级关系的历史形式及其政治的、道德的、哲学的以及其他的后果为基础的"。③ 对中国共产党而言，党的意识形态或思想理论是随着实践发展、环境改变而不断丰富与发展的；随着从"革命党"向"执政党"的历史转变，党的思想理论也存在一个从革命理论向执政理论转变的过程；今天我们强调党的意识形态或思想理论建设，毫无

---

① 《毛泽东文集》第 8 卷，人民出版社 1999 年版，第 116 页。
② 《邓小平文选》第 3 卷，人民出版社 1993 年版，第 3 页。
③ 《马克思恩格斯全集》第 3 卷，人民出版社 1960 年版，第 544 页。

疑问，所针对的就是执政理论。①

　　从党的历史发展看，建党 90 多年、执政 60 多年以来，我们党先后经历了从革命到社会主义建设，再到改革开放的发展历程；在这一发展与转变过程中，马克思主义与中国实际相结合，先后产生了毛泽东思想、邓小平理论、"三个代表"重要思想、科学发展观、习近平新时代中国特色社会主义思想。这些理论成果都蕴含着丰富的执政理论，但又都具有明显的时代特征。其中，既有一定的继承性，坚持马克思列宁主义的基本观点、恪守党的宗旨与历史使命，尽管在不同发展阶段有不同的语言表述；又具有明显的发展性，这具体表现为治党理政的基本理念、执政体制与方式、途径与方法方面。总之，从毛泽东思想到邓小平理论，再到"三个代表"重要思想，生动展现了我们党从革命理论向执政理论的历史转变，也生动展示了党的执政理论的历史发展过程。

　　就毛泽东思想而言，其涵盖新民主主义革命与社会主义建设两大历史时期，明显具有从革命理论向执政理论过渡色彩。从 1921 年中国共产党成立到 1949 年中华人民共和国成立，在长达 28 年的革命历程中，以毛泽东为代表的第一代中央领导集体将马克思主义革命理论与中国实际相结合，走出了一条"农村包围城市、武装夺取政权"的成功道路。从 1949 年到 1976 年毛泽东去世，这是以毛泽东同志为核心的党的第一代中央领导集体全面执政时期，也是我们党对执政理论的曲折探索阶段。一方面，毛泽东继承了马克思列宁主义的执政思想，强调实行无产阶级专政、公有制与计划经济，强调密切联系群众、反对官僚主义等。另一方面，结合中国执政实际，毛泽东又在一定程度上发展了马克思主义执政理论，这涉及宗旨观、权力观、群众观、治国理政的模式与方式等许多方面：（1）在宗旨观方面，毛泽东强调"全心全意为人民服务"。（2）在权力观方面，强调执政权来自于人民，他曾经自问自答："我们的权力是谁给的？是工人

---

①　关于"党的思想理论的发展与飞跃"的相关内容，以《党的执政理论的历史传承与当代创新》为题发表于《马克思主义研究》2013 年第 1 期。

阶级给的，是贫下中农给的，是占人口百分之九十以上的广大劳动群众给的。我们代表了无产阶级，代表了人民群众，打倒了人民的敌人，人民就拥护我们。共产党基本的一条，就是直接依靠广大革命人民群众"。① (3) 在群众观方面，强调群众观点、走群众路线，反对官僚主义与命令主义，如毛泽东强调："共产党员要善于同群众商量办事，任何时候也不要离开群众。党群关系好比鱼水关系。如果党群关系搞不好，社会主义制度就不可能建成；社会主义制度建成了，也不可能巩固"。② (4) 在领导体制与政治体制方面，实行高度集中的领导体制与执政体制，党委权力、书记权力集中，甚至是党政不分、以党代政。(5) 在治党理政的模式与方式方面，注重以"运动方式""整风模式"治党理政，以阶级斗争防范"和平演变"、以"群众路线"抵制"官僚主义"。可以说，在毛泽东时代，已经确立了社会主义基本制度，提出了"四个现代化建设"的奋斗目标，形成了"五湖四海、任人唯贤"的干部路线与组织路线，形成了执政为民的良好作风，也曾经提出要实现工作重心的转移、正确处理人民内部矛盾、正确处理社会主义建设中的十大关系等等，这无疑为我们党的执政理论奠定了制度基础与思想基础。但也毋庸讳言，由于受战争年代革命思维的影响，我们党在这一阶段未能及时实现从革命党思维向执政党思维的转变，主要还是以运动方式治党理政，对制度建设有所忽视；由于受当时冷战思维与"两大阵营"（社会主义与资本主义）对立的国际环境的影响，这一阶段意识形态与阶级斗争色彩非常浓厚，客观存在着夸大阶级斗争形势、影响经济建设与社会发展的历史局限。

就邓小平理论而言，党的十一届三中全会以来，我们党认真总结"文化大革命"乃至整个社会主义建设的经验教训，拨乱反正，在思想、政治、组织上恢复和确立了马克思列宁主义和毛泽东思想的正确路线，实现了党的工作重心转移与建国以来党的历史的重大转折，这是邓小平理论确

---

① 《建国以来毛泽东文稿》第 12 册，中央文献出版社 1998 年版，第 581 页。
② 《建国以来毛泽东文稿》第 6 册，中央文献出版社 1992 年版，第 547 页。

立的前提和基础。邓小平理论作为马克思主义中国化的时代产物，它与
"和平与发展"的时代主题、"改革开放"的时代特征相结合，在社会主义
计划经济体制向社会主义市场经济体制转轨的实践中丰富、发展与完善。
围绕"什么是社会主义、怎样建设社会主义"与"什么是执政党、怎样建
设执政党"这两个相辅相成的根本问题，在强调以经济建设为中心、发展
社会主义商品经济、改革开放、效率优先、让一部分人先富起来的基础
上，提出了许多执政观点：(1) 在党的领导与执政方面，强调坚持党的领
导必须努力改善党的领导、改革党和国家的领导制度，除了改善党的组织
状况以外，还要改善党的领导工作状况、改善党的领导制度；强调党的领
导主要是政治领导，要实行党政分开、简政放权、改变权力过分集中的现
状，党委要"管大事""抓方针"，不能包办一切、干预一切，党必须在
宪法和法律的范围内活动。如邓小平认为："党要管党内纪律的问题，法
律范围的问题应该由国家和政府管。这是一个党和政府的关系问题，是一
个政治体制的问题"。① (2) 在党的建设方面，强调"对执政党来说，党
要管党，最关键的是干部问题，因为许多党员都在当大大小小的干部"；②
要废除领导职务终身制、推行干部队伍建设的"四化方针"；强调加强党
风廉政建设、加强党的监督，认为执政党的党风问题是有关党的生死存亡
的问题，"如果我们党不严重注意，不坚决刹住这股风，那么，我们的党
和国家确实要发生会不会'改变面貌'的问题。这不是危言耸听"。③ (3)
在治党理政的模式与方式方面，强调制度建设与法制建设，强调要发展社
会主义民主、健全社会主义法制，"必须使民主制度化、法律化，使这种
制度和法律不因领导人的改变而改变，不因领导人的看法和注意力的改变
而改变"。④ 毫无疑问，邓小平时期的执政理念、模式与方式，是与计划
经济体制向社会主义市场经济体制转轨、传统政治向现代政治过渡相适应

---

① 《邓小平文选》第 3 卷，人民出版社 1993 年版，第 163 页。
② 《邓小平文选》第 1 卷，人民出版社 1994 年版，第 328 页。
③ 《邓小平文选》第 2 卷，人民出版社 1994 年版，第 403 页。
④ 《邓小平文选》第 2 卷，人民出版社 1994 年版，第 146 页。

的，具有承前启后、继往开来，从传统的运动式向现代民主法制模式过渡的时代特点。这正如邓小平所言："从许多方面来说，现在我们还是把毛泽东同志已经提出、但是没有做的事情做起来，把他反对错了的改正过来，把他没有做好的事情做好。今后相当长的时期，还是做这件事。当然，我们也有发展，而且还要继续发展"。①

就"三个代表"重要思想而言，党的十三届四中全会至党的十六大，以江泽民同志为核心的党的第三代中央领导集体高举邓小平理论伟大旗帜、继续推进中国特色社会主义事业。这一时期，以苏东剧变、冷战结束为时代背景，以社会主义市场经济体制的建立为经济基础，以党的历史方位转变与思想观念转变为起点，强调"我们党已经从一个领导人民为夺取全国政权而奋斗的党，成为一个领导人民掌握着全国政权并长期执政的党；已经从一个在受到外部封锁的状态下领导国家建设的党，成为在全面改革开放条件下领导国家建设的党"。② 对"什么是社会主义、怎样建设社会主义""执政党应该是一个什么样的党、怎样建设这样的党"进行了深入探讨，提出了许多执政新理念，"三个代表"重要思想是其集中表现。"三个代表"重要思想强调党的先进性是立党之本、执政之基、力量之源，强调执政党的阶级性、人民性、民族性的统一，强调人类文明发展规律、社会主义建设规律、共产党执政规律的统一；强调"党的全部理论和工作要体现时代性，把握规律性，富于创造性"，③ 从而告诉人们：中国共产党要想始终保持先进性、保持执政地位，不但要加强党的阶级基础，还必须巩固党的群众基础；不但要代表工人阶级的利益，更必须代表最广大的中国人民的利益，因为最大多数人的利益和全社会全民族的积极性创造性对党和国家事业的发展始终最具有决定性。进一步，就党的领导与党的建设

① 《邓小平文选》第2卷，人民出版社1994年版，第300页。
② 江泽民：《全面建设小康社会，开创中国特色社会主义事业新局面——在中国共产党第十六次全国代表大会上的报告》，人民出版社2002年版，第11页。
③ 江泽民：《全面建设小康社会，开创中国特色社会主义事业新局面——在中国共产党第十六次全国代表大会上的报告》，人民出版社2002年版，第12页。

而言，一方面强调，"依法治国"是我们党治国理政的基本方略，坚持依法治国要与以德治国相结合；要按照"总揽全局、协调各方"的原则，进一步改革和完善党的工作机构和工作机制，规范党委与人大、政府、政协以及人民团体的关系；改革和完善党的领导方式和执政方式，依法执政等等。另一方面强调，治国必先治党、治党务必从严，要从思想上、组织上、作风上全面加强党的建设、推进党的建设新的伟大工程，不断提高领导水平和执政水平，不断增强拒腐防变的能力。同以前相比，这一时期的执政理论无疑体现了依法治国、依法执政、政治文明等的基本要求与基本思想，在基本概念、基本观点、话语体系方面，明显实现了从革命理论向执政理论的转变。

二、信息化发展对党的思想建设的挑战

2000 年以来，人类社会进入新纪元，世界信息网络技术在飞速发展。信息网络所具有的即时化、自媒体化等特性极大地改变了人们的思维方式、交往方式乃至行为方式，极大地改变着社会生活。面向 21 世纪，市场经济的深入发展、社会的转型发展与信息网络快速发展三者交相呼应，使党的建设面临着前所未有的挑战，这正如胡锦涛在庆祝建党 90 周年讲话中所言："全党必须清醒地看到，在世情、国情、党情发生深刻变化的新形势下，提高党的领导水平和执政水平、提高拒腐防变和抵御风险能力，加强党的执政能力建设和先进性建设，面临许多前所未有的新情况新问题新挑战，执政考验、改革开放考验、市场经济考验、外部环境考验是长期的、复杂的、严峻的。精神懈怠的危险，能力不足的危险，脱离群众的危险，消极腐败的危险，更加尖锐地摆在全党面前，落实党要管党、从严治党的任务比以往任何时候都更为繁重、更为紧迫"。[①] 就党的建设各

---

① 　胡锦涛：《在庆祝中国共产党成立 90 周年大会上的讲话》，《人民日报》2011 年 7 月 2 日。

项内容而言，思想理论建设无疑是重中之重。①

（一）信息化时代的思想激荡与"话语权"

新时期党的思想建设面临的挑战，概括说来，主要来自三个方面，即社会价值多元、思想开放与话语权的转变，三者的交互作用，使党的思想理论建设面临的形势更加复杂、任务更加艰巨。对此，我们只能积极正视、迎难而上，无法回避。

首先，"单位人"向"社会人"的转变使得人们的价值多元。改革开放30多年来，随着社会主义市场经济的不断发展、经济体制改革的不断深化，我国经济社会发生了翻天覆地的变化，社会经济成分、组织形式、就业方式、利益关系和分配方式日益多样化，社会结构、社会阶层、城乡差距、贫富差距的变化愈加彰显，人们的物质文化需求、生活方式、思维方式、消费方式等日益多样化，社会大众由过去计划经济时代的"单位人""集体人"，发展转型为市场经济时代的思想独立、个性独立、经济独立、生活自立的"社会人""个体人"。这一历史转变，使得社会价值多元不可逆转，价值冲突与思想冲突不可避免，党的思想理论建设面临着巨大的挑战：第一，"单位人"向"社会人"的转变，使得人们的思想意识发生巨变，人们的个体意识、权利意识、竞争意识、利益观念必然在增强，追求实用、实惠、实利、实效等非传统价值观必然被激发，个人主义、实用主义、功利主义势必会粉墨登场。第二，人们既有的思想观念、传统价值观与现实中的世俗观念与自我价值取向不可避免地发生碰撞，不同群体、不同年龄阶段之间的利益分化、思想分化与价值观碰撞不可避免，这容易导致人们思想迷茫、价值迷茫，助长个人主义、实用主义、功

---

① 关于"信息化发展对党的思想建设的挑战与应对"的相关内容，部分内容以《信息化时代的话语权与党的意识形态建设》为题发表于《理论学刊》2014年第10期，人大复印资料《中国特色社会主义理论》2015年第2期全文转载；部分内容以《信息化时代的理想信念问题及其建构方略》为题发表于《南京政治学院学报》2015年第3期。

利主义等。第三，受西方腐朽思想与市场经济的负面影响，个人主义、实用主义、功利主义等容易使人道德异化、价值观异化、人生异化，容易诱发拜金主义、享乐主义和极端个人主义，从而导致一些人理想信念缺失、诚信缺失、道德迷失。毫无疑问，在当今时代，马克思主义主流思想与主流价值观，非主流思想与非主流价值观，乃至反主流思想与反主流价值观，客观上形成三者共存共舞的局面；传统主流意识形态的影响力有所下降，党的思想建设处于前所未有的激烈的思想碰撞期，这是一个不得不承认、无法回避的现实。

其次，"封闭社会"向"信息社会"转变，使得思想开放、社会舆情更加复杂。中国互联网信息中心发布的《第37次中国互联网络发展状况统计报告》表明：截至2015年12月，我国网民规模达6.88亿，互联网普及率为50.3%，其中，手机网民规模已达6.20亿，网民中使用手机上网的人群占比由2014年的85.8%提升至90.1%。[①] 信息网络的快速发展与网民规模的不断扩大，不但使得产业结构、社会结构、经济基础发生了显著变化，也使得人们的思想观念更加开放多元、社会舆情更加复杂多变。第一，信息网络技术的普及，云计算、大数据以及博客、微博、微信等的广泛运用，使得信息资源大众化，信息公开化、平等化、全球化，人人可以成为"信息人""自媒体"，人们更加独立、思想更加开放、个体意识更加突出，既有的自上而下的信息传播模式乃至信息垄断、思想垄断必然被打破。第二，信息公开化、大众化等使得网络思潮多元化、世俗化、大众化乃至草根化，网上思想交锋、话语权争夺日趋激烈；使得网络语言大众化、草根化、"煽情化"、碎片化，"官话"、主流话语体系以及传统意识形态的控制力等受到空前挑战。第三，信息网络的发展，使得全球信息共享、国外各种思潮可以蜂拥而至，国内思想文化更加多元、价值观念碰撞更加激荡；使得西方国家利用信息技术优势进行文化渗透、思想渗透、

---

① 中国互联网络信息中心：CNNIC发布第37次《中国互联网络发展状况统计报告》，网址：http://cnnic.cn/gywm/xwzx/rdxw/2015/201601/t20160122_53283.htm。

价值渗透更加便捷，资本主义的思想价值观可以迅速传播、潜移默化地影响我国民众，这无疑会对党的思想建设形成巨大而空前的挑战。

最后，信息化时代的"话语权"具有了新的意蕴，"话语影响力"比"话语掌控"更重要。一般而言，传统的"话语权"主要强调说话的资格、权力与能力，如福柯在《话语的秩序》一书中认为"话语即权力"。对党的思想建设而言，"话语权"主要强调"意识形态领导权"与"文化领导权"。在传统媒体时代，信息比较封闭，谁能够掌控报纸、书刊与电视等传统传播媒介，谁就可以掌控话语权，谁就能引导社会舆论与社会思潮。然而，在信息网络时代，信息网络技术的普及、信息资源与传播媒体大众化、信息公开化等，使得人人可以成为"自媒体"、人人具备"话语权"，任何个人和组织都难以垄断信息、垄断话语权，用传统传媒掌控话语权、进行思想灌输已经难奏其效。在这样的背景下，思想理论教育的"话语权"就不再仅仅是控制舆论的权力与能力、队伍与平台问题，也不再仅仅是能够说话、说话的声音频率大小问题；而关键是话语吸引力、感染力的大小强弱与受众的接受度问题，关键是广大民众的"真听真信真用"问题。这必然对主流意识形态的大众化、通俗化、感染力与影响力等提出了新要求，我们不仅要重视思想教育、理论宣传的力度，更要注意思想教育内容的影响力与感染力，更要注意思想教育方式的亲和力与实践效果。否则，如果忽视了这一点，所谓的思想教育就容易沦为"自说自话"，难以起到应有的作用。

（二）党的思想建设面临的现实问题

在1989年邓小平曾经感慨："我们最近十年的发展是很好的。我们最大的失误是在教育方面，思想政治工作薄弱了，教育发展不够"，并且认为"这方面的失误比通货膨胀等问题更大"[①]。同时发出"要聚精会神地抓

---

① 《邓小平文选》第3卷，人民出版社1993年版，第290页。

党的建设，这个党该抓了，不抓不行了"的警告。① 时至今日，20 多年过去了，随着信息化发展、社会发展与党的历史方位变化，党员干部的思想状况也发生了明显变化，对马克思主义"真学真懂真信真用"问题，"不信马列信鬼神""言行不一"、对社会主义前途命运丧失信心等问题，突出地摆在全党面前，如"有的对共产主义心存怀疑，认为那是虚无缥缈、难以企及的幻想；有的不信马列信鬼神，从封建迷信中寻找精神寄托，热衷于算命看相、烧香拜佛，遇事'问计于神'；有的是非观念淡薄、原则性不强、正义感退化，糊里糊涂当官，浑浑噩噩过日子；有的甚至向往西方社会制度和价值观念，对社会主义前途命运丧失信心；有的在涉及党的领导和中国特色社会主义道路等原则性问题的政治挑衅面前态度暧昧、消极躲避、不敢亮剑，甚至故意模糊立场、耍滑头；等等"。② 针对这一现象，习近平总书记强调："理想信念就是共产党人精神上的'钙'，没有理想信念，理想信念不坚定，精神上就会'缺钙'，就会得'软骨病'。现实生活中，一些党员、干部出这样那样的问题，说到底是信仰迷茫、精神迷失"。③

那么，当前党员干部的理想信念状况到底如何？针对这一问题，课题组先后进行了三次相关问卷调查：一是 2013 年 5 月在全国范围内的普通调查，其中有效样本 5000 余份（以下简称"普通调查"）；二是 2013 年对某市党校干部学员（领导干部班、中青班、正处班等）的小样调查，有效样本 360 份（以下简称"小样调查"）；三是 2014 年 10—12 月在某市党校系统各教学班次进行的问卷调查，共发放问卷 1100 份，回收有效问卷

① 《邓小平文选》第 3 卷，人民出版社 1993 年版，第 314 页。
② 中共中央宣传部：《习近平总书记系列重要讲话读本》，学习出版社、人民出版社 2014 年版，第 160 页。
③ 习近平：《在十八届中共中央政治局第一次集体学习时的讲话》，《人民日报》2012 年 11 月 19 日。

998 份，有效样本占 90.73%（以下简称"中样调查"）。① 结合干部党性教育中的相关交流、现实观察与问卷调查分析，我们发现，当前党员干部思想领域有四个方面的问题值得高度重视并着力解决：

在理想信念方面，有的党员干部理想信念模糊、态度暧昧。我们的"中样调查"显示：（1）党员干部不信马列信鬼神、热衷于"求神问鬼"现象比较突出，在被调查者中，44.9%的认为是"个别现象"，39.3%的认为"比较常见"、6.6%的认为"非常普遍"，选择"比较常见"与"非常普遍"的合计高达 45.9%，而非通常所认为的"个别现象"或"少数人现象"。（2）对于"理想信念在战争年代管用，在社会主义市场经济建设时期不管用"这一说法，在被调查者中，59.9%的认为"这是理想信念动摇的表现"，16.2%的认为"政治理想与现实中的'利己主义'并不矛盾"，14.6%的认为"言过其实"，只有 3.5%的认为"客观如此"。这说明，当前党员干部对理想信念重要性的认识是比较清醒的。（3）对于"政治理想与个人宗教信仰是两回事，共产党员可以信教"这一说法，在"中样调查"中，40.3%的认为"可以理解、但自己不信"，20%的认为"因人而异"，28.7%的认为是"谬论"，7.0%的认为"说不清"，只有 3.2%的表示"完全赞同"。其中，选择"可以理解、但自己不信""因人而异""说不清""完全赞同"这四项的，在不同程度上表现出对"党的理想信念与宗教信仰的区别"认识模糊或态度暧昧，合计高达 70%以上。"小样调查"表明：甚至有的党员干部认为"党员干部的信仰像宗教信仰那样就好办了""应该允许宗教民族地区的党员干部信教"等等，这进一步反映出一些党员干部对信仰问题的困惑甚至暧昧心态。

---

① 在我们的"中样调查"中，被调查者男性占 55.8%、女性占 44.2%；年龄结构相对均匀，35 岁以下占 24.7%，36—45 岁占 29.0%，46—55 岁占 31.0%，56 岁以上占 15.1%；单位分布合理，市级机关占 24.9%、国有企业占 21.9%、街道社区占 20.5%、区县机关占 15.6%、事业单位占 8.9%；被调查者的职级分布均匀，厅局级占 8%、处级占 23.2%、科级占 29.9%、科级以下占 38.9%。

在执政信心方面，信心与担忧并存、改革愿望强烈。面对 20 世纪 90 年代苏东剧变、最近中东北非"茉莉花革命"等引发的政权更迭现象，中国共产党能否长期执政？这成为党员干部普遍关心的一个问题。如有的党员干部追问："苏共执政 74 年，我们能够坚持多久？"一些党员干部认为"世界上共产党执政最长的时间只有 74 年，今后 10 年是我们党执政的关键期"等。我们的"中样调查"显示：对于"苏共一党长期执政 74 年，我们党能否超越这个大限"这一问题，在被调查者中，42.3％的认为"腐败问题不解决、很有可能"，28.9％的认为"理想信念问题不解决、很有可能"，15.0％的认为"不进行政改、很有可能"，只有 9.5％的认为这种说法是"危言耸听、毫无道理"。调查结果表明，合计 86.2％的被调查者对党的执政前途表示忧虑，同时也表现出对坚决反腐倡廉、加强理想信念教育、进行政治体制改革的期盼。

在政治立场方面，"老三观"成为党性修养亟须解决的问题之要。面对"四风"与脱离实际、脱离群众等问题，相当多的党员干部在自我批评中强调是"认识问题、方法问题"；而实际上，"认识问题、方法问题"背后是世界观、人生观、价值观问题，是政治立场问题。"小样调查"结果充分说明了这一点：在相关多项选择中，79.22％的认为，党员干部提高党性修养最需解决的问题是"树立正确的世界观、人生观和价值观"，74.79％的认为是"树立群众观点、密切联系群众"，68.14％的认为是"树立正确的发展观和政绩观"，60.39％的认为是"坚定中国特色社会主义理想信念"。这四项所选比例都很高，其中，最为突出的还是"老三观"问题。

在道德观方面，"两面人现象"与期盼心态并存。言行一致、以身作则、做道德楷模，这是新时期社会主义核心价值观建设的关键问题；而在这方面，党员干部中"两面人现象"与期盼改善心态并存。（1）对于"党内不讲真话现象"，在"中样调查"中，46.4％的认为"比较普遍"，10.2％的认为"非常普遍"，38.0％的认为是"少数人现象"，5.1％的认为是"个别现象"，合计高达 56.6％的被调查者认为"党内不讲真话"属于普遍现象；而且，调查分析显示：职级越高越认为"党内不讲真话"乃普遍现象。对于"政治讲权术、不讲道德，这是不变的法则"这一说法，32.0%的被调查者认为"有一定道理"，7.1%的认为"客观如此"，34.3%的认为"毫无道理"，15.0%的认为"以前如此，现在不行"，11.5%的选择了"说不清"；调查结果显示，合计高达54.1%的被调查者认为"政治讲权术、不讲道德"有道理或客观如此，只有34.3%的被调查者持否定态度。(2)党员干部期盼社会道德状况有所好转、但自身又不愿或不敢担当。针对越来越多的"扶不起"现象，党员干部"想扶不敢扶、期盼后人扶"心态比较明显。在我们的访谈中，一名处级干部曾经敞开心扉坦言：当他开车从郊区返城的过程中，看到一个骑自行车的妇女摔倒在路边，当时没敢停车，开出500米后停车下来观看：一是想看看这个女的是否真摔倒，二是看看她能否自己起来继续骑行；三是希望看到，如果这个女的真摔伤，后面能有人把她扶起来。(3)一些党员干部对社会主义核心价值观心存困惑。有人认为：资本主义社会推崇"自由、平等、博爱"，也强调富强、民主、文明、法治、爱国、敬业、诚信等，社会主义核心价值观的"DNA"是什么、与资本主义核心价值观的根本区别是什么？另外，一些腐败分子道德无底线现象导致普通民众对核心价值观的"逆反心态"，如有人半开玩笑地说："讲政治的'不政治'，讲民主的'不民主'，讲法治的'不法治'，讲党性的'不党性'，讲道德的'不道德'""对领导干部讲怎样做人，对小学生讲道德高尚"等，表面看来，这是玩笑，但背后却反映了深层的思想道德问题。

当然，造成当前理想信念问题的原因很多，既有人们经常所说的封建腐朽思想、西方错误思想、市场经济负面影响等外在原因，也有社会主义初级阶段民主法制不健全、制度不完善等客观因素；也有学者从消极因素与积极因素两个方面辩证地看这一问题，如认为造成马克思主义在我国以及世界上的威望呈现出下降趋势的消极因素是："苏联式社会主义制度失败的打击，部分共产党官员和马克思主义理论家的言行相悖严重损害了马克思主义的声誉，不少人对于马克思主义不大懂、不会用、不能解决实际问题，一些人对马克思学说的否定也起了一定作用。"①造成这一状况的积极因素有："从横向上看，改革开放开阔了我们的思想理论视野，使马克思主义的相对地位下降；从纵向上看，我们创造出中国特色社会主义理论等新的理论，也使马克思主义的相对重要性减弱；人们现在愈来愈能够对马克思学说采取科学分析的态度，亦使马克思主义的威望从顶峰回落。"②但是，从党的意识形态建设与理想信念教育本身看，我们不得不承认，面对计划经济条件下的"单位人""集体人"向市场经济条件下的"个体人""社会人"的转变，面对个人主义、实用主义、功利主义等的挑战与冲击，面对"封闭社会"向"开放社会"的转变，面对世界范围内的多元价值、多元思想在信息网络条件下的短兵相接，我们仍习惯于用传统思维、传统内容、传统方法来加强意识形态建设与理想信念教育，尚未有效把握信息化条件下思想政治教育的规律与特点，甚至还未抓住信息化条件下思想建设的"话语权"，以至于党的思想理论教育的吸引力、感染力与实际成效都出现了一些问题。这要求我们，在信息化条件下要增强思想政治教育的有效性，必须与时俱进，增强党的意识形态的吸引力与影响力，必须大力加强执政理论建设、改进思想建设的模式与方式，切实提高思想建设的成效。

三、加强执政理论体系建设，增强执政党意识

随着党的历史方位转变与信息化发展，民主、法治、权利、自由、公平、正义等正在成为时代的主流话语，也开始成为党的代表大会报告中的主流话语，"民主、法治、权利、自由、公平、正义"这些关键词在党的十八大报告中均已出现，如党的十八大报告强调：人民民主是我们党始

---

① 董德刚：《论马克思主义威望下降的原因》，《上海思想界》（内部刊物）2015 年第 2—3 期，第 28 页。

② 董德刚：《论马克思主义威望下降的原因》，《上海思想界》（内部刊物）2015 年第 2—3 期，第 28 页。

终高扬的光辉旗帜，要扩大社会主义民主、加快建设社会主义法治国家、发展社会主义政治文明；更加注重发挥法治在国家治理和社会管理中的重要作用，保证人民依法享有广泛权利和自由；公平正义是中国特色社会主义的内在要求。① 而且，"富强、民主、文明、和谐，自由、平等、公正、法治，爱国、敬业、诚信、友善"已经成为社会主义核心价值观的基本内容。这要求我们党必须适应时代发展要求，彻底实现从革命思维向执政思维的转变，"从排斥对立型思维向团结包容型思维转变，从破坏摧毁型思维向建设创新型思维转变，从狭隘封闭型思维向开放吸收型思维转变，从控制压力型思维向服务引导型思维转变，从人治型思维向法治型思维转变"。② 在牢固树立执政思维的基础上，建构起大众的、科学的、民主的执政理论体系，牢固树立执政党意识。③

（一）加强执政理论建设、构建科学的执政理论体系

所谓执政，顾名思义，就是执掌国家政权、行使国家权力、管理国家事务，以谋求国家与社会的发展、实现执政价值目标。在当今政党政治时代，世界上绝大多数国家都由政党执政，政党名副其实地成为国家政治权力中心。一般说来，政党执政主要涵盖"取得执政地位与行使执政权力"前后两个环节，涉及四个方面的问题：（1）"政党为何执政"，即"为什么要执政、为谁执政"问题，主要涉及执政价值、执政使命、执政目标。对不同性质的政党而言，其执政的价值目标有所不同，有的是立党为公、执政为民，有的是立党为私、执政为"利"。（2）政党如何取得执政

---

① 具体参见胡锦涛：《坚定不移沿着中国特色社会主义道路前进　为全面建成小康社会而奋斗——在中国共产党第十八次全国代表大会上的报告》，人民出版社 2012 年版。

② 中央党校教授蔡霞在一次讲座中认为：一个政党要实现自身的历史转型，真正去领导国家的民主政治建设，必须要有一个思维方式的转变，可以大概归纳为这五点。

③ 关于"加强执政理论建设"的相关内容，大部分内容以《党的执政理论的历史传承与当代创新》为题发表于《马克思主义研究》2013 年第 1 期；部分内容以《近年来党的理论建设的重大成就》为题发表于《党建研究》2012 年第 7 期。

地位，主要涉及执政基础、执政条件、执政环境、取得执政权的途径与方式等。在不同国家，历史传统与现实国情不同，政党取得执政地位的方式有所不同；从世界有关国家情况看，政党执政主要有革命取得和选举赢得两种途径。在现代西方选举国家，政党一般是通过赢得选民、赢得大选来赢得执政地位；① 在民族主义国家与社会主义国家，领导革命并取得胜利的党，自然而然地成为执政党。(3) 政党执政的主要领域，主要涉及政党执政职能与范围问题。政党执政是对整个国家和社会实行全面管控，还是重点掌控国家公共权力呢？显然，无论是从执政本意还是现代民主政治看，政党执政主要处理的是党政关系，而非对国家事务、经济事务、社会事务等事无巨细地全面干预。概括说，党政关系主要包括三个层面的问题：一是政党与整个政府的关系问题。二是政党如何协调立法、行政两个部门的关系，这适用于政党竞争、司法独立的国家；或如何协调政党与立法、行政、司法三个部门的关系，这适用于"一党制"或一党领导的国家。三是具体而论，政党分别与立法、行政、司法的关系。(4) 政党以何种方式执政，主要涉及政党执政的体制与机制、模式与方式。概括说来，政党治国理政的模式主要有三种：一是以党代政、党政不分，实行党治国；二是以党领政，党政有所区分，但执政党领导国家政权；三是"以党辅政"或"以政领党"，执政党配合、辅助执政团队执政。但无论哪种执政模式，政党执政并非全体党员执政，而是以政党代表的形式、选任政党成员担任政务官员来间接实现的。在此意义上看，党的执政理论就是一个关于党"为何执政、如何取得执政地位、执政职能与主要领域、以什么方式执政"的理论体系。就其内容结构而言，"为何执政"属于价值层面、政治哲学层面，位居执政理论的顶端、统领整个执政理论体系；"如何取得执政地位"是政党执政的逻辑起点，也是执政的前提条件；"政党执政的主要领域"主要涉及执政职能与范围问题；政党以何种方式执政主要涉

① 在西方议会制国家，只要一个政党或政党联盟赢得议会大选，就自然而然地成为执政党；在总统制国家，只要一个政党提出的总统候选人赢得总统大选，这个党就自然成为执政党。

及执政体制与方式问题。值得注意的是，讲党的执政理论，如果仅把目光聚焦在"怎样执政"，而对执政的思想基础、价值取向与执政目标有所忽视，则在执政过程中容易背离根本、偏离方向，从而导致中外执政理论与实践的趋同。因此，加强党的执政理论建设，必须始终坚持党的思想基础与价值取向，始终围绕党的宗旨与使命来执政。

进一步而言，从政党—社会—国家关系角度看，现代政党执政至少涉及四个方面的基本关系：一是政党与社会关系，这与政党如何取得执政地位息息相关，其中关键的是党群关系或者说是政党与民众关系问题。无论政党是以革命方式还是选举方式取得执政地位，归根结底还是以赢得民众认同为本。二是政党与国家关系，或曰党政关系，这与政党的执政职能与领域密切相关。在当代政治实践中，各国执政党的影响力已经渗透到立法、行政、司法等各个领域，即使西方也是如此，如法国学者让·布隆代尔等认为："民主制中政党政府的出现，使政党能够同时对行政机构和立法机构施加影响，而且（至少在有的时候）还能影响到司法机构。"① 三是政党与政党关系，若一个国家存在两个以上的合法政党，政党间关系就成为事关全局的重大政治关系；没有政党关系和谐，就没有执政局面的稳定与社会和谐。四是党内关系，因为现代政党是由许多成员按照一定组织而形成的复杂政治体，党内秩序与党内团结是政党从事政治活动的先决条件，因此，党内关系必然成为现代政党政治的一个基本关系。在此意义上看，政党执政理论实际上是执政党的"治党理政理论"，既包括治国理政理论，也包括政党建设理论。这一点，对兼具领导党与执政党双重角色的中国共产党而言，更是如此。

在新的历史时期，无论是坚持与发展马克思主义还是增强党的思想理论说服力，都需要我们与时俱进、根据信息化发展与民主政治发展的时代要求来构建科学的执政理论体系。对于这一点，2004 年 6 月胡锦涛

---

① ［法］让·布隆代尔、毛里齐奥·科塔：《政党政府的性质》，北京大学出版社 2006 年版，第 16 页。

在中央政治局集体学习时曾明确指出："党的执政理论建设是一项系统工程，包括执政理念、执政基础、执政方略、执政体制、执政方式、执政资源等主要方面。要坚持马克思主义执政理论与我们党执政的具体实践相结合，在总结历史经验和现实经验的基础上，开展全面、系统、深入的研究，不断完善我们党的执政理论体系"，①可谓在我们党的历史上第一次明确提出要"加强执政理论建设、完善执政理论体系"。从理论上说，科学概念的提出，标志着一种理论的形成或成熟，至少意味着有关认识从模糊走向清晰。新时期，党的执政理论建设与执政理论体系等概念和范畴的正式提出，标志着我们党对执政理论的认识从自发状态迈向自觉状态。新时期，要加强执政理论体系建设、用发展着的马克思主义武装全党与全国人民，就必须立足于现代政党执政的基本问题与基本关系，遵循执政党建设规律、社会主义建设规律与人类社会发展规律，充分借鉴与吸收人类文明发展的先进成果，用通俗的语言、大众化乃至世界化的语言来进一步诠释"什么是社会主义、怎样建设社会主义""什么是马克思主义执政党、怎样建设执政党"，进一步增强党的思想理论的解释力与说服力。

首先，要深化对"什么是社会主义、怎样建设社会主义"的认识，以增强中国特色社会主义的理论自信、道路自信、制度自信、文化自信。"什么是社会主义、怎样建设社会主义"是党领导的伟大事业的主题，党的三代领导集体对此进行了艰辛探索。历史经验表明，能否科学认识、科学把握这一主题，事关党和国家的事业成败。改革开放以来，1985 年邓小平曾经指出："我们总结了几十年搞社会主义的经验。社会主义是什么，马克思主义是什么，过去我们并没有完全搞清楚"。②如果连什么是社会主义都搞不清楚，那如何用社会主义理论说服人、武装人？因此 1992 年邓小平在南方谈话中对社会主义给出了一个简明定义，那就是社会主义本质就是"解放生产力，发展生产力，消灭剥削，消除两极分化，最终达到共

---

① 胡锦涛：《认真总结执政能力建设经验大力加强党的执政理论建设》，《人民日报》2004 年 7 月 1 日。

② 《邓小平文选》第 3 卷，人民出版社 1993 年版，第 137 页。

同富裕"; ① 党的十八大报告则强调:"中国特色社会主义理论体系,就是包括邓小平理论、'三个代表'重要思想、科学发展观在内的科学理论体系,是对马克思列宁主义、毛泽东思想的坚持和发展"。② 今天看来,要深刻认识"什么是社会主义、怎样建设社会主义",至少要说清楚四个方面的问题:(1) 什么是社会主义道路、如何坚定不移地走社会主义道路? 对于这一点,党的十八大报告明确概括为:"中国特色社会主义道路,就是在中国共产党领导下,立足基本国情,以经济建设为中心,坚持四项基本原则,坚持改革开放,解放和发展社会生产力,建设社会主义市场经济、社会主义民主政治、社会主义先进文化、社会主义和谐社会、社会主义生态文明,促进人的全面发展,逐步实现全体人民共同富裕,建设富强民主文明和谐的社会主义现代化国家"。③ (2) 什么是社会主义制度、怎样坚持与完善社会主义制度? 党的十八大报告则表述为:"中国特色社会主义制度,就是人民代表大会制度的根本政治制度,中国共产党领导的多党合作和政治协商制度、民族区域自治制度以及基层群众自治制度等基本政治制度,中国特色社会主义法律体系,公有制为主体、多种所有制经济共同发展的基本经济制度,以及建立在这些制度基础上的经济体制、政治体制、文化体制、社会体制等各项具体制度"。④ (3) 社会主义要实现什么样的发展? 对于这一点,胡锦涛在党的十七大报告中强调,要以科学发展观为指导、坚持科学发展。并且指出:"科学发展观,第一要义是发展,核心是以人为本,基本要求是全面协调可持续,根本方法是统筹

① 《邓小平文选》第3卷,人民出版社1993年版,第373页。
② 胡锦涛:《坚定不移沿着中国特色社会主义道路前进 为全面建成小康社会而奋斗——在中国共产党第十八次全国代表大会上的报告》,人民出版社2012年版,第12页。
③ 胡锦涛:《坚定不移沿着中国特色社会主义道路前进 为全面建成小康社会而奋斗——在中国共产党第十八次全国代表大会上的报告》,人民出版社2012年版,第12页。
④ 胡锦涛:《坚定不移沿着中国特色社会主义道路前进 为全面建成小康社会而奋斗——在中国共产党第十八次全国代表大会上的报告》,人民出版社2012年版,第12—13页。

兼顾"；①而且强调：贯彻落实科学发展观，必须"着力转变不适应不符合科学发展观的思想观念，着力解决影响和制约科学发展的突出问题，把全社会的发展积极性引导到科学发展上来，把科学发展观贯彻落实到经济社会发展各个方面"。②那么科学发展必须坚持什么样的发展理念？对于这一问题，党的十八届五中全会进一步指出：要科学发展，必须破解发展难题，厚植发展优势，牢固树立创新、协调、绿色、开放、共享的发展理念。（4）如何实现社会主义的科学发展？这必须有一个科学的建设布局。对于这一点，改革开放以来，我们党不断深化认识，从最初"物质文明建设与精神文明建设"两大建设，逐步拓展到今天的经济建设、政治建设、文化建设、社会建设、生态文明建设等中国特色社会主义五大建设布局，这正如党的十八大报告所言："必须更加自觉地把全面协调可持续作为深入贯彻落实科学发展观的基本要求，全面落实经济建设、政治建设、文化建设、社会建设、生态文明建设五位一体总体布局，促进现代化建设各方面相协调，促进生产关系与生产力、上层建筑与经济基础相协调，不断开拓生产发展、生活富裕、生态良好的文明发展道路"。③党的十八大以来，以习近平同志为核心的新一届中央领导集体进一步提出了"四个全面"战略布局，即"全面建成小康社会、全面深化改革、全面依法治国、全面从严治党"；这正如习近平所言："'四个全面'的战略布局是从我国发展现实需要中得出来的，从人民群众的热切期待中得出来的，也是为推动解决我们面临的突出矛盾和问题提出来的。"④"四个全面"战略布局比较完整

---

① 胡锦涛：《高举中国特色社会主义伟大旗帜　为夺取全面建设小康社会新胜利而奋斗——在中国共产党第十七次全国代表大会上的报告》，人民出版社 2007 年版，第 15 页。

② 胡锦涛：《高举中国特色社会主义伟大旗帜　为夺取全面建设小康社会新胜利而奋斗——在中国共产党第十七次全国代表大会上的报告》，人民出版社 2007 年版，第 18 页。

③ 胡锦涛：《坚定不移沿着中国特色社会主义道路前进　为全面建成小康社会而奋斗——在中国共产党第十八次全国代表大会上的报告》，人民出版社 2012 年版，第 9 页。

④ 徐隽：《习近平同党外人士共迎新春》，《人民日报》2015 年 2 月 13 日。

地展现了以习近平同志为核心的党中央治国理政、推进中国特色社会主义现代化建设的总体框架与战略布局，蕴含着丰富的战略思想。在新的历史时期，要深刻认识"什么是社会主义、怎样建设社会主义"，必须深刻认识中国特色社会主义道路、中国特色社会主义制度、科学发展观、"五位一体"总体布局以及"四个全面"战略布局之间的内在逻辑关系。

其次，要深化对"什么是马克思主义执政党、马克思主义政党怎样执政"的认识。在我国，中国共产党作为唯一的领导党与执政党，党的领导、党的执政、党的事业、党的建设是相辅相成的，因此，"什么是社会主义、怎样建设社会主义"与"什么是马克思主义执政党、怎样建设马克思主义执政党"是党的执政理论相辅相成的两个方面。党的十六大以来，我们党在深化对"什么是社会主义、怎样建设社会主义"认识的同时，进一步丰富、发展了马克思主义执政理论与执政党建设理论。一方面，围绕"执政七谋"（即执政理念、执政基础、执政方略、执政体制、执政方式、执政资源和执政环境）做文章，比如在执政理念方面，既强调要坚持"立党为公，执政为民、全心全意为人民服务"的根本宗旨，坚持情为民所系、权为民所用、利为民所谋，坚持发展为了人民、发展依靠人民、发展成果由人民共享，把实现好、维护好、发展好最广大人民的根本利益作为党和国家一切工作的出发点和落脚点；又强调全面推进依法治国、建设社会主义法治国家。在执政方略与执政体制方面，强调要坚持党总揽全局、协调各方，紧紧围绕坚持党的领导、人民当家作主、依法治国有机统一深化政治体制改革，不断坚持和完善党的领导制度，推进社会主义民主政治制度化、规范化、程序化，推进国家治理体系和治理能力现代化；要依宪治国、依法治国，坚持依法治国、依法执政、依法行政共同推进，坚持法治国家、法治政府、法治社会一体建设。在执政方式方面，强调要依宪执政、依法执政、民主执政、科学执政；要紧紧围绕提高科学执政、民主执政、依法执政水平深化党的建设制度改革，进一步建立与完善党的制度体系，进一步加强和改进党的领导体制与领导方式、工作体制机制和方式方法。另一方面，围绕党的建设科学化与全面从严治党，强调要以改革精神全面加强执政党建设、推进党的建设新的伟大工程；要着眼于继续解放思想、坚持改革开放、推动科学发展、促进社会和谐，着眼于提高党的执政能力、保持和发展党的先进性，全面推进思想建设、组织建设、作风建设、反腐倡廉建设和制度建设，不断提高党的建设科学化水平；要以科学理论指导党的建设、以科学制度保障党的建设、以科学方法推进党的建设；要以从严治吏为关键全面从严治党，深入推进党风廉政建设，营造风清气正的良好政治生态。

　　然而，党的执政理论以执政实践为基础，是一个随着执政实践的发展而不断丰富、发展、完善的理论；党的执政理论建设是一项系统工程，需在不断总结历史经验和现实经验的基础上，不断丰富、发展与完善。新时期，加强党的执政理论建设、完善党的执政理论体系，既需要坚持马克思主义的基本立场、基本观点，更需要立足新的实践、大胆进行理论创新，尤其需要注意以下三个方面的问题：（1）要处理好坚持继承与发展创新的关系。有人认为，经典马克思主义是马克思恩格斯时代的产物，距今已经一百多年，已经不适应当下了；毛泽东执政理论是计划经济时代的产物，已经不适应社会主义市场经济时代了。更有甚者认为，经典马克思主义理论是"劳动人民的革命理论"，毛泽东思想是"以阶级斗争为纲的理论"，今天我们需要的是"和谐哲学""建设哲学"，传统马克思主义的"革命哲学""斗争哲学"已经不符合和谐社会建设的时代要求了，需要对此进行抛弃甚至批判。实际上，这是一种错误的也是极为有害的观点。从根本上看，马克思主义唯物史观、群众观、政党观，是党的执政理论之源与思想基础，是党的执政理论永远都不能背离的基本原则与基本精神。毛泽东执政思想是党的执政理论的历史基础，以毛泽东同志为核心的党的第一代中央领导集体确立的中国共产党的历史使命、历史责任、价值取向，需要始终坚持、永远不能背离。否则，忘记与背离这一点，就会忘记"共产党是谁、从何处来、到何处去"，就会背离党的性质与宗旨，就会迷失执政方向而失败。（2）要正确处理党的领导与执政的关系。中国共产党既是领导党又是执政党；党的领导与党的执政密切相关，执政是实现党的领导的重要方式，但二者之间又有明显区别。从根本上看，党的领导是个政治概念，内容比较宽泛、领导方式多样；党的领导权是一种政治权利、遵循"法不禁止皆自由"的原则，党可以对国民"发号"但不能直接"施令"；党的领导方式主要是一种非权力方式，是靠党的理论、纲领、路线方针政策的正确性，党的思想政治工作，党员先锋模范作用等来影响、引导人民群众的。党的执政权，则是一种国家权力，遵循"权由法定"的原则，执政的内容范围主要涉及党与国家公共权力机关的关系，执政权的行使通过国家强制力来实行、靠国家法律来保证、在全国范围内有效。对中国共产党而言，党的领导是执政的前提条件，执政是实现党的领导的基本方式，但并非党的领导的全部内容。在执政条件下，我们也不能因执政而忽视党的领导、弱化党的领导，更不能用执政取代党的领导；始终保持党的先进性、始终坚持与改善党的领导，才是一党长期执政的根本所在。（3）要处理好中外执政理论的共性与个性关系。中外执政规律、执政党建设规律的共性与特殊性决定了，我们党的执政理论与西方政党执政理论有一定的共性，但更具特殊性。其共性主要体现在治党理政的方式与方法方面，特殊性主要体现在执政使命、执政价值、执政理念乃至执政体制方面；尽管中外国情与党情不同，西方的执政方式与方法不能照搬照抄，但值得借鉴，正如胡锦涛所言："我国的历史文化、社会制度、发展水平与其他国家不同，对世界上其他政党执政的一些做法和措施，我们不能照抄照搬。但对它们在治国理政方面的有益做法，我们要研究和借鉴，以开阔眼界，打开思路，更好地从世界政治经济发展的大格局中把握加强党的执政能力建设的规律"。① 因此，加强党的执政理论建设，需要对世界政党执政理论进行比较分析，借鉴吸收其他政党治国理政的经验教训，以拓展党的执政理论视野，在比较中确立我国执政理论之特色。

---

① 胡锦涛：《大力加强党的执政理论建设》，《人民日报》2004 年 7 月 1 日。

（二）转变思维方式，增强执政党意识

从现代政党执政角度看，执政党必须具有与其地位功能相适应、符合时代发展要求的执政党意识。那么，什么是执政党意识呢？目前我国学界并没有统一的认识。概括说来，有三种值得注意的倾向：一是将执政党意识等同于执政意识，二是将执政意识混同于执政思维，三是将执政意识与执政党意识形态相提并论。比较而言，第一种思想倾向在理论界普遍存在，一些学者从政治责任感、维护执政地位、维护阶级利益、党的历史方位、自我意识等角度有着不同的解释。针对将"执政意识"与"执政党意识"等同的思想倾向，王长江教授认为，"执政意识"只包含了掌握权力和握紧权力的意识，却没有包括权力属于谁、为谁执政的意识；"执政意识"体现了对权力的关注，"抓权"的内涵很突出，而"担责"的内涵则基本没有得到反映。因此他认为，"执政党要有执政意识"是一个习惯表述，但作为一个科学概念，"执政意识"是不准确的，在理论与实践上存在一定缺陷，建议用"执政党意识"代替"执政意识"的概念。[①] 我们赞同这一点，认为用"执政党意识"代替常用的"执政意识"有其理论与现实必要。所谓"执政党意识"，简单说，就是政党意识在执政条件下的转化与提升。这里的转化，主要是指在野党意识或"革命党"意识向执政党意识的转化；这里的提升，主要是指作为国家与社会部分或一般政党意识向作为国家公共权力掌控者的全局意识与整体意识的提升。具体而言，执政党意识是在一定的国家与社会条件下，执政党（包括其组织成员）对执政党的性质与地位、权力与职责、执政目标与实现方式、执政目的与价值追求、执政条件与执政环境等的全面而整体的认识与看法。从政治文明角度看，不断吸收与借鉴人类文明的执政理念来丰富与发展政党理念、推动政党文明发展，这是政党生存与发展的历史必然，也是人类政治文明发展对政党的时代要求。结合政党政治的基本规律与民主政治的时代要求，我

[①] 参见王长江：《执政意识与执政党意识》，《中共福建省委党校学报》2007 年第 11 期。

们认为，执政党应该具有以下几个方面的政治理念：①

一是与执政党本身的性质、地位相一致的民主理念。民主既是现代政党的生命线，也是政党发展的动力源，"政党只是在作为民主政治工具的意义上才获得了无限的生命力"。②概括说来，执政党树立民主意识需注意三个方面的问题：(1) 执政党获得了掌控与支配国家的权力，但也不能党政不分、以党代政，执政党不应官僚化、行政化、异化为国家机关的一部分；否则，政党就失去了其应有的民主价值与"社会公器"之本能。从本质上看，执政党依然应该是一个民主的政治组织，是国家和社会之间的联动机制。(2) 主权在民或人民主权是现代民主政治的一个根本原则，人民是国家权力的主人。因此，政党的执政权力实际上来自于人民或选民的授权，而非政党本身固有的权力；执政党是公共权力的执掌与行使者，而不是所有者。这要求执政党必须实行民主政治；否则，人民有权收回他们的"授权"。(3) 执政党的执政地位来之于人民的政治认同，政治合法性是政党执政的根本根据，正如前文所言："历史和现实都表明，一个政权也好，一个政党也好，其前途和命运最终取决于人心向背，不能赢得最广大人民群众的支持，就必然垮台"。③这说明，政党的执政地位不是一劳永逸的，也不是永久不变的，而是要不断接受政治合法性检验。以上三个方面都说明，执政党必须具有民主意识、民主执政；必须密切联系民众，充分了解民情、反映民意、尊重民意、履行民主。

二是与执政角色相一致的权力观、价值观、利益观。尽管政党是由部分人组成的，代表特定阶级、阶层或群体的政治组织，但执政权力是以国家公共权力的面目出现的；因此，执政党不但要维护与实现所代表的阶级或群体的特殊利益，也要履行国家职权、满足与实现整个国家与社会的公共利益，实现部分利益与整体利益的统一；执政党应该具有部分利益与整

① 关于"执政党意识"的相关内容，以《执政党意识的共性与中国特色》为题发表于《探索》2010 年第 1 期。
② 王长江：《政党现代化论》，江苏人民出版社 2004 年版，第 51 页。
③ 江泽民：《论党的建设》，中央文献出版社 2001 年版，第 442 页。

体利益相统一的大局意识与整体意识。而且，在当今时代，任何政党都存在、发展于特定的国家与社会，执政党是特定国家的执政党；在国际政治背景下，执政党要以国家、民族利益为上，牢固树立国家意识与民族意识，为国家与民族的发展负责。

三是与执政权力相一致的使命意识、职责意识。从根本上看，政党的执政权力与执政职责是统一的、相辅相成的。比较而言，执政党比在野党担负着更大的政治责任，它不但要履行政党固有的社会功能，还具有举荐与选择官吏、组织与运作政府、主导制定公共政策、协调与分配利益、沟通国家与社会、进行社会整合等方面的功能。因此，从一定意义上说，执政党的职能实际上承担与执行的是国家职能，执政功能是政治统治功能与社会治理功能的统一，其中，政治统治功能是党的阶级性的集中体现，社会治理职能则是公共权力的本质使然。从执政使命角度看，现代政党执政显然不能为掌权而掌权，也不能仅为一党之私而掌权，还必须履行国家与社会使命；否则，在民主政治时代，政党就失去存在的价值、人们就会抛弃政党。因此，执政党实际上担负着两个方面的使命：一是政党本身的使命，即贯彻执行执政党的政治纲领与政策；二是国家与社会使命，即维护国家与社会的稳定、促进国家与社会的政治经济文化发展、追求国家与社会的善治、维护社会公平、实现与满足国民的利益追求，而且，执政党要力争实现两种使命的统一。因此，执政党要树立正确的使命意识与职责意识，这其中也包括发展意识、建设意识、社会整合意识、公共服务意识、国家与社会善治意识等。

四是与现代政治文明相适应的法治意识。从一定意义上说，当今民主政治又叫作法治政治，政党执政必须贯彻法治原则，执政党必须具有法治意识。概括说来，执政党的法治意识主要涉及三个方面：(1) 执政主体合法，政党要依法取得执政地位。在民主政治时代，在一个国家现有的政治体制内，执政主体资格的取得主要不是依靠暴力取得的，而是靠政治领导的正确性、政绩与民意赢得的。(2) 依法执政、依法治国，执政党要依法行使执政权力，依法组织政府、选拔与推荐官员，依法管理国家，依法实施治国方针，依法巩固和维护执政地位。（3）执政权力必须受到监督与制约。没有监督的权力必然会导致腐败。为了防止执政党权力膨胀、滥用权力与政治腐败，必须加强对执政权力的监督和制约。执政党要自觉接受国家与社会的监督。

总之，执政党意识涉及政党执政的各个方面，以上四个方面只是基本内容与基本要求；而且，执政党意识的各个方面不是孤立的，而是彼此联系、有机统一的，因为民主与法治意识、权力与职责意识、地位与功能意识本来就是密切相关的；执政党意识具有整体性，最终要统一到执政主体身上、表现在执政实践的各个方面。在此需要强调的是，中西执政党意识具有一定的共性，也有明显的个性差异。这一方面是因为，中西执政党与国家、社会的关系不同，政党地位与执政职能不同，执政党意识必然会有所不同。因为在当代西方国家，任何政党都只能是国家与社会的"部分"，而不可能成为国家与社会的领导党，政党之间也基本不存在领导与被领导关系；不论哪个政党执政，其职责就是在现有宪政制度框架下依法执政、依法"运转国家机器"、依法履行执政职责，而不是重新设计或改造"国家机器"；任何执政党的下台，如同更换司机一样，都无损于"国家机器"。而在我国，中国共产党是中国特色社会主义事业的领导核心，国家权力机关、民主党派、群众团体都要接受党的领导；领导党与执政党"双重"角色集一身的特殊地位决定了，中国共产党承担着比西方执政党更大的责任，不但要领导、执掌、运转国家政权，而且要领导立法、保证执法、保障司法公正，还要领导党和国家的改革、完善我国政治制度，对国家发展、人民幸福、民族复兴、执政成败负总责。另一方面是因为，中西国情与党情差异决定了，中西政党执政的逻辑有所不同、执政党意识必然会有所不同。在当代西方，通过和平竞选、靠赢得选民来取得执政地位，这是西方选举政治下政党执政的逻辑，尽管存在一个政党连续几届执政的现象，但在理论上任何一个政党不可能永久执政，政党更替是其必然规律。在我国，从历史上看，是先有政党、后有国家政权，中国共产党领导革命胜利、建立新的国家政权后，自然而然地成为唯一的领导党与执政党，这是当代中国的基本国情、是党的领导与执政的历史基础；从现实看，"一党领导、多党合作，一党执政、多党参政"是当代中国政党制度的基本特点，不存在西式的政党竞争、轮流执政，"中国共产党的执政地位不是简单地通过西方式的选举、而是通过具有中国特色的民主选举和民主协商有机结合的方式实现的"。① 总之，无论是从历史还是现实看，党的领导都是党执政的政治条件与逻辑前提，党的先进性则是党的领导的政治条件与逻辑前提；因先进而领导、因领导而执政，这是中国共产党执政的逻辑，与西方政党更替的执政逻辑有着根本不同。

总之，我国的国情与党情决定了，我们党执政既要遵循世界政党执政的普遍规律，更要注意其执政的特殊规律；要想一党长期领导、长期执政，就必须既具备一般的执政党意识，还必须树立与自身性质、执政逻辑相适应的特有政治意识，必须牢固树立以下政治意识：

一是先进意识。因为先进性是马克思主义政党的本质属性，也是党的领导与执政的根本条件；要保持党的领导地位与执政地位，就必须始终保持与发展党的先进性；要保持与发展党的先进性，就必须大力加强党的先进性建设，就必须在为最广大的人民群众谋取政治、经济、文化利益的过程中保持和发展党的先进性。

二是公仆意识。因为全心全意为人民服务、立党为公、执政为民是我们党同一切剥削阶级政党的根本区别，"共产党执政就是领导和支持人民当家作主，最广泛地动员和组织人民群众依法管理国家和社会事务，管理经济和文化事业，维护和实现人民群众的根本利益"。② 我们党要树立公仆意识，就必须始终坚持人民群众是历史的主人，牢固树立党的执政权力来源于人民、受制丁人民、服务十人民的理念；坚持立党为公、执政为民，权为民所用、情为民所系、利为民所谋。这里的人民，主要不是指有钱有权有势的少数人，而是占人口大多数的最广大的劳动人民。

---

① 李景治：《中西执政党执政方式比较及其启示》，《中国人民大学学报》2005 年第 5 期。
② 江泽民：《全面建设小康社会，开创中国特色社会主义事业新局面——在中国共产党第十六次全国代表大会上的报告》，人民出版社 2002 年版，第 31—32 页。

三是居安思危意识。因为党的领导与执政地位不是与生俱来的，也不是一劳永逸的；不是无条件的，而是有条件的，正如列宁所言：党的领导的一个重要条件"是靠这个先锋队所实行的政治领导正确，靠它的政治战略和策略正确，而最广大的群众根据切身经验也确信其正确"①。在执政条件下，党的领导与执政的条件性不但没有弱化、消失，反而提出了更高的要求。一个长期居于领导与执政地位的党，若不能深谙党的领导与执政的条件性、居安思危，就容易僵化保守、盲目自大、骄傲自满、脱离群众。

四是自我革新意识。世界政党政治的发展规律说明：不少执政党在由"革命党"向执政党的转变过程中，也同时存在着由革命走向保守、由代表大多数人利益到代表少数人利益、由大众型政党向"官僚型"政党、卡特尔政党转变的趋势。一个大党、老党长期执政，如果缺乏自我革新意识、不能按照人民与时代要求改革与发展自己，就容易脱离群众、腐败变质，就容易滋生利益集团、蜕变成为"有钱人的党"，就容易导致政党官僚化、政党体制僵化、党内缺乏民主与活力……如此一来，就难以保持党的执政地位。苏联东欧共产党、墨西哥革命制度党、印度国大党等长期执政的大党、老党在20世纪90年代执政失败的教训充分说明了这一点。因此，对执政的中国共产党而言，在实现由"革命党"向"执政党"思维的转变的同时，还必须始终保持马克思主义政党的"革命精神"与革命勇气，根据时代要求、人民要求、自身发展要求，不断革除自身落后与保守的地方，防止与避免政党僵化、腐化、官僚化、利益集团化。只有如此，才能始终保持党的先进性，始终赢得广大人民群众的拥护与支持。

四、新时期加强党的思想建设的策略与方法

在新的历史时期，要加强党的思想理论建设，其前提条件是，要坚持马克思主义、与时俱进地发展马克思主义，实现革命意识向执政意识的转

---

① 《列宁选集》第4卷，人民出版社1995年版，第136页。

变，构建科学的执政理论体系，以提高理论本身的科学性、自洽性与说服力。然而，加强党的思想建设是一个系统工程，一方面，党的思想建设不是孤立的，也不是抽象的，必须紧密联系核心价值观建设、文化建设等来进行。正如党的十八大报告所言：坚定共产党人的理想信念既要抓好思想理论建设这个根本，也要抓好党性教育这个核心，还要抓好道德建设这个基础。也正如习近平所言："从思想道德抓起具有基础性作用，思想纯洁是马克思主义政党保持纯洁性的根本，道德高尚是领导干部做到清正廉洁的基础"。① 另一方面，党的思想建设涉及思想教育的内容、机制、方式与方法等问题。因此，在新的历史时期，要加强党的思想理论建设，仅仅强调理论建树还不够，还必须坚持正确的策略与方法，才能切实解决好"四真"问题、切实增强思想教育与理论武装的有效性。具体说来，以下三点值得注意：

（一）正确研判思想建设形势、树立正确策略与原则

众所周知，信息网络是把"双刃剑"，网络传播利弊共存；在信息网络时代，要加强党的思想建设，首先必须正确研判思想建设面临的复杂形势，制定正确的策略与原则。从当前我国思想建设的态势看，我们不得不承认，从世界范围看，当今以美国为首的西方国家不仅占据经济优势，也占据着信息技术优势；在信息化时代，以美国为首的西方国家凭借经济优势与信息技术优势对我国进行思想渗透、价值观渗透、文化渗透的危险不是在缩小，而是在加剧；在同西方列强"软实力"的竞争中，我们在相当长的一段时间内不得不处于守势。因此，我们必须正视当前我国思想建设的严峻性，正如我们的相关调查研究所表明：高达45.9%的被调查者认为当前"党员干部不信马列信鬼神"现象比较普遍，70%以上的对党的理想

---

① 《习近平在中共中央政治局第五次集体学习时强调 积极借鉴我国历史上优秀廉政文化 不断提高拒腐防变和抵御风险能力》，《人民日报》2013 年 4 月 21 日。

信念与宗教信仰的认识模糊或态度暧昧，56.6%的认为党内不讲真话属于"普遍现象"，72.6%的认为当前领导干部"权力异化"现象"比较严重"，86.2%的对党和国家前途命运表示担忧。今天我们必须清醒地认识到，当前党员干部的理想信念问题已成为一个比较普遍的问题，而不能再主观地认为"党员干部的理想信念整体上是好的"或"理想信念动摇是个别现象"；否则，盲目乐观、误判形势，是无法有效进行理想信念教育的。总之，新时期加强党的思想建设，既要坚持马克思主义，又要与时俱进地发展马克思主义，更要根据信息化时代思想传播的特点来制定正确的原则与策略，不断提高党领导意识形态建设的能力、加强思想建设的水平。①

首先，既要坚持马克思主义，又要与时俱进地发展马克思主义，始终保持党的指导思想的先进性与生命力。历史经验教训表明：老祖宗不能丢。放弃与否认马克思主义，丢掉老祖宗，是错误的、有害的；教条式地对待马克思主义、思想僵化、故步自封，也是错误的、有害的。这告诉我们两个相辅相成的道理：一方面，马克思主义作为党的思想理论之基、作为党的指导思想，即使在信息化时代也动摇不得；如果动摇了马克思主义理想信念，就动摇了我们党的根基、就会切断党的血脉。因此，信息化时代加强党的思想建设，首先坚持马克思主义、坚定中国特色社会主义的理想信念。另一方面，马克思主义是开放的理论体系，是随着时代的发展变化、社会实践发展变化而不断发展的科学，而非僵化的教条，与时俱进是马克思主义的理论品质，正如列宁所言："我们决不把马克思的理论看作某种一成不变的和神圣不可侵犯的东西；恰恰相反，我们深信：它只是给一种科学奠定了基础，社会党人如果不愿落后于实际生活，就应当在各方面把这门科学推向前进。"②因此，在信息化时代，我们必须坚持用发展着

---

① 关于"思想建设的形势与策略"的相关内容，部分内容以《信息化时代的话语权与党的意识形态建设》为题发表于《理论学刊》2014年第10期，人大复印资料《中国特色社会主义理论》2015年第2期全文转载；部分内容以《信息化时代的理想信念问题及其建构方略》为题发表于《南京政治学院学报》2015年第3期。

② 《列宁选集》第1卷，人民出版社1995年版，第274页。

的马克思主义指导新的实践，要自觉从对马克思主义的错误的和教条式的理解中解放出来，自觉从那些不合时宜的观念、做法和体制的束缚中解放出来，自觉从主观主义和形而上学的桎梏中解放出来，也要自觉从对西方政治理论与政治模式的盲目崇拜中解放出来；要根据信息化发展的时代要求，在实践基础上不断进行理论创新、与时俱进地发展马克思主义，既要抵制各种否定马克思主义的错误观点，又要大胆借鉴人类政治文明的有益成果，但绝不能简单地照搬照抄。如果不顾历史条件和现实情况的变化，拘泥于马克思主义经典作家在特定历史条件下、针对具体情况做出的某些个别论断和具体行动纲领，固守僵化的传统制度，我们就会因为脱离实际而不能顺利前进，甚至发生失误；同样，如果不顾国情，一味模仿西方的政治制度，我们也会因为脱离实际而不能顺利前进，甚至会发生颠覆性错误。

其次，要坚持重在建设的原则，依靠"软实力"而非简单批判来赢得吸引力与影响力。前文已言，政党意识形态具有辩护与批判、凝聚与整合、引导与动员等正反、内外多方面的功能，是"批"与"立"、"守"与"攻"、"建"与"破"的统一；然而，政党意识形态也是一把"双刃剑"，如果建设得好、作用发挥得好，就能起到"立、守、建"的积极作用；否则，就会产生消极的作用，容易禁锢思维、僵化保守进而阻碍自身发展与社会进步。世界政党政治的历史与现实都表明，一种意识形态单纯通过批判是很难批倒、很难赢得其他意识形态的，只有在意识形态的实力、凝聚力、影响力的比较中才能赢得优势地位。在当今信息化时代，政党意识形态依然非常重要，乃政党"软实力"之所在；甚至在一定意义上说，政党的生存空间与其意识形态影响力成正比，政党的竞争力与其意识形态的竞争力成正比，政党的执政地位与广大民众对其意识形态的认同度密切相关。一旦一个政党的意识形态出了问题，就会导致人心涣散、政党无力。因此，对任何一个政党特别是执政党而言，不但要坚持自己的意识形态，而且要适应时代发展要求加强意识形态建设，适时调整政党意识形态，不断提高领导意识形态建设的能力和水平，化意识形态的消极功能为积极功能，不断增强政党意识形态的表现力、说服力、凝聚力、感染力、竞争力，以此来扩大政党的生存空间、争取更多民众的支持、巩固执政地位。当前我国思想建设的态势决定了，加强党的意识形态建设必须以建设为主、批判为辅，要以人为本，尊重人民、相信人民、依靠人民，积极倡导和谐理念、培育和谐精神、激发创新活力、促进社会和谐；要增强意识形态的吸引力与影响力，充分发挥其积极功能；要适度淡化意识形态的阶级色彩、革命色彩与控制功能，防止因意识形态固化而造成思想僵化、抑制创新发展。

再次，要坚持原则性、开放性、灵活性相结合，增强党的意识形态的包容性与亲和力。在信息化时代，信息开放，思想多元，价值多元，思想传播迅速广泛，任何一种思潮瞬间就可以传播到世界的每个角落；多种思想与文化的交流，很容易冲破传统的意识形态壁垒与文化壁垒，形成相互比较、相互借鉴、相互影响的新局面。20 世纪 80 年代以来，随着经济全球化与信息化的发展，西方主流政党为了适应社会阶层变化与广大民众的思想变化，为了应对选举压力、争取在选举中赢得更多选民，都被迫调整固有的意识形态，淡化或回避政党意识形态的阶级性，致力于"意识形态中间化"；各国执政党为了增强全局意识、代表公共利益，也在刻意回避政党意识形态的阶级性，避免极左或极右思想路线。同时，西方主流政党的意识形态也由原来的相互排斥向互相借鉴、相互包容方向发展，以增强其意识形态的包容性。比如：德国社会民主党为适应形势变化、争取或保持执政地位，故意淡化其意识形态，认为"党应当制定一个全新的纲领，这个纲领必须抛弃意识形态的包袱，必须使党由一个阶级的党转变成一个人民的党"[①]，以此来达到意识形态中间化之目的。英国布莱尔的"第三条道路"则强调，要使工党变成一个开放的党，成为一个代表各个方面、各个社会阶层利益的政党。美国两大政党则奉行实用主义，二者之间的意识形态本无大区别。尽管我国与西方政治制度不同，中西政党的执政逻辑不

---

① 王长江：《政党的危机：国外政党运行机制研究》，改革出版社 1996 年版，第 99 页。

同，但对中国共产党而言，也存在一个如何争取最大多数人民群众的支持、巩固执政地位的问题，因为"历史和现实都表明，一个政权也好，一个政党也好，其前途与命运最终取决于人心向背，不能赢得最广大群众的支持，就必然垮台"①。因此，新时期加强党的意识形态或思想理论建设，既要坚持原则，也要增强包容性与亲和力；既要坚定不移地代表工人、农民等大多数劳动人民的根本利益，也要兼顾各个社会阶层的利益。只有如此，才能巩固党执政的阶级基础并不断扩大群众基础。

　　最后，要坚持马克思主义与先进文化相结合，通过先进文化建设来促进党的意识形态建设。从概念或逻辑上看，党的意识形态与先进文化之间既有密切联系，也有明显区别。其中，政党意识形态主要包括党的理想信念、政治理念与价值观等基本内容；先进文化（包括政党文化）的概念外延则宽泛得多，既包括政党意识形态的基本内容，也包括政治情感、政治态度、政治符号、政治仪式、政治制度等内容。从现实角度看，政党文化是现代社会非常重要的文化现象之一，具有覆盖面广、表现形式多样、内容生动活泼、通俗易懂、形象直观、感染力与表现力强等特点。比如，政党的党徽、党旗和党歌等，是一个政党区别于其他政党的标志；这些标志性的符号就渗透着政党的政治意识，反映着政党理念、政治心理和政治倾向，甚至比系统化、理论化的思想理论具有更强的感染力与影响力。因此，信息化时代加强党的意识形态建设，必须与先进文化建设、政党文化建设相结合，以先进文化为载体、通过先进文化建设来促进政党意识形态或思想理论建设。这要求我们，第一，要使马克思主义与中国优秀传统文化、民族精神、网络文化相结合，以先进的政党文化、优秀的传统文化来消解网络文化的非理性因素，发挥网络文化滋润心灵、陶冶情操、愉悦身心的积极作用，建设民族的、科学的、大众的、顺应信息化潮流的社会主义先进文化。实践证明，正视历史、弘扬传统文化有助于加强意识形态建设与理想信念教育；简单地割裂历史、否定历史事实与历史人物的态度与

---

① 江泽民：《论党的建设》，中央文献出版社2001年版，第442页。

做法，"非此即彼、不破不立"的思维方式等，不利于理想信念教育与先进文化建设。第二，要适应信息网络时代的特点，把文化建设的着力点放在满足人民群众精神文化需求、促进人的全面发展上；要通过深化文化体制改革来加强网络文化建设，进一步革除制约文化发展的体制性障碍，促进社会主义先进文化建设与文化事业繁荣发展，增强我国先进文化的总体实力与国际影响力。第三，要处理好借鉴人类有益文明成果与反对西方文化侵蚀的关系，既要坚定不移地抵制西方意识形态与西方文化对我国的渗透，又要以开放的心态积极借鉴吸收人类文明的有益成果。

（二）以社会主义核心价值观建设促进思想建设

价值观乃人们认知事物、辨别是非、确定好恶的思维取向与内在标准，具有潜在性、稳定性、持久性、主观性等特点，对人的理想信念、行为动机的形成具有潜移默化的重要影响。因此，我们党经常把世界观、人生观、价值观作为人们思想的"总开关"来看待。在新的历史时期，要加强党的思想建设、进行理论武装，既要把核心价值观建设作为主要内容，也要把核心价值观建设作为推动思想建设的重要载体。要做到这一点，就必须牢牢把握时代脉搏，顺应时代发展潮流与人们思想观念变化，积极把握信息时代的话语权，大胆进行思维创新、模式创新、方式方法创新，努力实现社会主义核心价值观的大众化、人格化、行为化；同时，使社会主义核心价值观融入党和国家的大政方针，为社会主义核心价值观建设提供坚强的政治保障、经济基础与制度保障。具体说来，以下三个方面值得深入思考：[①]

首先，要正确认识社会主义核心价值观的精髓，明确社会主义与资本主义核心价值观的根本区别。2013 年 12 月中央办公厅印发的《关于培

---

① 关于"社会主义核心价值观建设"的相关内容，以《信息化时代的话语权与党的意识形态建设》为题发表于《理论学刊》2014 年第 10 期，人大复印资料《中国特色社会主义理论》2015 年第 2 期全文转载。

育和践行社会主义核心价值观的意见》，将社会主义核心价值观分成三个层面，即国家层面的价值目标乃"富强、民主、文明、和谐"，社会层面的价值取向乃"自由、平等、公正、法治"，公民个人层面的价值准则乃"爱国、敬业、诚信、友善"。这"24 字"社会主义核心价值观充分吸纳了时代精神与人类文明的积极成果，可谓层次清晰、言简意赅、内容丰富、通俗易懂。然而，有的党员干部也常常追问：资本主义社会推崇"自由、平等、博爱"，也强调富强、民主、文明、法治、爱国、敬业、诚信等，那么，社会主义核心价值观的精髓是什么、与资本主义核心价值观的根本区别是什么？的确，这是建树社会主义核心价值观需要回答的一个核心问题。从字面上看，资本主义以"资本"为本，重在保障"资本权利"；社会主义应以"社会"为本位，重在保障社会权利，追求共同富裕，更应该突出社会公平正义或平等公正。从社会本质看，公平正义是社会主义核心的价值追求，也是中国特色社会主义的核心理念，"没有公平正义就没有社会主义；坚持社会主义，就必须坚持公平正义。"① 从人类文明看，公平正义是人类社会文明的基本价值追求。综上所述、比较可见，社会主义核心价值观的内核应定位于"平等与公正"，与资本主义核心价值观的根本区别应该在于社会"平等与公正"，这是马克思主义的内在要求，也是中国特色社会主义的根本价值追求所在。

其次，要增强社会主义核心价值观的内外认同度。对核心价值观的认同问题，既涉及理论认识、思想认识问题，还涉及感同身受、心理认同、情感认同问题；既涉及国民认同问题，还涉及亚洲邻国认同乃至世界认同问题。历史表明："任何离开社会主义制度发展方向而放弃基本原则，离开民族特点而照搬照抄的所谓普世价值，离开人类文明发展大道而封闭自守的做法，都是不可能成功的"。② 因此，新时期建设社会主义核心价值观，必须充分反映中国人民的共同愿望和价值追求，取得全国各族人

① 张小媚：《公平正义：社会主义核心价值观的价值基础》，《中央社会主义学院学报》2011 年第 3 期。
② 金民卿：《大力加强网络文化的价值观引领》，《光明日报》2014 年 4 月 20 日。

民、各社会阶层的认同,这正如习近平所言:"一个民族、一个国家的核心价值观必须同这个民族、这个国家的历史文化相契合,同这个民族、这个国家的人民正在进行的奋斗相结合,同这个民族、这个国家需要解决的时代问题相适应"。① 这要求我们,加强社会主义核心价值观建设必须正确处理历史、现实、未来三者之间的关系,正确处理好三个方面的问题:第一,要处理好继承与扬弃的关系。既要继承传统、强根固本、从优秀传统文化中吸取营养,"深入挖掘和阐发中华优秀传统文化讲仁爱、重民本、守诚信、崇正义、尚和合、求大同的时代价值,使中华优秀传统文化成为涵养社会主义核心价值观的重要源泉"。② 同时,我们必须清醒地认识到:传统文化有其历史局限性,必须采取"扬弃"的态度;试图以儒家等级文化为基础构建社会主义核心价值观,既不适应时代要求,也难以赢得广泛的国内外认同。第二,要正确处理现实与未来的关系。新时期建树社会主义核心价值观,要立足现实、反映社会主义本质、适应中国现实发展要求,抓住"平等、公正"这个精髓,用社会主义荣辱观引领风尚、以公平正义凝聚人心,积极为全中国人民牢筑"价值共识"与"行为底线";还要高瞻远瞩、面向未来,用发展的眼光审视社会主义核心价值观,积极教育引导"信息网络化的青年一代"树立正确的价值观,因为青年价值取向决定未来社会的价值取向。第三,要处理好国内认同与世界认同的关系。在信息化全球化时代,建树社会主义核心价值观,既要以开放姿态来审视我国核心价值观,也要正视世界各国的核心价值观,正确认识世界文明的人类共识与民族差异之关系;既要充分体现人类文明发展规律,反映人类共同的理想愿望与价值追求,使社会主义核心价值观成为人类文明的先进代表者,也要学会世界各国核心价值观建设的"普通话"、增强社会主义核心价值观的国际话语权,避免把社会主义核心价值观"狭隘化"。只有正确处理好国民认同、亚洲认同与国际认同的关系,找到国民认同、亚洲

---

① 习近平:《青年要自觉践行社会主义核心价值观——在北京大学师生座谈会上的讲话》,人民出版社 2014 年版,第 8 页。
② 《习近平谈治国理政》,外文出版社 2014 年版,第 164 页。

认同、世界认同的"最大公约数"，能通过社会主义核心价值观建设塑造国民品格与国家形象，提高国际话语权与影响力，提高国家文化软实力。

最后，要使社会主义核心价值观内化于心、外化于行，必须以人为本、内外相济、标本兼治。这正如中宣部部长刘奇葆所言："一种价值观要真正发挥作用，必须融入实际、融入生活，让人们在实践中感知它、领悟它、接受它，达到潜移默化、润物无声的效果"。[①] 培育和践行社会主义核心价值观作为一项基础工程与战略工程，既需要加强教育引导、舆论宣传、文化熏陶、实践养成，也需要融入政策制度、法律法规的制定实施。这要求我们：（1）要致力于实现社会主义核心价值观的大众化、符号化、普及化。建树社会主义核心价值观，首先必须在全社会唱响核心价值观，使之家喻户晓、妇孺皆知、耳熟能详；若人们连社会主义核心价值观是什么都记不住、记不牢，践行则无从谈起。其次，建树社会主义核心价值观必须做到"三个必须、三个善于"："三个必须"即必须使社会主义核心价值观通俗化，如用诗歌、歌曲、顺口溜等形式唱响核心价值观，让广大民众产生听觉共鸣；必须把核心价值观符号化，如用卡通、版画、图案、公益广告、艺术图标等形式，使其无处不在、随时随地能引发人们的视觉共鸣，如美国汽车牌照下方就标注"Sprit of America"（美国精神）；必须把核心价值观艺术化、故事化，用贴近实际、贴近生活、贴近群众、贴近时代的生动故事与文学作品来广泛宣扬核心价值观，使其引起人们的情感共鸣。"三个善于"即要善于区分对象、区分群体、区分年龄阶段，针对不同的群体，用不同的语言、不同的形式、不同的故事来宣传核心价值观，不能搞一刀切；要善于用群众喜闻乐见的现代大众传媒，如微博、微信、微视频、微电影等，来广泛宣传核心价值观；要善于发挥不同群体的积极性、主动性，尽可能地让群众感动群众、让群众自我教育。（2）要致力于社会主义核心价值观的人格化、行为化、生活化。首先，核心价值

[①]　刘奇葆：《在全社会大力培育和践行社会主义核心价值观》，《人民日报》2014 年 3 月 5 日。

观只有人格化，才能有感染力与持久生命力；"厚德方能载物"说的就是这个道理，真理的力量只有加上人格的力量、道义力量，才能感染人、说服人。这要求我们，加强社会主义核心价值观教育，必须大力选树典型人物、宣扬典型事迹，既要注意选树全国范围内的"大典型"，也要注意选树群众周围的"小典型"，用典型人物的典型事例、高尚品格来感染人。同时，要把核心价值观建设与学生、公民的人格培养紧密结合起来，使核心价值观内化为国人的道德品格。其次，核心价值观只有行为化，才能发挥其应有的人生与社会作用。这要求我们，必须强化核心价值观的实践导向、行为导向，使其真正成为国民心中的罗盘、行动指南、识人的标尺，用社会主义核心价值观指导人们的行为与生活，使人们致力于知行统一、言行一致。最后，核心价值观只有生活化，才能内化为人们的思维方式与生活方式。否则，再漂亮的理论与口号，若脱离了人们的生活、脱离了实际，最终只能成为空话。这要求我们，必须将核心价值观作为基本社会道德规范来执行，必须融入各行各业与大众的日常生活，使其成为人们日常生活的必需品，让人们在生活实践中感知它、领悟它、接受它、运用它，以践行核心价值观为荣、以违背核心价值观为耻。（3）领导干部要以身作则，带头践行社会主义核心价值观。古人云："君子之德风，小人之德草。草上之风，必偃。""其身正，不令而行；其身不正，虽令不从。"可以说，上行下效是核心价值观建设乃至整个党风、政风、社风建设的基本规律；新时期要建树社会主义核心价值观，必须自上而下、从领导干部做起，党员干部要以身作则、带头践行社会主义核心价值观。这要求我们，一方面，要把是否践行核心价值观作为选人用人的重要依据，坚持把干部的德放在首要位置，形成以德修身、以德服众、以德领才、以德润才、德才兼备的用人导向，坚决克服"重才轻德"的用人倾向。对各级领导干部而言，德才兼备是"精品"，有德无才是"次品"，有才无德是"危险品"，"口言善，身行恶"乃"国妖"。另一方面，必须坚决克服"四风"问题、坚决惩治腐败现象。这是因为，"四风"问题与权力腐败可谓社会主义核心价值观的"腐化剂"。如果领导干部精于算计、以权谋私、讲权术不讲道德，要让广大民众践行核心价值观，这是不可能的；只有领导干部秉公用权、带头践行核心价值观，才能使社会主义核心价值观蔚然成风。

（三）改进方式与方法、提高思想教育的针对性与有效性

对于如何加强宣传工作，胡锦涛曾经指出："坚持用时代要求审视新闻宣传工作，按照新闻传播规律办事，创新观念、创新内容、创新形式、创新方法、创新手段，努力使新闻宣传工作体现时代性、把握规律性、富于创造性，不断提高舆论引导的权威性、公信力、影响力"，① 这一道理，对党的思想建设同样适用。新时期要加强党的思想建设、提高理论武装的有效性，必须树立系统思维、整体思维，改进思想教育的方式与方法。具体说来，以下几个方面值得注意：

首先，要用联系的、系统的观点看问题，切忌单纯就"理想信念"谈"理想信念"、就思想建设谈思想建设。具体说来，这需要注意三个方面的问题：（1）要正确处理思想建设与党的其他建设的关系。从党员个体角度看，加强理想信念教育必须与党员干部的"世界观、人生观、价值观"改造、道德品格塑造、秉公用权等紧密结合起来。从党的建设角度看，党的思想建设必须密切党的组织建设、作风建设、制度建设、干部队伍建设等来进行，必须通过党的组织建设来保证、作风建设来体现、制度建设来规范，切忌单纯就"理想信念"谈"理想信念"、单纯就"思想教育"谈"思想教育"。（2）要知己知彼、取人之长、补己之短。我们不但要认真分析"是什么在腐蚀党员干部的理想信念"，还要认真分析"是什么在俘获一些党员干部的灵魂""谁在与我们争夺思想阵地"；更要认真分析"他们是如何做的、其有效方式是什么"。这要求我们，既要正视宗教与各种思想思潮，澄清党员干部的理想信念与宗教信仰的区别、克服模糊认识；也要科学分析宗教与其他思潮"俘获"人心的手段与方法，而非简单批

---

① 胡锦涛：《在人民日报社考察工作时的讲话》，《人民日报》2008 年 6 月 21 日。

判。(3) 要深刻把握思想教育规律、按规律办事。从根本上看，坚定马克思主义理想信念，一要靠思想教育，二要靠制度，三要靠满足与实现广大人民的利益诉求，至少不能忽视其利益，更不能损害其利益。具体说，从党员干部个体角度看，坚定马克思主义理想信念，外在的教育与感染、内在的自省与自律等都很重要。但从全党全国角度看，制度建设更具根本性，科学的制度不仅能够规范人们的行为，而且对人的思想具有价值导向与行为导向作用；思想建设与制度建设密切相关，二者犹如"灵与肉"的关系。另外，加强思想建设必须密切联系人们的需求来进行，思想教育一旦脱离了人们的政治、经济、文化等利益诉求与个人发展需求，则无法赢得民众的真心拥护与身体力行。

其次，要创新教育手段、提高工作艺术，实现"灌输"向"润化"的转变。在信息化时代，加强党的思想建设与理想信念教育，必须充分运用新技术、新手段，以群众喜闻乐见的方式方法来进行，甚至要努力探讨群众自己教育自己的有效途径与方法，努力提高思想建设的艺术与水平；必须加强网上思想舆论阵地建设，牢牢把握舆论导向、掌握网上舆论主导权，以正确的舆论引导人；必须提高网上引导水平，讲求引导艺术，加大正面宣传力度，形成积极向上的主流舆论。一谈到理想信念教育的方式与方法，人们很容易想到列宁提出的"灌输原则"，很容易想到列宁的名言："工人阶级单靠自己本身的力量，只能形成工联主义意识"，"不可能有社会民主主义意识的。这种意识只能从外面灌输进去"。[①] 可以说，"灌输原则"在革命年代与阶级斗争年代得到广泛应用，取得了应有成效。但在信息化时代，思想教育必须考虑受众的思想特点，必须满足受众的心理需要、情感需要、文化需要，尊重其主体地位与自主意识；否则，简单的灌输容易引起人们的戒备心理乃至思想反感。因此，新时期加强思想教育，必须转变思维方式与工作方式，实现"灌输"向"润化"的转变，达到"好雨知时节，当春乃发生。随风潜入夜，润物细无声"的意境与效果。

---

① 《列宁选集》第 1 卷，人民出版社 1995 年版，第 317 页。

一要适时，像春雨一样，当人们心理与成长需要的时候，它就在身边，能够满足人的需要、滋润人的心田。二要识物，看清受众、区分对象，对青少年、成人、党员与干部等不同的人群要因人而异。三要适量，考虑到人们的需求愿望与需求程度；否则，过犹不及。四要适度，考虑到受众的心理承受力与思想接受力，避免疾风暴雨式的思想教育。五要识相，要像春雨一样，随风潜入夜、润物细无声，有意"润物"、无意讨"好"与强迫；如果有意讨"好"或强迫，它就会在白天来、大造声势；唯其有意"润物"、无意讨"好"，才会静悄悄地来。总之，加强思想教育要与时俱进地创新工作手段、提高工作艺术，做到适时、适量、适度、识物、识相、润物无声、潜移默化，让人们在不知不觉中受到思想启迪与精神感染。

最后，需要强调的是，要加强党的思想建设（包括社会主义核心价值观），必须将党的思想建设的价值取向融入到党的大政方针与国家制度和法律中去，建立与完善思想教育的政治保障、经济保障与制度保障。马克思主义告诉我们，经济基础决定政治与思想上层建筑，"正确理解的个人利益是整个道德的基础"，[①]"思想一旦离开利益，就一定会使自己出丑"。[②]因此，新时期加强党的思想建设，首先，必须使党的思想价值导向融入党和国家的大政方针，为党的思想建设提供坚强的政治保障。这要求我们，首先坚持以人为本、以民为本，坚持党性和人民性的统一、坚持依法治国与以德治国相结合，使党的思想理论与社会主义核心价值观融入党的路线方针政策，融入治国理政与社会主义现代化建设的各个方面。其次，必须正确处理好经济建设、政治建设、文化建设、社会建设与社会主义市场经济的关系。国外一些国家的经验教训表明：经济领域市场化有助于经济发展，政治领域市场化容易导致权力腐败，精神领域市场化容易导致精神颓废、文化低俗，民生领域市场化容易导致弱肉强食、贫富分化，社会领域市场容易导致物欲横流、道德滑坡。对此，我们要引以为戒，在发展社会

---

① 《马克思恩格斯全集》第 1 卷，人民出版社 1957 年版，第 167 页。
② 《马克思恩格斯全集》第 2 卷，人民出版社 1957 年版，第 103 页。

主义市场经济、促进经济发展的同时，要注意市场经济对政治、文化、社会建设特别是核心价值观建设的负面影响，更要克服与避免政治领域、精神领域、民生领域、社会领域的市场化。再次，必须筑牢思想建设与核心价值观建设的经济基础，让全国人民共同分享改革发展的成果、切实解决好民生与社会公平正义问题。只有如此，才能使党的思想理论与核心价值观深入人心；否则，民生问题解决不好、社会公平问题解决不好，思想与价值观问题就难以从根本上解决。

第五章

信息化时代的组织建设与党内民主

现代政党是近现代民主政治的产物，是由一定政治倾向的人（属于一定的阶级或阶层）按照一定的组织原则而形成的复杂政治组织；从中央到地方有一个健全的组织体系，乃现代政党与近代政党的重要区别。所谓党的组织原则，即政党根据一定的机理或原则把党组织成为一个结构合理、运行有序、充满凝聚力和战斗力的统一整体。对不同政党而言，其性质与使命不同，组织原则也有所不同，如在世界政党谱系中，有的是按民主原则组党，有的是按民主集中制原则建党，有的是按集权原则或专制原则组党。一般说来，政党组织原则具有根本性、稳定性，但政党组织原则也不是一成不变的；在不同历史时期，随着形势与任务、技术条件与环境的变化，政党组织原则与内部运作机制也会发生一定的调整。比如在信息封闭的年代，世界政党绝大多数都是"封闭式"运作的，比较强调政党内部统一于内部纪律；但是，随着信息化的发展与政治公开的推进，一些西方主流政党开始由原来的"封闭式"运作走向开放式运作，由过去的侧重强调中央集权向扩大党内民主与民众政治参与转变，开始调整党内组织结构、实行政党组织扁平化、党内民主化，以增强对普通党员与广大民众的吸引力。对中国共产党而言，也是如此，正如毛泽东所言："要党有力量，依靠实行党的民主集中制去发动全党的积极性。在反动和内战时期，集中制表现得多一些。在新时期，集中制应该密切联系于民主制"。① 新时期，随着信息化的发展，政治民主、政治透明、政治公开已成为大势所趋，也是大势所逼，扩大政治参与、保障党员权利已成为时代发展的必然，"党内民主是党的生命"已经成为全党的共识。在这样的背景下，我们党如何适应信息化时代的发展要求来加强组织建设，积极发展与扩大党内民主、保障党员权利、实现党内民主化制度化，克服业已严重的党内行政化与官僚化倾向，以增强党内活力与政治认同？这是新时期党的建设面临的一个突出问题。

一、党内民主及其时代要求

何谓党内民主、为什么要发展党内民主？对此，不同人有不同的理解，这在很大程度上是因为，党内民主是个复合词，由"党内"与"民主"两个词组成，而人们对"什么是民主"历来有不同的看法，正如罗伯特·达尔所言："没有一种真正的民主理论，而只有各色各样的民主理论"。② 之所以如此，主要是因为民主是现实的民主实践者、民主制度、民主过程、民主行为的"共同在场"；民主是历史的、具体的、发展的，与一定国家的社会、政治、经济、文化发展水平等密切相关；在不同国家不同历史时期，民主发展水平不同，其表现形式有所不同，不同政治立场的人对民主的感知与看法也有所不同。尽管如此，却也毋庸置疑，民主是文明社会的基本价值观念之一，是政党价值之所在。在当今时代，民主早已变成一个广受赞誉的词，已经成为一个好东西，人们几乎将它等同于"善"：如果一个国家、一个政党、一个社会被冠以"民主"头衔，那意味着是对它的赞美；如果被冠以"专制"头衔，那意味着是对它的敌视与仇视；如果谁反对民主，那将是不明智之举、将会受到世人唾弃。对党内民主而言，也是如此，如西方政党将民主作为政党根本价值归依，我们党将

① 《毛泽东选集》第 1 卷，人民出版社 1991 年版，第 278 页。
② ［美］罗伯特·达尔：《民主理论的前言》，生活·读书·新知三联书店 1999 年版，"导言"第 2 页。

党内民主视为"党的生命"。然而，抽象地去谈"什么是民主、什么是党内民主"难得其要；要深刻认识这一问题，必须深刻认识党内关系，必须密切联系党内民主的基本要素、基本环节、基本内容、发展历程与时代要求来认识，同时，还要正确认识不同政党类型党内民主之差异。

（一）党内民主及其基本原则

现代政党之所以强调"党内民主"，很大程度上是因为现代政党并非铁板一块，而是由许多成员、不同层级组织构成的具有复杂内部关系的政治统一体。从一般意义上看，现代政党至少包括党员与各级组织两大部分。一方面，依据党内地位、作用、政治角色，党员又可分为普通党员、党的各级干部、党的领袖；对于普通党员，当今西方学者在宽泛意义上又将其分为五类，即传统党员、新型党员、政党支持者、政党追随者、新闻关注型党员。另一方面，根据组织层级，党的组织一般可划分为中央组织、地方组织（中间组织）、基层组织（或选区组织）。其中，大国与小国的政党组织层级有所差异，小国政党一般无中间组织，中等国家的政党虽然设有中间组织，但作用不大，只有在幅员广阔的大国政党的中间组织才比较重要。而且，同样是中央组织，大国大党与小国小党也有所差异，一般小国政党中央只设全国代表大会与中央委员会两级，中等国家的政党中央一般分为全国代表大会、中央委员会、中央执行委员会三级；我们党作为世界超大政党，党的中央机构有全国代表大会、中央委员会、中央政治局、中央政治局常务委员会四个层级。①

由此看来，现代政党是一个具有复杂内部关系的复杂政治体，对中国共产党而言也是如此，正如刘少奇所言："我们的党，不是许多党员简

①　关于"党内民主与政党民主"的相关内容，具体参见：（1）《比较视野中的国家民主与党内民主》，《当代世界与社会主义》2010 年第 4 期，人大复印资料《政治学》2010 年第 10 期全文转载；（2）《政党类型与党内民主分析》，《中国人民大学学报》2010 年第 5 期，《中国社会科学文摘》2011 年第 3 期转载。

单的数目字的总和，而是由全体党员按照一定规律组织起来的统一的有机体，而是党的领导者被领导者的结合体，是党的首脑（中央）、党的各级组织和广大党员群众依照一定规律结合起来的统一体"，"党的民主集中制就是反映党员与党、下级对上级、上级对下级的矛盾关系体"。① 要深刻认识党内民主，必须首先正确认识党内关系。从个体角度关系看，党内关系主要包括党员与党员关系、党员与干部关系、党员与领袖关系、干部与领袖关系等；从个体与组织角度看，党内关系又可分为党员与组织关系、下级组织与上级组织关系、全党与领袖关系等；从政治板块划分角度看，法国政治学者让·布隆代尔认为，西方政党可拆分为五部分，即议会党（作为议会机构的政党）、成员党（作为成员组织的政党）、官僚政党、政府中的政党以及可能存在的选民中的政党；并且认为，只有把政党"拆开"，才能深入理解政党内部关系与组织行为模式。② 在此意义上看，西方政党的党内关系还包括各政党板块之间的关系。从表面上看，党内关系主要是一种政治关系或组织关系，而非私人关系、商业关系；但是，政治是经济的集中表现，各种社会关系归根到底是一种利益关系，因此从根本上看，党内关系是一种权利与义务、权力与责任乃至利益关系。当然这对不同的党员有不同的意蕴，对普通党员而言，党内关系主要是一种相辅相成的权利与义务关系；对党的干部与各级组织而言，党内关系还是一种相辅相成的权力与责任关系；对全党而言，党内关系无疑既是一种政治关系，也是一种利益关系，政治关系与利益关系相互交织、渗透到党内关系的各个方面，这是无法回避的客观现实。

面对复杂的党内关系，如何使政党有效有序地运作起来，以形成全党共识、一致行动、有效发挥作用？这是现代政党面临的一个根本问题。对不同国家不同类型的政党而言，其组织原则不同，党内民主状况也有所不同。纵观世界各国党内民主的理论与实践，大致有三种不同的观点：一

---

① 《刘少奇文集》上卷，人民出版社 1981 年版，第 358 页。

② ［法］让·布隆代尔、毛里齐奥·科塔:《政党政府的性质》，北京大学出版社 2006 年版，第 51—61 页。

种观点认为，寡头统治是政党政治铁律，党内难以实行民主，米歇尔斯等持这种观点。另一种观点认为，如果一个政党要有责任和内聚力，就应该大大缩小党内民主的范围，否则党的凝聚力可能会受到影响，熊彼特等持这种观点。第三种观点认为，党内民主是党的生命，这是我国主流的观点。对共产党而言，从一开始创始人就强调党内民主，如恩格斯强调，共产主义者同盟"组织本身是完全民主的，它的各委员会由选举产生并随时可以罢免，仅这一点就已堵塞了任何要求独裁的密谋狂的道路"①。对我们党而言，最初是按列宁的建党原则建立起来的、以民主集中制为党的根本组织原则和领导制度，正如党章所言："党是根据自己的纲领和章程，按照民主集中制组织起来的统一整体"。② 尽管从历史上看，世界各国党内民主状况有所不同，但民主始终是现代政党高举的大旗，世界各主要政党都是通过高举"民主"旗帜来号召民众、争取民众、赢得政治合法性的。从二战以来世界政党发展状况看，党内民主是世界政党发展的一个基本趋势，一些国家的法律甚至明确规定要实行党内民主，如 1949 德国《基本法》第 21 条明确规定：政党的内部组织必须符合民主原则，它们必须公

---

① 《马克思恩格斯选集》第 4 卷，人民出版社 1995 年版，第 200 页。需要强调的是，强调党内民主并非意味着否定党内集中统一与党内权威。对共产党而言，马克思、恩格斯同时认为：政党必须保持党的纪律，否则将一事无成。如恩格斯在总结巴黎公社失败的教训时强调："巴黎公社遭到灭亡，就是由于缺乏集中和权威。"（见《马克思恩格斯选集》第 4 卷，人民出版社 1995 年版，第 606 页。）

② 在我国，人们一般认为，个人服从党的组织、少数服从多数、下级服从上级、全党服从中央是民主集中制的基本原则。实际上这只是民主集中制内涵的一部分。根据党章规定，民主集中制除了"四个服从"原则外，还包括以下几个原则：一是选举原则，要求党的各级领导机关，除它们派出的代表机关和在非党组织中的党组外，都由选举产生；二是党的最高权力机关是党的代表大会，党的各级委员会向同级代表大会负责并报告工作；三是监督原则，上下级组织之间要互通情报、互相支持和互相监督；四是集体领导和个人分工负责相结合的原则，重大问题都要按照集体领导、民主集中、个别酝酿、会议决定的原则，由党的委员会集体讨论作出决定；委员会成员要根据集体的决定和分工，切实履行自己的职责；五是禁止任何形式的个人崇拜。只有把以上几个方面联系起来，而非单纯强调其中的某一个或某几个方面，才能真正把握民主集中制作为党的根本组织原则与领导原则的基本内涵与基本要求。

开说明经费来源；[①] 法国 1958 年宪法第 4 条规定：政党必须遵守国家主权原则和民主原则；[②] 韩国 1987 年宪法第 8 条也明文规定：政党的目的、组织和活动应符合民主原则，并应具有必要的组织形式；政党的目的或活动，违背民主基本秩序时，政府可提请宪法裁判所解散之。[③]20 世纪 80 年代以来，随着信息化发展与民主政治发展，发展党内民主已经成为当今世界的潮流，在这样的氛围中，我们党 2002 年在党的十六大报告中明确提出了"党内民主是党的生命"的重大论断。

那么，什么是党内民主？从构成要素看，戴维·米勒等曾经指出，民主涉及五个基本问题：即由谁统治，在什么限度和范围内统治，以何种名义统治，是采取直接手段还是间接手段，在何种条件和约束下进行统治。[④] 这五个基本问题实际上道出了民主的五大要素，涉及民主的主体、范围、依据、手段、条件等基本内容。尽管这种说法是针对国家民主或人民民主而言的，但对党内民主同样适用。因此，要讲党内民主需要认真思考以下五个方面：(1) 党内民主的主体是谁？是政治精英、政党领袖还是广大党员？这是判断党内是否民主的一个根本标准。(2) 党内民主的限度和范围如何？是在全党实行自上而下的集中统一领导，还是中央与地方分权？[⑤] 是在党内选举、决策、管理、监督等所有政治环节都实行民主，还是在部分环节实行民主？党内民主的边界何在、如何处理党内民主与纪律的关系？ (3) 党内民主的依据何在？是为了保证党员权利还是履行党员义务，是为了贯彻领袖意志还是党员公意，是为了完成党的使命还是代表民意？ (4) 党内民主的手段与形式如何？在党内是实行直接民主还是间接民主、是协商民主还是选举民主？党内主要领导是实行"委

[①] 姜士林等主编：《世界宪法全书》，青岛出版社 1998 年版，第 793 页。

[②] 姜士林等主编：《世界宪法全书》，青岛出版社 1998 年版，第 885 页。

[③] 姜士林等主编：《世界宪法全书》，青岛出版社 1998 年版，第 252 页。

[④] ［英］戴维·米勒、韦农·波格丹诺：《布莱克维尔政治学百科全书》(修订版)，中国政法大学出版社 2002 年版，第 30 页。

[⑤] 从层级看，党内民主可以区分为基层党内民主、地方党内民主与上层党内民主。在不同的层级，政党组织的职责不同，党内民主的要求也有所不同。

任制"还是"选任制"、是直接选举还是间接选举？（5）党内民主的条件如何？是在革命年代还是建设时期、是常态政治下还是非常态政治下、是在封闭年代还是开放年代、是在传统媒体时代还是信息网络时代？总之，只有把握以上五个方面的基本问题，才能深刻认识党内民主。

从根本上看，党内民主不仅是一种工作作风，更是一种保障党员权益的制度安排；不仅是一种精神理念，更是民主理念、民主制度与民主形式的有机统一；党内民主的核心问题是党内权力授受关系与党内治理问题，其实质是以民主方式来处理党内权利与义务、权力与责任、利益矛盾关系，其目的在于增强党内活力与战斗力、维护党的团结统一。世界政党政治的实践表明：党内民主的主体应该是广大党员，而非少数政治精英或政党领袖；党内民主不是无限的，而是有限的，党内民主主要体现在民主选举与民主监督环节，而非所有政治环节平均用力、实行一样的民主，党的纪律是党内民主的边界；党内民主的依据应该是保证党员权利，而非单纯地服从与贯彻上级领导意志；党内民主的形式多种多样，选举民主、协商民主、直接民主、间接民主等都是党内民主的表现形式；党内民主是有条件限制的，革命年代与建设时期、常态政治与非常态政治下、封闭年代与开放年代、传统媒体时代与信息网络时代有所差异，比较而言，后者对党内民主的要求更高。

进一步而言，在当今民主政治时代，党内民主一般要遵循以下基本原则：（1）政党组织设置、内部运作、制度安排等要坚持民主原则。（2）在党内坚持党员平等、保障党员权利，① 实行少数服从多数的"多数决策"，但要尊重与保障少数人基本权益、避免"多数人的暴政"。（3）党的代表大会是最高权力机关，禁止党内个人崇拜与个人专权。（4）党内纪律是党

---

① 根据《中国共产党章程》的规定，党员权利涉及知情权、讨论权、建议权、批评权、表决权与选举权、辩护权、意见保留权，以及请求、申诉和控告权，这八项党员权利可简单归纳为知情权、表达权、参与权、选举权、监督权。从党员权利与义务关系看，二者应该是相辅相成的，但政党文化是一种义务优先、纪律优先的文化，党员只有履行义务才有权利可言。

内民主的边界，在保障党员基本权益的前提下，个人服从组织、少数服从多数、下级服从上级、全党服从中央。（5）保障党员政治参与，尤其要保障党员的选举权与被选举权，党内领导职务与政党提名候选人应实行自下而上的选举。（6）坚持权力与责任对等原则，党的干部既要对上负责，也要对下负责，全党要对国家与社会负责。（7）在党的纪律与制度面前，人人平等、不搞特权。（8）遵循民主程序，致力于程序民主与结果民主的统一。上述八项党内民主原则，实际上涉及党内民主建设的许多内容。尽管中外对党内民主有不同的认识，但有一点却是共识，那就是保障党员权利与党内政治参与，这在不同的政治环节有不同的表现。有人认为，既然要讲党内民主，就应该在党内各政治环节都实行民主，实行民主选举、民主决策、民主管理、民主监督，而且认为，党内各政治环节越民主越好。这种愿望也许是好的，但在一定程度上说，却是对党内民主的一种误读，因为不同的政治环节有不同的要求、党员参与度也有所不同，比如在决策环节，既要讲民主，更要讲科学，还要讲公平，如何平衡好决策效率、社会公平性（或代表性）与党员参与度之间的关系，值得考量，毕竟科学决策是领导者的基本职责；在执行环节侧重强调的是效率，其关键在于服从与执行；在管理环节既要讲民主，更要讲纪律与制度约束。比较而言，民主选举、民主监督（包括问责）才是党内民主的前后两个关键环节，才是党内民主至关重要的内容。另外，在强调民主基本原则的同时，我们必须清醒地认识到，无论是对国家还是对政党而言，民主都是相对的、具体的、发展的，是民主价值的普适性与实现形式多样性的统一。在这里，我们强调民主价值的普适性，主要是从原则与理念意义上讲的，决不意味着民主的某种形式、道路、模式也具有普适性；恰恰相反，民主形式是为贯彻民主原则而采用的具体制度、体制、措施与做法，具有多样性，人们常说的选举、协商、表达、监督等都是常见的民主形式。而且，对不同性质、不同类型的政党而言，党内关系不同，对党内民主、党内纪律的要求不同，这需要具体政党具体分析；但一般而言，政党组织越严密、内部系统越复杂，党内关系就越复杂、党内民主问题就愈加突出。

（二）改革开放以来党内民主的发展历程与基本经验

在改革开放初期，邓小平曾经指出："当前这个时期，特别需要强调民主。因为在过去一个相当长的时间内，民主集中制没有真正实行，离开民主讲集中，民主太少"。① 改革开放以来，我们党认真吸取"文化大革命"的教训，高度重视党内民主建设、不断推进党内民主发展，"党内民主是党的生命"可谓改革开放以来党内民主建设的基本结论。概括说来，改革开放以来党内民主的发展历程大致如下。

党的十一届三中全会至十三届四中全会，突出强调加强与改善党的领导。这是以邓小平同志为核心的党的第二代中央领导集体以经济建设为中心、进行改革开放的头十年。如何适应改革开放和社会主义现代化建设的时代要求来加强与改善党的领导、把党建设成为领导社会主义现代化事业的坚强核心，可谓这一时期党的建设的主题。围绕这一主题，我们党努力推进党内政治生活的正常化、进行党和国家制度改革，实行党政分开、简政放权与干部"四化"方针，废除干部领导职务终身制。当时的形势与任务决定了党内民主显然尚未成为这一时期党的建设的主要问题，如党的十二大报告既未突出强调党的建设，更未出现"党内民主"一词。党的十三大报告在重点强调党政分开、权力下放的同时，开始强调党内民主并提出了一些发展构想，如"以党内民主来逐步推动人民民主，是发展社会主义民主政治的一条切实可行、易于见效的途径"，"要疏通党内民主渠道和健全民主生活，使党员对党内事务有更多的了解和直接参与的机会。"② 然而，由于 1989 年政治风波与时局变化，党的十三大关于党内民主的初步设想一段时间内被搁置起来。

党的十三届四中全会至十六大，突出强调"发扬党内民主"。这是以江泽民同志为核心的党的第三代中央领导集体坚持改革开放、实行依法治

---

① 《邓小平文选》第 2 卷，人民出版社 1994 年版，第 144 页。
② 《中共中央文件选编》，中共中央党校出版社 1992 年版，第 415—416 页。

国、全面推进党的建设新的伟大工程的 13 年。在 1989 年政治风波、苏东剧变的国内国际形势下，坚持党要管党、从严治党成为这一时期的党建主题；加强党的纪律、保持团结统一、维护中央权威、确保政治稳定等，成为这一时期党的建设的主要任务。围绕这一时期的党建主题与主要任务，党的十四届四中全会通过了《关于加强党的建设几个重大问题的决定》，党的十五大明确提出了党的建设新的伟大工程的总目标、总体部署和战略任务。然而，当时的时代特点与任务决定了，党内民主尚未成为党的建设的主要问题，如党的十四大报告重点强调的是改善党的领导、加强党的纪律、维护党的团结；党的十五大报告重点强调的是"不断提高领导水平和执政水平，不断增强拒腐防变的能力"；"维护中央权威，在思想上、政治上同中央保持一致，保证党的路线和中央的决策顺利贯彻执行"。① 对于党内民主建设，无论是党的十四大报告还是十五大报告，都论述得比较原则、比较简略，文字表述上依然强调的是"发扬党内民主"，而非发展党内民主；而且，党内民主建设主要是重申了过去的一些观点。

党的十六大至十八大，突出强调"党内民主是党的生命"与"发展党内民主"。这是以胡锦涛同志为总书记的党中央致力于依法执政、民主执政、科学执政的十年，也是我国信息化快速发展的十年。以党的执政能力建设和先进性建设为主线、以改革完善党的领导体制和工作机制为重点、突出强调扩大党内民主与发展党内民主，成为这一时期党的建设的主题与基本特点。在这一时期，我们对党内民主的认识达到一个新的高度，改变过去"发扬党内民主"的提法，强调："党内民主是党的生命"，要"发展党内民主、扩大党内民主"，如党的十六大强调："要以保障党员民主权利为基础，以完善党的代表大会制度和党的委员会制度为重点，从改革体制机制入手，建立健全充分反映党员和党组织意愿的党内民主制度"；② 党的十七大报告则史无前例地用小标题提出"积极推进党内民主建设，着力增

---

① 江泽民：《论党的建设》，中央文献出版社 2001 年版，第 263—264 页。
② 江泽民：《全面建设小康社会 开创中国特色社会主义事业新局面——在中国共产党第十六次全国代表大会上的报告》，人民出版社 2002 年版，第 52 页。

强党的团结统一"；① 党的十七届四中全会则强调："保障党员主体地位和民主权利。以落实党员知情权、参与权、选举权、监督权为重点，进一步提高党员对党内事务的参与度，充分发挥党员在党内生活中的主体作用"，并明确指出了新时期党内民主建设的基本思路，那就是以坚持"民主基础上的集中和集中指导下的民主相结合"为基本原则，以保障党员民主权利为主题，以加强党内基层民主建设为基础，以完善党内民主制度为重点，以"充分发挥全党的积极性、主动性、创造性，维护党的集中统一和国家的团结"为目的。② 且制定了党内民主建设的一些基本制度，如颁布与实施了《党员权利保障条例》《党内监督条例（试行）》，建立了巡视制度等；确立了推进党内民主建设的一些基本举措，如坚持和完善党的领导制度，完善党的代表大会制度，扩大在市、县进行党的代表大会常任制的试点，推行地方党委讨论决定重大问题和任用重要干部票决制，建立健全中央政治局向中央委员会全体会议、地方各级党委常委会向委员会全体会议定期报告工作并接受监督的制度，推进党务公开，改革和完善党内选举制度，逐步扩大基层党组织领导班子直接选举范围，探索扩大党内基层民主多种实现形式，完善党内民主决策机制，等等。总之，党的十六大以来，党内民主建设迈上了一个新台阶。

党的十八大以来，在已有基础上，以习近平同志为核心的党中央在党内民主建设上已经取得重大进展，如党员的民主意识与权利意识有所增强，基本人权得以保障，党组织不再干涉党员私权与私生活；党内民主制度不断完善，党的代表大会制度、委员会制度不断健全；选举制度有所改进，民主程序不断完善；党内民主作风得以提高，家长制作风在削弱；党内民主监督机制正在形成，基层党内民主建设在改革中推进；等等，并

---

① 胡锦涛：《高举中国特色社会主义伟大旗帜　为夺取全面建设小康社会新胜利而奋斗——在中国共产党第十七次全国代表大会上的报告》，人民出版社 2007 年版，第51 页。

② 《中共中央加强和改进新形势下党的建设若干重大问题的决定》，《人民日报》2009年 9 月 28 日。

推进了人民民主发展。具体到整个国家民主政治建设，正如习近平所言："我们废除了实际上存在的领导干部职务终身制，普遍实行领导干部任期制度，实现了国家机关和领导层的有序更替。我们不断扩大人民有序政治参与，人民实现了内容广泛、层次丰富的当家作主。我们坚持发展最广泛的爱国统一战线，发展独具特色的社会主义协商民主，有效凝聚了各党派、各团体、各民族、各阶层、各界人士的智慧和力量。我们努力建设了解民情、反映民意、集中民智、珍惜民力的决策机制，增强决策透明度和公众参与度，保证了决策符合人民利益和愿望。我们积极发展广纳群贤、充满活力的选人用人机制，广泛把各方面优秀人才集聚到党和国家各项事业中来。我们坚持依法治国、依法执政、依法行政共同推进，坚持法治国家、法治政府、法治社会一体建设，全社会法治水平不断提高。我们建立健全多层次监督体系，完善各类公开办事制度，保证党和国家领导机关和人员按照法定权限和程序行使权力。"①

总结改革开放以来党内民主建设的实践探索，至少可得出以下六点基本经验：

（1）执政时间越长越要倍加重视党内民主建设。党内民主建设的永恒主题，就是要尊重党员党内主体地位、保障党员民主权利，党员民主权利的实现程度标志着党内民主的发展程度，党员的知情权、选举权、被选举权、监督权等能否得到尊重与保障乃党内民主发展的一个重要衡量标准，加强党内民主建设必须正确处理好党内权力授受关系、领导权力与责任关系。在革命和战争年代，由于环境与条件限制，侧重强调集中、纪律与党的权威理所当然，否则，难以取得革命胜利，正如列宁所言："在目前激烈的国内战争时代，共产党必须按照高度集中的方式组织起来，在党内实行像军事纪律那样的铁的纪律，党的中央机关必须拥有广泛的权力，得到全体党员的普遍信任，成为一个有权威的机构。只有这样，党才能履行自

① 习近平：《在庆祝全国人民代表大会成立 60 周年大会上的讲话》，《人民日报》2014 年 9 月 6 日。

己的义务"。① 但在和平建设尤其是改革开放时期，必须应依法执政、民主执政、科学执政的时代要求，大力发展党内民主、以党内民主推动人民民主。我国的国情与党情等决定了：党内民主对人民民主具有重要的示范和带动作用，扩大党内民主能够带动人民民主。同时也要清晰地认识到，人民民主是党内民主的社会基础与重要推动力量，正如有的学者所言："改革开放以来，党内民主的全部历程证明了一个十分简朴的道理：党内民主的动力，源于人民的利益需要和推动。党内民主制度建设的突破，也是因人民民主的发展而引发的"。②

（2）党内民主建设的直接目标就在于增强党的活力与生命力、激发全党的积极性主动性创造性、维护党的团结统一。党的建设的历史经验告诉我们，发展党内民主，充分发挥广大党员和各级党组织的积极性主动性创造性，是党的事业兴旺发达的重要保证。世界政党政治的经验教训也告诉我们：党内民主问题解决不好，党是可以变质的；一个大党、老党如果不注意加强党内民主建设，党内就会缺乏民主，就容易陷入僵化、保守，久而久之就会失去凝聚力与战斗力。但是，对一个政党而言，党内民主并非根本目的，党内民主是为改善党的领导、实现党的历史使命服务的；党内民主并非无限的，而是有限的，以是否能够促进党内团结统一、激发党内活力为基本衡量标准。

（3）党内民主建设的根本原则在于民主集中制、党内民主建设的根本保障在于加强党内民主制度建设。因为制度带有根本性、全局性、稳定性和长期性，要加强党内民主建设、发展党内民主，首先必须根据时代发展要求不断完善党的民主集中制，这是因为，民主集中制的贯彻落实受客观环境、党的历史任务、党内民主状况等多方面因素的影响与制约，有一个历史发展过程；历史证明，"革命的马克思主义政党根本否认能找到一种绝对正确的、对革命过程中的一切阶段都适合的组织形式和工作方法。相

---

① 《列宁选集》第 4 卷，人民出版社 1995 年版，第 254 页。
② 高新民：《论党内民主与人民民主的互动关系》，《重庆社会科学》（创刊号）2004 年第 1 期。

反，组织形式和工作方法应当完全取决于具体的历史环境的特点以及由这种环境直接产生的任务"。① 其次要加强党内民主制度建设、健全党内民主制度体系，这包括完善党的代表大会制度、委员会制度、集体领导制度、民主选举制度、民主监督制度等基本制度，并建立与完善相关体制与机制。若没有健全的党内民主制度体系作保障，若不能从制度或体制上加强对党内权力的监督与制约，就难以有效遏制与惩治权力腐败，则难以实现真正的党内民主。

（4）党内民主建设与党的纪律建设相辅相成。加强党内民主建设必须正确处理党内民主与集中、自由与纪律的关系，注意维护党的团结统一与中央权威；既不能因强调党内民主而忽视党内纪律、破坏党的纪律，也不能因强调党内纪律而忽视党内民主、抑制党内民主；既不能以民主为借口破坏党的团结、削弱中央权威，也不能以加强统一领导、维护中央权威为借口忽视党内民主、损害党员权利。实际上，在民主政治时代，党内民主、党的纪律、中央权威是相辅相成的，只有真正集中广大党员的意志而非少数人的意志，才能形成真正的中央权威；只有真正维护广大党员权利与全党利益的铁的纪律，才能获得全党的拥护与遵行。正如邓小平所言："一个党不集中不行，如果没有中央的和各级党委的集中领导，这个党就没有战斗力。这种集中，如果没有高度的民主作基础，集中也是假的。"② 这告诉我们一个基本道理："假集中"是难以得到广大党员认可的，基于"假集中"而形成的权威是难以服众的。从世界政党现状看：要使政党有效、有序运作，只能有一个权力中心；要保持一个政党的凝聚力、竞争力与领导力，就必须执行党的纪律、维护中央权威、实现政令统一；而民主基础上产生的权威才是真正的权威。

（5）加强基层党内民主建设是整个党内民主建设的基础工程，也是党内民主发展的不懈动力。从西方民主政治建设角度看，统治者永远是少

---

① 《苏共决议汇编》第 2 分册，人民出版社 1964 年版，第 49—50 页。
② 《邓小平文选》第 1 卷，人民出版社 1994 年版，第 347 页。

数、被统治者永远是大多数，精英政治难以避免。那么，我们如何避免西式精英统治、避免"兴亡周期率"、避免仆人变主人、如何实现人民民主？大力发展基层党内民主可谓一条最直接、最现实的有效途径。因为绝大多数党员群众生产生活在基层，受其能力、资源、时间、精力所限，难以真正有效地参与上层民主；但基层民主就在他们身边，最容易为其所感知、参与、享有，是其能力之所及、情感之所至、现实利益之所系，也是决定其政治态度与政治行为的关键；而且，加强基层党内民主建设，可以在实践中增强广大党员的民主意识、养成民主习惯、提高民主素质、学会民主本领，从而为整个党内民主建设提供持久的发展动力。因此，我们要积极"推广基层党组织领导班子成员由党员和群众公开推荐与上级党组织推荐相结合的办法，逐步扩大基层党组织领导班子直接选举范围，探索扩大党内基层民主多种实现形式"①。

（6）党内民主建设是一项系统工程，涉及党的建设的诸多方面，需要协同推进。我们既需要在理论上系统思考党内民主的本质、基本内容、发展道路、发展动力、发展步骤、发展目标、检验标准、条件与限度等一系列问题；也需要深刻认识党内民主建设与党的政治建设、思想理论建设、组织建设、制度建设、能力建设、先进性建设等方面的关系，在党的建设的整体推进中促进党内民主建设；而且，还需要正确认识党内民主与人民民主的关系、党内民主建设与政治文明建设的关系等。只有系统思考党内民主建设、协同推进党内民主建设，党内民主建设才能健康顺利发展。

（三）党内民主建设的时代要求与现实问题

无论是从基本民主环节还是党员权利看，党务公开、保障党员知情权都是党内民主的逻辑起点或前提条件，正如列宁所言：实行民主制需要三

---

① 胡锦涛：《高举中国特色社会主义伟大旗帜　为夺取全面建设小康社会新胜利而奋斗——在中国共产党第十七次全国代表大会上的报告》，人民出版社 2007 年版，第52 页。

个条件，即"完全公开、选举制和普遍监督"。① 对党内民主而言，这三个条件是相辅相成的。首先，没有公开就不可能有真正的民主。对于这一点，列宁深刻指出：公开性可以"对于党员在政治舞台上的一举一动进行普遍的（真正普遍的）监督，就可以造成一种能起生物学上所谓'适者生存'的作用的自动机制"；② 而且认为："没有公开性而谈民主制是很可笑的，并且这种公开性还要不仅限于对本组织的成员"。③ 对党内民主而言，党务公开既是党内民主的基本要求与重要内容，也是发展党内民主、落实党员权利、保障党员主体地位的前提，是落实党员知情权、参与权、选举权、监督权的必要条件。其次，党务公开必然会促进党内民主的"广度"与"深度"发展，因为无论是"广度民主"还是"深度民主"，都是建立在一定信息公开基础之上的。所谓民主的广度，主要是指广大民众政治参与的人数与范围；所谓深度民主，是与广度民主相对而言的，也是以广度民主为基础的，主要是指广大民众政治参与的强度、持续性与影响力等。正如美国学者卡尔·科恩所言："民主的广度是由社会成员是否普遍参与来确定的，而民主的深度则是由参与者参与时是否充分，是由参与的性质来决定的。"④ 再次，党务公开是党内民主的必要条件，但并非充分条件；要加强党内民主建设，除了进行党务公开外，还必须加强民主选举与民主监督；只有形成合理完善的民主选举机制与权力监督制约机制，才能真正落实党内民主、保障党内民主、实现党内民主。

在当今信息化时代，信息网络技术的广泛运用，首先有助于打破信息垄断、改变政治信息单向传播的传统局面，有助于实现信息资源的大众化、公开化、平等化；同时，各种信息网络平台为满足广大民众的知情权、鼓励公民政治参与提供了便捷，为政治公开与党务公开创造了前所未有的条件。其次，政治透明、党务公开等使得一些原本"上不得台面""见

---

① 《列宁全集》第 6 卷，人民出版社 1986 年版，第 132 页。
② 《列宁选集》第 1 卷，人民出版社 1995 年版，第 417 页。
③ 《列宁全集》第 6 卷，人民出版社 1986 年版，第 131 页。
④ ［美］科恩：《论民主》，商务印书馆 2005 年版，第 21 页。

不得阳光"的"暗箱操作"不得不暴露在阳光下，这很容易激发广大党员民众政治参与的潜能与热情，正如有的学者所言："信息公开的理念被引入电子政务建设，不仅是为了逐步改善整个社会信息不对称状态，更重要的是，信息公开制度保障下的知情权还将唤醒整个社会的参与治理意识"。① 这必然对党内民主建设形成了新挑战。再次，信息网络技术的广泛运用为民主的深度发展提供了廉价技术支撑，有助于打破阻碍直接民主、参与民主的"技术瓶颈"与"成本限制"，必然会促进间接民主向直接民主发展，必将推动党的建设"改革开放"与党内民主的深度发展。面对信息化发展与民主政治发展的时代要求，新时期党内民主建设既面临着一些长期未解决的"老大难"问题，也面临着一些新问题：

第一，党内民主建设面临的"老大难"问题，主要还是 1980 年 8 月邓小平在《党和国家领导制度的改革》中所言的："从党和国家的领导制度、干部制度方面来说，主要的弊端就是官僚主义现象，权力过分集中的现象，家长制现象，干部领导职务终身制现象和形形色色的特权现象。"②"不彻底消灭这种家长制作风，就根本谈不上什么党内民主，什么社会主义民主。"③ 时至今日，改革开放 30 多年过去了，除了"干部领导职务终身制现象"这一问题得到有效解决外，官僚主义、权力过分集中、家长制现象等依然没有解决好，官僚主义、形式主义现象依然十分突出；有的地方有的单位"一把手"权力过分集中、搞"一言堂"现象依然比较严重。究其原因，这既与封建思想根深蒂固的影响有关，更与权力过分集中的领导体制、选人用人机制等密切相关。

第二，就党内民主建设面临的新问题而言，对照习近平总书记所言的"判断是否民主有效的八项标准"，即国家领导层能否依法有序更替，全体人民能否依法管理国家事务和社会事务、管理经济和文化事业，人

---

① 高世楫：《信息化提升政府绩效，推进政府转型》，参见《下一次浪潮：信息通讯技术驱动的社会与政治创新》，上海远东出版社 2012 年版，推荐序，第 10 页。
② 《邓小平文选》第 2 卷，人民出版社 1994 年版，第 327 页。
③ 《邓小平文选》第 2 卷，人民出版社 1994 年版，第 331 页。

民群众能否畅通表达利益要求，社会各方面能否有效参与国家政治生活，国家决策能否实现科学化、民主化，各方面人才能否通过公平竞争进入国家领导和管理体系，执政党能否依照宪法法律规定实现对国家事务的领导，权力运用能否得到有效制约和监督，①党内民主面临的新问题主要有以下十二个方面：广大党员的权利意识空前增强，但党员权利保障制度或机制还不够健全，广大党员形式上有权、实际上无权现象比较突出；广大党员政治参与的热情空前提高，但有效参与的途径比较有限，目前主要还是自上而下来推动党内民主建设，难以有效发挥广大党员在党内民主建设中的积极性主动性，"干部在干、群众在看"现象比较突出；基层党务公开在全面推进，但全党层面的党务公开举步维艰，"秘密观念"仍左右着一些党员干部的思想与行为；党内选举形式、选举程序基本完善，但不少选举流于形式，"权力授受关系"颠倒、选人用人公信度不高，对上负责很认真、对下负责很敷衍现象比较突出；有的党员干部把"党代表"称号作为一种荣誉而非一种责任，党代表可以发挥建议权，但很难发挥监督权与罢免权；党内决策开始重视民意、专家咨询与调查研究等，但党内决策的科学化水平有待提高，主要领导靠"拍脑袋"主观决策现象仍比较突出；在权与法的关系方面，权大于法、领导说了算、以权乱法、朝令夕改等现象仍比较突出；党内官本位意识、长官意志、行政化色彩仍比较浓厚，难以做到制度与规矩面前人人平等；虽然我们党高度重视党内权力监督与制约问题，但目前仍很不完善；党内民主建设常常随着领导人的改变、领导人注意力的改变而改变，一些领导把党内民主建设作为形象工程、政绩工程现象比较突出；党内"民主不力、集中不力"现象仍比较突出，"上有政策、下有对策"或"上面积极、下面消极"现象仍比较常见；党内民主建设"绕道走"现象比较突出，有的单位有的领导比较关注枝枝节节、鸡毛蒜皮的问题，对党

---

① 习近平:《在庆祝全国人民代表大会成立 60 周年大会上的讲话》,《人民日报》2014
年 9 月 6 日。

内民主建设的根本问题有所忽视；等等，这些都是新时期加强党内民主建设必须正视、必须着力解决的突出问题。

第三，在对党内民主的认识上，在党员干部中还存在一些误区，比如：有的党员干部习惯于把"党内民主"作为一种工作作风、工作方法，而忽视党内民主制度建设。有的地方突出强调完善党的代表大会制度、希望把党的代表大会建成最高权力机关，却不知"不论正式规定如何，都因全国代表大会组织庞大、会议时间有限，只能发生团结全党同志、加强对领袖的认识、鼓舞为党奋斗的精神、指示未来努力方向的作用，期望它真正成为决策机构，是绝对不可能的"①。有的党员干部不能正确处理选举民主与协商民主的关系，希望用协商民主取代选举民主，却不知"尽管协商民主可以弥补选举民主的一些弊端，但却无法取代选举民主"。有的地方强调保障广大党员的知情权，却误把党员知情权作为党员权利与党内民主的全部内容，对广大党员的参与权、监督权、罢免权有所忽视。甚至有的党员干部认为，搞党内民主影响党内统一，甚至视党内民主为"洪水猛兽"。总之，新时期要加强党内民主建设，必须正确认识党内民主、克服对党内民主的各种片面认识。

二、信息化时代的党内选举与党内民主

对于党内民主的关键问题，马克思主义经典作家从不同层面谈过不同的问题，但聚焦到一点，那就是选人用人与权力异化问题。比如马克思在总结巴黎公社经验时曾经指出，执政的根本问题就是"如何防止国家、国家机关以及领导干部由社会公仆变为社会主人"，并根据"巴黎公社原则"提出了解决问题的"三味良药"，即："第一，它把行政、司法和国民教育方面的一切职位交给由普选选出的人担任，而且规定选举者可以随时撤换被选举者。第二，它对所有公务员，不论职位高低，都只付给跟其他

---

① 雷飞龙：《政党与政党制度之研究》，韦伯文化国际出版有限公司2002年版，第53页。

工人同样的工资"①；列宁则提出了实行广泛民主的三个条件，即"完全的公开性、选举制和普遍监督"②。在我国，毛泽东在革命时期就指出：政治路线确定之后，干部就是决定的因素；在新中国成立之初，更加明确地指出：治国就是治吏，礼义廉耻，国之四维；四维不张，国将不国；1962 年邓小平在《执政党的干部问题》中更加直接地指出："党要管党，一管党员，二管干部。对执政党来说，党要管党，最关键的是干部问题，因为许多党员都在当大大小小的干部"。③改革开放特别是党的十八大以来，以习近平同志为核心的党中央更加重视从严治吏与选人用人问题，强调"我们党历来高度重视选贤任能，始终把选人用人作为关系党和人民事业的关键性、根本性问题来抓"，认为"党要管党，首先是管好干部；从严治党，关键是从严治吏"。④马克思主义经典作家与党的历届领导人的上述讲话，深刻说明了三个相辅相成的基本道理，那就是：实行公开选举是党内民主建设的关键，从严治吏是从严治党的关键，选人用人科学化是治国理政现代化的关键。中外政党治党理政的经验教训也充分说明：党内领导职务、党代表、公职候选人提名等能否实行自上而下的公开选举，这是检验党内民主水平的一个关键标准。在信息化快速发展、政治公开透明成为时代必然的新时期，要造就一支政治坚定、能力过硬、作风优良、奋发有为、为民务实清廉的高素质执政骨干队伍，必须增强选人用人的公信度；要加强党内民主建设，必须高度重视党内选举问题、实现选人用人的科学化。而且，要发展社会主义民主政治、建设社会主义政治文明，其关键仍在于选人用人问题；这是因为，在"五个不搞"（不搞多党轮流执政、不搞指导思想多元化、不搞"三权鼎立"和两院制、不搞联邦制、不搞私有化）的政治前提下，如何发展与扩大社会主义民主、保证人民当家作主？这是

---

① 《马克思恩格斯选集》第 3 卷，人民出版社 1995 年版，第 13 页。
② 《列宁全集》第 5 卷，人民出版社 1959 年版，第 449 页。
③ 《邓小平文选》第 1 卷，人民出版社 1994 年版，第 328 页。
④ 习近平：《建设宏大高素质干部队伍　确保党始终成为坚强领导核心》，《人民日报》2013 年 6 月 30 日。

一个根本政治问题。对于这一问题，尽管可以从党政分开、做实人大、加强协商民主、完善基层民主、以党内民主带动人民民主等许多方面、不同角度加以探讨，但问题的根本仍是干部问题与权力监督制约问题，因为无论是党、政府、人大还是其他组织，都具有整体性或抽象性，其中具有能动性、起决定作用的是掌握权力的"实实在在的人"，选人用人科学化事关中国特色社会主义民主政治发展的成败。[①]

（一）正视党内选举与选人用人问题

时至今日，我们党已经执政 60 多年、改革开放已经 30 多年，面对"四大考验""四大危险"，从严治党的形势更加严峻、任务更为繁重、时间更为紧迫。党的十八大以来，以习近平同志为核心的党中央将从严治党的重点聚焦到干部队伍上来，如 2013 年 4 月中共中央政治局会议明确指出："特别是有的领导机关、领导班子和一些领导干部形式主义、官僚主义、享乐主义突出，奢靡之风严重，主要表现在理想信念动摇，宗旨意识淡薄，精神懈怠；贪图名利，弄虚作假，不务实效；脱离群众，脱离实际，不负责任；铺张浪费，奢靡享乐，甚至以权谋私、腐化堕落。这些问题，严重损害党在人民群众中的形象，严重损害党群干群关系，必须认真加以解决"；[②] 在 2015 年 3 月全国两会期间，习近平进一步明确指出：从严治党，关键是要抓住领导干部这个"关键少数"。

从历史上看，我们党始终重视吏治问题，为什么会出现治吏不严、治吏不力问题？尽管其中的原因很多，但从根本上看，关键在于选人用人

[①] 关于"党内选举与党内民主"的相关内容，公开发表的论文有三篇：《政党提名制分类与比较》发表于《当代世界与社会主义》2010 年第 5 期；《"对上负责"与"对下负责"何以兼得》发表于《学术前沿》2013 年第 1 期；《从严治党之道与选人用人科学化》发表于《理论探讨》2015 年第 6 期，人大复印资料《中国共产党》2016 年第 2 期全文转载。

[②] 《中共中央政治局召开会议研究部署在全党深入开展党的群众路线教育实践活动工作》，《人民日报》2013 年 4 月 20 日。

不科学、尚未建立起科学的干部制度。对于这一点，邓小平在改革开放初期曾经指出，要改革不合理的干部制度、造就出比资本主义国家更多更优秀的人才，"关键是要健全干部的选举、招考、任免、考核、弹劾、轮换制度"。① 具体说来，当前选人用人中的突出问题主要有两个方面：一方面，时至今日，虽然党和国家的性质要求我们要实行民主选举，我们党也制定了有关民主选举的规章制度；但在现实政治生活中，干部"委任制"与变相的"委任制"仍比较盛行，甚至说占据主导地位，选举流于形式，"萝卜选拔"现象比较突出。所谓干部"委任制"，亦称任命制，与选举制、聘任制等相对应，是指由领导或上级组织部门经过考察而直接任命产生党的干部的制度。所谓变相的"委任制"，是指打着民主推荐、民主选举的旗号，走着民主选举的形式，实际上却进行"内部操控"、唯"领导意志"，现实中存在的"量身定做"搞内定、搞陪选、搞"萝卜选拔"等都是典型的变相的"委任制"。

比较而言，"委任制"作为一种选拔任用干部的制度与方式，若遵循严格的工作程序、做到"制度"选人而非"人选人"，则具有简便、快捷、高效等优势。但是，由于人具有主观能动性，"委任制"把握不好很容易出现"唯领导意志""任人唯亲""带病提拔""跑官要官""买官卖官"等用人不正之风与权力腐败，甚至会导致宗派主义、山头主义与人身依附；变相的"委任制"是传统的"委任制"向选举制过渡的不良产物，具有一定的迷惑性、欺骗性甚至会劳民伤财。总之，无论是"委任制"还是变相的"委任制"，都明显存在着"由少数人选人，在少数人中选人"的弊端；往往是上级领导定名单、组织部门考察，然后加以委任，干部选拔停留在"封闭式""神秘化"状态，容易导致选人用人公信力不高，甚至颠倒权力"授受关系"、忽视人民群众的权力主体地位。如此一来，被委任的干部必然会是对上负责很认真、对下负责难以认真，其对下负责的态度主要取决于个人素养与党性修养。毋庸讳言，选人用人中的"委任制"是造成

---

① 《邓小平文选》第 2 卷，人民出版社 1994 年版，第 331 页。

"官本位"意识、官僚主义、形式主义、权力异化的主要根源。另一方面，就是缺乏对干部的科学分类管理，尚未形成符合党政机关、国有企业和事业单位等不同特点、领导职务与非领导职务不同要求的科学干部分类管理体制，这容易导致选人用人中的"一刀切"乃至错位现象，比如该选任的干部采取的方式却像"委任制"、民主起不到应有作用，该委任聘任的干部采取的方式与程序却很像"选任制"、往往以票取人。

我们 2014 年底的相关调查结果充分证明了上述论断。调查结果显示，对于当前选人用人方面最大的弊端，在被调查的党员干部中，33.9% 与 41.2% 的分别选择了"一把手说了算"与"民主选举走过场"，二者合计高达 75.1%；从根本上看，"民主选举走过场"与"一把手说了算"是一回事，归根结底还是"一把手"问题。对于导致干部脱离群众的主要原因，主要在于"上级决定'乌纱帽'"与"干部业绩考核制度"，41.3% 与 21.3% 的被调查者选择了这两项，二者合计高达 62.6%。而新时期选好干部的关键点，调查结果显示：既不是单纯的群众公认，更不是单纯的领导公认，而是"群众公认与领导公认相结合"，高达 74.6% 的被调查者选择了这一项。而且，调查结果表明：选人用人制度不科学是造成领导干部"四风"与腐败问题最直接的原因，也是造成一些党员干部宗旨观、群众观、权力观、政绩观等异化的关键因素。只有建立起科学的选人用人机制，才能从根本上解决"四风"问题，才能从根本上克服领导干部宗旨观、群众观、权力观、政绩观等异化问题。因为对各级领导干部而言，头上的"乌纱帽"是谁"给"的，就会对谁负责，这直接决定着干部的思想观念、思维方式、权力意识与价值取向。

导致选人用人"委任制"或变相的"委任制"的原因，自然有很多方面，既与封建家长制的影响有关，封建官本位意识仍然左右着一些人的头脑，"不彻底消灭这种家长制作风，就根本谈不上什么党内民主，什么社会主义民主"①；也与战争年代、计划经济时代的领导方式的影响有关，在

---

① 《邓小平文选》第 2 卷，人民出版社 1994 年版，第 331 页。

严酷的战争环境只能实行高度集中的干部任命制、难以实行民主选举；也与我国缺乏民主法治传统有关，"因为在过去一个相当长的时间内，民主集中制没有真正实行，离开民主讲集中，民主太少"①；还与一些领导干部缺乏民主法治意识有关，习惯于讲义气不讲政治，讲私情不讲党性，讲个人不讲大局，讲权力不讲责任。但是，从根本上看，"委任制"或变相的"委任制"至今仍盛行的根本原因主要有二：一是权力过分集中的领导体制容易导致"一把手"权力过分集中、"家长制"与"人治"现象，容易导致对"一把手"的"监督难、难监督"。在现实中，有的领导干部曲解"党管干部"原则，认为"党管干部"就是党委管干部、党委管干部就是书记管干部、书记管干部就是"一把手"管干部，因此在干部选拔任用上搞"一把手"说了算；但由于"一把手"权力过分集中，又致使无法纠正这种偏差。因此，在改革开放初期邓小平就强调：要"切实改革并完善党和国家的制度，从制度上保证党和国家政治生活的民主化"②，使"民主制度化、法律化，使这种制度和法律不因领导人的改变而改变，不因领导人的看法和注意力的改变而改变"③。二是与干部制度不健全、不完善、不科学有关，其中最关键的是广大党员对领导干部的选举权、监督权、罢免权等缺乏科学完善的制度保障。这正如邓小平所言："我们过去发生的各种错误，固然与某些领导人的思想、作风有关，但是组织制度、工作制度方面的问题更重要。这些方面的制度好可以使坏人无法任意横行，制度不好可以使好人无法充分做好事，甚至会走向反面。"④历史经验说明，以人治事难、以人治人难，只有用科学完善的制度来选人用人、有效破解权力过分集中、加强对权力的监督与制约，才能充分保障广大党员的选举权、问责权与罢免权，进而才能从根本上克服选人用人中的突出问题；因为个人的智慧和能力毕竟有限，靠个人的能力和主观意志来识别、选拔、管理干

① 《邓小平文选》第 2 卷，人民出版社 1994 年版，第 144 页。
② 《邓小平文选》第 2 卷，人民出版社 1994 年版，第 336 页。
③ 《邓小平文选》第 2 卷，人民出版社 1994 年版，第 146 页。
④ 《邓小平文选》第 2 卷，人民出版社 1994 年版，第 333 页。

部，难免感情用事、看错人、用错人。

（二）政党提名制与党管干部原则

从民主政治角度看，要实现人民民主，必须坚持国家一切权力属于人民、让人民监督权力、让权力在阳光下运行。然而，受制于物理与技术条件限制，在一个大规模的国度全面实行直接民主是不现实的，只能实行代议制民主，西方民主理论与实践从古希腊的直接民主到古罗马的共和主义、再到近代代议制民主的发展历程，也充分说明了这一点。自 20 世纪 50 年代以来，政党政府成为民主政治的一个基本现象，政党名副其实地成为国家政治权力的中心、代议制政府的实际掌控与操作者，正如让·布隆代尔所言："民主制中政党政府的出现，使政党能够同时对行政机构和立法机构施加影响，而且（至少在有的时候）还能影响到司法机构"。[1] 在当代民主政治中，政党作为民主政治的工具、代议制民主的枢纽，广大民众只有借助政党来表达政治意愿与利益需求、组织与运行政府、控制政府、监督政府，才能间接实现人民民主，正如考玛斯所言："政党是民主政府必要的机构；这是现代政治学的公理。它们筛选领袖、形成议题、结合利益、组织政府并制订政策"。[2]

在当代民主政治中，提名公职候选人既是政治选举的基本环节，也是政党的一项政治特权与基本政治功能，还是当代政党的显著标志与内聚力之所在。这是因为：首先，现代政治选举涉及选区划分、提名候选人、政党竞选纲领的制定、政治动员与政治宣传、筹集竞选经费、选民投票等许多具体环节。其中，提名候选人是其中的一个重要环节，许多具体的选举工作都是围绕"候选人"来进行的。对广大民众而言，政党提名具有举荐与"过滤器"功能，有助于从众多的公职参选人中"筛选"出有限的正式

---

① ［法］让·布隆代尔、毛里齐奥·科塔：《政党政府的性质》，北京大学出版社 2006 年版，第 16 页。

② 转引自张千帆：《宪法学导论》，法律出版社 2004 年版，第 390—391 页。

候选人，如此才能使大众投票选举简约、可行。其次是因为，政党权利从根本上看是一种政治权利，它源自于公民的结社自由权，乃公民或党员政治权利的让渡与集结，是现代大众政治参与的必然要求。再次是因为，政党提名关系政党竞选成败与生存发展。在当今政党政治时代，一个政党是否具有公职候选人提名权，这关系着一个政党的政治地位，"如果一个政党不能从事提名活动，它就不再算是一个政党"；①而且，政党提名候选人在竞选中的成败，关系着一个政党执政权的得失；选拔候选人代表本党参选乃当代西方政党的头等大事，影响着整个政党的内部运作与发展，正如美国学者谢茨施耐德所言："只要选举仍是政党最关切的事，政党的团结一致，其人力物力的集中，都必须依赖权威性的提名做基础。因此，提名的过程变成政党最重要的活动，提名程序的性质也决定了政党的性质，谁能为提名做决定，谁就是党的主人，所以提名也就成为观察政党内部权力分配最佳的着眼点"。②

所谓政党提名，即政党提名国家公职候选人，这些候选人包括各级议员（或代表）、行政长官以及需选任的行政司法机关公职人员，其中，全国性议员（代表）、总统与总理的提名引人注目。当然，这是以对国家公职人员的选任、考任、委任、聘任等的区别为前提，从国家选举与党内选举相联结意义上而言的。从宽泛意义上看，政党提名不仅包括政党提名公职候选人，也包括党内选举党代表、党的各级领导干部与领袖等所必需的候选人选拔。比较而言，前者是国家行为，后者属于党内行为，党内候选人选拔是公职候选人提名的必不可少的前提。在当代政党世界，政党提名公职候选人已经成为政党政治铁律，一些国家的法律甚至明确规定：只有政党才能提名国家公职候选人。如德国联邦选举法第27条规定：邦提名名单仅得由政党提出，且需经邦党部执行委员会、由该邦境内之次级地方党部之委员会亲自签署。俄罗斯《政党法》规定：政党是唯一有权推举议

---

① E.E.Schattschneider, *Party Government*,New York：Holt,Rinehart and Winston,1942,p.64.

② E.E.Schattschneider,*Party Government* ,New York：Holt,Rinehart and Winston,1942,p.64.

员和国家政权机关及其他经选举产生的职位候选人（候选人名单）的社会组织形式。韩国 1962 年宪法规定：总统及国会议院候选人，应由所属政党推荐。可见，政党提名国家公职候选人已经成为当代政党的一项特权。

值得注意的是，不同国家的政治传统、政党观念、政治理念、政治制度、政党治理方式等不同，政党提名制也有所不同。从类型划分度看，依据政党提名制度是由政党制定还是由国家制定这一标准，当今世界的政党提名制可划分为三大类。一是"党定制"，视政党提名为党内私事，政党提名的规则与程序由政党自行规定。进一步说，"党定制"又可划分为两种具体类型：一种是由政党中央规定，另一种是由地方党组织自行规定。二是"法定制"，视政党提名为国家事务或公共事务，政党提名的规则与程序由国家法律来明确规定；进一步说，"法定制"又可划分两种具体类型：一种是由国家立法统一规定，另一种是由地方立法（如美国的州立法）规定。三是"混合制"，国家法律对政党提名进行原则性的规定，政党提名的具体规则与程序由政党规定。客观地说，理论是实践经验的总结，并影响、指导着实践；政党提名制的各种理论、各种类型并无完全对错之分，它们在政党政治世界中都有一定的政治市场。从当今政治实践看，各政党政治国家、各政党的提名制的确存在很大差异，并不存在整齐划一的政党提名制度或固定的提名模式，有关研究表明：在当今政党政治世界，政党候选人的选拔规则多数由各政党中央决定，如奥地利、比利时、哥伦比亚、丹麦、芬兰、法国、印度、爱尔兰、以色列、日本、荷兰、新西兰、挪威、斯里兰卡、瑞典、英国、委内瑞拉；极少数国家由地区党部决定，如澳大利亚、加拿大、瑞士；少数国家由国家立法规定，如德国、土耳其，只有美国是由各州立法规范的。[①]

在我国，中国共产党作为唯一领导党与唯一执政党，坚持党的领导、实行党管干部与组织提名理所当然，这不但符合我国的政治现实，也符

---

① 参见何思因：《英美日提名制度与党纪》，理论与政策杂志社（台湾）1993 年版，第 1 页。

合世界政党提名的基本定律。所谓党管干部，这主要体现在党管干部路线、用人导向、选人用人原则与标准，抓好主要干部与干部监督等方面；但是，党管干部并不意味着"一把手"管干部，也不意味着"一管到底、包办一切"，更不意味着"委任制"或变相的"委任制"。在当今民主政治时代，党管干部既要继承党的优良传统，坚持五湖四海、任人唯贤、德才兼备、以德为先；还必须坚持"民主、公开、竞争、择优"方针，扩大干部工作民主、提高民主质量、完善竞争性选拔干部方式、提高选人用人公信度，以造就为群众公认的高素质的执政骨干队伍。所谓组织提名，即在党内外领导干部候选人的选拔与推荐中，由上级党组织来提名相关候选人，而非由个人、其他政治组织或社会组织来提名。这是由中国共产党的领导地位与执政地位、党管干部原则决定的。比较而言，组织提名具有一定的政治优势，其最大优势就在于：有利于保证党的领导、贯彻执行党的意志、保障政治有序与政治稳定，避免无序竞争而导致政治乱象。但也客观存在一些潜在风险，其最大危险就在于：容易出现权力异化、权力授受关系颠倒，错把党管干部与组织提名异化为"一把手提名""组织安排""委任制"或变相的"委任制"，从而忽视人民群众对干部的选举权或选择权，在实践中容易造成各种不正之风乃至权力腐败。因此，新时期要真正做到"权为民所授、权为民所用、情为民所系、利为民所谋"，就必须克服选人用人中的种种问题、提高选人用人公信度，就必须充分重视党内选举问题、实现选人用人的科学化与民主化。

（三）如何实现选人用人科学化

党的十八大报告强调：积极发展党内民主、增强党的创造活力的一个很重要的方面，就是要完善党内选举制度，规范差额提名、差额选举，形成充分体现选举人意志的程序和环境。党的十八大以来，以习近平同志为核心的党中央高度重视从严治吏与选人用人问题，强调"用一贤人则群贤毕至，见贤思齐就蔚然成风"，要着眼于党的事业发展需要选人用人，公道对待干部，公平评价干部，公正使用干部，敢于坚持原则，让好干部真正受尊重、受重用，让那些阿谀逢迎、弄虚作假、不干实事、会跑会要的干部真正没市场、受惩戒；[1] 要坚持"民主、公开、竞争、择优"党的干部方针，努力形成"系统完备、科学规范、有效管用、简便易行"的科学有效的选人用人机制，把加强党的领导和充分发扬民主结合起来，推进干部工作公开，确保民主推荐、民主测评风清气正；要坚持"信念坚定、为民服务、勤政务实、敢于担当、清正廉洁"的好干部标准，把从严管理干部贯彻落实到教育、管理、监督等干部队伍建设全过程，做到管理全面、标准严格、环节衔接、措施配套、责任分明，等等，为新时期选人用人科学化奠定了基调、指明了方向。[2] 那么，如何建立科学有效的选人用人机制呢？总的来说，我们必须以高度的历史责任感和使命感，从战略高度、全局高度、大局高度、党性高度出发，深刻认识选人用人科学化的极端重要性和紧迫性；要按照社会主义民主法治建设时代要求，积极推进干部制度改革，建立民主科学的干部制度，实现选人用人制度的科学化。具体说来，以下三个方面需要努力推进：

首先，必须坚持"民主、公开、竞争、择优"的选人用人原则。这是社会主义民主政治的本质要求，也是公平公正精神的必然要求。其中，民主原则是根本，要求干部选拔任用必须尊重与保障人民民主、坚

---

[1] 《习近平：建设宏大高素质干部队伍　确保党始终成为坚强领导核心》，《人民日报》2013 年 6 月 30 日。

[2] 在现实中，有的领导干部误读或者是片面地理解习近平总书记选人用人思想，误以为新时期选人用人要奉行"四不唯"，即不唯票、不唯分、不唯年龄、不唯 GDP，以至于有的地方在选人用人实践中推行"不讲民主、不走程序、不看选票、唯领导意志"。纵观习近平相关讲话，无论是强调"要坚持全面、历史、辩证看干部，注重一贯表现和全部工作。要改进考核方法手段，既看发展又看基础，既看显绩又看潜绩，把民生改善、社会进步、生态效益等指标和实绩作为重要考核内容，再也不能简单以国内生产总值增长率来论英雄了"，还是强调"要把加强党的领导和充分发扬民主结合起来，发挥党组织在干部选拔任用工作中的领导和把关作用。要完善工作机制，推进干部工作公开，坚决制止简单以票取人的做法，确保民主推荐、民主测评风清气正"，都看不到"四不唯"的影子，其讲话核心要义就是"要把加强党的领导和充分发扬民主结合起来"、推动选人用人科学化。

持"群众公认"原则，要进一步扩大民主、让人民群众更多地参与干部选拔任用，变"由少数人选人、在少数人中选人"为"由多数人选人、在多数人中选人"。历史经验教训表明：干部的优劣与是非功过，群众看得最清楚，也最有发言权；只有走群众路线、实行领导和群众相结合，让人民群众在评价、推荐、任用与罢免干部方面有足够的发言权，才能把人选好用好，才能防止凭个人好恶选人用人、避免被选拔出的干部"只唯上、不问下"。公开、竞争、择优则与民主相辅相成，是实现民主的必然要求。其中，公开原则要求竞争职位和任职条件公开，竞争的程序、办法、过程公开，考试成绩和竞争结果公开。只有公开，才能打破干部选拔封闭式、神秘化的做法，才能打破"内定"、实现平等，才能让群众参与、接受社会监督。竞争则是公平、公正的保证，是识别干部真实水平的试金石；择优则是公平、公正的必然结果，是竞争上岗、选人用人的根本目的。总之，只有坚持民主、公开、竞争、择优，才能使人民群众以主人翁姿态、以高度的政治责任感来关心国家政治生活；才能建立起能上能下、能进能出、充满生机与活力的用人机制，使大批优秀人才脱颖而出。

其次，要实行统一领导、分类分层实施。对干部工作、干部制度建设与改革等实行统一领导，是党管干部原则的基本要求，各具体单位、具体人不得自行其是，不得制定与党和国家政策法规相违背的"土政策""土制度""土办法"。而分类实施则要求根据不同行业、不同类别、不同岗位（尤其是领导岗位与非领导岗位）进行科学分类，避免搞"一刀切"。比如根据行业类别，党的干部可以划分党务干部、政府干部、企业干部、事业干部等多种类别；不同行业的工作性质、工作对象的不同，对干部的要求也有所不同，对此，我们要区别对待、分类管理，避免"一刀切"，避免企事业干部行政化、党务干部官僚化。根据权力授受关系，干部至少可以分为"选任制""委任制""聘任制"三类；这三类干部的选拔方式、选拔程序不同，不能混为一谈。根据岗位职责，干部又有领导干部与非领导干部（厅局级以下设立）之分；根据职务层级，领导干部又可以分为国家级正职、国家级副职、省部级正职、省部级副职、厅局级正职、厅局级副职、县处级正职、县处级副职、乡科级正职、乡科级副职等；根据工作范围与地域，干部又有中央干部、地方干部与基层干部之分。一般而言，对于各级党政"一把手"，由于事关全局、事关全体民众，理应实行"选任制"，因为民主选举具有"合法授权、监督与制约权力"之功效；否则，对此类领导干部若不进行民主选举、不实行票决、不奉行"多数决"，则很容易导致领导专断、缺乏有效的权力监督与制约。对于各单位职能部门的业务干部，完全可以实行"委任制"甚至"聘任制"，可以不唯票、不唯分、不唯年龄、不唯 GDP。对于党委委员与书记等党务干部，根据党内民主要求理应选举产生。但是，由于我们对干部的分类管理还不够科学，在选人用人中明显存在"一刀切"乃至错位现象，以至于该选任的干部采取的方式很像"委任制"、该委任聘任的干部采取的方式与程序却很像"选任制"；以至于企业干部、事业干部、党务干部与行政干部一样，科层制、行政化色彩比较浓厚。总之，在我国，要对干部实行统一领导、分类分层管理，既不能借口党的统一领导而否认分类、分层管理；更不能借口分类管理、层次管理而反对党的统一领导。

再次，要实现选人用人科学化，对于需要选任的干部，其关键在于坚持党的领导与人民民主的统一、实行组织提名与差额选举。所谓差额选举，是与等额选举相对的概念，简单说，就是候选人数多于应选人数的民主选举，其根本在于自由公正的民选。众所周知，一个选票公开并且只有一名候选人的选举，与无记名投票、从数名候选人中选择一名的选举，其性质完全不同。[①]尽管"民主政治一选就灵，民主选举一差就灵"之类的话过于绝对，但的确，选举权是广大党员乃至广大民众应有的基本权利之一；没有自由公正的选举，就没有真正的民主；没有候选人的差额，所谓的民主选举就很容易流于形式。所谓自由选举，就是广大党员与民众能够毫无拘束地表达自己的选择，自主、秘密地按照自己的意志进行投票而不

① ［法］让-马里·科特雷：《选举制度》，商务印书馆 1996 年版，第 39 页。

受任何外界压力的干扰。所谓公正选举，简单说，就是选举程序要公正合理，选举公布的结果与选民的选择相一致，就是要克服选举中的种种不公、舞弊与"陪选"等虚假现象。新时期，之所以需要强调"组织提名、差额选举"，这是因为，对各级领导干部而言，头上的"乌纱帽"是领导给的还是群众给的，这直接影响着选人用人的公信度与科学性问题，而且也直接决定着领导干部的思想观念、思维方式、权力意识与价值取向，直接影响着领导干部的群众观念与干群关系。在当代中国，实行"组织提名、差额选举"既能够厘清"权力授受关系"、党的领导与人民民主的关系，也可以保障党的领导、避免干部选拔中的无序竞争；既能够实现"相马"与"竞马"的有机结合，避免单纯的"委任制"或变相"委任制"的弊端，有效破解"一把手"权力过分集中与选人用人中的专断，也可以使选出的干部既对上负责又对民众负责、实现"对上负责与对下负责"的有机结合。试想，在主要干部选拔任用中，由上级党组织考察提名 2 人，然后实行真正的民主选举而非"陪选"、票多者胜选，其结果如何？第一，主要领导干部候选人由上级党组织提名，上级组织提名意味着该候选人具备了"50%"的当选可能，无组织提名则根本无当选的机会，因此，被提名者必须要"对上负责"。第二，候选人若缺乏民意、得不到大多数群众的认可便不可能当选，组织提名所具备的"50%"的当选可能就会化为零；因此，被提名者自然会比较积极主动地联系民众、"对下负责"。第三，无论谁当选，都是党组织提名的、都是"党的人"、都是人民选择的，这不会出现所谓的"政治问题"。如此一来，循环往复，真正被选出的领导干部就会既对上负责又对下负责、自觉接受党和人民的监督，其作风问题、干群关系问题乃至腐败问题等就会迎刃而解。这样选出的领导干部不但无损于党和人民的事业，反而有益于党和人民的事业，所影响的只不过是"一把手说了绝对算"而已。当然，强调"组织提名、差额选举"还需注意两方面的问题：一方面，"组织提名、差额选举"具有一定的层级性与特定对象性，在不同层级，差额的比重应该有所不同；所针对的主要是领导干部正职，而非一般的管理型、技术性干部，这是以科学的干部分类管理、分层管理为前提的。另一方面，"组织提名、差额选举"的真正落实，需要一套完善的制度与方法来保障；只要有坚强的信心，任何技术层面的问题都难不住充满智慧的中国共产党人。

总之，新时期只有以选人用人科学化来推动干部制度改革，实现干部制度的科学化、民主化、制度化乃至法治化，通过健全的制度、科学的立法来斩断封建主义的关系网、人情网与权力专断，才能有效遏制用人上的不正之风与腐败现象。只有建立公开、平等、竞争、择优的选人机制，变少数人选人为机制选人，才能变以往的"伯乐相马"为"疆场赛马"；才能把新形势下党管干部原则、群众公认原则、德才兼备原则、公平竞争原则等有机结合起来，从机制上杜绝跑官、要官、买官、卖官。只有建立科学的岗位责任制和考核制度，才能增强考核标准的客观性和准确性，明确规范党政领导干部上与下的标准，做到举优黜劣、赏罚分明、能上能下、公平竞争；才能增强干部的责任感、事业心。人民群众只有掌握了对领导干部的选举权、监督权与罢免权，才能保证各级领导干部忠于党、忠于国家、忠于人民，全心全意为人民服务。

三、信息化发展与基层党建服务化

从世界政党政治发展趋势看，信息化发展对政党组织的一个重大影响，那就是促使政党组织由原来的多层级、科层制向扁平化、民主化发展。而对基层党组织而言，随着信息化发展与经济社会发展，一些新社会组织、非政府组织也开始发挥着联系民众、代表民众、集结民意的作用，一些网络技术平台开始发挥筹集党费、政治动员、联系民众等作用，这无疑会分化乃至弱化政党固有的组织民众、联系民众、代表民众、集结民意、收集党费、政治动员、政治宣传等基本政治功能，必然会影响乃至削弱基层党组织的影响力。实际上，这种情况在中外政党中已经有所显露。比如在欧洲，越来越多的年轻人喜欢加入社会组织、非政府组织乃至网络组织，入党则成为少数人的选择；尽管在我国入党的积极性与数量未减，但一些党员思想入党问题却日益突出，广大群众对基层党组织的依赖度、信赖度有所下降。面对这种情况，如何加强基层党建、有效发挥基层党组织作用？这势必成为党组织建设面临的一个突出问题。正是在这样的背景下，2012 年党的十八大报告强调：要"以服务群众、做群众工作为主要任务，加强基层服务型党组织建设"①。在党的历史上首次发出"建设基层服务型党组织"的号召。2014 年中办《关于加强基层服务型党组织建设的意见》则进一步强调，面对新形势新任务，基层党组织建设要坚持服务改革、服务发展、服务民生、服务群众、服务党员，要以强化服务功能、健全组织体系、建设骨干队伍、创新服务载体、构建服务格局为主要任务，致力于实现有坚强有力的领导班子、有本领过硬的骨干队伍、有功能实用的服务场所、有形式多样的服务载体、有健全完善的制度机制、有群众满意的服务业绩。② 在此意义上看，以服务化为基本取向、建设基层服务型党组织既是我们党"立党为公、执政为民"的政治本质与"全心全意为人民服务"的根本宗旨之要求，也是改善党群关系、干群关系，巩固党的执政基础与社会基础之时代要求，是信息化时代基层党建的基本趋势与战略选择。③

（一）信息化时代基层党建面临的困境

基础不牢、地动山摇。高度重视基层党组织建设是我们党的一大传统政治优势，是党取得革命与建设胜利的一大法宝。从党的性质与宗旨看，中国共产党作为以马克思主义为指导的先进政党，全心全意为人民服务是党的根本宗旨，各级党组织本身就应该是服务型党组织。那

---

① 《中国共产党第十八次全国代表大会文件汇编》，人民出版社 2012 年版，第 50 页。
② 《中办印发〈意见〉要求加强基层服务型党组织建设》，《人民日报》2014 年 5 月 29 日。
③ 关于"基层服务型党组织建设"的相关内容，部分内容以《服务型党组织建设须坚持辩证思维》为题发表于《人民日报》（理论版）2015 年 7 月 2 日，大部分内容以《基层服务型党组织建设的困境与进路》为题发表于《探索》2015 年第 3 期，人大复印资料《中国共产党》2015 年第 9 期全文转载。

么，如今为什么突出强调要加强基层服务型党组织建设？其基本道理就在于：强调什么缺什么、缺什么就要补什么。其基本原因就在于：面对市场经济发展、社会转型与信息技术发展，基层党组织建设面临一些突出问题，如有的基层党组织墨守成规、思想僵化，仍然沿袭革命年代的"政治话语"与思维方式，习惯性地将基层党组织视为"战斗堡垒"而非"服务枢纽"，人们不禁要问："现在基层党组织的战斗对象是谁？"有的基层党组织仍然沿袭计划经济时代"单位制党建"的模式与方式，难以适应"单位人"向"社会人"转变的时代要求，不习惯用群众喜闻乐见的新方式新方法来开展工作，致使基层党建工作成效不高、难以得到民众认同；有的基层党组织软弱涣散、人浮于事甚至形同虚设，不但存在党员群众化现象，也存在干部群众化乃至"自私自利化"倾向，基层党组织与党员干部的先进性难以发挥；有的基层党组织后继乏人、青黄不接，支部班子成员老化、基层特别是农村年轻党员匮乏，难以形成年富力强的骨干队伍；有的基层党员干部"四风"问题突出，甚至道德败坏、违法乱纪、贪污腐败，不但不能很好地为民服务，反而严重影响、败坏党在民众中的形象；等等。另外，面对信息化发展，基层党务干部也面临着"信息优势丧失、权威难树"的困境。在传统年代，"上情下达、逐级传达"是信息传播、政治动员与政治宣传的一个基本做法，相对于普通党员、普通民众而言，基层党务干部很容易具有信息优势，容易树立权威；但在信息化时代，相关信息只要网上一公布就会世人皆知，基层干部的信息优势必然随之丧失，他们只有通过更加积极主动的工作、更好的服务才能赢得群众的支持。进一步而言，当前基层服务型党组织建设面临着"六大误区"：

误区之一：重发展轻服务。在发展社会主义市场经济大潮中，有的基层党组织为错误的政绩观所左右，重发展轻服务，把主要精力放在了"抓经济、上项目、搞政绩"上，忙于抓权、抓钱、抓GDP，以至于有的书记成了"权力书记、项目书记、经济书记"，忽视了自己的本职工作，忽视了基层党组织的政治本色与应有服务功能。新时期基层服务型党组织建设，必须以服务为鲜明主题，以服务群众、做群众工作为主要任务，克服与避免"重发展轻服务"思想倾向。同时，也要避免从一个极端走向另一个极端，从"重发展轻服务"走向"重服务轻发展"。这是因为，对我们这样一个发展中国家、东西南北发展水平差距很大的国家，尤其是对经济不发达地区而言，发展始终是社会主义建设的根本问题，也始终是解决相关问题的根本，"服务改革、服务发展"是基层服务型党组织建设的应有之义；否则，没有发展的服务，只能是低水平的服务。新时期建设基层服务型党组织，不是要放弃发展、忽视发展、不讲发展，而是要纠偏，要把服务与发展有机统一起来，进一步提高基层党组织的服务功能与服务能力。

误区之二：重管控轻服务。有的基层组织、有的党员干部为"控制思维""强权思维"所左右，奉行"摆平就是水平"、错把制度误读为"治的民众服从的程度"，习惯于搞行政命令、管制压制，不习惯于服务党员与群众，以至于有的基层干部作风霸道、行为专断，甚至为所欲为、横行乡里；以至于有的基层党组织功能异化，从"发展基层民主的领导核心、服务民众的政治堡垒"异化为"上级掌控基层的手"与前沿哨所，结果导致脱离群众、得不到群众的真心认同。苏东剧变的例子表明，即使基层党组织的管控功能再强大，若老百姓不认同或者口服心不服，也难以管住民心、赢得民心。新时期，要建设基层服务型党组织，必须摒弃传统的"管控思维"，牢固树立服务理念。但是，也要避免从一个极端走向另一个极端，即从"重管控轻服务"走向"重服务轻管理"，从"命令主义"走向"尾巴主义"，如有的基层单位为了改变在百姓心目中的不良形象，强调"服务群众就是要讨好群众"；有的基层党组织因强调服务党员，忽视、不敢甚至放弃对党员的应有教育管理，这些做法也是要不得的。须知，管理与服务、领导与服务是相辅相成的，没有服务的领导与管理要不得，放弃领导与管理的服务也要不得；新时期强调建设基层服务型党组织、突出服务主题，并非是要放弃领导与管理，而是强调要寓领导和管理于服务之中。

误区之三：重形式轻实质。形式主义是基层党建乃至整个党建面临的一大问题，这不仅是一个作风问题，也是一个工作方式、工作能力、工作水平问题。重形式轻实效，以会议落实文件、以制度落实制度、以形式主义应对官僚主义，把基层党建停留在文件中、会议上、口头上，以至于开展了许多工作却解决不了实际问题、得不到百姓认同，甚至劳民伤财，这是基层党建面临的一个突出问题。新时期，为了建设服务型党组织，一些基层党员干部花了不少心思、动了不少脑筋、创造性地开展了不少工作，如建立各种各样的服务中心、志愿者服务站，推行各种名目的服务项目、实行项目党建，这固然可喜可贺。但是，有的基层党组织与党员干部依然未摆脱传统的政绩思维，重形式轻实质、重创新轻实效，以至于搞了不少服务中心，但内容简单、设施简陋、利用率不高，搞了许多服务项目，百姓却未得到实惠，最终被百姓冠以"新形式主义"的帽子。对基层党建而言，无论是创新还是发展，只有真正以民为本，把人民"拥护不拥护、赞成不赞成、高兴不高兴、答应不答应"作为工作出发点与落脚点，把"群众受益、群众满意"作为根本标准，才能真正克服各种各样的形式主义。

误区之四：重眼前轻长远。由于受任期制、片面政绩观、片面"考核机制"等的影响与制约，一些基层干部抱有"功成必在我辈"的想法，缺乏"功成不必在我"的远见，重眼前轻长远，急于立竿见影、早成功快成名，什么风光就做什么、什么见效快就做什么，以至于一些基层党组织与党员干部习惯于栽花，不习惯于栽树；习惯于就事论事，不习惯于强基固本；习惯于做一件件事、上一个个项目、建一个个工程，不习惯于系统思考、整体谋划、长远规划，更不习惯于建章立制、构建长效机制。更有甚者，有的基层党员干部奉行"金钱思维"与"金钱路线"，习惯于"花钱买平安""用钱粉饰太平"，谁闹得凶谁得到的好处多，以至于好人吃亏、老实人吃亏；有的基层干部习惯于为富人服务、不习惯于为百姓服务，违背党的根本宗旨、损害社会公平正义。须知，基层服务型党组织建设乃强基固本之基础工程、长效工程，不能操之过急、急功近利，更不能涸泽而渔、粉饰太平；只有立足现实、着眼长远、精心谋划、科学发展，才能源远流长；只有建章立制、建立与完善各项制度保障，才能建好基层服务型党组织建设这一基础工程。

误区之五：重给予轻自力。从建党至今，我们党始终强调"人民群众是历史的创造者、是真正的英雄"，群众路线是党的生命线、走群众路线。然而，有的基层干部却为封建思想所左右，颠倒权力"授受"关系，自认为是"人民的父母官""当官就是要替民做主"，错误地认为"人民福祉是党和政府恩赐的"，甚至错把岗位职责当奉献，以至于忽视群众应有的权利与尊严，习惯于搞包办代替、"授人以鱼"、给民众以小恩小惠，不习惯于"授人以渔"，忽视提高群众自力更生、自主发展的意识、能力与水平，进而致使一些地方"等靠要"思想严重、做了好事老百姓也不买账。新时期建设基层服务型党组织，既要突出强调服务群众、服务党员，也要克服那种"替民做主""恩赐于民"的错误观点，坚持尊重群众、相信群众、依靠群众，通过服务型党组织建设来提高广大群众自力更生、自我发展的能力与水平；否则，仅靠基层党组织与领导干部的力量、仅靠给予群众，而不尊重民众、不调动广大民众的积极性主动性创造性、不提高民众自我发展的能力与水平，基层服务型党组织建设就会缺乏持久动力、最终难以建成。

误区之六：重自建轻联建。依靠谁、为了谁？这是基层党组织建设的一个根本问题。一般来说，党的建设主要靠自身，基层服务型党组织建设主要靠党、靠组织、靠广大党员干部；但是，党的建设从来都不是"自转"的、不是为建设而建设的，从来都应该是为了实现党的宗旨、党的领导、党的中心任务而建设的。因此，新时期建设基层服务型党组织，不能就事论事、仅就基层党建而谈服务型党组织建设，不能"重自建轻联建"；必须把基层服务型党组织建设放到整个基层治理的大系统中来思考，把基层服务型党组织建设与发展基层民主、实行基层自治联系起来进行思考，以基层服务型党组织建设带动其他各类基层组织建设、共同推进基层治理，在基层治理与基层党建的良性互动中促进基层服务型党组织建设，这才是长久之策。基层党组织作为基层领导核心，如何建立科学完善的制度以规范各种行为、搭建完善的服务平台为民众与各类社会组织服务、加强对危害百姓利益的各种行为的有效监督，这是基层服务型党组织在基层治理中的应有作用。

造成上述问题的原因很多，既与社会环境变化、群众变化有关，更与党的历史方位转变、干部变化有关；既有历史传统因素，也有发展因素，更有人为因素；既有思想观念因素，也有体制机制因素，还有工作方式因素，比如，面对"四大考验""四大危险"，一些基层党组织难以适应时代发展要求，有的党员干部存在"本领恐慌"、有的经不起考验。再比如，随着信息社会发展，社会组织、人们的利益诉求日益多样化，广大民众早已从计划经济时代的"单位人"转变成为市场经济时代的"社会人"，对基层党组织的依赖大大降低，而且，基层党组织所掌握的资源大为降低，在这种情况下，基层党组织不得不转换角色、以服务为本；否则，缺乏服务、不能提供有效服务的基层党组织，必然会缺乏凝聚力、影响力与生命力，甚至会失去存在的价值。客观地说，以上原因都有一定的道理，但是，从政党治理与基层治理角度看，以下两个方面的原因值得深思：

一方面，从治理角度看，中国传统的"保甲理念""管控思维"根深蒂固地影响着基层党建与基层治理。这与中国传统的并影响至今的中央集权、臣民思想、把基层组织视为"社会管控单位而非民主自治组织"等密切相关。在我国，"保甲理念""管控思维"与"保甲制度"可谓源远流长、根深蒂固。据说，在春秋时代齐国实施的"什伍制"，乃中国保甲制度的最早起源；[①] 但学界一般认为，首次将连坐制度化的是商鞅，从商鞅变法开始，正式确立了刑事上的连坐制度，连带责任上升为一种"集体性惩罚"。到了宋代，"连坐制""株连制"正式发展成为"保甲制度"，如北宋王安石在变法中推行"十户为一保、五保为一大保、十大保为一都保"的社会控制制度。中国古代的这种控制思维与管控制度一直流传下来，在国民党统治时期达到顶峰，如1937年由行政院公布修正《保甲条

---

① 闻钧天：《中国保甲制度》，商务印书馆1935年版，第80页。

例》，以 10 户为 1 牌，10 牌为 1 甲，10 甲为 1 保，建立起全国的严密控制制度。新中国成立以后，虽然政权更迭，但中国传统的与统治理念相契合的"保甲理念"与"保甲制度"并未烟消云散，其幽灵仍然盘旋在中华大地，其制度理念仍然渗透在各级管理中，如在各级管理考核中存在的形形色色的"一票否决制"，就是"株连制"与"集体性惩罚"的典型体现。从根本上看，"保甲制度""保甲理念"的核心思想在于：强调社会控制、社会管理、社会制裁，强调株连制与集体性惩罚，其结果容易造成"鼓励告密、互不信任、人人自危、人人自保"的社会氛围。客观地说，保甲理念与保甲制度作为一种社会控制理念与制度，在民众散乱、信息不畅、政府管理困难的时代，不失为一种行之有效的社会管控制度，对维护国家的大一统与社会稳定具有重要作用；在战争年代与封闭年代，也是一种行之有效的"抓内奸、除内奸"的有效制度。然而，改革开放以来，随着社会发展、社会开放与信息化发展，传统的具有浓厚封建色彩、控制色彩的保甲制度日益彰显其落后性、封闭性、非民主性，它与发展基层民主、实行基层自治、建设基层服务型党组织的时代要求背道而驰；若不能有效破除"保甲理念"与"管控思维"，基层服务型党组织建设就很难真正做起。

另一方面，从治党角度看，我们党始终奉行"全心全意为人民服务"的宗旨，基层党建中之所以出现了这样那样违背党的性质与宗旨的问题，无疑与一个时期以来"从严治党"不力、基层党建的价值与目标异化有关，说到底，与一些基层党组织的错误政绩观有关。这正如习近平总书记所追问："是不是各级党委、各部门党委（党组）都做到了聚精会神抓党建？是不是各级党委书记、各部门党委（党组）书记都成为了从严治党的书记？是不是各级各部门党委（党组）成员都履行了分管领域从严治党责任？"[①]对照习近平总书记的这三个追问，一些党组织恐怕难以给出"肯定"回答，相反，一些相悖现象却比较常见，比如在社会主义市场经济大潮中，有的

---

① 习近平：《在党的群众路线教育实践活动总结大会上的讲话》，《人民日报》2014 年 10 月 9 日。

基层党组织或书记记住了"党的建设围绕中心任务来展开"，突出以经济建设为中心，忘记了"朝着党的建设总目标来加强"，甚至忘记了要全心全意为人民服务；有的基层党组织"功能错位"、书记"职能错位"，忙于"抓经济、上项目、搞政绩"，以至于成了"权力书记、项目书记、经济书记"，忽视或淡忘了"从严治党的书记""为人民服务的书记"这一本职角色；有的基层党组织与书记没有认真贯彻落实党建责任制，认为"党建务虚、经济务实""抓党建不容易出成绩、抓经济容易出成绩"，以至于重业务、轻党建，把"党要管党、从严治党"停留在文件中、停留在会议上、停留在口头上，一年开几次会议说说、布置一下就打发了，忽视了对党员干部的教育管理与作用发挥，等等。因此，习近平总书记强调："从严治党，必须增强管党治党意识、落实管党治党责任"，"各级各部门党委（党组）必须树立正确政绩观，坚持从巩固党的执政地位的大局看问题，把抓好党建作为最大的政绩。"① 基层党组织只有以人为本、以民为本、以为人民服务为本，克服以官为本、以物为本、以钱为本、以 GDP 为本，才能牢固树立正确的政绩观、全心全意为人民服务，才能建设服务型基层党组织。

（二）基层服务型党组织建设的基本思路

中办《关于加强基层服务型党组织建设的意见》强调：面对新形势新任务，"基层党组织要转变工作方式、改进工作作风，把服务作为自觉追求和基本职责，寓领导和管理于服务之中，通过服务贴近群众、团结群众、引导群众、赢得群众"。② 然而，倘若继续秉持错误的政绩观、继续固守传统的管控思维与方式，就无法有效地转变工作方式、改变工作作风，也不可能建成基层服务型党组织。新时期，要建设服务型基层党组织，必须全面系统地思考基层党建问题，以创新促建设、促发展，既要转

---

① 习近平：《在党的群众路线教育实践活动总结大会上的讲话》，《人民日报》2014 年 10 月 9 日。

② 《中办印发〈意见〉要求加强基层服务型党组织建设》，《人民日报》2014 年 5 月 29 日。

变基层党建理念，也要对基层党组织的功能与职责进行科学定位，更要进行基层党建制度、模式与方式创新，建立与完善基层服务型党组织建设的平台与抓手，这几个方面相辅相成、缺一不可。

第一，要以理念创新引领基层服务型党组织建设。从根本上看，存在决定意识，但从直接现实角度看，思想观念主导人的行为，没有思想观念与理念的变革，就不可能有行为与制度的改变。因此，新时期要建设服务型基层党组织，首先必须破除旧观念、树立新观念，打破传统思维、树立新思维，要从"革命党"向"执政党"转变、从执政理念与执政方式转变的高度来理解基层服务型党组织建设的重大意义，破除基层党建中固有的"斗争意识""保甲理念"、管控思维与强权思维等；要从"立党为公、执政为民"、以人为本、人民民主的高度来深刻理解基层党组织存在的价值，把基层党组织作为全心全意为人民服务的"工具"，而非管控民众的"工具"；基层党组织要牢固树立正确的政绩观，正确认识与区分党组织政绩观与政府政绩观、企业政绩观之不同，把抓好党建作为最大的政绩。进一步而言，基层党组织要与时俱进、走出官僚主义与形式主义的藩篱，把"人民拥护不拥护、人民赞成不赞成、人民高兴不高兴、人民答应不答应"作为想问题、干事业的出发点和落脚点，把群众受益、群众满意、群众认同作为最大的"政治"，以增强民众福祉、赢得群众认同与支持作为最根本的政绩；否则，基层党组织开展的工作再多，若老百姓不买账、关键时刻不支持，所谓的工作基本等于徒劳。

第二，必须科学定位基层党组织的功能与职责，从过去的"战斗堡垒"转为新时期的"服务枢纽"。目前，在党的文件与一些人的思维中，还常常沿袭传统说法、把基层党组织视为"战斗堡垒"，如党的十八大修订的党章规定："党的基层组织是党在社会基层组织中的战斗堡垒，是党的全部工作和战斗力的基础"；[①] 其基本任务是政治宣传、组织党员学习、教育管理党员、密切联系群众、培养和推荐人才、监督党员干部、

---

① 《中国共产党第十八次全国代表大会文件汇编》，人民出版社 2012 年版，第 86 页。

同违法犯罪作斗争等。新时期要建设基层服务型党组织，有必要根据时代发展要求来科学定位基层党组织功能，将其主要功能定位为"服务"，即服务改革、服务发展、服务民生、服务群众、服务党员，不断强化其服务功能、改进服务作风、提高服务能力、完善服务保障、寓领导于服务之中。正如中办《关于加强基层服务型党组织建设的意见》所强调："各级党组织要充分认识加强基层服务型党组织建设的重要性和紧迫性，以服务型党组织建设引领基层党建工作，使服务成为基层党组织建设的鲜明主题，推动基层党组织在强化服务中更好地发挥领导核心和政治核心作用"；[①] 同时，要围绕服务定位基层党组织的职责，充分发挥其代表民意、服务民众、制定政策与规则、搭建服务平台、监督违法等功能，而非以党代政、党政不分、加强管控、插手具体行政事务与社会事务。另外，还需对基层党组织进行细分，科学界定不同类型党组织的服务侧重点，不宜搞"一刀切"。

第三，要以制度创新保障基层服务型党组织建设。要使基层服务型组织建设不停留在笔头、纸头、口头上，落实到实践行动中，就必须加强党建责任制、以科学制度来保障基层服务型党组织建设，就必须对一些过时的制度进行改革。如当前基层党建中的一些制度是以"革命思维""控制理念"为指导、以自上而下的服从为特点的，旨在约束教育管理党员，有所忽视党员主体地位、对党员权益保障不足，甚至具有"鼓励人投机说谎、让老实人吃亏、让投机钻营者得利"等漏洞。新时期加强基层服务型党组织制度建设，必须以服务理念、民主理念为指导，进行制度创新，既要通过设计好的制度、完善的制度来保障党员权利、发展党内民主，使全心全意为人民服务制度化；也要设计好的制度让人说实话，为建设服务型党组织营造良好氛围，若党内"不讲真话"甚至"说假话"成风，则党的建设必然困难倍增；更要设计好的制度让人办实事、办好事，实现奖优与罚劣、服务与管理的有机结合。实际上，任何制度设计都是以一定的理论

---

① 《中办印发〈意见〉要求加强基层服务型党组织建设》，《人民日报》2014 年 5 月 29 日。

假设或人性假设为前提的，如我们通常认为"人性善"，而西方通常认为"人性恶"。客观地说，单纯的"性善论"无法有效说明：为什么有的党员干部沦落为腐败分子；单纯的"性恶论"也无法说明：为什么在同样的环境里，有人能够遵纪守法、助人为乐，有的却变成口是心非的"小人"或腐败分子？实际上，人性具有两重性，即自然性和社会性，自然人性具有趋利避害、追逐个人欲望等特点，社会人性则具有理性特点；因此，人从其本性上说，是自然性与社会性、自我与他我的矛盾统一体。在任何制度设计中，只有能够有效规制自然人性之"恶"、激发社会人性之"善"的制度，才是科学的、好的制度。

第四，要以党建模式与方式创新推动基层服务型党组织建设。时至今日，基层党建的模式与方式基本沿袭的还是计划经济时代的"单位制""封闭式""运动式"党建模式，习惯于用自上而下的行政命令搞党建、轰轰烈烈地搞党建，习惯于以文件落实文件、以活动落实文件，仍不习惯于根据民众需求、充分调到广大党员群众的积极性主动性来搞党建；一些基层党组织甚至包括"两新"党组织，仍然搞封闭式党建，只允许党员参加活动，不允许非党员参加党内活动。从基层党建的作用看，其主要目的是服务群众、联系群众、赢得群众；基层党组织特别是"两新"党组织吸收广大民众参与党内活动（保密除外），不但不会削弱基层党建的目的，反而有利于增强党的吸引力与影响力。因此，新时期要建设服务型基层党组织，必须适应时代发展要求，坚持民主、公开原则，从传统的"单位制党建"转变为"社会制党建"，从"封闭式党建"转变为"开放式党建"，从秘密活动转变为公开活动，从自上而下的"命令式党建"转变为自上而下与自下而上相结合，真正实现从"革命型""管理型"党组织向建设型、服务型党组织的历史转变。

第五，必须以完善的平台或抓手来推动基层服务型党组织建设。若没有以人为本、功能强大、服务周到的服务平台与抓手，基层服务型党组织建设就难以落到实处。对于这一点，我们党已经注意到，许多基层党组织已经建立起形式多样的"党员服务中心""党员活动中心""党员图书馆""志愿者服务站""阳光驿站"等服务平台，这些服务平台业已发挥着服务群众的作用。然而，仔细考察发现，既有的服务平台也存在一些突出问题、需要进一步改善，比如有的基层党组织只是象征性地建立了服务中心，其内部设施简陋、内容单一、来往不便、对群众缺乏吸引力；有的虽花巨资建立了现代化服务中心，但人性化服务不够、利用率不高、来使用的群众不多，效果不明显。因此，如何进一步完善基层党建服务中心，建立起一个以人为本、温馨舒适、信息化程度高、功能强大、设施齐全，能够满足不同人群需求，能够方便群众学习、工作、生活、休闲、娱乐乃至享受的综合服务中心，则需要进一步思考。

（三）"两新"组织及其党建问题

改革开放以来，随着我国经济社会的发展，随着社会经济成分、组织形式、就业方式、利益关系和分配方式日益多样化，一些新经济组织、新社会组织如雨后春笋般涌出，并不断发展壮大。这些新经济组织、新社会组织与传统的经济组织、社会组织有所不同，与我国既有的法定登记注册的政治组织、社团组织也有所不同；它们是在党的政策允许下自主发展起来的，没有行政权力或政治权力作为依托，故可以称为"自组织"。① 因

① 我们之所以把改革开放以来的新经济组织和新社会组织等称之为"自组织"，一方面是因为，自组织是一个具有历史传统、被广泛认可、难以产生歧义、难以被误读的概念，此概念的内涵与外延比较明确；而且，自组织能够涵盖"两新"组织乃至以后出现的一些新的社会组织。另一方面，非政府组织、无行政权力依托组织等概念在我国用来指代新经济组织和新社会组织，或者概念的外延过大过小，或者容易误读、引发歧义。比如非政府组织，尽管与自组织密切关联，但在我国语言习惯中，广义政府之外的组织如政党、工、青、妇、企业组织、行业协会等都属于非政府组织，包括了公共领域与公民社会领域里的绝大多数组织，因此，此概念外延过宽。而无行政权力依托组织，一是概念本身比较拗口、难以理解，而且，这一名称本身是一个解释性的、以事物特点指代事物名称；二是其外延比较广泛、类似于非政府组织，从本质上看，政党、工、青、妇、企业组织、法学会、党建研究会等都应该属于这一范畴。在我国，一些社会组织虽无行政权力依托，但却与执政党密切相关、有政治权力作依托，它们也不属于"两新"组织与自组织。

为从组织形成动因与驱动力看，组织可以分为他组织与自组织两种类型：前者是在外力驱动下或遵照外在指令而建立与发展的，其运作明显受到外力的制约与影响；后者的建立与发展主要不是依靠外力或外部指令，而按照相互默契的原则、规则或共同制定的契约而形成的、主要依靠内在的驱动力来运作。这里所言的自组织与非政府组织、第三部门、社会团体等概念密切相关，但又不完全等同，因为"第三部门"是指从事政府和私营企业"不愿做、做不好或不常做的事"的组织，以非政府性、非市场性、非营利性等为主要特征；而自组织不仅包括私人领域的一些组织，也包括市场领域的一些组织如私营企业。由此可见，自组织概念的外延比第三部门的外延广泛，它基本上类似于非政府组织。[①]

由于受"家国不分"的历史传统与计划经济等因素的影响，我国真正意义上的自组织是在改革开放以后才出现的新经济组织与新社会组织，传统的政治组织与正式登记的社团组织等都不属于真正意义上的自组织。之所以如是说，是因为：一方面，就参加全国政协的 34 个界别的各种组织而言，它们都肩负着政治协商、民主监督、参政议政等政治功能；无论其名称如何，它们都具有较强的政治性、属于公共领域。另一方面，目前我国进行社团登记的社会组织，尽管从理论上看也具有"非营利性""非国家政府性"等特点，但从其成立登记条件与实际运作看，它们无疑都有一定的行政权力或政治权力作依托，具有"官民二重性"。这一点，从我国社团登记的基本条件可见一斑。1998 年 9 月通过的《社会团体登记管理条例》规定：申请成立社会团体，首先需要经其业务主管单位审查同意，然后才能向登记管理机关申请筹备。因此可以说，改革开放以来大量的正式登记的非政府组织或社会组织，它们是党和政府从市场领域、社会领域逐渐撤离的结果：一方面，它们的成立来自政府间接管理的需要，是党和政府在市场和社会领域的代理机构或中介机构，与原有的组织机构有着密

[①] 关于"两新组织党建问题"的相关内容，以《社会进步视野中的自组织党建问题》为题发表于《探索》2013 年第 4 期。

不可分的联系，因而具有特定的官方性；另一方面，它们又是适应了市场经济与社会发展的要求，具有成员自助、互益和自我管理的特点，具有一定的自主性和民间色彩。因此，这些正式登记的社团组织不可避免地具有官民二重性。

比较而言，改革开放以来出现的自组织，它们的成立、运作方式、特点等与传统的正式社团有明显区别：从成立看，它们不像传统的社会组织那样通过政府、政党、国有企业等的引导而成立，基本上都是自发形成的；除了新经济组织必须在工商管理部门注册登记外，新社会组织基本上没有在政府社团管理部门登记注册，因此，新社会组织基本属于民间组织、"非正式组织"。从成员构成看，新社会组织大部分属于"青年自组织"，其成员绝大多数为青年或无固定单位的流动人员。从组织类型，除了新经济组织外，新社会组织涉及各式各样的运动协会、交友协会、社区自组织、职业自组织、休闲自组织、网络自组织、宗教自组织、公益自组织等，其中，绝大多数为生活型而非"政治型"的。从运作模式与运作方式看，它们与党政部门、传统的群众团体的组织系统、管理体制有明显不同，不是通过传统的文件、会议、通知等传统方式开展活动，而是"自主发展、自我运作"，主要依靠手机、互联网等网络平台发布信息、组织活动。从组织特点看，它们不像传统的社团组织那样带有明显的行政性、区域性、职业性、纪律性特点，而是相对比较松散、比较开放、突破地域与单位限制，具有民间性、自发性、自主性、自愿性、非正式性、松散性、间或临时性、经费自筹自用、无传统的行政权力或政治权力依托等特点。

需要强调指出的是，改革开放以来成长起来的这些新经济组织、新社会组织及其成员，是在党的改革开放、发展社会主义市场经济的政策允许下乃至支持下成长起来的；民营科技企业的创业人员和技术人员、受聘于外资企业的管理技术人员、个体户、私营企业主、中介组织的从业人员、自由职业人员等新的社会阶层，也是中国特色社会主义事业的建设者，也属于人民群众的政治范畴。可以说，新经济组织与社会组织的出现，是我国经济社会发展的一个必然现象，他们的存在和发展有利于我国经济社会的良性发展，比如新经济组织及其从业人员通过诚实劳动、合法经营，可以促进生产力发展与经济建设、解决就业岗位问题，为发展社会主义社会的生产力和其他事业作出贡献；新社会组织有着情感沟通、思想交流、利益联合、互帮互助、自我服务、自我激励、自我发展的社会功能，在人们的社会生活中扮演着重要角色。总之，新经济组织与社会组织是一股积极的社会力量；它们的出现是我国经济社会进步发展的一个标志，也是社会民主的一种表现；它们的大量存在，可以减轻党和政府负担，使党和政府从复杂的社会事务中解放出来、集中精力抓好分内大事。有经验表明：对转型国家或发展中国家而言，市民社会和管理性公共领域对现有政权的稳定并不构成直接威胁；许多国家的事例表明，开明的政党国家甚至鼓励它们的存在与发展，以此来分担不堪重负的政府的部分功能；相反，政治社会与公共政治领域可以对威权政体或政治独裁构成直接挑战。①

然而，新经济政治与新社会组织的大量产生，为党的建设带来了新课题。《中国共产党章程》规定：企业、农村、机关、学校、科研院所、街道社区、社会组织、人民解放军连队和其他基层单位，凡是有正式党员三人以上的，都应当成立党的基层组织。党的十七届四中全会则进一步强调：要全面推进各领域党的基层组织建设，实现党组织和党的工作全社会覆盖，做到哪里有群众哪里就有党的工作、哪里有党员哪里就有党组织、哪里有党组织哪里就有健全的组织生活和党组织作用的充分发挥。新时期实施党对自组织的政治影响，扩大党在新经济组织、新社会组织中的覆盖面，这是党的领导核心与执政的必然要求，也是增强党的阶级基础、扩大党的群众基础的时代要求。但是，新时期如何依法实施党对自组织的影响呢？这首先要解决一个观念问题与思路问题。我们党是直接实施对自组织的领导与政治影响，还是按照依法治国的要求来实现间接影响与直接影响的结合呢？是沿着传统的政治思维、传统的党建思路来开展自组织

---

① Yanqi Tong, "State, Society, and Political Change in China and Hungary", *Comparative Political*, Vol.26, No.3, April 1994, p.334.

党建，还是根据自组织特点创造性地开展党的工作呢？按照前一种思路去做，的确能够扩大党的工作的覆盖面，但效果如何却是个未知数；因为许多自组织本身不是政治组织，甚至回避政治问题；若强行在这些组织内部建立党组织，未必能够达到增强党的阶级基础、扩大党的群众基础的目的。因此，我们认为，应该按照第二种思路来考虑自组织党建问题：坚持党的领导与人民民主相结合、法治方式与德治方式相结合、直接方式与间接方式相结合、依法实施党的作用与基层党建相结合、原则性与灵活性相结合，采取多种方式来实现党对自组织的政治影响。沿着这一思路，以下几个问题值得探讨与思考：

首先，要正确认识依法实施党的领导作用与自组织党建的关系。新时期，民主法治是时代特色，依法治国、依法执政、依法实施党对社会的领导是时代要求。在这种背景下，党依法实施对自组织的领导的方式与途径是多方面的，概括来说，至少有以下七种方式：[①] （1）通过依法治国间接实施党对自组织的领导。依法治国乃新时期实现党的领导的基本方略、依法执政乃是实现党的领导的基本方式，我们党可以通过把党的路线方针政策上升为国家法律、向国家机关举荐干部、改革与完善国家对社团的管理体制，借助国家政权、国家法律间接实施党对自组织的领导，这也是依法治国的内在要求。（2）通过党的政策来直接实施对自组织的影响。政策和策略是党的生命，制定政策也是领导党与执政党的基本职能，列宁在谈到党的领导的条件性时曾经指出："是靠这个先锋队所实行的政治领导正确，靠它的政治战略和策略正确，而最广大的群众根据切身经验也确信其正确。"[②] 我们党可以通过路线方针政策来影响广大民众以及"两新"组织成员，如把尊重劳动、尊重知识、尊重人才、尊重创造作为党和国家的一项重大方针，能够在全社会营造鼓励人们干事创业、促进国家与社会发展的良好氛围，党因此也就可以赢得各个社会阶层、各经济与社会组织的认

---

① 刘红凛：《社会进步视野中的自组织党建问题》，《探索》2013 年第 4 期。
② 《列宁选集》第 4 卷，人民出版社 1995 年版，第 136 页。

同。(3)通过统一战线来实施党对自组织的影响。"统一战线始终是推进党和人民事业发展的重要法宝，也是中国共产党执政兴国的重要法宝。在中国共产党领导下，发展最广泛的爱国统一战线，实现各党派、各团体、各民族、各阶层及一切热爱中华民族的人们的大团结，是推进党和人民事业发展的必然要求。"[①]从一定意义上说，统一战线及其工作机构人民政协是共产党进行社会整合的重要组织机制之一；通过统一战线与人民政协，我们党可以协调各方（包括自组织）、调动一切积极因素、实现全社会广泛的团结，从而实施与扩大党的影响力。(4)通过对工、青、妇的政治领导来间接实现对自组织的影响。党对人民群众的领导，除了通过国家有关部门对社团进行管理外，还可以通过工会、共青团和妇联来间接实现党对自组织的领导。这是因为，在我国，工会、共青团、妇联是在共产党领导下建立与发展起来、直接接受党的领导的群众组织，它们是党联系群众、联系社会的桥梁与纽带，其成员覆盖了中国人口的绝大多数，自组织成员难免其外。(5)通过思想政治工作可以影响、吸引自组织。思想政治工作是我们党的政治优势，也是实现党的领导的基本方式之一。通过思想政治工作，可以用科学的理论武装人、用正确的舆论引导人，可以宣传党的路线方针政策、增进党和人民群众之间的理解和信任，能够动员群众、组织群众、充分调动人民群众的积极性创造性，使全国人民同心同德、齐心协力实现党的路线方针政策。(6)通过党员干部以身示范、充分发挥先锋模范作用，可以吸引、影响、感染广大人民群众。俗话说：榜样的力量是无穷的，"其身正，不令而行；其身不正，虽令不从"。(7)通过组织吸纳、扩大党的基层组织的覆盖面可以影响自组织及其成员。广大人民群众加入党领导下的各种政治组织，尤其是党组织，可以获得政治上的认同感和政治归属感。自2001年江泽民"七一"讲话以来，我们党在理论上突破了"私营企业主"不能入党的限制，开始把承认党的纲领和章程、自觉为党

[①] 胡锦涛：《在首都各界庆祝中国人民政治协商会议成立 55 周年大会上的讲话》，《人民日报》2004 年 10 月 8 日。

的路线和纲领而奋斗、经过长期考验、符合党员条件的社会其他方面的优
秀分子吸收到党内来，这有利于增强党的阶级基础、扩大党的群众基础，
有利于提高党在全社会的凝聚力和影响力。总之，中国共产党作为我国唯
一的领导党和执政党，对社会的领导方式是多种多样的，是间接的权力领
导方式与直接的非权力领导方式的统一。[①] 吸纳新的社会阶层中符合条件
的积极分子入党、在自组织中建立党的基层组织，这只是实现党对自组织
影响的一条最直接的途径。

　　其次，要正确认识自组织党建的若干问题。具体说来，主要包括以
下几个方面：(1) 要正确分析我国自组织的现状与形势，正确处理"全覆
盖"与"有效性"的关系。加强自组织党建，首先必须明确目前哪些自组
织内适宜建立党组织、哪些还不适宜或没有条件建立党组织。目前的资料
显示，当前全国自组织的数量与人员是庞大的；但从自组织党建角度看，
有多少自组织可以成为党建考虑的对象呢？在自组织内建立党的基层组
织起码需要具备以下三个条件：一是该自组织必须是固定的、职业性的，
而不是松散的、临时性的；二是该自组织内必须有正式党员三人以上，且
这些正式党员不是兼职的、都无其他正式单位依托；三是这些自组织及其
内部党员有建立党组织的愿望，起码不强烈反对在其内部建立党组织。只
有具备这些基本条件，才能在这些自组织内部建立党的基层组织并开展活
动。其次，必须正确处理"全覆盖"与"有效性"的关系，对两新组织党
建而言，全覆盖固然重要，但其党建的关键在于发挥作用，因此，应该成
熟一个、建立一个，不可盲目追风、搞形式主义。(2) 对自组织内部建立
的基层党组织要有切实可行的功能定位。基层党组织是党在基层社会中的
堡垒，具有政治核心、宣传教育、组织学习、组织发展、监督管理等方面
的功能。但现实社会中，由于行业性质与特点差异，不同行业的基层党组
织的地位、功能与作用也有所差异；《中共中央关于加强和改进新形势下
党的建设若干重大问题的决定》已经明确指出了这一点，强调非公有制经

[①]　刘红凛:《法治语境下党的领导体制探析》，《理论探讨》2006 年第 3 期。

济组织、新社会组织中的党组织要围绕贯彻党的方针政策、引导和监督遵守国家法律法规、团结凝聚职工群众、维护各方合法权益、促进健康发展等职能探索发挥作用的途径和方法。对自组织中的党的基层组织而言，我们既要强调其政治作用，侧重强调对党员的教育管理；更要突出强调其社会功能，充分发挥其在代表与集结民意、组织动员、政治教育、价值导向、信息沟通、利益协调、发展稳定方面的功能，实现政治功能与社会功能的有机统一。（3）对自组织党员作用要有一个恰当定位。党章对党员的思想、政治、学习、工作、生活、精神、道德、组织纪律等各个方面有着明确的规定，要求党员必须具有较高的思想政治素质、一定的科学文化素质、良好的道德风尚、高尚的精神品格、严明的组织纪律性、良好的作风素养、鲜明的党性观念和党的意识，发挥行为示范作用。值得注意的是，《中共中央关于加强和改进新形势下党的建设若干重大问题的决定》对不同行业党的基层组织的功能定位已经有所区别，那么，不同行业、不同基层组织中的党员的功能与作用是否也存在差异呢？这是一个值得探讨的问题。实际上，若对自组织中的党员与对国家机关、事业、国企单位中的党员一样要求，这在实践中有些勉为其难，比如自组织中的党员能否对自组织的违法乱纪行为进行揭露？能否对私营企业主在生产经营方面的违法行为进行举报？要揭露和举报，这些党员就有可能丢掉现有工作岗位、失去现有生活保障；他们因此失去工作岗位与生活保障，能否得到党和国家的救济呢？在依法治国的今天，自组织的违法行为主要应该由国家相关管理部门来承担，这是它们应尽的责任；自组织中的党员作用，应该主要表现为服务群众、引领群众、发挥"正能量"；只要他们能够按照党员的基本要求去做，自身发挥了行为示范、道德示范、密切联系群众等作用，就应该算是合格党员。（4）对目前不适宜或无条件单独或联合建立基层党组织的自组织，应创造性地探索自组织党建的模式，改变以工作地点、工作单位为依托，以职业划分为特点来建立党支部的传统观念，努力探索在这些自组织外围建立党的基层组织、推行区域化党建，如在自组织密集的地方以区域为单位建立区域化党组织、党员工作站、流动党员俱乐部等，把自组织党员与流动党员纳入区域化党建的整体布局、整体工作中。（5）通过网络党建、网上党支部、"互联网＋党建"来有效解决"两新"党建的困境问题，以发挥"两新"党建在广大民众中的作用与影响力。总之，对"两新"组织党建而言，其根本目的在于加强与改善党对社会的领导，增强党的阶级基础、扩大党的群众基础。为达此目的，我们需要更新观念、跳出"就党建抓党建"的旧路子，围绕促进社会发展与社会和谐、促进社会民主与人民民主，根据自组织特点与发展要求，来思考自组织党建问题、探索自组织党建的新模式与新方式。因此，对"两新"组织而言，我们必须克服那种"单位制党建""封闭式党建"的传统思维、传统模式与方式，积极推行开放式党建、社会化党建，积极探索"区域化党建"与"网络党建"有机结合的新模式；同时，注意通过依法治国等间接实施对自组织及其成员的影响。

在本节的最后需要强调指出的是，党的建设从来都不是"自转"的，而是"公转"的；从来都不是为建设而建设，而是为实现党的政治路线、党的领导、党的宗旨、党的使命等服务的。因此，基层服务型党组织建设主要是外向型的，而非内向型的；主要以服务民众为主、服务党员为辅，而不是相反；我们必须把基层服务型党组织建设放到整个基层治理的大系统中来深入思考，以基层服务型党组织建设引领基层善治、在基层善治与基层党建互动中促进基层服务型党组织建设，这才是长久之策。所谓基层善治，简单说，就是基层治理的一种良好状态。尽管人们对治理有不同的理解，但治理的核心要义，就是要运用权力去引导、控制和规范民众的活动，以最大限度地维护社会秩序与社会稳定并促进公共利益的实现。与传统的统治、管理比较而言，治理侧重强调多元主体、公共参与、合作管理和公共价值，而非统治者的一厢情愿与自上而下的行政命令。① 值得注意

---

① 所谓"善治"，按照俞可平教授的说法，即使公共利益最大化的社会管理过程；善治的主要目的是维护与促进社会公正、大众政治参与、经济社会的有效性与可持续性；善治的基本要素包括合法性、透明性、责任性、法治、回应性、有效性等。（参见俞可平主编：《治理与善治》，社会科学文献出版社 2000 年版，第 9—11 页。）

的是，无论是治理还是善治理论，最初都起源于西方国际组织跨国治理的需要，最早应用于世界银行等国际组织，后来才拓展运用到国家治理与政党治理领域。因此，在西方治理理论与逻辑中，具有将国家权力还归于民、淡化国家权威与国家角色、突出合作治理之特点，也具有忽视政党、把政党作为可有可无的变量的倾向；这与西方国情党情相吻合，显然不符合中国基层治理的逻辑与现实。① 在我国，中国共产党组织严密、属于"细胞型"党组织，基层党组织遍布各行各业与社会的各个角落，这与西方"选举型"政党的基层组织设置明显不同；而且，中国共产党作为领导党与执政党，其领导核心地位不仅表现在中央与地方，也表现在基层，基层党组织乃基层社会与基层组织的领导核心或政治核心，具有"以基层党组织建设带动其他各类基层组织建设"的责任与使命。故在中国基层治理中，中国共产党不是扮演着可有可无的角色，而是关键性角色；要进行中国基层治理，就必须加强基层服务型党组织建设，充分发挥基层党组织在基层治理中的引领乃至主导作用，通过基层党建创新来推进基层善治。这需要我们注意三个方面的问题：首先，既要充分发挥党在基层治理中的领导作用，以基层服务型党组织建设引领基层善治；也要明确基层服务型党组织建设与基层善治的时代要求，致力于实现基层治理的民主化、法治化、科学化、信息化、公开化。其次，要正视基层服务型党组织建设与基层治理的内在动力。简要来说，基层服务型党组织建设的根本动力来自于党内民主与群众压力，基层善治的根本动力则来自于人民民主与社会民主；没有民主，便没有真正的党内参与和公民参与，也就不可能有广大党

---

① 而且，在理论界也存在着一种将"统治""管理""治理"截然分开的倾向，认为治理理论是对传统"统治理论""管理理论"的否定。实际上，现代治理理论是对"统治理论"与"管理理论"的发展；现代治理（无论是国家治理、政党治理还是基层治理）是一个复杂的系统与复杂的过程，有常态治理与非常态治理之分。现代国家治理是统治、管理与治理的共同在场，只不过在不同条件、不同环节，强调的侧重点有所不同。一般而言，在常态下，多方合作治理成为主要特征；而在非常态下，政府管理乃至统治则成为必然。如在美国抗议白人警察枪杀黑人的示威活动中，和平游行示威需要管理；而当和平游行示威演变为暴力事件时，则需要政府管制乃至镇压。

员群众主动性、积极性、创造性的充分发挥。再次，在基层治理或社会治理中，我们不能以党内建设的模式与方式来治理社会、治理基层，而是要通过加强基层党建、以基层服务型党组织建设引领基层善治。因此，我们必须克服基层治理中的政党包办、政府包办现象，克服与避免社会生活过度政治化与社会治理行政化。

第六章

信息化时代的权力监督与党风廉政建设

　　为政清廉才能取信于民、秉公用权才能赢得人心，这是党的建设的基本经验，也是执政兴衰的基本定律。历史和现实都表明，"一个政权也好，一个政党也好，其前途命运最终取决于人心向背，不能赢得最广大人民的支持，就必然垮台"；[①] 而党风廉政建设关系民心向背、执政成败，腐败问题愈演愈烈，最终必然会亡党亡国！这正如习近平总书记所言："近年来，一些国家因长期积累的矛盾导致民怨载道、社会动荡、政权垮台，其中贪污腐败就是一个很重要的原因"。[②] 概括来说，执政党要赢得广大群众的认同，主要有三个方面的考量：一是良好的执政业绩，即能够推动国家经济、政治、社会的发展进步；二是群众利益诉求的满意度，即能够满足与实现广大民众的政治、经济、文化等方面的利益诉求；三是政治清廉度，即能够做到干部清正、政府清廉、政治清明。对马克思主义执政党而言，要取得良好的执政绩效，就必须以"是否有利于发展社会主义社会的生产力，是否有利于增强社会主义国家的综合国力，是否有利于提高人民的生活水平"为标准来检验党的各项工作，[③] 大力加强党的先进性建设与执政

① 《江泽民文选》第 3 卷，人民出版社 2006 年版，第 129 页。

② 习近平：《紧紧围绕坚持和发展中国特色社会主义　学习宣传贯彻党的十八大精神》，载《十八大以来重要文献选编》（上），中央文献出版社 2014 年版，第 81 页。

③ 《邓小平文选》第 3 卷，人民出版社 1993 年版，第 372 页。

能力建设、不断提高党的领导能力与执政能力；要满足与实现广大群众的利益诉求，就必须坚持立党为公、执政为民，以"人民拥护不拥护、人民赞成不赞成、人民高兴不高兴、人民答应不答应"作为党制定各项方针政策的出发点和归宿，党的一切工作"必须以最广大人民的根本利益为最高标准"①，始终做到权为民所用、情为民所系、利为民所谋；要做到政治清廉，就必须大力加强党的纯洁性建设与党风廉政建设，坚决反腐倡廉、严惩腐败，以党风廉政建设的实际成效取信于民。对于这一点，我们党的认识始终很清楚，强调"反对腐败、建设廉洁政治，是党一贯坚持的鲜明政治立场"，认为"党风廉政建设关系民心向背，关系党和国家的生死存亡"。新时期，我们党面临着长期执政考验、改革开放考验、市场经济考验、外部环境考验，同时也面临着精神懈怠的危险、能力不足的危险、脱离群众的危险、消极腐败的危险，"四风"问题与权力腐败问题比较突出，这严重影响着党的形象、影响着党群关系、影响着党的生命。同时，信息化发展使得政治公开、政治透明成为时代必然，"四风"与腐败问题的能见度越来越高，广大民众对"四风"与腐败问题的"容忍度"越来越低、对政治清廉的要求越来越高、对权力监督的愿望与能力越来越强，这使得党风廉政建设的形势更加严峻、任务更加艰巨。因此，我们必须适应信息化发展的时代要求，对"四风"与腐败问题奉行"零容忍"，充分运用信息网络手段来推进党风廉政建设，以正风反腐的实际成效取信于民。

一、党风廉政建设的价值目标与现存问题

从根本上看，纯洁性是马克思主义政党的本质属性之一，立党为公、执政为民、全心全意为人民服务是马克思主义政党的基本政治立场与根本宗旨，群众观点是马克思主义政党的基本观点，加强党风廉政建设是保持马克思主义政党纯洁性的本质要求、也是党的建设的应有之义。从历史上

---

① 江泽民：《论党的建设》，中央文献出版社 2001 年版，第 506 页。

看，重视作风建设、密切联系群众是我们党的优良传统与政治优势，在革命时期我们党就强调群众观点是我们与国民党的根本区别、"共产党的路线，就是人民的路线"，① 就形成了"密切联系群众、理论联系实际、批评与自我批评"的优良作风；改革开放以来，我们党把党风廉政建设上升到事关党和国家生死存亡的高度来认识。中国共产党 90 多年的历史经验表明：什么时候党风廉政建设搞得好、党的纯洁度高，党就更加坚强有力、就能赢得广大群众的大力支持，党的事业就能健康顺利地发展；否则，党的战斗力就会下降、对群众的吸引力与影响力就会降低、党的事业就会遭受损失。然而，需要注意的是，党风廉政建设是历史的、具体的，在不同历史时期，党所处的环境与任务不同，人们对党风廉政建设的认识也有所不同，党风廉政建设的主要矛盾与主要任务也有所不同。

（一）党风廉政概念的历史变迁与不变的价值目标

从根本上看，"党风"与"廉政"是两个内涵有所不同但又密切相关的概念。比较而言，"廉政"一词比较容易理解，即廉洁政治、清廉政治或廉洁从政之意，主要是针对公权力的掌握与使用者而言的；而"党风"一词，则比较抽象、较难理解，需要根据其来龙去脉来理解。②

在马克思主义党建学说史上，尽管马恩党建学说为党风建设奠定了思想基础或理论基础，但并没明确提出"党风"这一概念。列宁在领导俄国革命与苏维埃建设的过程中，对作风建设有过许多论述，具体来说，至少在以下六个方面有着深刻的论述：（1）反对教条主义，列宁认为："我们决不把马克思的理论看作某种一成不变的和神圣不可侵犯的东西；恰恰相反，我们深信：它只是给一种科学奠定了基础，社会党人如果不愿

---

① 《毛泽东文集》第 2 卷，人民出版社 1993 年版，第 409 页。

② 关于"党风廉政概念的历史变迁"的相关内容，以《第三代领导集体对党风廉政建设理论贡献》为题发表于《石油大学学报》（社科版）2002 年第 6 期，人大复印资料《中国共产党》2003 年第 4 期全文转载。

落后于实际生活，就应当在各方面把这门科学推向前进"。① （2）反对官僚主义，列宁把官僚主义者称为"最可恶的敌人"，认为"如果不惩办那些犯有拖拉作风和官僚主义罪过的人，我们将一事无成"。（3）反对骄傲自大，列宁认为"共产党员不过是沧海一粟，不过是人民大海中的一粟而已"，②"一些政党有了骄傲自大的可能，这往往就是失败和衰落的前奏。……我希望我们决不要使我们的党落到骄傲自大的地步"。③ （4）强调密切联系群众，列宁认为执政党"最严重最可怕的危险之一，就是脱离群众"。④ （5）提倡自我批评，把敢于自我批评当作一个郑重的党的标志，列宁认为："一个政党对自己的错误所抱的态度，是衡量这个党是否郑重，是否真正履行它对本阶级和劳动群众所负义务的一个最重要最可靠的尺度。公开承认错误，揭露犯错误的原因，分析产生错误的环境，仔细讨论改正错误的方法——这才是一个郑重的党的标志"。⑤ （6）明确提出了良好工作作风的样板，那就是"俄国人的革命胆略"加"美国人的求实精神"。尽管列宁关于作风建设的论述内容很丰富、思想很深刻，甚至形成了"列宁主义的工作作风"这一说法，但在列宁的党建思想内，尚未明确提出"党风"概念，更没有提出"党风廉政建设"这一概念。

在马克思主义党建史上，理论界一般认为，毛泽东 1942 年在《整顿党的作风》一文中首先明确提出使用"党风"概念，强调要"反对主观主义以整顿学风，反对宗派主义以整顿党风，反对党八股以整顿文风"。从这一论述看来，在毛泽东党建思想中，党风有广义与狭义之分，狭义的党风主要是就组织作风而言的，其主要任务是反对宗派主义等；广义的党风则是针对整个党的建设而言的，包括反对主观主义、宗派主义、形式主义（党八股）等多方面的内容。在中国革命与

---

① 《列宁选集》第 1 卷，人民出版社 1995 年版，第 274 页。
② 《列宁全集》第 43 卷，人民出版社 1987 年版，第 96 页。
③ 《列宁全集》第 38 卷，人民出版社 1986 年版，第 354—355 页。
④ 《列宁选集》第 4 卷，人民出版社 1995 年版，第 626 页。
⑤ 《列宁选集》第 4 卷，人民出版社 1995 年版，第 167 页。

建设的过程中，毛泽东不但明确提出了"党风"概念，[①] 而且非常重视党的作风建设，视其为党的建设三大内容之一，并形成了系统、丰富的党风建设思想，概括说来，至少有以下八个方面的表现：（1）反对"本本主义"与主观主义，提倡调查研究、实事求是、理论联系实际，毛泽东认为"没有调查，没有发言权"[②]，"不做正确的调查同样没有发言权"[③]；强调"马克思主义的'本本'是要学习的，但是必须同我国的实际情况相结合。我们需要'本本'，但是一定要纠正脱离实际情况的本本主义"。[④]（2）反对官僚主义和命令主义，把官僚主义和命令主义称为"反人民的作风，国民党的作风"。[⑤]（3）反对贪污和浪费，严惩贪污腐化分子和违法乱纪分子，新中国成立初期严惩刘青山、张子善就是典型的例证。（4）反对自由主义与宗派主义，毛泽东认为自由主义是"腐朽庸俗的作风"，"革命的集体组织中的自由主义是十分有害的。它是一种腐蚀剂，使团结涣散，关系松懈，工作消极，意见分歧。它使革命队伍失掉严密的组织和纪律，政策不能贯彻到底，党的组织和党所领导的群众发生隔离。这是一种严重的恶劣倾向"。[⑥]（5）反对个人英雄主义和风头主义，强调"不要自私自利，不要个人英雄主义和风头主义，不要懒惰和消极性，不要自高自大的宗派主义，他们是大公无私的民族的阶级的英雄，这就是共产党员、党的干部、党的领袖应该有的性格和作风"。[⑦]（6）反对骄傲自满、贪图享乐，强调要警惕和防止资产阶级思想和作风对党的侵蚀，防止和克服"党内的骄傲情绪，以功臣自居的情绪，停顿起来不求进步的情绪，贪图享乐不愿再过艰苦生活的情绪"，"务必使同志们继续地保持谦虚、谨慎、不骄、

---

① 参见范平、叶笃初:《党的建设词典》，上海人民出版社 1991 年版，第 136 页。
② 《毛泽东选集》第 1 卷，人民出版社 1991 年版，第 109 页。
③ 《毛泽东文集》第 1 卷，人民出版社 1993 年版，第 268 页。
④ 《毛泽东选集》第 1 卷，人民出版社 1991 年版，第 111—112 页。
⑤ 《毛泽东文集》第 6 卷，人民出版社 1999 年版，第 254 页。
⑥ 《毛泽东选集》第 2 卷，人民出版社 1991 年版，第 360 页。
⑦ 《毛泽东选集》第 1 卷，人民出版社 1991 年版，第 277 页。

不躁的作风，务必使同志们继续地保持艰苦奋斗的作风"。① （7）把批评和自我批评作为克服不良作风的有力武器，认为"整风是用批评和自我批评解决党内矛盾的一种方法，也是解决党同人民之间的矛盾的一种方法"。② 只要我们坚持用好批评和自我批评这个马克思列宁主义的武器，我们党就能去掉不良作风、保持优良作风。（8）概括提出了党的三大优良作风，即"以马克思列宁主义的理论思想武装起来的中国共产党，在中国人民中产生了新的工作作风，这主要的就是理论和实践相结合的作风，和人民群众紧密地联系在一起的作风以及自我批评的作风"，③ 并且把三大优良作风作为中国共产党区别于其他政党的显著标志。需要指出的是，毛泽东关于党风建设的思想非常丰富，但经过分析可以发现，其"党风"概念主要是通过归纳、描述等来诠释的，而且，"廉政"作为党风建设的重要内容涵盖在作风建设之中。

在我们党的历史上明确提出"党风廉政建设"这一概念并进行抽象概括，则是改革开放以后的事情。在改革开放初期，面临复杂的党风廉政建设形势，邓小平强调："我赞成陈云同志讲的，执政党的党风问题是有关党的生死存亡的问题"④，"如果我们党不严重注意，不坚决刹住这股风，那么，我们的党和国家确实要发生会不会'改变面貌'的问题。这不是危言耸听"⑤；并且把反腐倡廉、反对官僚主义作为党风建设的核心内容。首先，邓小平在《党和国家领导制度的改革》中对官僚主义进行了细致入微的刻画和无情鞭挞，把官僚主义的主要表现和危害描绘为"高高在上，滥用权力，脱离实际，脱离群众，好摆门面，好说空话，思想僵化，墨守陈规，机构臃肿，人浮于事，办事拖拉，不讲效率，不负责任，不守信用，公文旅行，互相推诿，以至官气十足，动辄训人，打击报复，压制民主，

---

① 《毛泽东选集》第 4 卷，人民出版社 1991 年版，第 1438、1438—1439 页。
② 《毛泽东文集》第 7 卷，人民出版社 1999 年版，第 284 页。
③ 《毛泽东选集》第 3 卷，人民出版社 1991 年版，第 1093—1094 页。
④ 《邓小平文选》第 2 卷，人民出版社 1994 年版，第 358 页。
⑤ 《邓小平文选》第 2 卷，人民出版社 1994 年版，第 403 页。

欺上瞒下，专横跋扈，徇私行贿，贪赃枉法"。① 其次，强调反对腐败、搞廉洁政治，强调"整个改革开放过程中都要反对腐败"②，要"一手抓改革开放，一手抓惩治腐败"③。再次，强调抓党风要从领导干部做起，如邓小平认为："现在，不正之风很突出，要先从领导干部纠正起"④。

党的十三届四中全会以来，以江泽民同志为核心的党的第三代中央领导集体深刻总结苏东剧变与世界政党兴衰成败的经验教训，进一步深化了对党风廉政建设的认识：首先，对"党风"这一概念进行了比较抽象、比较规范的概括，认为"党的作风是党的形象，是党的性质、宗旨、纲领、路线的重要体现，是党的创造力、凝聚力、战斗力的重要内容。……党的作风状况，关系党的生死存亡，关系国家的前途命运"⑤。其次，根据党风廉政建设面临的新形势、新问题、新任务，对作风建设的内容进行了系统的概括与分类，把党的作风细分为思想作风、工作作风、领导作风、学风和干部生活作风等五大方面，把保持党同人民群众的血肉联系作为加强和改进党的作风建设的核心问题，把"八个坚持、八个反对"作为新时期党风建设的主要任务，即坚持解放思想、实事求是，反对因循守旧、不思进取；坚持理论联系实际，反对照抄照搬、本本主义；坚持密切联系群众，反对形式主义、官僚主义；坚持民主集中制原则，反对独断专行、软弱涣散；坚持党的纪律，反对自由主义；坚持清正廉洁，反对以权谋私；坚持艰苦奋斗，反对享乐主义；坚持任人唯贤，反对用人上的不正之风。⑥ 同时，突出强调反对形式主义与官僚主义，认为"形式主义作风和官僚主义作风，是我们党的一大祸害。全

---

① 《邓小平文选》第 2 卷，人民出版社 1994 年版，第 327 页。
② 《邓小平文选》第 3 卷，人民出版社 1993 年版，第 327 页。
③ 《邓小平文选》第 3 卷，人民出版社 1993 年版，第 314 页。
④ 《邓小平文选》第 2 卷，人民出版社 1994 年版，第 125 页。
⑤ 《江泽民文选》第 3 卷，人民出版社 2006 年版，第 323 页。
⑥ 刘红凛：《第三代领导集体对党风廉政建设的理论贡献》，《石油大学学报（社会科学版）》2002 年第 6 期。

党上下，全国上下，必须狠煞形式主义、官僚主义的歪风"。① 再次，在深化对"党风"概念认识的基础上，将廉政从党风概念中剥离出来，把党风建设与廉政建设并列强调、提出了"党风廉政建设"新概念。如在党的十四大报告中，虽未直接使用"党风廉政建设"这一概念，但首次将"党风"与"廉政"并列表述，强调"在改革开放的整个过程中都要反腐败，把端正党风和加强廉政建设作为一件大事，下决心抓出成效，取信于民"。② 1996 年 10 月党的十四届六中全会通过的《中共中央关于加强社会主义精神文明建设若干重要问题的决议》则把党风与廉政并列作为一个整体概念来论述，强调要"加强党风廉政建设和民主法制教育，加大反腐败、扫除社会丑恶现象和打击刑事犯罪活动的斗争力度"，"按照中央的部署，坚持不懈地加强党风廉政建设，深入持久地开展反腐败斗争"，③ 两度使用"党风廉政建设"一词。此后，党的报告或领导人讲话中多次将"党风廉政建设"作为一个概念来使用。到了党的十五大，我们党对党风廉政的认识又有了一定变化，开始将作风建设与反腐败斗争分开论述，比如在党的十五大报告中，一方面强调"加强党的作风建设，根本的是坚持全心全意为人民服务的宗旨，充分发挥党密切联系群众的优势"，并进行了相关工作部署；另一方面强调"反对腐败是关系党和国家生死存亡的严重政治斗争"，并进行了相关工作部署。④ 到了党的十六大报告，除了在强调"认真落实党风廉政建设责任制"出现"党风廉政建设"这一概念外，在党的建设部分也是将作风建设、反对和防止腐败分开论述的，强调要"加强和改进党的作风建设，深入开展反腐败斗争"，并分别提出了不同的内容要求。党的十七大报告则沿用了十六大报告的表述，强调"切实改进党的作风，着力加强反腐倡廉建

---

① 《江泽民文选》第 1 卷，人民出版社 2006 年版，第 248 页。

② 江泽民：《论党的建设》，中央文献出版社 2001 年版，第 69 页。

③ 《中共中央关于加强社会主义精神文明建设若干重要问题的决议》，新华网，2004 年 11 月 29 日，网址：http://news.xinhuanet.com/video/2004-11/29/content_2273313.htm。

④ 江泽民：《论党的建设》，中央文献出版社 2001 年版，第 266—267 页。

设"；到了党的十八大报告，不但将作风建设与反腐倡廉建设分开论述，还把反腐倡廉单独作为党的建设"五大内容"之一，形成了思想建设、组织建设、作风建设、反腐倡廉建设、制度建设等"五位一体"的党建格局。

总之，从党风廉政建设的历史发展看，我们党对"党风"与"廉政"的认识有一个不断深化的过程，明显存在着从毛泽东时代的"作风建设"，到改革开放前期的"党风廉政建设"，再到后来的"党的作风建设"与"反腐倡廉建设"分列。这一发展过程深刻说明了三个方面的问题：第一，随着党风廉政建设的实践发展，我们党对党风廉政的认识不断深化，有一个从现象认识到本质认识的发展过程；因为概念是客观事物在人们头脑中的反映，概念的发展变化反映了人们对客观事物的认识变化。第二，"党风"与"廉政"密切相关，在革命与建设初期，"廉政建设"是涵盖在"作风建设"之内的；但随着时代变化特别是党的历史方位变化，二者强调的侧重点开始明显分化。第三，随着改革开放的推进，党风廉政建设面临的任务更加艰巨，廉政与反腐倡廉日益凸显其严峻性、重要性。从根本上看，党风是党的性质、宗旨、纲领、路线等的外在反映，是党员干部思想观念与行为特质的集中反映，它体现在党的建设的各个方面，"党的作风，关系党的形象，关系人心向背，关系党的生命"①，反对形式主义、官僚主义、命令主义与贪污腐化等始终是党风廉政建设的主要任务。从本质上看，形式主义、官僚主义、命令主义、享乐主义与奢靡之风等是党员干部世界观、价值观、人生观、权力观等的异化表现，是公权与私欲的不当结合。腐败则是以公共权力来谋取个人私利，是公权与私利的不当结合，是不良作风的深度发展与恶劣反映；从一定意义上说，权力与金钱具有天然的惺惺相惜性，反对与克服腐败、防止以权谋私乃廉政建设的永恒主题。总之，无论是从历史还是现实来看，党风与廉政紧密相关、权力异化与权力腐败相辅相成，甚至可以说，权力异化是权力腐败的根源、权力腐

---

① 《江泽民文选》第 3 卷，人民出版社 2006 年版，第 291 页。

败是权力异化的必然结果。① 在执政条件下，党风与廉政建设更是密切相关，因为执政党执掌国家政权，党员干部在国家政权机关中出任公职、行使公共权力。因此，执政党党风廉政建设的根本目的或价值目标，始终都是为了贯彻落实党的先进性、保持党的纯洁性、践行党的宗旨，做到干部清正、政府清廉、政治清明，以实现权为民所用、情为民所系、利为民所谋，更好地服务民众、密切联系民众、赢得民众。②

（二）新时期党风廉政建设面临的突出问题

时至今日，中国共产党执政 60 多年、改革开放 30 多年来，我们党领导全国人民进行社会主义现代化建设，取得了举世瞩目的伟大成就；但面对"四大考验""四大危险"，从严治党的形势更为严峻、任务更为繁重，党风廉政建设面临的问题更为突出，"四风"问题、"权力异化"与权力腐败问题等已经严重影响了党的形象、破坏了党群关系、危及党的生命。党

---

① 对于权力腐败问题不能一概而论，需要深入分析。大致来说，权力腐败有个体腐败与整体腐败之分、体制性腐败与制度性腐败之别。其中，个体腐败主要表现为个体行为、是个别公权力掌握与行使者以权谋私，整体腐败则表现为大多数公权力掌握与行使者以权谋私、腐败比较普遍，体制性腐败则是由于相关体制与机制不健全所导致的大面积的权力腐败，制度性腐败则明显表现为政治腐败、是根本政治制度问题，这正如有的学者所言：政治腐败即"为个人或极少人的利益而剥夺和压榨绝大多数人的政权"（参见朱昔群：《政党科学与政党政治科学化》，中央编译出版社 2015 年版，第 272 页）。但无论任何类型的腐败，其根源都在于公共权力未得到有效的制约与监督。比较而言，当前我国的腐败不能说是由根本制度造成的、不能归类于制度性腐败，而主要是由于党风廉政建设的体制机制不健全造成的，当前权力腐败仍然属于个别或部分现象，还不能说是普遍现象。

② 加强党风建设是中国共产党的一大传统政治优势，但这并不意味着西方政党就不注重党风建设，只是中外话语表述与强调的侧重点有很大不同。比如在西方选举政治下，任何一个政党要想赢得大选，必须树立良好的"政党形象"；任何政党候选人要想赢得选举，必须塑造良好的"个人形象"。西方政党及其候选人"形象塑造"问题，实际上就包含着"作风建设"问题。特别是在当今信息化时代，社会监督、媒体监督无处不在，政党候选人的形象对其能否赢得选举至关重要，其形象问题自然涉及其思想品格、行为方式与个人能力等许多方面。

的十八大以来，以习近平同志为核心的党中央严整"四风"、高压反腐，大力加强党风廉政建设，取得了举世瞩目的显著成效；但是，我们必须清醒地看到，党风廉政建设不可能一蹴而就，党风廉政建设永远在路上，当前"形形色色的潜规则、大大小小的关系网、'劣币驱逐良币'的逆淘汰还有一定市场，用人之风不正、家风家教不严、社会交往不净、同志关系不纯等问题有待进一步纠正，反腐败斗争形势依然严峻复杂，作风问题时有反弹、顶风违规违纪时有发生。可以说，实现政治生态'山清水秀'，任务艰巨而繁重"。① 具体而言，新时期党风廉政建设面临的突出问题主要有以下几个方面：

从作风建设角度看，从江泽民 2000 年提出"八个坚持、八个反对"的新要求至今，因循守旧、不思进取，照抄照搬、本本主义，形式主义、官僚主义，独断专行、软弱涣散，自由主义，以权谋私，享乐主义，用人上的不正之风等，这八个方面的不正之风在一定程度上得到解决，但形式主义、官僚主义、享乐主义、奢靡之风乃至用人上的不正之风等依然比较严重，"四风"问题依然是作风建设的重点所在。从党的十八大以来纪检监察机关对违反中央八项规定精神的查处情况看，2013 年共查处违规问题 2.4 万起，处理 3 万多人，其中给予党纪政纪处分 7600 多人；②2014 年共查处违规违纪问题 5.3 万起，处理党员干部 7.1 万人，其中给予党纪政纪处分 2.3 万人；③2015 年共查处违反中央八项规定精神的问题 3.7 万起、4.9 万人，给予党纪政纪处分 3.4 万人。④ 这一方面说明，党的十八大以来

---

① 《刘云山 2015 年 5 月 13 日在中央党校春季第二批进修班开学典礼上的讲话》，新华网，2015 年 5 月 13 日，网址：http://news.xinhuanet.com/politics/2015-05/13/c_1115276047.htm。

② 王岐山：《在中国共产党第十八届中央纪律检查委员会第三次全体会议上的工作报告》，中央纪委监察部网站，2014 年 10 月 24 日，网址：http://www.ccdi.gov.cn/special/dscqthy/dscqhhg_dscqthy/201410/t20141023_29266.html。

③ 王岐山：《在十八届中央纪委五次全会上的工作报告》，新华网，2015 年 1 月 29 日，网址：http://news.xinhuanet.com/legal/2015-01/29/c_1114183996.htm。

④ 王岐山：《在中国共产党第十八届中央纪律检查委员会第六次全体会议上的工作报告》。

严整"四风"成效显著，三年累计查处近 12 万起。另一方面说明，当前"四风"问题依然很突出，若与 8700 多万党员相比，党员干部违反"四风"的比例不高、只有 0.14% 左右；但若与领导干部数量相比，按照有人估算的全国共有科级以上官员大约 680 万，三年来全国违反八项规定精神的干部比例为 12% 左右。那么，当前党的作风建设的现状到底如何，从 2014 年底我们对党员干部的问卷调查结果，特别是党员干部对"四风"问题的容忍度与实践认同度可见一斑。[①] 其中：（1）关于"对四风问题应采取什么样的态度"一题，我们共设计了四个选项。在被调查的党员干部中，68% 的选择了"零容忍"，17.6% 的选择了"适度容忍"，12.6% 的选择了"只要群众能接受即可"，仅有 0.5% 的认为"工作吃喝很必要"。这一方面说明，在党的十八大以来从严治党、从严治风的氛围中，近 2/3 的被调查者认同对"四风"问题奉行"零容忍"；另一方面说明，仍有 30% 左右的被调查者对"四风"抱有"适度容忍"心态，因为"只要群众接受即可"所反映的实际上也是"适度容忍"心态。（2）对于"中央严抓四风使得官不聊生，以至于有些干部消极怠工"这一说法，我们共设计了四个选项。在被调查者中，10.7% 的认为"的确如此"，40.6% 的认为"言过其实"，37.0% 的认为"完全是牢骚之语"，10.5% 的选择了"说不清"。调查结果表明：对于中央严整"四风"，37% 的被调查者表示很认可；60% 以上的仍心态比较复杂，选择"的确如此"的不用说，40.6% 选择"言过其实"的实际上是怀有"部分认同"心态，10.5% 选择"说不清"的实际上是在回避问题。（3）对于八项规定的执行效果，我们共设计了 7 个选项。在被调查者中，42.9% 的认为"成效显著"，27.2% 的认为"有

---

① 2014 年底课题组就有关问题在上海党校系统各教学班次进行问卷调查：共发放问卷 1100 份，回收有效问卷 998 份，有效样本占 90.73%；其中 15 个问题（都是单项选择题）直接关涉作风建设。在被调查者中，男性占 55.8%、女性占 44.2%；年龄结构相对均匀，35 岁以下占 24.7%，36—45 岁占 29.0%，46—55 岁占 31.0%，56 岁以上占 15.1%；单位分布合理，市级机关占 24.9%、国有企业占 21.9%、街道社区占 20.5%、区县机关占 15.6%、事业单位占 8.9%；被调查者的职级发布均匀，厅局级占 8%、处级占 23.2%、科级占 29.9%，科级以下占 38.9%。

成效、但没想象的好", 7%的认为"严过了头、过犹不及", 1.3%的认为"还是走过场", 4.5%的认为"上层执行得好、基层效果不明显", 13.5%的认为"治标不治本、难以持久", 2%的选择了"说不清楚"。调查结果表明：对于贯彻落实八项规定的成效, 42.9%的被调查者认为成效显著, 31.7%的表示部分认同；仍有23.8%的心态复杂, 认为严过了头、走过场、治标不治本。(4) 对于这次党的群众路线教育活动的成效评价, 我们共设计了五个选项。在被调查者中, 27.5%的认为"成效显著、达到预期目标", 39.5%的认为"有成效、但未达预期目标", 20%的认为"形式大于实质", 7.4%的认为"缺乏长效性、难以持久", 3.2%的选择了"说不清楚"。调查结果表明：对于这次党的群众路线教育实践活动的成效, 1/3左右的表示充分认同, 近40%的认为有成效、但尚未达到预期目标；也有30%左右的不太认同, 认为形式大于实质或缺乏长效性。上述调查结果在一定程度上说明, 尽管党的十八大以来我们党认真贯彻落实八项规定、严整"四风", 但仍有30%左右的被调查者对"四风"问题抱有"适度容忍"心态, 23.8%的认为中央严整"四风""严过了头或走形式"；而且, 时至今日, 党的作风建设的长效机制尚未形成, 实现党的作风建设的制度化常态化仍任重道远。

从廉政建设角度看, 我们不得不承认, 当前"权力异化"现象比较突出、反腐倡廉形势与任务比较严峻。一方面, 就"权力异化"而言, 尽管我们党始终强调"全心全意为人民服务、立党为公、执政为民", 强调权为民所赋、情为民所系、利为民所谋, 但在现实中, 一些公职人员、党员干部"错把职责当奉献"现象比较明显, 他们不是把履行岗位职责作为个人应尽义务, 而是"错把岗位职责、应尽义务当奉献"。对于这一问题, 2014年4月人民论坛与凤凰网联合开展的"公众如何看待'权力异化'现象"初步调查研究结果（调查时间为2014年4月4—11日, 调查样本5864份）表明："68.8%受访者认为权力异化程度严重, 半数以上认为权力家族化危害程度更为严重；公众认为房地产、组织人事方面权力异化更为突出, 64.7%的认为基层搞'裙带关系'现象普遍；超过半数公众认为县一级权力异化更为严重，'官商勾结、权钱交易'位列最应整治现象首位"。① 尽管网络调查的科学性有待商榷，但调查结果所反映的问题值得高度重视。对于这一问题，我们通过现实面对面的调查进行核证，统计结果表明：在被调查者中，61.9%的认为权力异化现象"比较严重"，10.7%的认为"非常严重"，14.7%的认为"一般情况"，另外有9.4%的选择"说不清"；即使在党员干部中，也有合计72.6%的认为当前权力异化现象"比较严重"与"非常严重"。另一方面，我们不得不承认，2000年以来我国正处于腐败案件高发多发期，腐败现象比较严重，有的党员干部特别是领导干部贪污受贿、生活腐化，涉案金额巨大、亿元大案不乏其例；窝案、集体腐败、行业腐败、家族腐败、权力与利益集团相勾结等成为腐败新特点；腐败涉及各个领域、各个层级，从高校、国企到党政官员，各行各业都有，官级下至一般工作人员上至政治局委员；腐败性质与手段多样化、隐蔽性增强，期权交易、"假借"与"转让"权力、赃钱"漂白"、境外投资、以房敛财等，样样皆有；而且，权力集中、资源集中、资本集中的"黑三角"成为腐败的重点领域，其中以房地产领域、能源领域、资源开发领域为最，腐败案往往引发群体性事件或重大责任事件。党的十八大以来，我们党坚持"老虎""苍蝇"一起打，严惩腐败。相关数据显示：中纪委2013年对涉嫌违纪违法的中管干部结案处理与正在立案检查的共31人，全国纪检监察机关立案17.2万件、结案17.3万件、给予党纪政纪处分18.2万人，涉嫌犯罪被移送司法机关处理9600多人；全国检察机关共立案侦查贪污贿赂、渎职侵权等职务犯罪5.1万人。② 中纪委2014年对涉嫌违纪的中管干部案处理和正在立案审查的共68人，全国纪检监察机关立案22.6万件、结案21.8万件、给予党纪政纪处分23.2万人，涉嫌犯罪被移送司法机关处理1.2万人；全国检察机关共立案侦查

---

① 人民论坛问卷调查中心：《公权力异化脉络》，《人民论坛》2014年4月下。

② 王岐山：《在中国共产党第十八届中央纪律检查委员会第三次全体会议上的工作报告》，中央纪委监察部网站，2014年10月24日，网址：http：//www.ccdi.gov.cn/special/dscqthy/dscqhhg_dscqthy/201410/t20141023_29266.html。

贪污贿赂、渎职侵权等职务犯罪 5.5 万人。[①] 中纪委 2015 年对涉嫌违纪的中管干部结案处理和正在立案检查的共 90 人，全国共立案 33 万件、结案 31.7 万起、给予党纪政纪处分 33.6 万人，涉嫌犯罪被移送司法机关处理 1.4 万人。[②] 这一方面说明，党的十八大以来高压反腐成效显著，三年已结案处理和立案检查的省部级以上"大老虎"达 189 人次，全国纪检监察机关三年立案达 72.8 万件、结案 70.8 万起、给予党纪政纪处分 75 万人，全国检察机关共立案侦查贪污贿赂、渎职侵权等职务犯罪三年累计大约 12 万人。另一方面说明，当前反腐倡廉形势与任务依然很严峻，若与全国科级以上官员 680 万相比，三年以来立案比例为 10.7%，给予党纪政纪处分的比例大约为 11%，贪污贿赂、渎职侵权的大约为 1.76%。[③] 另外，透明国际清廉指数显示：从 2000 年至 2015 年，我国在 170 多个国家的清廉指数排名，依次为 63、57、59、66、71、78、70、78、72、79、78、75、80、80、100、83，在 2014 年以前呈现出逐渐"上升"趋势。[④]

从广大党员干部对腐败的"容忍度"和对反腐倡廉的心态看，当前反腐倡廉的形势依然严峻。2014 年我们在党员干部中的问卷调查结果显

---

① 王岐山：《在十八届中央纪委五次全会上的工作报告》，新华网，2015 年 1 月 29 日。网址：http：//news.xinhuanet.com/legal/2015-01/29/c_1114183996.htm。

② 王岐山：《在中国共产党第十八届中央纪律检查委员会第六次全体会议上的工作报告》。

③ 当然，三年以来立案、给予党纪政纪处分、贪污贿赂与渎职侵权的人员不仅包括科级以上干部，也包括科级以下的公职人员，但其中大多数为干部，这一点应该是无疑的。由于对三年以来立案、给予党纪政纪处分、贪污贿赂与渎职侵权的人员的级别比例不清楚，在此只能作一个模糊估算，其估算结果与实际情况肯定有所出入，但值得思考。

④ 有人质疑：党的十八大以来我们党严整"四风"、高压反腐成效显著，为什么在国际清廉指数中的排名不降反升？因此质疑其客观性与公正性。的确，从国内形势看，三年来我们党大力加强党风廉政建设，取得了明显成效；但从外部与腐败分子数量看，这三年查处的越来越多，这给外国人会造成一种认识，那就是"腐败分子的数量或比例比较高"。这告诉我们，一方面，数字只能反映表象、难以反映问题的实质；另一方面，惩处腐败分子的数量上升意味着廉政建设力度的加大，但并不意味着反腐倡廉形势严峻性的降低。

示：（1）对"要反腐倡廉必须坚持对腐败'零容忍'，你的看法如何"一问，我们共设计了六个选项。在被调查的党员干部中，74.7%的选择了"零容忍"，6.3%的选择了"适度容忍"，8.6%的选择了"把腐败控制在人民可以接受的范围内"，7.6%的选择了"腐败在任何国家都存在、不可能清除"，0.2%的选择了"腐败是改革的润滑剂"，1.7%的选择了"说不清楚"。调查结果表明：在中央坚决反腐倡廉的氛围中，党员干部对腐败的"容忍度"降到极点，大约 2/3 的选择了"零容忍"；但仍有 24%左右的对腐败抱有"适度容忍"心态，选择后五项的基本可归结为此类。（2）对"有人认为：适度腐败有助于经济发展、反腐倡廉影响经济发展，您的看法如何"这一问，我们共设计了六个选项。在被调查者中，1.6%的选择了"至理名言"，11%的选择了"有一定道理"，37.6%的选择了"无道理"，41.8%的选择了"谬论"，6.8%的选择了"说不清楚"。这一问题，实际上是对第一个问题的反问。调查结果表明：79.4%的被调查者对这一问题的认识是清醒的，但合计 19.4%的选择了"至理名言""有一定道理"或"说不清"，其背后反映的是对腐败的"适度容忍"心态。（3）对"有人认为：在一定程度上说，腐败干部也是制度不健全的牺牲品。你认为如何"这一问，我们共设计了五个选项。在被调查者中，10.2%的选择了"很有道理"，55.5%的选择了"有一定道理"，18.9%的选择了"无道理"，9.5%的选择了"谬论"，4.5%的选择了"说不清楚"。调查结果显示：大约 2/3 的被调查者基本认可"腐败干部也是制度不健全的牺牲品"这一说法，这说明两个方面的问题：一是对腐败分子抱有"同情心理"，二是对现有制度不健全的忧虑。（4）对"不反腐败要亡党，真反腐败要亡国"这一问题，我们共设计了五个选项。在被调查者中，选择"至理名言"的为 3.9%，选择"有一定道理"的为 16.7%，选择"无道理"的为 37.2%，选择"谬论"的为 35.5%，选择"说不清"的为 5.7%。调查结果显示：选择"无道理"与"谬论"的合计高达 72.7%，这说明大多数被调查者对反腐倡廉形势的认识是清醒的，但也有 20.6%的被调查者表现出矛盾心态，选择"至理名言""有一定道理的"无疑属于此类。（5）对"您认为十八大以来反腐倡廉、老虎苍蝇一起打的成效如何"这一问题，我们共设计了七个选项，在被调查者中，选择"腐败得到有效遏制"的为28.2%，选择"腐败在一定范围内得到遏制"的为59.3%，选择"腐败一如既往"的为2.0%，选择"治标不治本"的为6.8%，选择"是一时政治运动"的为1.1%，选择"说到底是政治洗牌"的为1.0%。调查结果显示：87.5%的被调查者对党的十八大以来反腐倡廉的成效表示认可，认为腐败得到有效遏制或在一定范围内得到遏制；但也有6.8%的被调查者更加关注"治本"问题。(6) 对"有人认为：周永康案件标志着我国反腐斗争节点到来，你如何看"这一问题，我们共设计了五个选项，在被调查者中，选择"完全正确"的为7.4%，选择"基本正确"的为31.2%，选择"过于乐观"的为34.3%，选择"谬论"的为4.1%，选择"说不清楚"的为21.9%。调查结果表明：周永康的被惩处在一定程度上增强了人们对反腐倡廉的信心，38.6%的被调查者认同或基本认同"周永康案件标志着我国反腐斗争节点到来"，但60%的被调查者对反腐倡廉的形势持谨慎态度。

　　从党的纯洁性建设角度看，2012年习近平曾经指出："在深刻变化的国内外环境中，管党治党的任务越来越艰巨，如何保持党的纯洁性也面临不少新情况新问题"，"理想信念不坚定、作风不正、原则性不强、为政不廉等不符合党的纯洁性要求的问题，在一些党员和党的干部中不同程度地存在，这必然影响党在人民群众中的威信和削弱党的战斗力"。[①] 上述所言的"四风"与腐败问题，显然是与党的纯洁性格格不入，是党的纯洁性建设必须严惩的；除了"四风"与腐败问题外，新时期党的纯洁性建设面临的突出问题还表现在思想、组织与道德方面：(1) 在思想纯洁方面，有的党员干部理想信念飘忽，世界观、人生观、价值观、权力观偏移；有的表面上讲马克思主义，内心却信佛、信上帝，暗地里奉行"权力至上、金钱至上、实用主义、享乐主义"，对马克思主义理论"真学真懂真信真用"问题比较突出、"思想入党"问题比较严重。马克思主义理论应该是

---

① 习近平：《扎实做好保持党的纯洁性各项工作》，《求是》2012年第7期。

党员干部的立身之本，而不是用来忽悠人的；如何做到"四真"，牢固树立正确的世界观、价值观、人生观、权力观，坚守共产党人的理性信念与精神家园，这是思想纯洁必须解决的现实问题。（2）在组织纯洁方面，相关问题主要表现在党员干部队伍方面。目前我们有8700多万党员，是世界上规模最大、成员最多的政党，但党员规模不等于核心战斗力；党的规模越大、成员越多，队伍纯洁问题就会越突出。比如有的党员干部组织性、纪律性、党性观念弱化，对党的认同度降低；有的公信度不高，宗派主义、地方主义、山头主义、圈子意识强烈；有的利欲熏心、阳奉阴违，心中只有权力、只有利益、只有领导，而忘记了党、忘记了纪律、忘记了群众。对马克思主义政党而言，徒有虚名的党员就是白给也不能要，如何把丧失党员资格的蜕变分子和腐败分子坚决清除出党，这是新时期党员干部队伍建设面临的突出问题。（3）在道德纯洁方面，有的党员干部道德失范、言行不一、口是心非、搞"双重"或"多重"人格，虚伪与伪善现象比较突出，"人格上的两面派"很容易成为政治上的"两面派"，如有的干部台上大讲"立党为公、执政为民"、满口仁义道德，台下却以权谋私、损公肥私、贪赃枉法；有的自己搞特权、谋私利，却要下属群众克己奉公、奉献事业，自己勾心斗角、却要党员维护团结，自己贪图安逸生活、却要党员艰苦奋斗，自己买官卖官、却要党员严守纪律等等，广大人民群众对这种现象深恶痛绝，认为其"口言善，身行恶，国妖也"。总之，上述所言的思想不纯、组织不纯、道德不纯现象，也是党风廉政建设需要解决的突出问题。"三严三实"专题教育中所列举的各种"不严不实"现象，如理想信念动摇、信仰迷茫、精神迷失，宗旨意识淡薄、忽视群众利益、漠视群众疾苦，党性修养缺失、不讲党的原则等问题；滥用权力、设租寻租，官商勾结、利益输送，不直面问题、不负责任、不敢担当，顶风违纪还在搞"四风"、不收敛不收手等问题；无视党的政治纪律和政治规矩，对党不忠诚、做人不老实，阳奉阴违、自行其是，心中无党纪、眼里无国法，等等，都是党的纯洁性建设要解决的突出问题，也都是党风廉政建设需要解决的突出问题。从这一角度看，新时期党风廉政建设不仅要解决"四风"与腐败问题，还要从深层次上解决好思想不纯、组织不纯、道德不纯问题。①

（三）新时期加强党风廉政建设的多重意义

在新的历史时期，加强党风廉政建设、建设廉洁政治具有重大现实意义，这不仅关系党的形象与干部形象、党群关系与干群关系，关系党的先进性与纯洁性的保持，关系党的生死存亡；也关系到政治生态的改善、社会公平正义的实现与国家的前途命运。因此说，新时期加强党风廉政建设具有多重意义：

首先，加强党风廉政建设是保持党的先进性与纯洁性的必然要求，也是党的先进性建设与纯洁性建设的基本任务。正如前文所言，先进性与纯洁性是马克思主义政党的本质特征，"四风"和腐败问题与党的性质、宗旨等格格不入，与党的先进性和纯洁性格格不入；若任凭"四风"和腐败蔓延，就会严重削弱党的吸引力、战斗力和凝聚力。因此，新时期要保持党的先进性与纯洁性，就必须坚持党的性质与宗旨，立足于党员干部思想纯洁、队伍纯洁、作风纯洁、清正廉洁，坚持党要管党、从严治党，党风廉政建设最为重要；就必须"坚持强化思想理论武装和严格队伍管理相结合、发扬党的优良作风和加强党性修养与党性锻炼相结合、坚决惩治腐败和有效预防腐败相结合、发挥监督作用和严肃党的纪律相结合，不断增强自我净化、自我完善、自我革新、自我提高能力，始终坚持党的性质和宗旨，永葆共产党人政治本色"②。

其次，加强党风廉政建设是改善党群关系、干群关系的当务之急。党

---

① 关于党的纯洁性的相关问题，以《党的纯洁性的建设的时代要求与制度保障》为题发表于《南京政治学院学报》2012 年第 5 期，人大复印资料《中国共产党》2013 年第 1 期全文转载。

② 胡锦涛：《切实做好保持党的纯洁性各项工作，深入推进党风廉政建设和反腐败斗争》，《人民日报》2012 年 1 月 10 日。

的建设历史经验表明：密切联系群众是我们党的最大优势、脱离群众是执政党面临的最大危险。我们党经过 90 多年的发展、60 多年的长期执政与 30 多年的改革开放，党员干部经过一代代的变化，党群关系也在发展变化，时至今日，党群关系、干群关系可谓到了最关键、最严峻的历史时期。这是因为，第一代中国共产党人从广大民众中来、与广大劳动人民有着千丝万缕的联系；在战争年代，革命党与在野党的地位决定了，离开了广大民众的支持，我们党就无立锥之地、更无法取得革命顺利。对第二代中国共产党人而言，他们生在旧社会、在战争年代中成长，许多都是由老区人民抚养长大的，因此，对广大劳动人民仍抱有深厚的个人情感。而对于第三代及其以后的广大党员干部而言，他们生在红旗下、长在红旗下，有的生长在"单位大院"、有的则是"三门干部"，缺乏与老百姓的日常联系，也缺乏密切联系群众的情感与动力。因此，对当代中国共产党人而言，如何密切联系群众是关系党生死攸关的大问题；而"四风"与腐败问题却在极大地损害党在人民群众中的威信、腐蚀党群关系。因此，新时期密切联系群众的当务之急，就是要大力加强党风廉政建设；只有如此，才能改善党在民众中的形象，"才能提高在群众中的威信，才能赢得人民信赖和拥护，才能不断巩固执政基础，才能实现党和国家兴旺发达、长治久安"。[①]

再次，党风廉政建设是推进党的建设新的伟大工程的"切入点"与"突破口"。对我们党而言，党的建设是个系统工程，涉及思想建设、组织建设、作风建设、反腐倡廉建设、制度建设的各个方面。新时期如何突破党的建设的困境或"瓶颈"、开创全面从严治党新局面？这必须有一个突破口。就党的建设各项内容而言，思想建设具有长期性、内在性甚至隐蔽性，组织建设具有复杂性，制度建设具有根本性、长期性；比较而言，"四风"与腐败问题则是"看得见、摸得着"的具体问题，也是广大民众

[①] 胡锦涛:《切实做好保持党的纯洁性各项工作，深入推进党风廉政建设和反腐败斗争》,《人民日报》2012 年 1 月 10 日。

深恶痛绝、深受其害的最直接的现实问题，加强党风廉政建设可以收到立竿见影的效果，无疑是推进党的建设新的伟大工程的有效突破口。以党风廉政建设来推进党的建设新的伟大工程、以正风反腐治标之举为从严治党治本之举赢得时间，这是新时期党的建设的现实逻辑所在。

最后，从改善党的领导、全面建成小康社会角度看，党风廉政建设关系到政治生态改善、社会公平正义的实现与国家健康发展。这是因为，风清则气正，气正则心齐，心齐则事成；要加强和改善党的领导、促进国家与社会健康发展，首先必须营造风清气正、奋发向上的良好政治生态。否则，正气压不倒邪气、东风压不倒西风，风不清、气不正，就会导致信仰迷茫、精神颓废、诚信缺失、原则丧失的不良社会生态，就会导致权力异化、"四风"盛行、腐败猖獗的不良官场生态，就会形成"显规则"失灵、"潜规则"盛行、"劣币驱逐良币"的逆淘汰市场，就会助长随波逐流、投机取巧、我行我素的"破窗效应"。这是因为，对党和国家而言，一方面，作风问题不是小事、"四风"犹如瘟疫，若不及时制止、坚决纠正，任其发展下去，就会像一座无形的墙把我们党和人民群众隔开，我们党就会失去根基、失去血脉、失去力量；就会像乌烟瘴气一样四处蔓延，不仅败坏党风政风、腐蚀党群关系与干群关系，也会贻害社会风气。另一方面，腐败犹如癌症，乃党和国家的毒瘤，是事关党和国家生死攸关的大事；如果不严惩腐败、及时割除毒瘤、任其愈演愈烈，这不仅会严重危害党的肌体、危及党的生命，而且会严重腐蚀社会公平正义、腐蚀科学发展、腐蚀党心民心。因为腐败就是公权与私利的不当结合，就是投机取巧、贪赃枉法，就是不劳而获、非法获利、非法致富。因此，要促进党和国家健康发展，就必须大力加强党风廉政建设，对作风之弊、行为之垢定期进行大排查、大检修、大扫除，"要以猛药去疴、重典治乱的决心，以刮骨疗毒、壮士断腕的勇气，坚决把党风廉政建设和反腐败斗争进行到底"①。

---

① 《习近平在十八届中央纪委三次全会上发表重要讲话》，《人民日报》2014 年 1 月 16 日。

二、信息化时代的廉洁政治与权力监督

在新的历史时期，信息网络技术发展对党风廉政建设既提出了挑战，也提供了难得的历史机遇。之所以如是说是因为，在"密室政治"风行的封建社会，政治不透明、信息难公开、官吏清廉不清廉百姓难以知晓。在信息网络社会之前，政治不够透明、信息也不够公开，权力运行具有一定的封闭性，"朦胧政治"在所难免；虽然我们党也强调监督，但党员干部中存在的各种问题难以看清、难以暴露，也难以查处。在信息化条件下，一方面，信息网络技术极大地推动了政治公开、权力只能在阳光下运行，使得"金鱼缸政治"或"透明政治"成为现实；以前一些难以为百姓知晓、难以监督的党风廉政问题，如今很容易被暴露、被监督、被查处。另一方面，信息公开不仅扩大了广大民众的知情权，也激发了广大民众的权利意识、政治参与意识与监督热情，还为广大民众进行权力监督提供了高效、安全、快捷、低廉的平台与手段，使网络反腐成为党风廉政建设的新途径。如此看来，信息化发展既为党风廉政建设提出了更严格的要求，也为破解"权力监督难"提供了难得的历史机遇。①

（一）权力监督及其关键问题

从人类政治文明看，权力监督是现代民主政治的一个重要方面，对保障秉公用权、政治清廉具有重要作用。对于这一点，党的三代领导集体都有清醒的认识，如 60 多年前毛泽东在著名的"窑洞对"中就深刻指出：只有让人民来监督政府，政府才不敢松懈；只有人人起来负责，才不会人亡政息。进入 21 世纪以来，我们党对权力监督的认识更加全面、更加深刻，不但强调民主监督，而且强调对权力的法律监督，如 2001 年江泽民

---

① 关于"党的监督"的相关内容，以《论党的监督机制》为题发表于《山东师范大学学报》2004 年第 3 期。

在庆祝建党 80 周年讲话中深刻指出："我们手中的权力都是人民赋予的，各级干部都是人民的公仆，必须受到人民和法律的监督"①。党的十八大以来，以习近平同志为核心的党中央在加强党风廉政建设的过程中，从新的历史高度倍加重视权力监督，强调各级干部要珍惜人民给予的权力、用好人民给予的权力、自觉让人民监督权力，保证人民赋予的权力始终用来为人民谋利益；认为不想接受监督的人，不能自觉接受监督的人，觉得接受党和人民监督很不舒服的人，不具备当领导干部的起码素质。

权力监督，从根本上说，是对权力膨胀、滥用权力、权力腐败的制约，是对公民基本权益的保护。历史证明："一切有权力的人都容易滥用权力，这是万古不变的一条经验。有权力的人使用权力一直到遇有界限的地方才休止"，② 没有制约的权力必然会导致腐败，不受监督的权力必然会导致腐败，这已经成为人类文明的公理，我国也不例外。如 2004 年 9 月胡锦涛就深刻指出："权力不受制约和监督，必然导致滥用和腐败。加强对权力的制约和监督，是社会主义民主政治建设的重要任务"。③ 另外，监督也是对正确使用权力的支持与重要保障。加强监督既可以防止其滥用权力、以权谋私、损公肥私，也是对广大干部的一种爱护、可以防止其走向邪路与腐败不归路，正如习近平所言，各级党组织必须明白，加强党风廉政建设，加强对干部的监督，是对干部的爱护。放弃了这方面责任，就是对党和人民、对干部的极大不负责任。

从世界范围看，现代政党作为一个民主的政治组织或民主政治的工具，必然要接受民主监督。对我们党而言，早在 1957 年邓小平就指出："共产党要接受监督"，"党要受监督，党员要受监督"。④ 从党的自身建设角度看，党的监督主要强调的是党内监督。所谓党内监督，是指根据党的

---

① 江泽民：《论党的建设》，中央文献出版社 2001 年版，第 520 页。
② ［法］孟德斯鸠：《论法的精神》，商务印书馆 1961 年版，第 154 页。
③ 胡锦涛：《在首都各界纪念全国人民代表大会成立 50 周年大会上的讲话》，《人民日报》2004 年 9 月 16 日。
④ 《邓小平文选》第 1 卷，人民出版社 1994 年版，第 270 页。

性质与宗旨，按照党章和党内其他规章制度的相关规定，在党内开展的监察、督促、揭发、检举、处理等活动。通过党内监督，可以加强对党内权力的制约，保证党员干部和各级党组织规范而正确地行使权力，保障党的路线方针政策的贯彻执行，防止权力异化、以权谋私和权力腐败，这是加强党风廉政建设、保持党的先进性与纯洁性、更好地为人民服务的必要手段。对党内监督而言，既包括党内民主监督，也包括组织监督、领导监督、纪检监督与党内媒体监督。在党内，没有特殊党员，所有党员都要接受监督，这正如邓小平在《共产党要接受监督》一文中所言："对于共产党员来说，党的监督是最直接的。要求党的生活严一些，团的生活也严一些，也就是说，党对党员的监督要严格一些"。[①] 但是，从根本上看，党内监督的主体是广大党员，重点对象是各级领导干部，因为各级领导干部手中掌握着广大党员赋予的大大小小的权力，正因如此，习近平总书记强调，各级领导干部都要牢记，任何人都没有法律之外的绝对权力，任何人行使权力都必须为人民服务、对人民负责并自觉接受人民监督。

在我国，中国共产党不仅是唯一的领导党，也是唯一的执政党，执掌着国家权力、对整个国家与社会负有领导责任。因此，从领导与执政角度看，党的监督不仅包括党内监督，也包括对党的监督；党的监督既是一种政治监督、民主监督，也是一种权力监督。因为党的领导权、执政权是全国人民赋予的，必然要受到全国人民的监督，包括人民群众、群众组织、民主党派等各方面的监督。而且，在依法治国、依宪执政、依法执政背景下，党必须在宪法和法律范围内活动，党的活动必须接受法律监督。对于这一点，江泽民曾经指出："我们手中的权力都是人民赋予的，各级干部都是人民的公仆，必须受到人民和法律的监督。要通过加强党内监督、法律监督、群众监督，建立健全依法行使权力的制约机制和监督机制。关键要加强对领导干部的监督，保证他们正确运用手中的权力"。[②] 总之，从

---

① 《邓小平文选》第 1 卷，人民出版社 1994 年版，第 270 页。

② 江泽民：《论党的建设》，中央文献出版社 2001 年版，第 520 页。

党的领导与执政角度看，党的监督是内外监督的统一，党的监督体系包括党内监督、群众民主监督、党派政治监督、法律监督、媒体舆论监督等多种形式。

党的建设的经验教训表明："越是改革开放，越要加强和健全党内监督；越是领导机关、领导干部，越要有严格的党内监督"。① 监督制度与监督机制不够完善、不够科学从而导致监督不力，这是我国党风廉政建设面临的一个突出问题。因为监督制度不完善，就会存在权力运作上的"盲区"；监督机制不健全，就会导致权力监督不力；"一把手"监督难、缺乏对"一把手"的有效监督，正是腐败现象屡禁不止的权力根源或制度性根源。对于这一点，邓小平在改革开放初期就明确指出："要有群众监督制度，让群众和党员监督干部，特别是领导干部。凡是搞特权、特殊化，经过批评教育而又不改的，人民就有权依法进行检举、控告、弹劾、撤换、罢免，要求他们在经济上退赔，并使他们受到法律、纪律处分。对各级干部的职权范围和政治、生活待遇，要制定各种条例，最重要的是要有专门的机构进行铁面无私的监督检查。"② 新时期要加强党风廉政建设，就必须加强对权力的制约和监督，建立结构合理、配置科学、程序严密、制约有效的权力运行机制和监督体制，使党内监督、群众民主监督、党派政治监督、法律监督、媒体舆论监督等并行不悖、协同作用，如此才能把权力关进笼子里、有效防止和克服各种不正之风与腐败现象。

然而，有效的权力监督是以政治公开、权力公开运行为前提的，以广大民众的知情权与积极政治参与为条件的；即使有了健全的权力监督体系与机制，若无权力公开运行与民众积极的政治参与，也难以对权力进行有效监督。因此说，没有公开，就没有真正有效的监督，正如列宁所言，公开性可以"对于党员在政治舞台上的一举一动进行普遍的（真正普遍的）监督，就可以造成一种能起生物学上所谓'适者生存'的作用的自动

---

① 江泽民：《论党的建设》，中央文献出版社 2001 年版，第 204—205 页。
② 《邓小平文选》第 2 卷，人民出版社 1994 年版，第 332 页。

机制"。① 对党的监督而言，只有实行党务公开、落实与保障党员知情权，才可以营造民主监督的环境；只有实行政治公开、让权力在阳光下运行，才能为民主监督创造条件。因此党的十七届四中全会强调：凡涉及群众切身利益的重大决策都要向社会公开，接受群众监督；也正如党的十八大报告所强调：要落实党员知情权、参与权、选举权、监督权，增强党内生活原则性和透明度。而信息网络的普及与广泛运用，恰恰为党务公开、政治透明提供了廉价便捷的技术支撑，为广大民众提供了安全、快捷的监督平台与监督手段；而且，在信息网络条件下，一些事情想不公开都不可能、党员干部想不接受监督都不可能，因为你若不公开，别人就会给你随意公开乃至"恶意公开"，就会导致各种政治"八卦"混淆视听、误导民众、影响党的公信力。总之，在信息化时代，信息公开、政务公开、党务公开为加强权力监督创造了前所未有的条件，有助于加强对权力的监督，有效破解"监督难、监督不力"问题。

（二）网络监督的主要方式与主要优势

进入 21 世纪以来，随着我国信息网络技术的迅速发展，网络监督开始浮出水面并迅速发展；时至今日，经过十多年的发展，网络监督已经成为党风廉政建设的一把利器、发挥着巨大威力。所谓网络监督，简单来说，就是广大民众运用信息网络技术、通过互联网平台对公共权力的不当运用或公共人物的不当言行进行网络曝光、发表建议、检举揭发等，以引起广大民众与相关部门的关注、促进相关问题解决的政治参与行为。这既是网络监督的基本含义，也道出了网络监督的基本路径。其中，广大网民是网络监督的主体，公共权力的运行以及公共权力人物的不当言行是网络监督的客体，正风反腐、维护社会公平正义乃网络监督的主要价值目标所在。

---

① 《列宁选集》第 1 卷，人民出版社 1995 年版，第 417 页。

　　纵观国内网络监督，若以网络平台的运行主体为标准，我们可以把网络监督平台分为三类，即自媒体网络监督平台、公共媒体网络监督平台、官方网络监督平台。其中，自媒体网络平台是指广大网民自主建立的网络平台，包括个人网站、博客、QQ、微信等多种方式，广大网民可以利用自媒体进行网络监督与举报；比较而言，个人网站与博客更具开放性，影响面比较广泛；QQ、微信则具有一定的圈子或一定的封闭性。公共媒体网络监督平台则是由相关媒体部门建立的，包括网站、网络社区、公共论坛、博客、微博曝光台、移动 APP 客户端等多种形式，个人、社会组织或媒体可以通过媒体网络监督平台进行监督与举报。时至今日，国内相关报刊等基本上都建立了自己的网站，并根据各自需要建立了相应网络监督平台，人民网、新华网等主流网站还推出了"网络举报监督专区"。官方网络监督平台是指由相关公共权力或公共职能部门如法院、检察院、纪检部门、信访部门等所建立的举报与监督网站，以及为监督举报专门设立的移动 APP 客户端等。

　　从三类网络监督平台的历史发展看，比较而言，公共媒体网络平台发展最为迅速、建立的时间较早，自媒体网络平台紧随其后，官方网络监督平台的建立则相对晚些。就官方网络监督平台而言，各级检察院建立网络举报平台比较早，如最高人民检察院 2003 年开始建立网络举报平台，广大民众点开最高人民检察院的"举报中心"、选择"我要举报"或"我要留言"等就可以进行网上举报。[①] 2005 年 12 月，中央纪委监察部首次公布了中纪委信访室、监察部举报中心的网址，2009 年统一开通了全国纪检监察举报网站，这在一定程度上标志着网上举报正式纳入官方反腐渠道。党的十八大以来，中央纪委监察部加强了网络举报平台建设，2013 年 9 月 2 日正式开通官方网站；在中纪委带动下，各省（区、市）纪委、监察厅（局）开始纷纷建立官方网站或对既有网站进行改版升级，着力打造监督执纪网络平台、畅通网络监督举报渠道。为了加强对"四风"

---

① 最高人民检察院网络举报中心网址：http://www.12309.gov.cn/。

问题的监督与举报，2015 年 6 月 18 日，中央纪委监察部还开设了"反四风"APP 客户端，广大民众只要下载该客户端，就可以对身边的"四风"问题随手一拍、实现"一键举报"，且无须实名，进一步彰显了中纪委对网络举报的高度重视。

就我国网络监督的发展轨迹而言，大致说来，有一个从自发到自觉、从个体到组织、从支流到主流的发展过程。最初的网络举报主要来自公共网络媒体与自媒体，广大民众特别是相关人对各种不满事件通过公共网络媒体或自媒体进行曝光，以引起广大网民的关注、同情或支持，引发广泛的社会舆论，进而引起相关公共职能部门的关注、介入与处理。相关公共部门对网络举报的态度，则经历了一个从消极与忽视，到积极肯定、积极应对与及时处理的发展过程。之所以如此说，一方面是因为，2004 年以前基本没有网络举报的成功案例，2004—2007 年网络反腐的成功案例也不多见，直到 2008 年以后网络反腐成功的案例才逐年增长，2012 年以后迅速攀升。[①] 比如《京华时报》记者对 2008—2012 年 39 个网络反腐典型案例的数字分析说明：网络反腐的典型案例 2008 年 2 例、2009 年 3 例、2010 年 7 例、2011 年 8 例、2012 年 19 例，[②] 这在一定程度上反映出网络反腐越来越受到民众的重视，也越来越受到相关权力职能部门的重视。另一方面是因为，随着广大民众网络举报、网络反腐的热情不断提高，相关权力部门或职能部门对网络举报的反应越来越快、处理周期越来越短。比如 2008 年南京市江宁区房产局原局长周久耕，12 月 10 日对媒体发表"将查处低于成本价卖房的开发商"的骇人言论、引起网民"人肉搜索"，从网民 12 月 16 日曝出其"九五至尊天价烟"问题，到 2008 年 12 月 28 日周被免职，前后历时 12 天；再到 2009 年 3 月 20 日被开除党籍、立案审查，前后历时大约 3 个月。2009 年郑州市城市规划局原副局长逯军，从 6 月 17 日说出"你是准备替党说话，还是准备替老百姓说话？"的雷人语言，

① 李传军：《公民参与视角下的网络反腐研究》，《电子政务》2014 年第 1 期。
② 李显峰：《网络反腐 5 年曝 39 案　三成涉性丑闻　微博成前沿阵地》，《京华时报》2012 年 12 月 12 日。

到 6 月 22 日被停职，前后历时 5 天。2012 年重庆北碚区委原书记雷政富，其"不雅视频"11 月 20 日被网络曝光，23 日即被免职，前后历时只有 63 小时。2012 年 11 月 28 日山东省农业厅原副厅长单增德的"离婚承诺书"被网络曝光后，11 月 30 日下午即被开除公职、移送司法机关。上述经典网络监督或网络反腐案例表明，相关领导部门、权力部门对网络曝光、网络举报的反应是越来越重视、越来越积极，处理的时间越来越快、周期越来越短。为什么相关部门最初对网络监督的态度比较消极、反应迟钝，后来却比较积极、反应迅速？这一变化背后的原因很多，既与网络监督案件的复杂程度有关，更与相关领导、相关部门对网络监督的态度、认识与应对能力有关。在网络监督的最初阶段，相关权力部门很大程度上为传统监督思维所限，习惯于实名举报，习惯于接受上访、人民来信、电话举报等等，只有证据确凿才受理，对匿名的网络监督与网络举报是将信将疑、不知所然；但是，随着信息网络技术的发展与网络监督的增多，随着广大民众网络参与热情的提高与舆论压力的增大，相关部门对网络监督再也不能无动于衷，不得不积极应对、积极处理，并不断提高处理网络监督案件的能力和水平。

时至今日，随着官方网络监督平台的建立与完善、应对网络监督态度的转变与能力的提高，整个网络监督的态势也开始发生转变，开始从自发、零散的民间网络监督向自觉、集中、组织化的网络监督的转变，或者说是民间网络监督与组织化的网络监督相辅相成。这正如有的学者所言：在官方应对网络监督的态度转变之前，"在非正式的民间网络反腐参与方式的具体选择上，绝大部分的公民倾向于选择网络、论坛发帖、博客以及微博爆料等方式，微博在其中占据十分重要的地位。"[1] 2013 年人民网"反腐倡廉分项调查"结果也表明：最愿意以网络曝光方式参与监督与反腐的网民数量占到调查总人数的 68%。[2] 比如党的十八大以后

---

[1]　李传军：《公民参与视角下的网络反腐研究》，《电子政务》2014 年第 1 期。

[2]　罗旭：《近七成网民希望通过网络参与反腐，多数选择匿名》，2013 年 2 月 20 日，网址：http://npc.people.com.cn/n/2013/0220/c14576-20538291.html。

落马的国家能源局原局长刘铁男、四川省委原副书记李春城、中央编译局原局长衣俊卿、山东省农业厅原副厅长单增德等，都是网民先通过微博披露形成舆论压力，进而受到官方关注与查处的。究其原因，这一方面与微博、博客、微信等自媒体的自主、快捷、高效等特点有关，与广大网民的自主参与意识、自我实现感有关。另一方面则是与对官方的不够信任有关，通过自主网络举报或网络曝光可以引起广大网民的关注、产生社会轰动效应、形成网络舆论压力，进而促使官方不得不正视与重视。在此意义上看，非正式的民间网络曝光不管是在过去还是将来一段时间，都是公民监督、反腐倡廉的重要渠道。但是，随着官方网络监督平台的建立与完善、应对网络监督态度的转变与能力的提高，特别是官方网络举报平台越来越方便，广大民众越来越多地通过官方平台进行网络举报，如 2013 年 3 月 10 日新华社发布的数据显示：全国网上举报案件数量年均已达 3 万多件，其中中纪委网上举报中心开通半年就受理举报 32500 件、月均 2700 件。相关信息也表明：2014 年我国民间网络反腐呈现出"断崖式降温"，由民间网络举报揭露的腐败案件全年仅 51 件，不及过去鼎盛时期一个季度的数量，党风廉政建设的诸多网络舆论热点话题则是由中纪委官网"首曝"。这一现象表明，官方网络举报平台开始成为公民网络监督与网络反腐的主渠道，中纪委网站已经成为正风反腐的快捷平台、人们观察党风廉政建设的第一窗口；也体现了网络监督开始从民间向官方、从支流向主流的转变，从过去的"网络爆料—纪委介入"的被动模式向"纪委公布—舆论热议"的积极模式的转变，我国网络监督与网络反腐开始进入官方主导时代，这有助于形成官方主导的科学、有效、合理的网络监督大格局。

新时期网络监督、网络举报之所以能够成为正风反腐的利器、成为民间与官方都喜欢的监督渠道，这主要是与网络监督的特点与优势有关。概括来说，网络监督的特点与优势至少有以下八个方面：

一是网络监督主体多元。比较而言，传统的上访、人民来信、电话举报等监督举报，其主体主要局限在利益相关人、官方督察员，特别是利益受害人，故有一定的门槛、监督主体非常有限。在信息网络条件下，网络监督的主体可以是利益相关人、局内人，也可以是局外人、旁观者，只要网民感兴趣，就可以将与个人相关、不相关的事件在网上曝光，以引起广大民众与官方的关注。在此意义上看，网络监督的门槛很低，广大网民都可以成为网络监督的主体，都可以成为相关信息的发布者与传播者。

二是网络监督全天候。比较而言，传统的人力监督受到一定的时间限制，只有在相关部门规定的工作时间内才能够完成。但在信息网络条件下，"网民可以利用网站、论坛、BLOG 等空间，通过短信、QQ、MSN 等新兴媒体，全天候地传播信息与实时发布信息，把时间的占有权完全交给了公众。"[1]广大网民可以在任何时间、任何地点、使用任何网络方式来发布相关信息，也可以在任何时间、任何地点、使用任何网络方式查看、讨论、传播相关信息。因此说，信息网络为广大民众提供了一个全天候的监督平台。

三是网络监督全方位。传统的人力监督往往受时间、地域、认知范围等限制，但在信息网络条件下，广大民众通过信息网络可以对公共管理、公共服务部门提出建议，也可以对各种不正之风与腐败行为进行监督、批评与曝光，甚至可以对任何地方、任何单位、任何层级的不当权力行为或不当公共言行进行网上监督与曝光；广大网民之间既可以实现点对点、一对一的信息传播，也可以实现一对多、多对一的信息传播，可以通过"跟帖""灌水""拍砖""顶"等多种方式进行评论与监督。在此意义上看，网络监督可谓无孔不入、无人不盯，具有监督内容与监督人员的全面性等特点。

四是网络监督迅速快捷。传统的人力监督需要耗费一定的时间与精力，如一封举报信往往需要"层层转递"、信访举报需要"层层办理"，

---

[1]　杨金卫：《网络：一种新的反腐利器——网络反腐的制度规范与机制创新研究》，山东人民出版社 2012 年版，第 85 页。

这都需要耗费相当长的时间、相当多的精力。但在信息网络条件下，网络监督方便快捷，广大民众只要轻轻一点、一按鼠标，就可以迅速实现相关信息的发布与传播，具有及时、即时、高效、快捷等特点。

五是网络监督比较安全。传统的人力监督，无论是上访、信件举报还是电话举报，往往都需要实名实姓，监督者的个人信息容易暴露、容易招致打击报复。但在信息网络条件下，网络举报具有匿名性、监督者的不确定性与隐蔽性等特点，可以避免实名举报所带来的各种压力乃至遭受打击报复的风险，因而受到广大民众的欢迎。当然也有极个别例外，如2009年"王帅发帖事件"就是网络举报遭受相关部门、相关人员打击报复的典型案例；但经过《中国青年报》的持续报道与呼吁，在社会舆论压力下，最终还给网络举报者和社会一个公道。①

六是网络监督比较高效。传统的人力举报方式往往是自下而上、具有单向性，其影响面有限、效率较低。网络监督、网络举报则具有高效性，这与信息网络的快捷性有关，更与网络信息的传播面广、受众多、影响力大有关。民众只要将相关问题在网上一曝光，一些热点问题很快就会得到广大网民关注与广泛传播，就会迅速形成网络舆论场与舆论压力，相关部门不得不及时回应。当然也有个别例外，当所涉人员位高权重、问题重大、关系复杂时，网络举报也会面临重重困难，云南省政协前副主席杨维骏实名举报原省委书记白恩培案，就是一个典型案例；然而，邪不压正，

---

① 《中国青年报》2009年4月8日刊发了一篇题为《一篇帖子换来被囚八日》的报道，讲述了王帅被囚事件，大致情况为：王帅是一名长期在上海打工的河南青年，2009年2月12日他在网上发布了一篇名为"河南灵宝老农的抗旱绝招"的帖子、控诉灵宝政府违规征地，他发帖之前已多次向河南省国土厅递交举报信未果。这个帖子得到了各大网站的关注，也惊动了当地相关部门。灵宝党政公众网回复认为《中国青年报》的报道严重失实，并控诉王帅诽谤，当地公安机关介入调查、并确定了王帅的诽谤罪，王帅被抓。此后，《中国青年报》持续报道这一事件，使此一度成为舆论关注的焦点，舆论的持续关注使得正义最终得以伸张，该事件最后以灵宝官方公开承认错误、处理相关人员、给予王帅赔偿而告终。

最终白恩培被开除党籍与公职、接受司法审判。① 对各级党和政府而言，能否及时回应网络举报与网络监督，是检验其责任心强弱的一个重要指标；若不能对民众意见等作出及时回应，必然会降低民众的信任与支持，甚至会引发更严重的事件。而且，官方与网民的有效互动，也可为解决问题提供线索，有助于相关问题快速解决。

七是网络监督成本低廉。就传统的人力监督而言，无论是收集证据，还是上访、信件举报与当面举报，举报人都需要耗费一定时间、精力乃至钱财；有时个人收集证据还相当麻烦、举报程序相当繁琐、花费成本相当大。从理性角度看，对腐败案件的举报是需要成本的；若举报成本比较高，就会削弱非相关人的举报积极性甚至会打消其举报念头。国内有的学者认为：举报成本 = 直接成本（定量）＋ 机会成本（定量）＋ 打击报复成本（变量）；其中，直接成本是指举报者在举报活动中所耗费的时间、金钱、劳务、精力等方面的损失，机会成本是指举报所要耗费的"直接成本"投入到其他活动中能够得到的收益或损失，打击报复成本是指因举报者个人信息泄露而可能导致的事业发展、物质收入、精神压力乃至身体伤害等各种损失。② 在信息网络条件下，网络举报、网络反腐成本非常低廉、个人几乎没有损失，只需在网下轻轻一拍、网上轻轻一点，就可以完成网络举报，这自然会提高广大民众网络举报的积极性。

八是网络监督增强公民参与感。从民主政治角度看，知情权、参与权等是公民的基本政治权利。在传统年代或信息封闭时代，由于这样那样的

---

① 2014 年 9 月 4 日，《南方周末》刊出《白恩培举报者杨维骏：叫板省委书记的党外高官》一文，报道称："2014 年 8 月 29 日，中纪委发布消息，白恩培落马。在大同小异的报道里，这位云南省政协前副主席成了'凭借一己之力拉下大贪官'的斗士"。具体事件大致如下：杨维骏曾任云南省政协副主席，从 2001 年起开始向中央举报原云南省委书记白恩培贱卖矿产等问题，还在微博实名爆料白恩培的种种腐败行为。举报非但没有达到应有的效果，杨维骏本人反而受到人身攻击、电话监听、限制自由；直到 2014 年，92 岁高龄的杨维骏亲赴中纪委递交举报材料，此案才引起中央高度重视。2014 年 8 月，白恩培因涉嫌严重违纪违法接受组织调查，2015 年 1 月 13 日中央决定给予白恩培开除党籍、开除公职处分。

② 参见乔德福：《举报与反腐败网》，中国社会科学出版社 2007 年版，第 2 页。

原因，广大民众的知情权得不到保障、政治参与热情不高，甚至怀有"多一事不如少一事""事不关己高高挂起"等明哲保身的心态。然而，信息网络技术发展促进了信息公开、政治公开，也极大地激发了广大民众的政治参与热情，而且为广大民众的政治参与提供了便捷渠道，有助于提高广大民众政治参与能力。通过政治参与，广大民众可以增强主体意识、权利意识、责任意识以及成就感。

当然，网络监督的特点与优势不是相互孤立的，而是相辅相成、互为一体的；从根本上看，是由信息网络技术与信息社会的特点与优势所决定的。前文已言，信息网络所具有的开放性、交互性、虚拟性、即时性、快捷性、全面性、廉价性等特点，有助于实现信息资源的大众化、公开化、平等化、全球化、多样化，有助于实现传播渠道、传播主体、传播对象的大众化，而信息社会具有多样化、综合化、分散化、优化、分权化等显著特点。信息网络技术与信息社会所具有的这些特点，不仅改变着人们的生活方式、交往方式、思维方式，也促进了广大民众政治意识、权利意识的觉醒，提高了广大民众的主体意识和政治参与意识。

（三）网络监督的成效与问题

我国20多年的信息网络技术发展在推动政务公开、党务公开，激发广大民众的政治参与热情的同时，也在改变着党风廉政建设的环境、模式与方式，时至今日，网络监督、网络反腐等已经成为党风廉政建设的一把利器、发挥着越来越重要的作用。概括来说，网络监督在党风廉政建设中的作用主要有以下四个方面：

一是网络监督推动了对违纪违法案件的查办。这主要表现为两方面：一方面，网络监督等激发了广大民众反腐倡廉的热情，积极举报违反党纪国法的有关事件。2013年3月新华社发布的数据显示：全国网上举报案件数量年均已达3万多件，80%的职务犯罪是通过举报发现的，网上举报已经成为举报人向纪检机关提供线索的主要途径。另一方面，网络监督促进了相关部门查案办案、使违规违纪人员及时得到惩处。从 2008 年至 2013 年，网络反腐成功的案例才开始逐年增长，这正如有的学者所言：2004—2007 年网络反腐的成功案例并不多见，但 2008 年开始逐年增长，2012 年迅速攀升。①《京华时报》记者对 2008—2012 年 39 个网络反腐典型案例的分析也表明：2008 年网络反腐典型案例有 2 例、2009 年 3 例、2010 年 7 例、2011 年 8 例、2012 年 19 例，从 2008 年到 2012 年利用网络手段举报官员腐败的现象逐年递增。② 尽管 2014 年我国网络反腐呈现"断崖式降温"，由网络举报揭露的腐败案件不及鼎盛时期一个季度的数量，但全年也有 51 件。

　　我们对网络监督、网络反腐的不完全统计表明：从 2004 年 6 月—2013 年 12 月，网络监督与网络反腐成功的典型案例有近百起，其中，2004 年典型案例为"山东省济宁市副市长李信丑行录"，2006 年典型案例为"两头通吃的湖南省郴州市纪委书记曾锦春"，2007 年典型案例为株洲市粮食局局长何智"江南商城正被肆意侵吞国有资产案"；2008 年有南京市江宁区房产局原局长"周久耕天价烟"事件为代表的 6 起典型案例；2009 年有以郑州市城市规划局副局长逯军"你是准备替党说话，还是准备替老百姓说话？"事件为代表的 8 起案例；2010 年有以原广西来宾市烟草局长韩峰"局长日记"为代表的 6 起案例；2011 年有以"郭美美事件"、江苏省溧阳市卫生局局长谢志强"微博开房事件"等为代表的 22 起典型案例；2012 年有以广西壮族自治区质量技术监督局巡视员段一中"床照门"、陕西省安全生产监督管理局局长"表哥杨达才一笑毁前程"、广州市城市管理综合执法局番禺分局政委"房叔蔡彬"、重庆北碚区委原书记雷政富"不雅视频"、山东省农业厅副厅长单增德"离婚承诺书"、国家能源局原局长刘铁男、"一朝忽觉京梦醒，半世浮沉雨打萍——衣俊卿小n实录"等 31 起典型案例；2013 年有以神木县农村商业银行副行长"龚

---

① 李传军：《公民参与视角下的网络反腐研究》，《电子政务》2014 年第 1 期。
② 李显峰：《网络反腐 5 年曝 39 案　三成涉性丑闻　微博成前沿阵地》，《京华时报》2012 年 12 月 12 日。

爱爱房姐事件"及"上海法官集体嫖娼事件"等为代表的 24 起典型案例。上述不完全统计表明，2011、2012、2013 这三年是网络反腐的高峰期、鼎盛期；尽管 2014 年我国网络反腐出现"断崖式降温"，但无损于"网络监督与网络反腐促进官方查案办案与党风廉政建设"这一基本判断。

二是网络监督提高了官方加强党风廉政建设的积极性、主动性，提高了办案能力与效率。网络反腐从民间自发向官方自觉、从支流到主流、从"网络爆料—纪委介入"的被动模式向"纪委公布—舆论热议"的转变，足以说明这一点。随着大众网络监督积极性的提高，相关领导部门与官方机构开始越来越重视网络反腐，对网络监督与网络举报的案件处理速度越来越快、应对网络举报的能力不断提高，直至积极主动地建立网络反腐平台、官方成为网络反腐的正规军与主力军。

三是网络监督增强了公职人员廉洁自律的自觉性。面对网络监督的"全方位、全天候"，面对信息公开、政治公开、权力在阳光下运行的深入推进，任何一名公职人员都难以无动于衷，必然能感受到网络监督的压力，必须会谨言慎行、谨慎用权。2014 年底我们的相关调查研究证明：高达 97.7% 的被调查者认为，信息网络化给党员干部的言行带来很大压力，其中 23.8% 的选择了"谨言慎微"，21.9% 的选择了"行为检点"，18.1% 的选择了"秉公用权"，17.3% 的选择了"言行一致"，14.2% 的选择了"提高与媒体打交道的能力"，只有 1.6% 的选择了要"亲民爱民"，而且，职级越高越倾向于选择"提高与媒体打交道的能力"。

四是网络监督开辟了党风廉政建设新渠道，促进了党风廉政建设新格局的形成。传统的党风廉政建设格局基本上是以自上而下、层级森严，甚至带有一定秘密色彩的官方推动为主，以自下而上的上访、举报、监督为辅。在信息网络条件下，民间与官方网络监督与网络反腐的兴起，开辟了党风廉政建设的新渠道、新平台，形成了人力监督与网络监督、人力反腐与网络反腐相辅相成的反腐倡廉新格局；而且，网络监督与网络反腐新格局的形成，改变了传统的党风廉政建设等级化、神秘化色彩，增强了党风廉政建设体制与机制的公开化、扁平化，这有助于建立全时空、全方位、官民互动、共同推进党风廉政建设的良好格局。

当然，我们在看到网络监督与网络反腐的优势与成效的同时，还必须清醒地认识到，当前我国网络监督与网络反腐尚处于初始阶段或初级阶段，还面临着不少问题，这与网络反腐的匿名性、非理性、盲目性等特点密切相关。概括说来，网络监督与网络反腐面临的主要问题有以下四个方面：

（1）网络监督的匿名性、便捷性等，既可为广大民众提供安全快捷的监督手段，也容易导致"捕风捉影"、夸大其词，甚至为利用网络进行个人谩骂、诽谤、"恶意抹黑"乃至"诬告陷害"提供了机会。如 2012 年 11 月广州城建开发有限公司属下设计院高级工程师李芸卿"房婶事件"，就是一个典型的网络举报不实案例。[①] 一些无中生有的网络监督也会引发广大网民的盲目跟帖、盲目宣传、盲目批判，这容易给相关受害人带来难以弥补的伤害。

（2）网络言论具有非理性、盲目性、宣传面广等特点，容易形成人云亦云、一边倒的言论氛围，不利于广大民众及相关人员明辨是非、以正曲直，甚至会误导相关办案人员的视线，浪费一定的人力、物力与财力。这正如萨托利所言："不起作用的公众舆论是没有的，但无所不能的公众舆论也是没有的。"[②] 盲目的、非理性的网络舆论不但无益、反而有害。

（3）网络线索、网络爆料等能为相关部门提供办案查案线索，但网民习惯运用的"人肉搜索"，有时也可以形成"网上多数人的暴政"，使一些人遭受不必要的伤害。

（4）网络监督与网络反腐具有一定局限性，如有的网络爆料只顾一点、不及其余，有的只是抓住了现象、忽视了现象背后的本质等；因此，

---

① 2012 年 11 月 21 日网上贴出了一份家庭房产一览表，显示广州城建开发有限公司属下设计院高级工程师李芸卿名下拥有 24 套房，已注销 6 套、实际为 18 套房，总价达 1500 万元。李芸卿一度被一些网友戏称为"房婶"。2012 年 12 月 20 日，广州市纪委通报：经认真核查，李芸卿和子女共有房产 16 套，但资金来源都是合法收入。

② ［意］乔万尼·萨托利：《民主新论》，上海人民出版社 2009 年版，第 138 页。

网络爆料材料的真实性、全面性、客观性等值得认真检验。另外，也有一些人进行网络爆料目的不端正，并非为了促进党风廉政建设，而是为了博人眼球、提高个人知名度与网络点击率。

尽管我国网络监督与网络反腐还处于初级阶段、存在这样那样的问题；但毫无疑问，网络监督与网络反腐已经成为当今时代发展的一个基本趋势，网络监督与网络反腐的利远大于弊，任何轻视、诋毁乃至抵制网络监督与网络反腐的言行都是与其背道而驰的。2014年底我们相关问卷调查表明：对于"运用信息网络反腐的效果如何"这一问题，在被调查的党员干部中，选择"非常有效"的为43.2%，选择"效果一般，利大于弊"的为35.2%，选择"效果不佳、弊大于利"的为4.2%，选择"容易捕风捉影、搞的人心惶惶"的为14.2%，选择"其他"的为1.9%。这一调查结果可以告诉我们三个方面的基本论断：第一，高达78.4%的被调查者对网络反腐的作用相当认可；第二，如何提高网络反腐的成效值得深入探讨，35.2%的被调查者关注这一问题；第三，如何有效规范网络反腐、克服捕风捉影乃至诬告等潜在问题，值得我们深入思考。概括来说，面对信息网络发展，我们对网络反腐与网络监督所应秉持的积极态度，那就是顺应时代潮流、趋利避害。具体说来，以下几个方面的工作需要加强：第一，对广大网民而言，在提高网络监督积极性、主动性的同时，也要增强网络监督的责任意识、自律意识、理性意识、诚信意识、法律意识等，增强网络监督的严肃性、科学性，尽可能地避免网络监督的非理性、"庸俗化""低俗化"，避免网络监督"误伤误炸"。第二，对国家而言，网络监督与网络反腐不能沦为真空地带、无政府地带，也需要加以规范、在法治轨道上健康运行。当信息网络发展到一定阶段、网络监督力量壮大到一定程度时，国家及其相关职能部门需要采取一定措施来有效规范网络监督，如实行网上注册实名制、推行网络举报实名制、加强网络立法、建立有利于网络监督的科学制度、推进网络监督法制化等，以有效规范网络监督与网络反腐行为、保护举报人的隐私与安全、惩戒网络造谣与网络诽谤等违法行为。第三，党风廉政建设相关部门要积极适应网络监督与网络反腐的时代要求，建立快捷、完善的网络监督平台，积极构建官方网络监督为主、民间网络监督为辅的网络监督与网络反腐大格局。党风廉政建设相关职能人员要积极适应网络监督与网络反腐的时代要求，不断增强网络意识与网络能力，提高网络信息的收集、甄别与选择的技术与能力。同时，党和国家相关部门要积极推进政治公开、政务公开、党务公开，积极进行网络监督的舆论引导，既要鼓励广大民众进行网络监督，也要积极引导广大网民明辨是非、及时纠正错误或片面信息，以形成官民互信、共同反腐、共同纠偏的良好网络监督氛围。

三、新时期加强党风廉政建设的基本方略

要加强党风廉政建设、解决党风廉政建设面临的突出问题，就像看病问医一样，必须找准病根、对症下药。那么，导致新时期党风廉政建设问题的根源何在？从根本上看，"四风"问题、"权力异化"、权力腐败与党的性质、宗旨等格格不入，与公权力的性质格格不入。从历史上看，我们党始终重视党风廉政建设，在革命时期以优良作风著称于世；执政以后特别是改革开放以来，围绕作风建设、反腐倡廉采取了许多举措、出台了很多制度，正如习近平 2013 年 7 月再访西柏坡时所言："这么多年中央经常讲、反复提'两个务必'，围绕改进作风发了不少文件、采取了不少措施，但为什么背离'两个务必'，搞形式主义、官僚主义、享乐主义和奢靡之风那一套还有不小的市场？为什么还有些人对不正之风乐此不疲？"[①]为什么腐败愈演愈烈、腐败面越来越广、腐败层级越来越高、腐败程度越来越重？这其中的原因有很多，既有历史因素，也有现实因素，既有外部因素，也有内部因素。既与"千里做官为发财""一人得道、鸡犬升天"等封建观念影响有关，也有经济社会发展水平不高、正处于社会转型期、民

---

① 李斌：《党面临的"赶考"远未结束：习近平总书记再访西柏坡侧记》，《人民日报》2013 年 7 月 14 日。

主法治不够健全等因素有关；既与"官本位""钱本位""上行下效"等环境因素有关，也有对信息化挑战不适应因素；既与西方拜金主义、享乐主义、个人主义等腐朽思想的侵蚀有关，也与市场经济的负面影响有关；既有人的思想因素，也有体制机制因素；既与党员干部世界观、价值观、人生观、权力观、政绩观、事业观等异化有关，也与"水龙头开着，地永远扫不干"的体制机制、"隔墙扔砖"式的反腐倡廉方式有关。单纯从某一方面、某一个角度都无法充分解释党风廉政建设面临的突出问题，对此，我们需要进行综合分析。①

然而，我们必须清醒地认识到，外因是条件、内因是根本；如果把"四风"与腐败问题过多地归咎于客观因素、轻忽内在因素，则不利于党风廉政建设相关问题的认识与有效解决。对此，习近平总书记有着清醒的认识，强调"物必先腐，而后虫生"，认为"主观上说，主要原因是一些同志的世界观、人生观、价值观问题没有解决好。客观上说，主要原因是党要管党、从严治党方针在有些地方没有落到实处，在一些方面管党、治党失之于宽、失之于松"②。这里的主观与客观，对党和党员干部而言，都属于党自身原因，都需要通过从严治党来解决。因此，对党风廉政建设而言，问题的关键还是治党不严、治党不力、治吏不严、治吏不力，最终需要通过从严治吏、造就高素质执政骨干队伍、加强对权力的监督与制约等来解决。③

总的来说，新时期加强党风廉政建设，必须适应信息化发展的时代要

---

① 关于"新时期加强党风廉政建设"的相关内容，部分内容以《从严治党，重在治吏：习近平从严治吏建设廉洁政治思想初探》为题发表于《探索》2014年第4期；部分内容以《解决"四风"问题需内外兼修》为题发表于《人民日报》理论版2013年11月11日；部分内容以《党的作风建设常态化机制调查与思考》为题发表于《中共中央党校学报》2014年第2期。

② 李斌：《党面临的"赶考"远未结束：习近平总书记再访西柏坡侧记》，《人民日报》2013年7月14日。

③ 刘红凛：《从严治党，重在治吏：习近平从严治吏建设廉洁政治思想初探》，《探索》2014年第4期。

求，走一条"制度化＋科技化"的新路，充分运用网络监督与网络反腐推进党风廉政建设，并致力于实现党风廉政建设的制度化、科学化。值得强调的是，尽管信息网络技术为加强党风廉政建设提供了先进的技术平台与技术手段、促进了党风廉政建设新格局的形成；但是，技术终归是技术、格局终归是格局，再先进的技术也需要人来运用、再合理的格局也需要用科学制度来保障。因此，新时期加强党风廉政建设，除了充分利用信息网络技术来推进以外，更需要从党、人、制度三个层面齐发力，做到标本兼治、"正人心"与"正制度"相辅相成。具体说来，对全党而言，坚定党风廉政建设的决心与信心、对"四风"与腐败问题"零容忍"、从严正风反腐，这是加强党风廉政建设的前提；对党员干部个体而言，加强思想改造、强化党性教育，这是加强党风廉政建设的基础；对整个党和国家而言，建立科学的选人用人机制、深化干部制度改革等乃党风廉政建设的关键，加强国家法治建设、进行政治体制改革、建立与完善权力监督与制约机制等乃党风廉政建设的治本之策。

（一）坚持对"四风"与腐败问题"零容忍"

要加强党风廉政建设，首先有一个决心与态度问题。"破窗效应"告诉人们一种基本现象：一个房子，如果窗户的玻璃被打破而得不到及时维修，其他窗户的玻璃随后也会莫名其妙地被打破；一面墙，如果出现一些涂鸦而得不到及时清理，墙上很快就会画得乱七八糟、不堪入目；一个干净的地方，人们不好意思乱丢垃圾，一旦地上有了垃圾，人们就会毫无愧色地在此丢垃圾。"破窗效应"告诉人们一个基本道理：任何一种不良现象的产生与存在，都会传递一种暗示性、诱导性信息；如果不良现象得不到及时有效的治理，就会导致不良现象的扩展与蔓延。[①] 对党风廉政建设

---

① 参见刘红凛：《党的纯洁性建设的时代要求与制度保障》，《南京政治学院学报》2012年第 5 期。

也是如此，如果我们抱着"水至清则无鱼""工作吃喝很正常""适度腐败是改革发展的润滑剂""哪有猫儿不吃腥""马无夜草不肥"等心态，"破窗效应"就不可避免；久而久之，就会形成"习非成是、理所当然"结果，"四风"与腐败问题就会不断蔓延，就不可能形成风清气正、干部清正、政府清廉、政治清明的良好政治局面，党甚至就会沦为各取所需、自行其是的"私人俱乐部"。这是因为，思想的阀门开着、正风反腐的行动永远不会彻底；对作风与腐败问题的"适度容忍"，恰恰是一个时期以来"四风"与腐败问题蔓延的思想根源。

党的十八大以来，以习近平同志为核心的党中央大力加强党风廉政建设、取得了举世瞩目的成效，其中成功的原因很多，但至关重要的一点，那就是对"四风"与腐败问题奉行"零容忍"。有了对"四风"与腐败问题的"零容忍"态度，才能树立起猛药去疴、重典治乱的决心，才能建立刮骨疗毒、壮士断腕的勇气；才能做到"老虎""苍蝇"一起打，既坚决查处领导干部违纪违法案件，又切实解决发生在群众身边的不正之风和腐败问题；才能做到党纪国法面前没有例外，有案必查、一查到底、决不姑息、决不手软，有贪必肃、有腐必反、有腐必惩、严惩不贷；才能做到抓细、抓长、抓实，有病就马上治、发现问题及时处理，而非养痈遗患；才能让每一个干部真正体会到"手莫伸，伸手必被捉"的道理，从而克服侥幸心理。然而，"病来如山倒、病去如抽丝"，要树立对"四风"与腐败问题的"零容忍"心态，并非一日之功，必须在持续的正风反腐的氛围中逐渐养成。我们2014年底的相关问卷调查表明，尽管党的十八大以来我们党认真贯彻落实八项规定、严整"四风"，但仍有30%左右的被调查的党员干部对"四风"问题抱有"适度容忍"心态、24%左右的对腐败抱有"适度容忍"心态。新时期要进一步加强党风廉政建设，必须始终保持对各种不良作风与腐败问题的"零容忍"心态，让对不良作风与腐败问题的"零容忍"心态成为广大党员干部的思想观念与行为习惯。

（二）以思想建设促进党员干部廉洁自律

着重从思想上建党，这是毛泽东建党思想的显著特点。在革命时期，我们党坚持马克思主义世界观、价值观与方法论，注重加强思想建设与思想教育，形成了理论联系实际、密切联系群众、批评与自我批评等优良作风；"三大优良作风"集中又生动地展现了我们党对待马列主义、对待人民群众、对待自己的科学态度，是我们党密切联系群众、取得革命胜利的一大法宝。那么，在执政条件下，思想建设与思想教育对党风廉政建设有多大作用？对此，有人发出质疑甚至持否定态度，认为思想建设与思想教育对党风廉政建设的成效有限甚至不起作用。的确，对全党而言，要加强党风廉政建设，制度建设具有全局性、根本性、稳定性；但为什么在同样的制度环境下，有的党员成为郭明义式的优秀党员，有的领导干部成为孔繁森、焦裕禄式的优秀干部，有的却成为王宝森、"张二江"、"许三多"式的腐败分子？单纯的制度主义恐怕无法给出令人满意的回答，这必须从党员干部思想深处、灵魂深处找原因。

对全党而言，思想建设只是党的建设的一个方面，并非万能；但对党风廉政建设乃至整个党的建设而言，没有思想建设则是万万不能的。因为从根本上看，不管人们自觉与否，人的思想和行动总是受世界观、价值观等的支配，人们总是按照自己固有的世界观价值观来看问题、处理问题；正确的世界观、价值观会导致正确的行为与作风，错误的世界观与价值观会导致错误的行为与作风，一个人、一个政党有什么样的世界观就会有什么样的行为作风。如今一些党员干部之所以存在"四风"与腐败问题，说到底，都是从非马克思主义的思想中产生的，都是其错误的世界观人生观价值观所导致的。在此意义上说，一些党员干部出了这样那样的问题，与其说是方法问题，不如说是态度和立场问题，是世界观、价值观、人生观问题。2014 年底我们的相关问卷调查结果也充分说明了这一点。比如关于导致"四风"问题盛行的党内因素与个人因素，被调查者中 20.7% 的选择了"价值观扭曲"、11.6% 的选择"权力观异化"、6.9% 的选择"政绩观扭曲"、9.2%的选择"潜规则盛行"、13.6%的选择"权力过分集中"、4%的选择"选人用人问题"、22.1%的选择"权力监督不力"、7.5%的选择了"党内纪律松懈"。尽管这一问题设计的选项较多、选举结果容易分散，但通过分析不难发现，选择价值观、权力观、政绩观问题的合计达39.2%，其中选择价值观扭曲的最多；选择权力制约与监督机制、选人用人机制、党的纪律等制度性因素的合计达56.4%，其中选择"权力监督不力"的最多。再比如关于"您认为导致目前国内权力异化现象比较严重的原因"，被调查者中选择"理想信念动摇"的为23.7%、选择"权力观异化"的为25.8%、选择"人生观异化"的为8.0%、选择"干部制度问题"的为25.7%、选择"市场经济影响"的为4.5%、选择"长期执政之必然"的为4.5%、选择"西方思潮影响"的为0.1%、选择"封建思想影响"的为0.9%，调查结果表明：导致当前国内权力异化现象比较严重的主要原因，一方面是理想信念、权力观、价值观问题，三者合计达57.5%，另一方面是干部制度问题、为25.7%，但绝非是以前人们经常认为的市场经济、西方思潮、封建思想等因素，三者合计只有5.5%。

总之，对广大党员干部个体而言，世界观、人生观、价值观、权力观、事业观、政绩观等个人观念因素具有根本性。一名党员干部能不能实事求是、理论联系实际、密切联系群众，能不能全心全意为人民服务，这决不仅仅是工作方法和工作作风问题，而是世界观、人生观、价值观在背后起关键作用。① 事实上，同以前相比，现在党员干部的理论水平有了很大提高，对不正之风与腐败问题危害的认识也比较深刻；而且，对于如何实事求是、理论联系实际，如何反对"四风"、克服腐败现象，如何树立正确的世界观、人生观、价值观等等，许多党员干部不是不知道方法，而是想不想、敢不敢、愿不愿做的问题，是一个人的态度、立场和党性原则问题，说到底，还是世界观、人生观、价值观问题。一名党员干部如果放

---

① 相关内容参见刘红凛:《依法执政的逻辑与基本理论问题》，中国方正出版社 2007 年版，第 276 页。

松了自己的世界观、人生观、价值观改造，不注意党性锻炼，就容易被各种错误思想腐蚀，就容易在金钱、权力、美色面前打败仗，以至于蜕化变质。正如江泽民所言："我们共产党人的根本政治信仰是社会主义和共产主义，世界观是马克思主义的辩证唯物主义和历史唯物主义，这是任何时候都丝毫不能动摇的。一个党员特别是领导干部，如果在思想上动摇了这些根本的东西，也就动摇了共产党人的根本的政治立场，就必然会偏离正确的政治方向"。①

新时期加强党风廉政建设，对全党与各级党组织而言，必须注意加强思想教育、从严教育党员干部，使广大党员干部牢固树立正确的世界观、人生观、价值观。对于这一点，胡锦涛曾经强调："必须坚持不懈地加强领导干部党性修养，使各级领导干部始终保持共产党人的政治本色，发扬党的光荣传统和优良作风，树立和坚持正确的事业观、工作观、政绩观，以优良作风带领广大党员、群众迎难而上、锐意改革、共克时艰"。② 党的十八大以来，习近平总书记关于党的建设的一系列重要讲话对党员干部的思想教育提出了明确要求，强调要从思想道德抓起，教育引导广大党员、干部坚定理想信念、坚守共产党人精神家园，不断夯实党员干部廉洁从政的思想道德基础，筑牢拒腐防变的思想道德防线；要教育党员干部牢固树立正确的世界观、权力观、事业观，模范践行社会主义荣辱观，以理论上的坚定保证行动上的坚定，以思想上的清醒保证用权上的清醒，不断增强宗旨意识，始终保持共产党人的高尚品格和廉洁操守；要切实解决好世界观、人生观、价值观这个"总开关"问题，牢固树立正确的权力观、地位观、利益观。③

对党员干部个体而言，尽管个人难以改变整个制度与环境，但有能

---

① 江泽民：《论党的建设》，中央文献出版社 2001 年版，第 347—348 页。

② 胡锦涛：《在十七届中央纪委三次全会上发表重要讲话》，《人民日报》2009 年 1 月 14 日。

③ 具体参见刘红凛：《从严治党重在治吏——习近平从严治吏、建设廉洁政治思想初探》，《探索》2014 年第 4 期。

力改变自身、改造自己的思想观念。就党风廉政建设而言，党员干部个体在以下几个方面可以有所作为、需要加强：（1）自觉坚定理想信念、加强党性修养。对马克思主义的信仰、对社会主义和共产主义的信念，是共产党人的政治灵魂与精神支柱，始终是共产党人安身立命的根本问题。对于这一点，习近平总书记讲得很形象："理想信念就是共产党人精神上的'钙'，没有理想信念，理想信念不坚定，精神上就会'缺钙'，就会得'软骨病'。现实生活中，一些党员、干部出这样那样的问题，说到底是信仰迷茫、精神迷失"。① 广大党员干部要自觉坚定理想信念、自觉"补钙"、自觉克服"软骨病"；自觉改造世界观、人生观、价值观，坚持马克思主义的立场观点与方法；自觉理论联系实际、密切联系群众、发挥先锋模范作用。只有加强党性修养，党员干部才能战胜自我、超越自我、防微杜渐、拒腐防变、清正廉洁，才能成为"一个高尚的人，一个纯粹的人，一个有道德的人，一个脱离了低级趣味的人，一个有益于人民的人"②。（2）适应民主政治发展与从严治党新常态，牢固树立底线意识与规矩意识，做到公私分明、严格自律，守住做人、处事、用权、交友的底线，做到自重、自省、自警、自励。正如习近平所言，广大党员干部要牢记公款姓公，一分一厘都不能乱花；公权为民，一丝一毫都不能私用；而且强调要在任何时候任何情况下都不越界、越轨。只要守住做人、处事、用权、交友的底线，就能守住党和人民交给自己的政治责任，守住自己的政治生命线，守住正确的人生价值。（3）以身作则加强党风廉政建设。实践证明：上行下效是党风廉政建设的铁律、领导干部以身作则是搞好党风廉政建设的关键。中国古代的许多警言格言如"子欲善而民善矣。君子之德风，小人之德草。草上之风，必偃"，"上有好者，下必有甚焉者矣"，"上梁不正，下梁歪，中梁不正，倒下来"，

---

① 习近平：《紧紧围绕坚持和发展中国特色社会主义　学习宣传贯彻党的十八大精神——在十八届中共中央政治局第一次集体学习时的讲话》，《人民日报》2012 年 11 月 19 日。

② 《毛泽东选集》第 2 卷，人民出版社 1991 年版，第 660 页。

"己不正，焉能正人！""其身正，不令而行；其身不正，虽令不从"等，都深刻说明了"上行下效"这样一个深刻道理。① 在改革开放初期，陈云曾经指出，整顿党风这件事，不可掉以轻心，并且提出：各级党组织要重视；各级领导干部，特别是高级干部要真正身体力行，作出榜样；老党员、老干部在以身作则、关心党风党纪、发挥监督作用上，没有退居二线和离休、退休的问题，永远处在第一线。② 邓小平更加明确地指出："现在，不正之风很突出，要先从领导干部纠正起"③，"为了促进社会风气的进步，首先必须搞好党风，特别是要求党的各级领导同志以身作则。党是整个社会的表率，党的各级领导同志又是全党的表率。"④对照上行下效这一党风廉政建设铁律，我们发现，当前不正之风和腐败问题主要表现在一些干部身上，如有的领导干部言行不一，个人以权谋私、却要党员群众克己奉公，自己搞特权、却要党员群众一心干事业，自己勾心斗角、却要党员群众维护团结，自己贪图安逸、却要党员群众艰苦奋斗，自己买官卖官、却要党员群众严守党的纪律……如此一来，党风廉政建设怎能有效进行。另外，面对"道德滑坡""四风"与腐败问题，如果党员干部也同有的民众一样，不是从自身找原因，而是慨叹"世风如此、个人无能为力"，缺乏"各扫门前雪"的责任与担当意识；那么，整个社会就会充斥着"搭便车"心理与做法，就无法改善党风廉政建设的环境与氛围。只有党员干部率先树立起"各扫门前雪"的责任与担当意识，整个党风廉政建设的良好局面才能形成。因此，广大党员干部还必须自觉增强党风廉政建设的责任感与使命感。

---

① 具体内容参见刘红凛：《党的纯洁性建设的时代要求与制度保障》，《南京政治学院学报》2012 年第 5 期。

② 陈云：《在中国共产党全国代表会议上的讲话》，《人民日报》1985 年 9 月 24 日。

③ 《邓小平文选》第 2 卷，人民出版社 1994 年版，第 125 页。

④ 《邓小平文选》第 2 卷，人民出版社 1994 年版，第 177 页。

（三）深化体制机制改革，推进党风廉政建设制度化

从党和国家的制度建设与民主法治建设角度看，相关制度和机制不够健全、不够完善、不够严密、不够科学、不够系统，形同于"稻草人""纸老虎"而无法管住权力，这无疑是党风廉政建设问题的制度性根源。2014年底我们调查研究的八个问题充分证明了这一点：在被调查的党员干部中，对于导致"四风"问题盛行的外部因素，34.8%的选择了"政治体制不完善"、在所有选项中占比最高；对于导致干部脱离群众的主要原因，选择"上级决定乌纱帽"的占比最高、为40.2%，选择"干部业绩考核制度"的次之、为20.7%，这二者都属于选人用人制度问题、合计高达60.9%；对于"实现干部对上负责与对下负责一致性的关键"，选择"改变现有考核制度"的最高、为29.8%，选择"关键在干部素养"的次之、为17.6%，选择"让民众监督干部"的居三、为13.8%；对于"今后遏制形式主义着力点何在"，选择"改进领导体制与管理体制"的占比最高、为34.3%，选择"改进干部考核体系"的次之、为22.8%，选择"完善监督体系"居三、为17.8%，三项合计高达74.9%；对于"今后遏制官僚主义的着力点"，选择改进领导体制与管理体制的占比最高、为26.3%，选择"改变官本位传统"的次之、为18.4%，另外，15%的选择"改进干部考核体系"，14.5%的选择"破解权力过分集中"，13.6%的选择"变上级选拔为群众选举干部"；对于"今后遏制享乐主义着力点"，选择"持续严格执行八项规定"的占比最高、为31.7%，选择"公开三公经费使用情况"的次之、为28.4%选择，选择"加强对干部的监督"的居三、为23%；对于"今后遏制奢靡之风的关键点"，选择"完善监督体系"的占比最高、为43.5%，选择"加强廉政教育"的次之、为17.3%，选择"改善政治生态"的居三、为15.9%；对于"把权力关进制度笼子里的关键何在"，选择"加强国家法治建设"的最高、为42.5%，选择"建立与完善权力制约机制"的次之、为17.8%，选择"建立与完善权力监督机制"的居三、为16.7%。上述调查结果充分表明：第一，导致"四风"与腐败问

题的原因，主要在于"政治体制不完善"、选人用人制度（包括干部考核制度）不科学。第二，今后遏制形式主义与官僚主义的着力点，主要在于改善领导体制、管理体制、干部选拔与考核机制；今后遏制享乐主义与奢靡之风的着力点，主要在于持续严格执行八项规定、公开"三公"经费使用情况，完善监督体系、加强对干部的监督。第三，把权力关进制度笼子里的关键，主要在于加强国家法治建设、建立与完善权力制约与监督机制。具体说来，要从根本上加强党风廉政建设，需要改革与完善相关制度与机制。

首先，要深化干部人事制度改革、建立科学的选人用人机制。对党风廉政建设而言，正风反腐、严惩违纪违法分子属于治标，建立科学的选人用人制度才是治本之举。众所周知，办好中国的事情关键在党，关键在领导干部；从严治党，关键在从严治吏；加强党风廉政建设，关键在领导干部、成败在干部。之所以如此说，完全是由各级领导干部在党和国家中的地位与作用决定的：一方面，各级领导干部在党的路线方针政策的制定中居于主导地位，在有关制度的设计与安排中也具有主导作用。尽管从理论上看，人民群众是国家的主人，但在代议制民主下，完全的直接民主是难以实现的，人民群众只有通过他们的代表来行使决策权、只能通过各级领导干部来行使决策权与管理权。另一方面，各级领导干部在党的路线方针政策的实施中起决定作用。党风廉政建设有关的路线方针政策要落到实处，必须由各级干部来贯彻执行；否则，正确的路线、方针、政策也会被束之高阁。进一步而言，深化干部人事制度改革、建立科学的选人用人机制包括一个问题的两个方面，一是选人制度科学化问题，二是用人制度科学化问题。对于选人制度科学化问题，我们在前文已经有详细论述，在此主要就用人制度科学化问题加以探讨。对于用人制度科学化问题，习近平明确强调："党要管党，首先是管好干部；从严治党，关键是从严治吏；关键是坚持好干部标准，把从严管理干部贯彻落实到干部队伍建设全过程，坚持从严教育、从严管理、从严监督，让每一个干部都深刻懂得，当干部就必须付出更多辛劳、接受更严格的约束"。① 要做到这一点，首先，必须明确好干部标准、树立正确的用人导向。我们要在坚持"五湖四海、任人唯贤，德才兼备、以德为先，注重实绩、群众公认"的基础上，突出强调"信念坚定、为民服务、勤政务实、敢于担当、清正廉洁"这一新时期好干部的五条标准，"使那些对群众感情真挚、深得群众拥护的干部，那些说话办事有灼见、有效率的干部，那些对上对下都实实在在、不玩虚招的干部，那些清正廉洁、公众形象好的干部，得到褒奖和重用；使那些享乐思想严重、热衷于形式主义、严重脱离群众的干部，受到警醒和惩戒，用为民务实清廉的良好形象凝聚党心民心"②。其次，必须严明党的纪律、管好干部，让大家都明白哪些事能做、哪些事不能做，哪些事该这样做、哪些事该那样做，自觉按原则、按规矩办事。再次，要念好"政绩考核"这个"紧箍咒"、建立科学的干部政绩考核评价体系和奖惩机制，其中的关键，就是要明确干部的权力清单与责任清单，平衡好上级考核与群众评价的关系，合理增加群众评议领导干部的力度与比重，以实现领导干部对上负责与对下负责的一致性。

其次，要建立科学的权力监督与制约机制，努力形成不敢腐的惩戒机制、不能腐的防范机制、不易腐的保障机制。从根本上看，主要依靠党员干部的自觉性、自律性、先进性来加强党风廉政建设，而非主要依靠制度与法律、对权力的监督与制约来加强党风廉政建设，权力监督与制约机制不够完善、惩治和预防腐败制度体系不健全，这是一段时期以来党风廉政建设面临的突出问题。新时期要加强党风廉政建设，从党和国家全局看，我们必须适应社会主义民主法治建设的时代要求，进行政治体制改革、建立完善的权力监督与制约机制，进而建立起一套完善的惩治和预防腐败的制度体系，把权力关进制度的笼子里，从体制机制上堵塞"四风"与腐败问题产生的根源。对于这一点，党的十八大以来一些卓有成效的做法值得

---

① 习近平：《建设一支宏大高素质干部队伍　确保党始终成为坚强领导核心》，《人民日报》2013 年 6 月 30 日。

② 习近平：《要多到群众最需要的地方去解决问题》，《人民日报》2013 年 2 月 6 日。

大力发扬、并进一步完善。就权力监督体制与机制而言，首先，要着力破解"一把手"监督难问题，正如习近平所言："要加强对一把手的监督，认真执行民主集中制，健全施政行为公开制度，保证领导干部做到位高不擅权、权重不谋私"。① 其次，要健全权力运行制约和监督体系，确保国家机关按照法定权限和程序行使权力，同时要加强对执法活动的监督。再者，要把加强监督与反对特权统一起来、做到加强监督党内无例外，正如习近平所言："各级领导干部都要牢记，任何人都没有法律之外的绝对权力，任何人行使权力都必须为人民服务、对人民负责并自觉接受人民监督"。② 其中，就建立健全权力制约机制而言，要以"深化体制与制度改革"为核心，强化制约、强化监督、强化公开、强化责任追究，努力做好以下工作：要坚持和完善反腐败领导体制和工作机制，注重发挥好纪检、监察、司法、审计等机关部门的职能作用，协同推进党风廉政建设和反腐败斗争；要改革党的纪律检查体制，完善反腐败体制机制，增强权力制约和监督效果，保证纪委监督权的相对独立性和权威性；要强化制约、科学配置权力，形成科学的权力结构和运行机制；要强化公开，依法公开权力运行流程，让权力在阳光下运行、在公开中接受监督，以保证权力正确行使；要强化重点领域的改革，深化腐败问题多发领域和环节的改革，通过深化改革不断铲除腐败现象滋生蔓延的土壤；要强化法治反腐，善于用法治思维和法治方式反腐倡廉，加强反腐败国家立法与党内法规建设，提高反腐败法律制度的有效性与执行力；要强化责任追究，落实党委的主体责任和纪委的监督责任，不让制度成为"纸老虎""稻草人"；要强化学习借鉴，既要积极借鉴世界各国反腐倡廉的有益做法，也要积极借鉴我国历史上反腐倡廉的宝贵遗产。

最后，要尽快推行权力公开与官员财产公开。其中，对于权力公开

① 习近平：《在第十八届中央纪律检查委员会第二次全体会议上的讲话》，《人民日报》2013 年 1 月 23 日。
② 习近平：《在第十八届中央纪律检查委员会第二次全体会议上的讲话》，《人民日报》2013 年 1 月 23 日。

问题，不仅要依法公开权力运行流程，还要公开各国家机关、职能部门的权力清单，公开"三公"经费及其使用情况、最好能够形成全国统一的"三公"经费公开网站；公开领导干部个人有关事项。对于官员财产公开，势在必行，而且要尽快实行。对于官员财产公开对反腐倡廉的重要作用，2014年底我们的相关问卷调查表明：在被调查的近千名党员干部中，选择"非常必要和有效"的为68.1%，选择"需要、但不必要"的为21.4%，选择"可有可无"的为2.7%，选择"负面影响很大"的为1.8%，选择"说不清"的为4.1%；这一调查结果说明：财产公开作为国际上公认的反腐倡廉利器，89.5%的被调查者对财产公开在反腐倡廉中的作用相当认可。而对于财产公开的时间表问题，在被调查的党员干部中，选择"越快越好"的占比最高、为31.7%，选择"三年以后公开"的为3.5%，选择"五年以后公开"的为2.1%，选择"十年以后公开"的为0.8%；对于财产公开的实施方略，在被调查的党员干部中，选择"自上而下、逐级推进"的占比最高、为44.3%，选择"先试点后公开"的为9.1%，选择"自下而上、逐级推进"的为2.3%，选择"老人老办法、新人新办法"的为3.3%。在此需要说明的是，由于调查题目总量所限，我们是把财产公开时间表与实施方略作为一个问题来设计问卷的，相关选项较多、选择结果比较分散；但也不难看出，被调查者对财产公开"越快越好"和"自上而下、逐级推进"的选择比例最高。

在本章最后需要强调说明的是，党的建设是个系统工程，需要将党的思想建设、组织建设、作风建设、反腐倡廉建设、制度建设等紧密结合起来进行系统而全面的思考，而不能彼此孤立、各唱各的调。党风廉政建设也是一个系统工程，既需要将党风廉政建设教育、廉洁自律、权力监督与制约机制等紧密联系起来进行系统思考，也需要将党风廉政建设置于整个党的建设系统工程、国家民主法治建设系统工程之中进行系统思考；而不能仅就作风问题谈作风建设、仅就腐败问题谈廉政建设。对党员干部个体而言，个人思想观念是与选人用人机制、监督机制、权力制约机制密切相关的；有什么样的选人用人机制、监督机制、权力制约机制等，党员干部就会有什么样的思想观念与价值取向。在此意义上看，在党风廉政建设中，党员干部的思想改造与党和国家的制度机制建设是相辅相成的；比较而言，制度机制建设更具有根本性。

第七章

信息化时代的全面从严治党

　　"党要管党、从严治党"是改革开放以来党的建设的基本方针与基本要求。然而，随着形势的发展变化，党的建设面临的时代要求、主要矛盾与主要问题也会发生一定的变化。比如在信息不够公开、政治不够透明的年代，"表哥杨达才一笑毁前程""逯军因说话不当而丢官""周久耕因天价烟而丢官"等事件是难以想象的。而在当今信息化时代，信息公开、政治透明对政治清廉提出了更高要求，人们对"四风"与腐败问题的容忍度越来越低，对廉洁政治、民主政治的要求越来越高；与此同时，广大党员、广大民众政治参与的愿望与能力越来越强，对权力监督的渠道越来越多、监督手段越来越高效低廉。在这种背景下，党所面临的"四大考验"更加严峻、"四大危险"更加凸显，全面从严治党的要求越来越高、任务越来越艰巨。这要求我们，必须适应信息化发展的时代要求，对"四风"问题、腐败问题乃至各种不良政治现象奉行"零容忍"，全面从严治党、全面加强党的建设；既要治标，更要治本；既要全面严明党的规矩，更要深化党的建设制度性改革，致力于早日实现党的建设的制度化、规范化、科学化，并不断提高党的建设的能力与成效。

一、全面从严治党的基本遵循与基本模式

就党的建设而言，对各种不良政治现象是奉行"零容忍"还是"适度容忍"，是"粗放经营"还是"深耕细作"，是"有的放矢"还是"无的放矢"，是"自上而下""上下一致"还是"自下而上""上下有别"，是既抓"全面"又抓"重点"还是"眉毛胡子一把抓、不分轻重"，是根据领导意志办事还是根据党建规律办事，是实行政党自治、"政党法治"还是综合治理？这对党的建设的模式与方式、成效与长效等影响很大。新时期要全面从严治党，必须深入思考信息化条件下从严治党的基本遵循与基本模式，致力于实现政党治理的现代化、制度化与科学化。

（一）全面从严治党的基本经验与基本遵循

党的十八大以来，面对信息化发展与"四大考验"、"四大危险"，面对从严治党的严峻形势，以习近平同志为核心的党中央厉行全面从严治党，以加强党的执政能力建设、先进性和纯洁性建设为主线，以党章、党纪国法为依据，奉行对"四风"与腐败问题的"零容忍"态度，以提高党的"四自能力"、建设廉政政治、建设学习型服务型创新型马克思主义执政党、确保党的领导核心地位为目标；同时，以坚定理想信念为精神支撑，以干部队伍建设为关键，以党风廉政建设为切入点与突破口，以基层党组织建设与党员队伍建设为基础，以深化党的建设制度改革、把权力关进制度笼子里为保障，厉行"党要管党、从严治党"，真抓实干、标本兼治、综合治理，切实解决党的建设面临的突出问题，取到了举世瞩目的显著成效。几年下来，"四风"问题已经得到有效整治，腐败问题已经得到有效遏制，不敢腐的态势已经基本形成，风清气正的政治新常态也已初步形成。认真审视党的十八大以来从严治党的理论与实践，其成功经验主要可概括为六个方面：

一是严字当头、真抓实干，以严格的态度、严格的标准、更加严格的

举措来抓党的建设。正如习近平在党的群众路线教育实践活动总结大会上所言："实践证明，只有严要求、动真格，真实抓、抓真实，才能真正达到预期目的"。①

二是细致入微、有的放矢，对准焦距、找准穴位、抓住要害，着力解决工作不实问题、在人民群众利益上不维护不作为问题、克服及时行乐思想和特权现象、狠刹挥霍享乐和骄奢淫逸不良风气，严整各种腐败现象。正如习近平所言："实践证明，有的放矢事易成，无的放矢事难成，集中教育活动要取得实效，必须找准靶子、点中穴位"。②

三是坚持自上而下、以上率下，一级带一级、一级做给一级看；坚持法律面前人人平等、制度面前没有特权、制度约束没有例外，不管涉及什么人、不论权力大小、职位高低，只要触犯党纪国法都严惩不贷。正如习近平所言："中央怎么做，上层怎么做，领导干部怎么做，全党都在看。首先从中央做起，各级主要领导亲自抓、作表率，是这次活动取得成效的关键"。③

四是紧紧抓住从严治吏这个关键，狠抓"关键少数"。正如习近平所言："党要管党，首先是管好干部；从严治党，关键是从严治吏"，④"各级领导干部敢于拿自己开刀，解决问题才能势如破竹，改进工作才能立竿见影"。⑤

五是坚持标本兼治、扎紧制度笼子。正如王岐山所言："坚持标本兼治，当前要以治标为主，为治本赢得时间……以抓铁有痕的劲头，一个阶

---

① 习近平:《在党的群众路线教育实践活动总结大会上的讲话》,《人民日报》2014年10月9日。

② 习近平:《在党的群众路线教育实践活动总结大会上的讲话》,《人民日报》2014年10月9日。

③ 习近平:《在党的群众路线教育实践活动总结大会上的讲话》,《人民日报》2014年10月9日。

④ 《习近平在全国组织会议上发表重要讲话》,《人民日报》2013年6月30日。

⑤ 习近平:《在党的群众路线教育实践活动总结大会上的讲话》,《人民日报》2014年10月9日。

段一个阶段抓下去，经常抓、长期抓，必见成效"；① 同时强调，要进一步建章立制、规范工作程序、完善体制机制，致力于形成不敢腐的惩戒机制、不能腐的防范机制、不易腐的保障机制。

六是从点到面、致力于全覆盖，从严治党呈现出"从关键对象到全体党员、从重点内容到全面内容、从依靠党自身到依靠多种力量来推进"的趋势。②

从一定意义上说，党的十八大以来从严治党的基本经验，以及习近平在党的群众路线教育实践活动总结大会上所言的全面从严治党"八项要求"，即落实从严治党责任、坚持思想建党和制度治党紧密结合、严肃党内政治生活、坚持从严管理干部、持续深入改进作风、严明党的纪律、发挥人民监督作用、深入把握从严治党规律，③ 这无疑体现了新形势下从严治党的特点乃至某些规律。然而，面对从严治党的新形势，有人也在追问：中央八项规定能否持续进行、党的群众路线教育实践活动能否常态化、高压反腐倡廉能否长久、全面从严治党的根本动力与根本保障何在？这实际上是对全面从严治党基本规律的进一步追问。从根本上看，规律具有根本性、长期性、稳定性，不以个人意志为转移；不但从严治党的一些阶段性特征不能称为规律，即使当下管用的从严治党的一些基本经验也难以上升到规律高度。

所谓规律，简单说，就是事物内部和事物之间的基本关系与基本矛盾所在。其中，事物本身所具有的内在关系与内部矛盾决定着事物本身的内部运作与客观存在，事物外在关系与外在矛盾影响事物本身的发展方向。要深刻把握全面从严治党的基本规律，我们既要深刻分析党内关系、党内

---

① 王岐山：《拉长耳朵瞪大眼睛 严肃查处顶风违纪的典型》，中国共产党新闻网，2013年1月25日，网址：http://fanfu.people.com.cn/n/2013/0125/c64371-20321502.html。

② 关于"十八大以来从严治党的基本特点与基本经验"的相关内容，以《十八大以来"党要管党、从严治党"的战略思路与显著特征》为题发表于《求实》2015年第5期，《新华文摘》2015年第24期论点转载。

③ 习近平：《在党的群众路线教育实践活动总结大会上的讲话》，《人民日报》2014年10月9日。

矛盾及其发展变化，也要深刻把握政党—国家—社会关系及其发展变化。因为执政党建设过程，实际上就是执政党正确处理内外关系、不断解决内外矛盾的过程。这要求我们，要深刻把握全面从严治党的基本规律，第一，必须从党的自身建设、党的领导、党领导的伟大事业相统一的角度来把握，要立足于执政实践、从执政主体改造客体所涉及的内外关系与内外矛盾中去把握。第二，要在世界政党比较中深化对执政党建设规律的认识，既要深刻认识世界政党治理的共性，也要深刻认识治理中国共产党所具有的特殊性。第三，政党治理规律或执政党建设规律属于社会规律，而非"1+1=2"式的自然规律；因此，从严治党的规律是"合规律性与合目的性"的统一，若脱离党的性质、党的历史使命、党的政治立场与价值取向来谈党的建设规律，则很容易迷失方向。基于上述三点认识，我们认为，对全面从严治党而言，以下八个方面更具规律性，乃新时期全面从严治党的基本遵循。

一是要以党的先进性为准绳来从严治党。对马克思主义政党而言，先进性是其本质特征，是立党之本、执政之基、力量之源；但马克思主义政党的先进性既是理论上的先进性、实践上的先进性、政治上（价值取向）上的先进性的统一，更是历史的、具体的、发展的，与时俱进是马克思主义的理论品格。这一点，已经为马克思主义政党的执政兴衰所证实，也为世界政党的执政成败所佐证；中外政党兴衰成败的经验教训已经反复证明："一个政权也好，一个政党也好，其前途与命运最终取决于人心向背，不能赢得最广大群众的支持，就必然垮台。"①从执政规律角度看，永远都是人心向背决定执政成败；从政党政治规律角度看，永远都是民众选择党而非政党选择民众；从我们党的建设经验与执政经验看，密切联系群众是我们党的最大政治优势、脱离群众是我们党执政后的最大危险。在此意义上说，从严治党的根本规律就在于始终保持党的先进性、以党的先进性来赢得广大群众的认同与支持。要做到这一点，就必须围绕党的先进性、以

① 江泽民：《论党的建设》，中央文献出版社 2001 年版，第 442 页。

党的先进性为准绳来从严治党。具体说来，这至少有三个方面的要求：要以党的先进性为主线、以党的建设目标来引领从严治党，与时俱进，使我们党始终成为立党为公、执政为民、清正廉洁的学习型服务型创新型马克思主义执政党；要以理论上、实践上、政治上的先进性为标准，不断审视与检验党的建设的理论、实践与结果；要以广大人民的认同与支持、以人心向背作为党的建设的最终检验标准或最高检验标准，正如胡锦涛所言："相信谁、依靠谁、为了谁，是否始终站在最广大人民的立场上，是区分唯物史观和唯心史观的分水岭，也是判断马克思主义政党的试金石。"①

二是要以对不良政治现象的"零容忍"态度来从严治党。历史与现实都告诉我们：对各种不良政治现象，如理想信念动摇、宗旨意识淡薄、"四风"与腐败问题等，是采取"零容忍"态度还是"适度容忍"态度，党的建设的措施与成效截然不同。若对各种不良政治现象采取"适度容忍"态度，或者因人而异，则必然会导致"破窗效应"，全面从严治党很难做到、很难做好。只有对各种不良政治现象奉行"零容忍"，才能打破"破窗效应"，使从严治党落到实处、见到实效。"破窗效应"告诉我们：任何一种不良现象的产生及其容忍，都会传递一种暗示性、诱导性信息；如果不良现象产生了却得不到及时有效的治理，就会导致不良现象的无限扩展与蔓延。对于这一点，习近平讲得很清楚：如果党的政治纪律成了摆设，就会形成"破窗效应"，使党的章程、原则、制度、部署丧失严肃性和权威性，党就会沦为各取所需、自行其是的"私人俱乐部"。② 这要求我们：第一，在信息公开、政治透明时代，必须大力加强党的纯洁性建设，正如习近平所言："什么时候党的纯洁性保持得好，党就更加坚强有力，党的事业就能健康发展；什么时候党的纯洁性受到影响和削弱，党的战斗力就会

---

① 胡锦涛：《在"三个代表"重要思想理论研讨会上的重要讲话》，《人民日报》2003年7月2日。

② 《习近平在第十八届中央纪律检查委员会第二次全体会议上的讲话》，《人民日报》2013年1月23日。

下降，党的事业就会遭受损失。"①正反两方面的经验教训深刻说明：纯洁性事关党的生死存亡和前途命运、是马克思主义政党的政治底线；一个党执政时间越长，越要倍加注意党的纯洁性建设。第二，要保持党的先进性与纯洁性，就必须对理想信念动摇、宗旨意识淡薄、"四风"与腐败问题等奉行"零容忍"态度，发现问题必须及时有效解决，不能姑息、更不能纵容。第三，加强党的纯洁性建设、保持党的纯洁性，既要治标，更要治本。要治其本，必须完善有关制度与机制，用科学完善的制度来保障"权为民所赋、权为民所用、情为民所系、利为民所谋"，不断增强党的自我净化、自我完善、自我革新、自我提高能力。

三是要以从严治吏为关键推进从严治党。用一贤人则群贤毕至、见贤思齐就蔚然成风，这是历史的基本定律；办好中国的事情，关键在党、关键在干部，这是从严治党的历史经验与基本规律。对于这一点，党的历代领袖认识都很清楚，比如在新中国成立初期，毛泽东就深刻指出："治国就是治吏，礼义廉耻，国之四维，四维不张，国将不国"。②对从严治党而言，更是如此；否则，治吏不力、官场不正，则虽令不从、四维不张。因此，党的十八大以来，习近平反复强调：党要管党，首先是管好干部；从严治党，关键是从严治吏。要做到这一点，必须注意两个方面的问题：一方面，既要求广大党员干部做到"三严三实"；更要紧紧抓住"关键少数"，自上而下、以上率下、以身作则。这正如前文所言：只有从上做起、自上而下、以上带下，才能东风压倒西风、正气压倒邪气。另一方面，既要坚持好干部标准，从严教育、从严管理、从严监督干部，更要深入探讨从严治吏的基本规律，实现选人用人的科学化、制度化。正如我们在前文所言，要实现选人用人的科学化，就必须对干部进行科学分类管理，正确区分"选任制干部""委任制干部""聘任制干部"在选拔方式、程序、条件上的差别，而不能混为一谈；对于选任制干部，必须坚持党管干部原则

---

① 习近平：《扎实做好保持党的纯洁性各项工作》，《求是》2012 年第 7 期。
② 彧君：《有感毛泽东"治国就是治吏"》，新华网，2009 年 7 月 25 日，网址：http：// news.xinhuanet.com/theory/2009-07/25/content_11724485.htm。

与人民民主相结合、实行"组织提名"与"群众民主选举"相结合；要实现选人用人制度的科学化，就必须大力发展党内民主与人民民主，认真落实人民的知情权、参与权、选举权、表达权、监督权。

四是要以科学制度规范与保障从严治党。在特定历史时期，中央领导的态度、决心与信心等对贯彻落实从严治党非常重要；但从根本上看，制度带有根本性、全局性、稳定性、长期性，正如邓小平所言："制度好可以使坏人无法任意横行，制度不好可以使好人无法充分做好事，甚至会走向反面。"在当今和平建设年代，要全面从严治党，必须建立完善各项规章制度，实现党的建设的制度化、规范化、科学化。只有科学的制度，才能有效规范党员干部的行为、破除各种"潜规则"，才能为从严治党提供坚强保障。这要求我们：(1) 要适应民主政治与社会发展的要求，建立起内容协调、程序严密、配套完备、有效管用的党建制度体系，将制度建设贯彻于党的思想建设、组织建设、干部队伍建设、党风廉政建设，克服与避免各项具体制度的冲突，真正做到以制度管人管事，以制度塑造人。(2) 要增强制度建设的针对性，抓住党的建设制度化的关键与要害，否则，只能泛泛而谈。进一步而言，实现党的建设制度化有三大关键点：一是要加强对权力的监督与制约，有效破解"一把手"权力过分集中现象。二是要建立科学的选人用人机制，实现"选人用人"的民主化、科学化，从根本上破解"委任制"或变相的"委任制"所固有的"任人唯亲"弊端。三是要进行相关的领导体制与机制改革、建立作风建设长效机制。2014 年底我们的相关调查研究表明：要从根本上破解形式主义与官僚主义，关键在于改善领导体制、管理体制与干部选拔与考核机制；要从根本上破解享乐主义与奢靡之风，关键在于严格执行中央八项规定、权力公开运行、公开"三公"经费、加强对干部的监督。四是反腐倡廉的治本之策，关键在于实行领导干部财产公开，实行银行卡实名制、大额消费实行刷卡消费、限制"现金流"，根本在于建立结构合理、配置科学、程序严密、制约有效的权力运行机制与权力监督体制，把权力关进制度笼子里。中外经验教训告诉我们：财产不公开、消费不实名、现金大量流动等是腐败的温床。(3)

要实现党的建设的制度化、规范化与科学化，必须正确处理民主化、科学化、制度化三者之间的关系。若没有民主的充分发展，若不能充分保障党员的知情权、参与权、选举权、监督权，党内"一把手"权力过分集中、党内官僚化倾向、科学的党建制度等，都难以有效解决。

五是要在自律与他律的统一中推进从严治党。就人与制度关系而言，一方面，制度可以约束人的思想、规范人的行为；另一方面，任何制度都要由人制定、由人运作、由人遵从。正如有的学者所言："政治制度是人的劳作，它们的根源和全部存在均有赖于人的意志"，"政治机器并不自行运转。正如它最初是由人制成的，同样还必须由人，甚至由普通的人去操作"。① 在此意义上看，制度的制定与运作至少有三个层面的要求：一是制度的制定者必须具有足够的民主意识、问题意识与制定科学制度的智慧与能力，只有如此，才能制定出科学的制度。二是制度的执行者或运作者必须具有足够的法治意识与责任意识，能够坚持制度面前人人平等、制度面前没有特权、制度面前没有例外。三是制度的遵从者要具有一定的规则意识、自律意识与现代理性；否则，再严格的制度也难以贯彻执行下去。这告诉我们，治国与治党具有同样的道理，那就是"徒法不足以自行""徒善不足以为政"，必须正确处理"德治"与法治（规治）、"自律"与"他律"的关系。在全党层面，建立科学完善的制度具有根本性、至关重要，只有科学完备的制度才能规范人、纠偏差、正人心、造就人；但对党员干部个体而言，在既有的制度面前，自觉加强党性修养、提高现代理性、树立底线意识与底线思维、廉洁自律等对制度的贯彻执行很重要。因此，新时期全面从严治党，既要坚持依规治党、制度治党，也要以德治党、内化于心，更要实现思想建党与制度治党、自律与他律的有机统一，而不能"只及一点不及其余"；只有德法兼使、内外结合，方利于从严治党之"治"。

六是要以科学的党建责任制来落实从严治党。对从严治党而言，即使

---

① ［英］J.S.密尔：《代议制政府》，商务印书馆1982年版，第7页。

有了完备的制度与良好的廉洁自律意识，也不意味着万事大吉；要实现制度与自律的有机结合，各级党组织及其领导干部必须增强管党治党责任、树立正确的党建政绩观、认真贯彻落实党建责任制。正如习近平在党的群众路线教育实践总结大会上所言："从严治党，必须增强管党治党意识、落实管党治党责任"，"各级各部门党委（党组）必须树立正确政绩观，坚持从巩固党的执政地位的大局看问题，把抓好党建作为最大的政绩"，① 而且把"落实从严治党责任"作为全面从严治党"八项要求"之首来强调。具体说，这至少有三个方面的要求：第一，各级党组织必须树立正确的政绩观，要清醒地认识到，党组织的政绩观既不同于政府的政绩观、更不同于企业的政绩观，各级党组织必须把抓好党建作为最大的政绩，既要算好经济账更要算好"政治账"，既要算好眼前账更要算好长远账，正如习近平所追问："如果我们党弱了、散了、垮了，其他政绩又有什么意义呢？"② 第二，必须紧紧围绕党的建设主线、党的建设战略布局、党的建设目标与任务来抓党建，认真贯彻落实党建责任制，努力形成"党委抓、书记抓、各有关部门抓、一级抓一级、层层抓落实"的党建工作新格局。若脱离新时期党的建设的主线、战略布局与目标任务，党的建设就会迷失方向、找不到抓手、看不到问题，就不可能取得应有成效。第三，要贯彻落实党建责任制，必须建立科学的党建责任制清单与评价体系。若没有一个科学的、可操作的党建责任制清单与评价体系，党建责任制就难以落到实处。从根本上看，科学的党建责任制清单与评价体系应该至少应该包括党建目标、党建责任清单、党建责任指标体系与评价标准、党建考评机制、党建奖惩机制和责任追究机制等基本内容。

七是要在治党与理政的统一中推进从严治党。在我国，中国共产党是唯一的领导党，也是唯一的执政党，党的建设、党的领导、党领导的

---

① 习近平：《在党的群众路线教育实践活动总结大会上的讲话》，《人民日报》2014 年 10 月 9 日。

② 习近平：《在党的群众路线教育实践活动总结大会上的讲话》，《人民日报》2014 年 10 月 9 日。

伟大事业从来都不是孤立的，而是相辅相成的；党的建设从来都不是"自转"的、不是为建设而建设的，而是"公转"的，是为贯彻落实党的政治路线、加强与改善党的领导、实现党领导的现代化事业服务的。因此，要全面从严治党，不仅要从"小党建"（即党的自身建设）角度来思考，还需要从"大党建"（即党的建设、党的领导、党领导的现代化事业相统一）高度、从政党—国家—社会关系高度来深刻思考。这要求我们，必须坚持党的领导、依法治国、人民民主的统一，坚持从严治党与治国理政的统一；必须按照党"总揽全局、协调各方"原则，积极推进政治体制改革，改进党的领导体制与执政体制、领导方式与执政方式，正确处理政党—国家—社会之间的关系，以实现党的建设制度改革与政治体制改革的协同推进、治党与治国理政的有机互动。如果仅从党的自身角度强调从严治党、脱离政治体制改革来探讨党的建设制度改革，党的建设就会陷入"自转""空转"甚至流于形式。进一步而言，若没有党的领导体制与领导方式的改善、没有简政放权与职能转变、没有干部人事制度改革、没有完善的权力运行制约机制与监督体系，则无法把权力关进制度的笼子里，党的作风建设、反腐倡廉乃至整个党建都难以从根本上解决问题。对于这一点，胡锦涛在庆祝建党 90 周年讲话中深刻指出："推进党的制度建设，要坚持以党章为根本、以民主集中制为核心，坚持和完善党的领导制度，改革和完善党的领导方式和执政方式"。① 党的十八大以来，《中共中央关于全面深化改革若干重大问题的决定》在这一方面也已作出科学规划：首先强调要"紧紧围绕坚持党的领导、人民当家作主、依法治国有机统一"深化政治体制改革；其次强调要"紧紧围绕提高科学执政、民主执政、依法执政水平深化党的建设制度改革"，加强民主集中制建设，完善党的领导体制和执政方式，保持党的先进性和纯洁性；最后强调"全面深化改革必须加强和改善党的领导，充分发挥党总揽全局、协调各方的领导核心

---

① 胡锦涛：《在庆祝中国共产党成立 90 周年大会上的讲话》，《人民日报》2011 年 7 月 2 日。

作用"。① 这三个方面是有机统一、相辅相成的关系，值得我们深入思考。

八是要以政党治理体系现代化推进从严治党。无论是在我国还是他国，现代政党治理（从严治党）都是一个复杂的系统工程，都需要全面治理、综合治理、协同治理。具体来说，这至少包括三个方面的要求：第一，就党的建设内容而言，全面从严治党必须做到内容全覆盖、对象全覆盖，既要把全面从严治党贯彻落实到党的思想建设、组织建设、作风建设、反腐倡廉建设与制度建设的各个方面，也要全面落实到党的领导干部与党员之中。第二，从严治党的依靠力量必须全方位，既不能单纯依靠领导干部来推动，也不能单纯依靠党自身的力量来推动，必须充分发挥各方力量来推动；既要紧紧依靠全体党员、党的各级组织来推进，也要充分调动广大民众的力量、充分发挥人民监督作用，还要充分依靠国家法治来推动、加强对党的法律监督、使党在宪法与法律范围内活动、使党员干部的公共权力行为受到法律规制。第三，必须综合运用各种规范形式推进从严治党。从世界政党政治看，政党规范体系与治理方式主要包括三个方面：一是政党内部规章体系，二是国家法律体系，三是社会规范体系。这三类规范体系的制定主体、行使方式、适用范围与效力有所不同，在从严治党中的地位与作用也有所不同。其中，党规党纪严于国家法律与社会道德，社会道德规范要求高于法律，法律乃全党及其成员的行为底线或者说"行为下线"，我们不能将三者相混同，也不能将其相互替代。当代政党政治的复杂性、系统性决定了，单靠任何一种行为规范体系都无法有效地规范政党政治行为、维护政党政治秩序；只有正确处理好三者关系，使之相互影响、相互制约、协同作用，方有利于政党之治与政党政治有序发展。这要求我们，要全面从严治党，必须进行综合治理，既要大力加强党内规章制度建设、"依规治党"；更要坚持依法治国与依规治党的统一，建立与完善中国特色社会主义法治体系，实现党内法规与国家法律的有序衔接，用法治思维、法治方式

---

① 《中共中央关于全面深化改革若干重大问题的决定》，《人民日报》2013 年 11 月 16 日。

推进党的建设；还要加强社会规范与政治伦理建设，增强广大党员干部的政治理性与道德责任感。在此意义上看，习近平总书记强调要严明党的规矩、加强党的规矩建设，把党章、党纪、国法、优良传统和工作惯例作为党的"四大基本规矩"，这恰恰展现了从严治党要进行综合治理的基本理念。

　　总之，执政党建设有其规律性，全面从严治党有其规律性。历史与现实都告诉我们：只有把握执政党建设的根本规律、正确处理党同人民群众的关系，按规律全面从严治党，以科学理论指导党的建设、以科学制度保障党的建设、以科学方法推进党的建设、以科学标准检验党的建设，才能有效解决党的建设面临的突出问题、加强与改进党的领导。因此，全面从严治党既要讲"从严"、讲"全面"，更要讲"科学"。否则，只讲"从严"、不讲"全面"与"科学"，从严治党就容易陷入"片面"、盲目乃至极端化；只讲"全面"，不讲"科学"与"从严"，全面治党就容易流于形式、难以取得实效；而只讲"科学"，不讲"全面"与"从严"，所谓的科学也难以落到实处。因此，全面从严治党必须实现"全面""从严""科学"的三者有机统一，严格遵循执政党建设规律。就全面从严治党的基本规律或基本遵循看，上述所言的"以党的先进性为准绳来从严治党、以对不良政治现象'零容忍'态度来从严治党、以从严治吏为关键推进从严治党、以科学制度规范与保障从严治党、在自律与他律的统一中推进从严治党、以科学的党建责任制落实从严治党、在治党与理政的统一中推进从严治党、以政党治理体系现代化来推进从严治党"这八个方面，并不是孤立的，而是相辅相成、有机统一的，是从严治党的主线与目标、态度、重点对象、制度保障、主观能动性、责任落实、制约因素、治理模式与方式的有机统一。这八个方面的有机统一，体现了全面从严治党的理念、制度、方式、行为、检验标准的有机统一，对此，我们必须进行系统理解、不能顾此失彼。其中，全面从严治党最根本的规律，始终还是以科学制度与方法来保持与实现党的先进性、始终赢得最广大民众的拥护与支持。

（二）全面从严治党的基本模式与基本方式

自 1997 年党的十五大提出"依法治国"、2002 年党的十六大提出"依法执政"以来，依法治国、依法执政、科学执政、民主执政等已经成为国内的主流话语，发展社会主义民主政治、建设社会主义法治国家已经成为我国社会主义现代化建设的重要目标，民主、法治理念已经深入党心、民心。在这样的时代背景下，如何进行政党治理、加强政党建设，自然也成为一个重大的理论与实践问题，也成为理论界争论不休的一个热点问题，其争论的焦点在于：在依法治国、依法执政理念下，是实行"政党法制、依法治党"，还是实行"政党自治、依规治党"，还是兼而有之、实行综合治理？这一争论的核心问题，实际上是政党治理的模式与方式问题。要对此作出科学回答，必须从世界政党治理模式与方式的比较中来认识，必须把政党放到国家与社会之中、放到一国政治体制与法治体系之中，根据党情、国情、民情、法治情况，结合整个政党规范体系来系统思考。①

首先，必须正确认识政党治理的三套行为规范体系。从根本上看，在当今民主法治时代，政党作为具有一定权力意志、一定政治追求的政治组织，其所有公共行为都应当在规范之中。然而，现代政党政治是一个复杂的政治系统，既要处理党内关系，还要处理政党与社会（民众）、政党与政府、政党与政党关系；故政党治理至少涉及政党、国家与社会三个维度，政党行为规范必然涉及党内规范、法律规范与社会规范三套规范体系，这三套规范体系由不同主体制定、具有不同的价值取向与规范作用，共同构成政党行为规范体系。其中：

---

① 关于"政党治理的基本模式与基本方式"的相关内容，部分内容以《政党规范的形式与效力》为题发表于《上海行政学院学报》2010 年第 5 期；部分内容以《政党治理规范体系纵览》为题发表于《人民论坛（学术版）》2014 年 12 月中；部分内容以《"政党法制"论析——基于战后世界政党法制历史发展与当代现状的考察》为题发表于《当代世界与社会主义》2013 年第 4 期，人大复印资料《政治学》2013 年第 11 期全文转载；部分内容以《比较视野中的国家民主与党内民主》为题发表于《当代世界与社会主义》2011 年第 4 期，人大复印资料《政治学》2011 年第 11 期全文转载。

　　所谓党内行为规范，主要是从政党自身角度而言的，是指政党根据自身发展需要而制定、仅对党内成员具有约束力的一系列内部行为规范；党内行为规范既包括实体性规范也包括程序性规范，既包括原则性规范也包括具体性规范。政党之所以需要内部行为规范，是因为现代政党不是单一生命个体、内部并非铁板一块，而是一个由不同党员、不同层级组织根据一定组织原则组成的矛盾统一体；任何政党要想有所作为，首先必须依规治党、使自身有效运转起来。具体而言，党内行为规范主要包括党章、党规、党纪等制度性的"刚性"行为规范，如党的组织制度、会议制度、选举制度、干部制度、工作制度、党的纪律与奖惩制度等各种规章制度，也包括政党纲领与政党意识形态等"原则性"或"软性"的行为规范，还包括党内伦理与党内文化等道德性行为规范。之所以这样说，一方面是因为"观念指导行为"，党规党纪以党纲、政党意识形态为基础，而"意识形态既被看作是一种规范制度，又被看作是一种完整的世界观，由它支配、解释信念并赋予合法性"①。另一方面是因为，党内伦理与党内文化对维护政党内部秩序具有重要作用。

　　所谓政党法律规范，主要是从国家角度而言的，是指由国家立法机关制定或认可、通过法律条文表述、由国家强制力保证实施的关于政党的正式规范体系。这里的国家权力机关，既包括国家立法机关也包括地方立法机关，这里的法律，既包括国家立法也包括地方立法。从内容上看，政党法律规范既包括"实体性"法律规范，主要涉及政党性质与地位、权利与义务、功能与作用等具体内容；更包括规范政党行为关系的程序性法律规范。从形式上看，概括说来，政党法律规范主要包括宪法、政党法、选举法及相关法律规范、专项政党立法四种形式。②

　　所谓政党社会规范，主要是从社会角度而言的。从严格意义上说，政

---

① ［美］V.奥斯特罗姆等编：《制度分析与发展的反思》，上海三联书店1991年版，第384页。

② 关于"政党法律规范"的详细内容，具体参见刘红凛：《政党法律规范：内涵、形式及其价值取向》，《江淮论坛》2011年第1期。

党社会规范与政党法律规范具有不同的内涵与外延，类似于法学者所言的"行为中的法"，是指在政党政治实践中约定俗成，或人们共同制订的未上升为国家法律的政党行为规范，主要包括政治惯例或政治习俗、政治契约、政治伦理等三种形式。在当今政党政治世界，尽管政党社会规范具有"潜在性"、属于"软约束"、容易被忽视，但其客观存在，对处理政党与政党、政党与社会关系具有重要作用，对处理政党与政府关系、党内关系也具有重要影响。因为对政党而言，党群关系、政党与社会关系是政党政治的根本问题，民心向背决定执政地位、决定执政成败、决定政党兴衰；世界上从来都是民众在选择政党，而非政党选择民众。①

其次，必须正确认识国家法律规制党内行为的多种模式。在不同国家的不同发展阶段，政治与法治情况不同，政党法律规范的形式有所不同。在当今世界，有的国家，如英国等，只用选举法及其相关法律来规范政治候选人行为，并不针对政党；有的国家，如法国、意大利等，主要有宪法、选举法两种政党法律形式，美国则主要有选举法、专项政党立法两种政党法律形式；有的国家，如俄罗斯、韩国等，主要有宪法、政党法、选举法三种法律形式；有的国家，如德国等，则四种政党法律规范形式皆有。进一步而言，当今世界各国用法律来规制党内行为的情况也是各种各样，概括说来，主要有法律默认型、抽象规范型、择要规范型、全面规范型等四种模式。②

所谓"法律默认型"，即国家宪法和其他法律对政党组织原则、活动原则、内部行为等不加干涉，党内事务完全由政党自主、自决，这属于典型的政党自治型，英国可谓此类典型。在英国，视政党为私人组织，国家对政党党纲、政纲的制定，对政党组织原则、机构设置、党员资格、党员

---

① 关于"政党社会规范"的详细内容，具体参见刘红凛：《政党社会规范：内涵、形式与价值》，《江汉论坛》2009 年第 12 期。

② 关于"国家法律规制党内行为的多种模式"的相关内容，以《比较视野中的国家民主与党内民主》为题发表于《当代世界与社会主义》2011 年第 4 期，人大复印资料《政治学》2011 年第 11 期转载。

的权利与义务、政党提名与内部选举、党费收支等，均无法律规定，政府与法律不干涉党内行为，党内事务完全由政党自主、实行政党自治。尽管英国对政党候选人的政治捐款与国家补助有所规定，但针对的是公职候选人，而非政党。就英国两大政党内部关系而言，尽管两大政党均属于中央集权式、封闭型政党，政党地方组织、中间组织均受中央组织的领导，党员需要注册登记；但二者的治理模式也有所差异。比较而言，保守党更加集权、实行寡头统治，党内规章制度并不完善，主要按惯例来处理内部关系与内部行为。工党则属于群众型政党、坚持党内民主，党内规章制度比较健全、组织纪律性比较强，注重按党内规章制度办事、依规治党。

所谓"抽象规范型"，即国家宪法对政党组织原则仅作原则性规定，如要求政党民主等，但对党内活动不作具体规定，政党的纲领制定、机构设置、党员资格、党员的权利与义务、政党提名与内部选举、决策程序、纪律要求、党员活动等党内关系与党内行为，均由政党按民主原则行事，国家法律与国家机关不加干涉。这类国家一般为成文法且没有专门政党法的国家。如法国 1958 宪法第 4 条规定：各政党及政治团体协助选举表达意见，它们可以自由地组织并进行活动。政党必须遵守国家主权原则和民主原则。[1] 意大利 1948 年宪法第 49 条规定：为了以民主的方式参与国家政治决策，公民有自由组织政党的权利。[2] 总之，这类国家的宪法对政党的规定非常原则、非常简略，一般只有一条。比较而言，这些国家对党内行为的要求也有所不同，如法国政党可以自由地组织并进行活动，但需要向内政部登记；政党违法基本上只针对个人而不针对整个政党，法院也不审理党内纠纷。意大利宪法则规定，所有公民均有不经许可自由结社的权利，但其目的不得为刑法所禁止；意大利宪法附则 12 条还明确规定"禁止法西斯党成立与活动"。

所谓"择要规范型"，即对政党主要行为用法律加以规范，而不及政

---

① 姜士林等主编：《世界宪法全书》，青岛出版社 1998 年版，第 885 页。

② 姜士林等主编：《世界宪法全书》，青岛出版社 1998 年版，第 1250 页。

党其他内部关系与内部行为。美国可谓此类典型也可谓是特例。在美国，民主党与共和党只是选举工具与政治标签；"两大政党"都属于典型的分权型、开放型政党，组织松散、党内关系松懈，党员无须登记、无须交纳党费，甚至无入党退党之说。可以说，美国政党的主要功能是政党提名，但视政党提名公职候选人为"州政府行为"，实行初选与政党大会相结合的混合提名制；其中，初选由州法规定，两大政党需严格按照州法办理初选、不能自决。而且，美国将宪法规定的公民权利扩大适用到政党内部，对政党侵犯党员基本权利的行为由法院裁决。值得注意的是，尽管美国有关政党法律规范很少，但其相关政治法律具有很强的针对性，有针对特定政党的专项立法，如《1954年共产党管制法》就是例证，以此对美国共产党实行全面管制与压迫、限制或禁止。

所谓"全面规范型"，即国家法律不仅对政党组织原则、内部活动原则等有原则性规定，也对政党内部机构设置、活动程序、权利与义务关系等有明确规定，可谓国家法律全面规范或干预政党内部事务。这类国家一般为大陆法系有专门政党法的国家，德国、俄罗斯、韩国可谓此类型的代表。如德国基本法第21条对政党组织原则等有比较详细的规定，内容包括：政党的内部组织必须符合民主原则，它们必须公开说明经费来源；凡政党的宗旨或党员的行为企图损害或废除自由民主的基本秩序或企图危及德意志联邦共和国的存在的政党，都是违反宪法的；联邦宪法法院对是否违宪问题作出裁决。[①] 而且德国政党法将这些宪法原则具体化。具体而言，德国《政党法》由六大部分、41条组成，其内容不仅涉及党内财务，也涉及政党章程和纲领、政党组织、政党机构、党员集会和代表集会、党员权利、执行委员会、总委员会、代表集会构成、党的仲裁法庭、内部机构意志的形成、对地区分支机构的管理措施等等，而且规定得比较详细；甚至对党名不能雷同、不得强迫入党脱党、不得设置入党障碍、党内要设仲裁法庭等都有明确规定。总之，德国法律对党内关系与党内行为有明确

---

① 姜士林等主编：《世界宪法全书》，青岛出版社1998年版，第793页。

而严格的法律规定，各政党必须按照法律要求实行自下而上的党内民主；尽管如此，国家法律也无法完全取代党规党纪，政党中央仍具有一定自主权。

进一步而言，在常态政治下，政党法律规范、内部规范、社会规范三者之间既有明显的区别、各有侧重，又相互联系、互相配合，共同构成一个国家的政党规范体系。从世界政党政治发展情况看，二战以后许多国家都试图强化国家政党立法、规范政党行为；同时，许多政党也都加强党内规章制度建设，世界政党政治朝着民主化、制度化、规范化、有序化方向发展。但在不同的国家，国情、党情与政治体制不同，对上述三种政党规范形式的运用有所不同，世界各国政党治理的模式也有所不同。如何处理好政党法律规范、社会规范、政党内部规范之关系，既能保证政党民主与政党政治有序发展，又能防止政党假民意而营"一党之私""一己之私"，还能防止政党国家化、行政化、官僚化，这是政党治理问题的关键所在。

比较而言，在现代民主法治国家，政党法律规范具有权威性、主导性与底线性，要求一国之内所有政党都必须遵守，违法必究直至取消政党合法资格；要求当党内规范与社会规范不能与宪法和法律相抵触。但是，这并不意味着"政党法制化"，首先是因为，"政党法制化"本身意味着政党权力化、国家化、行政化，这必然导致政党固有功能的弱化或丧失。其次是因为，对政党乃至其他政治与社会组织而言，具有"法不禁止皆自由"的政治权利；国家法律只能或宽或窄地界定政党行为边界或底线，却无法也不能限制政党依法自主活动、在法律底线之上进行"政治舞蹈"；政党要发挥其政治作用，必须具有一定的自主性。再次是因为，"政治行动并不仅仅是在规则框架之内所进行的博弈，它常常也意味着围绕着规则本身所进行的博弈。规则的修改或重新解释是至关重要的。"[1]执政党既可以遵守法律，也可以操纵议会、修改法律，要想仅靠法律来完全控制执政党、规范政党政治，这是不可能的。总之，当代政党政治的复杂性、系统性、

---

[1] ［英］米切尔·黑尧：《现代国家的政策过程》，中国青年出版社2004年版，第74页。

多样性决定了，单靠任何一种行为规范都无法有效维护政党政治秩序。为什么说单纯依靠法律并不能对政党进行有效治理？这是因为，法律不是万能的，即使就法律生活本身而言，法律也只是其中的一部分；对于许多政党政治关系与行为，法律往往力所不及。正如有的学者所言：法律不是万能的，"法律万能主义者认为，尽快立法就可以解决问题，但是立法之后人们如果内心不去尊重，所谓'脱法'或'脱序'的现象仍然发生"①。为什么说单纯依靠政治伦理也不能形成有序的政党政治秩序？这是因为，仅有政治伦理而无现代法治，政党政治很容易陷入"人治"模式，这也正如有的学者所言：单纯的政治伦理"对现代法治国家与政党政治的运作，并无建设性的帮助，反而促进党内独裁、一切规定泛道德化"②。只有正确认识政党法律规范、内部规范、社会规范三者之区别与联系，使三者相互影响、相互制约、协同作用，方有利于政党之治、有利于政党政治的秩序与发展。

然而，各国政党治理模式之所以千差万别、没有统一的模式，这与一个国家的国情、党情、民情与法治情况有关，与一个国家现实的政党—国家—社会关系有关，更与政治与法律的关系有关。简而言之，一国采取什么样的政党治理模式，与其政党观念有关。概括说来，当今世界各国的政党观念大致有三种：一是"社会团体说"，认为政党是结社自由的产物、是社会组织乃至私人组织的一种，与国家权力机关有根本区别。二是"国家机关说"，认为政党在国家政治与政府运作中起关键作用，政党不同于一般的社会组织，而是国家的一部分。三是"国家—社会中介说"，认为政党处于社会与国家之间、是国家与社会的中介组织。上述关于政党属性的三种说法，客观地说，都有一定的合理性、都有一定的政治市场，既可以在政党政治史上找到例证，也可以在当今世界中找到实证，并无绝对的对错之分，关键取决于各国的不同选择。在特定国家的特定历史阶段，若

---

① 许介鳞:《政党政治的秩序与伦理》，国家政策研究资料中心1990年版，第13页。

② 苏俊雄:《政党规范体制的研究》，台湾"行政院政党审议委员会"1992年委托研究项目之研究报告，第33页。

视政党为"社会组织""私人组织"而非国家权力机关，则理应实行"政党自治"。若视政党为"国家权力机关"而非社会组织，则理应奉行"法无许可皆禁止"、实行"政党法治"。若视政党为"国家—社会中介"，政党治理模式则复杂得多，既需要法律规范，也需要社会规范，更需要政党内部规范，理应实行"综合治理"。

　　具体到我国，中国共产党作为国家唯一的领导党与唯一执政党，既要领导国家，还要领导社会；但无论从历史还是现实看，中国共产党都是"因先进而一党领导、因一党领导而一党执政"。从政治本质与组织属性看，中国共产党既不同于一般的国家机关，更不同于一般的社会组织与政治组织，其特殊领导地位、特殊组织属性以及中国特色政治逻辑等共同决定了，办好中国的事情，关键在党；党规党纪对党员干部的要求严于、高于国家法律对普通公民的要求。在全面推进依法治国的今天，我们既要坚持"党要管党、从严治党"，以党规党纪来管党治党，即"依规治党"；也要依法治国、依法执政、依宪执政、党在宪法和法律范围内活动，这是对执政党最大的保护，也是对权力滥用与私欲膨胀的最基本规制；还要坚持依法治国与依规治党相辅相成、共同推进，将党内法规体系纳入中国特色社会主义法治体系之中、将"党要管党、从严治党"纳入依法治国整体框架中进行系统思考，对中国共产党实行"综合治理"，努力实现党的建设的现代化、规范化、科学化。所谓党的建设现代化，按照王长江教授的说法，就是"政党适应客观环境及其变化的需要，适应社会现代化的发展进程，使自身结构、功能、机制和活动方式不断科学化、制度化、规范化的过程"①。从世界范围看，西方政党现代化主要表现为政党转型发展；根据选举政治需要而进行政党变革、化解危机、以求胜选，这是西方政党现代化的主要动因。对中国共产党而言，党的建设现代化并非为选举政治所趋，其关键是要适应信息化发展与社会发展的时代要求，与时俱进，不断更新党的建设的理念、模式与方式，实现党的建设科学化、规范化、制度

---

① 王长江：《对"党的建设科学化"的几点思考》，《天津日报》2010年1月21日。

化问题。这要求我们：既要加强党内法规制度建设，完善党内法规制定体制机制，形成配套完备的党内法规制度体系；也要注重党内法规同国家法律的衔接和协调，提高党内法规执行力，促进党员干部带头遵守党纪国法；更要求党员干部增强法治意识与规则意识，提高法治思维和依法办事能力；甚至也要求以法治思维法治方式抓作风建设、抓党的建设，从而促进依法治国与依规治党的相辅相成、相互促进、相互推动。

二、全面从严治党必须全面加强党的规矩建设

中外治党理政的经验与教训表明：奉法者强则国强，奉法者弱则国弱；无规矩难以立党、更难以成事，一个有凝聚力的党、一个得民心的党，必然是讲规矩、守规矩的党。在我国，中国共产党要依法治国，首先必须坚持依宪治国；要依法执政，首先必须坚持依宪执政，这是我国法治建设的基本逻辑。然而，"打铁还需自身硬"，无论是依宪执政、依宪治国还是依法治国，其前提条件都是加强党的建设、改善党的领导；只有全面从严治党、依规治党，才能谈及全面推进依法治国的现实可能性与有效性，这是由中国共产党的领导核心地位所决定的。总之，在新的历史时期，无论是"全面从严治党"还是"全面推进依法治国"，都要求全面加强党的规矩建设、对政党进行综合治理与全面治理。①

（一）党的规矩的基本内涵与价值归依

何谓规矩、何谓党的规矩？简单说，规矩就是做人做事的基本准则，就是人们需要共同遵守的行为规范；在此意义上说，人们常说的"规矩"

---

① 关于"加强党的规矩建设"的相关内容，大部分内容以《党的规矩及其时代要求》发表于《中共中央党校学报》2015年第3期，《中国社会科学文摘》2015年第12期论点转载；部分内容以《党员干部要懂得讲规矩》为题发表于《辽宁日报》2015年4月7日。

就是学术话语中的行为"规范"。所谓"规范",在汉语习惯里,就是"约定俗成或明文规定的标准"①。以此类推,党的规矩就是全党要共同遵守的行为规范或行为准则。从本质上看,行为规范背后所反映的是一种常态社会关系或政治关系,象征着常态社会秩序或政治秩序,因为"每一种规范都以正常处境为条件,在一种完全不正常的情况下,任何规范都无法生效"②。一个党、一个国家、一个社会,之所以需要规矩与行为规范,是因为规矩能够指导、约束或调整人们的思想行为,以求行为恰当、政治有序与社会进步。在此意义上说,新时期习近平总书记之所以强调"讲规矩守规矩",就是要致力于有效规范全党的行为,营造守纪律、讲规矩的政治氛围;就是要致力于营造依法治国、从严治党的新常态与新秩序,以促进党和国家的进步与发展。然而,国人习惯于模糊思维、习惯于就事论事,往往对相关概念不加区别、不加深究地去运用,这容易造成思想与行为上的偏差。因此,要准确理解"党的规矩"的基本内涵与时代意蕴,仅从字面理解还远远不够,还必须正确认识有关概念关系以及党的规矩的价值归依。

首先,要正确认识规矩与规则等概念关系。一般而言,规则、规矩(规范)、制度、法律等是几个密切相关又有所区别的概念,但常常为国人所混用。实际上,这四个概念的内涵与外延不同、层次不同,使用范围也有所不同。其中,规则的外延最宽泛,既包括实然的规则,也包括应然的规则;既包括潜规则,也包括显规则(即规矩或规范)。规矩(规范)则是做人做事的基本准则,是一种应然的、良好的规则;并非所有规则都能叫"规矩",如在社会上大量存在的"潜规则"也是规则,但不属于党的规矩范畴,今天强调讲规矩、守规矩的一个重要目的,就是要破除那些形形色色的上不得台面、见不得阳光的"潜规则"。制度则是一种正式的、成文的规矩,既可以指某一具体、单一的规范,也可指一套制度体系如社

---

① 中国社会科学院语言研究所词典编辑室:《现代汉语词典》,商务印书馆1996年版,第474页。

② [德]卡尔·施米特:《政治的概念》,上海人民出版社2003年版,第6页。

会制度、法律制度、政治制度、政党制度等。法律则是正式的成文制度的一种，是由国家制定或认可、靠国家强制力来保证实施的一套行为规范的总称。总之，从规则到规矩（规范），再到制度、法律，这四个概念的内涵由小到大、外延则由大到小，前者包括后者，但后者并不包括前者。

其次，要正确认识党的规矩、党内规矩、党的纪律之关系。其中，党的规矩是对全党而言的，既包括全党应该遵循的行为准则，也包括党员干部与各级党组织应该遵循的行为准则；既包括党内规范，也包括社会道德、国家法律等党外规范。党内规矩，则属于党内行为规范，主要是对全体党员干部与党内各级组织而言的，包括成文的与不成文的规矩、原则性规范与操作性规范等，其中，党内成文规矩就是党内规章制度。党内纪律则是党内规矩的一种，也是党内规章制度的一种，是一种成文的、可操作的行为规范。因此，从概念外延看，党的规矩比党内规矩概念宽泛，党内规矩比党内纪律概念宽泛。也许有人要问："讲党的规矩，只讲党内规矩就够了，为什么还要讲国家法律、社会道德等党外规范？"实际上，这是由于不了解党的公共性而形成的误解。从组织属性角度看，执政的中国共产党既不是按照"法不禁止皆自由"的原则而实行自治的私人组织，也不是按照"法不允许皆禁止"原则而实行"法治"的纯粹国家权力机关，而是公共政治组织，而且是我国唯一的领导党与执政党。中国共产党的公共政治属性与执政地位决定了，既要按照党内规矩加强自身建设，也要受国家法律与社会规范的制约。

再次，要正确认识党的规矩的价值归依。客观地说，任何一种规则都包含一定的价值与目的，即使国外学者也承认："目的是全部法律的创造者。每条法律规则的产生都源于一定的目的，即一种实际的动机。"①同样道理，党的规矩本身也必然内含着一定目的与价值取向，是形式与价值的统一。因此，讲党的规矩，一定不要忘记党的初衷、一定不能偏离党的根

---

① 参见张宏生、谷春德主编：《西方法律思想史》，北京大学出版社 1990 年版，第 353 页。

本；否则，道之不存，规矩何从？那么，共产党的根本是什么、初衷是什么？众所周知，"先有主义，后有政党"；任何政党都是受一定的"主义"或"宗旨"支配的，都有一定的纲领与目标，这是政党与其他社会组织乃至利益集团的一个显著区别。在此意义上看，主义与宗旨乃政党之根本。中国共产党作为先进的马克思主义政党，其初衷与根本可简单概括为四句话，即先进性是马克思主义政党的本质属性，是立党之本、执政之基、力量之源；全心全意为人民服务是党的根本宗旨；致力于实现民族独立、主权统一与国富民强，致力于民族复兴大业与中国梦的实现，是中国共产党成立的初衷与历史使命；以人为本、执政为民是检验党一切执政活动的最高标准，也是党的最高、最根本的规矩，党的所有规矩都必须以此为红线、为准绳。在此意义上说，背离党的初衷、宗旨与根本的所谓"规矩"，都不是党和人民真正需要的"规矩"；我们讲党的规矩，必须围绕党的初衷与根本来深化认识。

最后，讲党的规矩必须清醒地认识到："硬规矩"是规矩，"软规矩"也是"规矩"。从规矩的特点及其强制力看，党的规矩有"硬规矩"与"软规矩"之分。所谓"硬规矩"，一般是指那些有明文规定、具有很强的操作性与刚性约束力、靠强制力来执行的规章制度，如党的纪律、党内制度与国家法律等。所谓"软规矩"，一般是指那些原则性、抽象性的规矩，如党的理想信念、根本宗旨、指导思想、纲领、奋斗目标、党的路线方针政策等，也包括那些靠自我约束或社会舆论约束的社会道德、政治伦理、党的优良传统与工作惯例等。正如习近平所言：纪律是刚性的规矩，一些未明文列入纪律的规矩是自我约束的纪律。[①] 对党员干部而言，党纪国法等"硬规矩"是规矩，必须遵守；"软规矩"也是规矩，也必须遵守。"硬规矩"犹如带电的"高压线"，碰不得，一碰就"跳闸"；"软规矩"则犹如带电的"低压线"，也碰不得，若经常去碰，久而久之，就会变得"麻木不仁"。现实中，不少党员干部违规违纪违法，往往是从践踏"软

---

① 《习近平在十八届中央纪委五次全会上发表重要讲话》，《人民日报》2015 年 1 月 14 日。

规矩"开始。因此，对党员干部而言，讲"硬规矩"、守"硬规矩"，是对其党性、对党忠诚度的重要考验；讲"软规矩"、守"软规矩"，是对其党性、对党忠诚度的更大考验。试想，党员干部如果不讲马克思主义理想信念、不讲全心全意为人民服务的根本宗旨、不讲共产主义道德，那还叫什么共产党人？如此一来，党内"硬规矩"又如何谈起？

（二）党的规矩的基本类型与结构体系

党的规矩作为全党共同遵守的行为规范的总称，理应是一个具有一定内在结构的规范体系，而非各种规矩的简单罗列；党的规矩具有多种具体表现形式，而非一种表现形式；党的规矩是全面的，涉及政党内部规范、法律规范、社会规范的各个方面，涵盖党的领导、党的建设的各个领域、各个方面。因此，要更好地理解党的规矩，必须深刻把握党的规矩的基本类型与内在结构体系。

首先，就党的规矩的基本形式或基本类型，人们一般认为，党的规矩包括党的纪律、国家法律、社会道德三种形式。实际上，这是一种简单化的理解。具体说，党的规矩包括党章、党内一般性制度、党的纪律、党的工作惯例、政治伦理与社会道德、国家法律等多种具体形式，涉及政党内部规范、政党法律规范、政党社会规范三个层面的内容，正如习近平所言：党章是全党必须遵循的总章程，也是总规矩。党的纪律是刚性约束，政治纪律更是全党在政治方向、政治立场、政治言论、政治行动方面必须遵守的刚性约束。国家法律是党员、干部必须遵守的规矩。党在长期实践中形成的优良传统和工作惯例也是重要的党内规矩。[①] 值得注意的是，党的规矩的各种具体表现形式尽管密切相关、相辅相成，但其特点、效力与适用范围有所不同，在不同的政治领域、政治环节的运用有所不同。为进一步深化对党的规矩的认识，我们可以从不同角度、按照不同标准对党的

[①] 《习近平在十八届中央纪委五次全会上发表重要讲话》，《人民日报》2015年1月14日。

规矩进行分类：（1）从是否有明文规定看，党的规矩可以分为成文规矩与不成文规矩。成文规矩包括那些明文规定的道德规范、党的规章制度、党内纪律、国家法律等；不成文规矩包括那些约定俗成的社会风俗、政治惯例等。正如习近平所言：纪律是成文的规矩，一些未明文列入纪律的规矩是不成文的纪律；纪律是刚性的规矩，一些未明文列入纪律的规矩是自我约束的纪律。[①]（2）从内容规定看，党的规矩既包括原则性规范，也包括操作性规范。其中，党的意识形态、理想信念、根本宗旨、纲领、奋斗目标、基本路线方针政策等，可归为原则性、抽象性的规矩，对全体党员具有思想导向、价值导向、行为导向等重要作用。对于这一点，即使西方学者也承认："意识形态既被看作是一种规范制度，又被看作是一种完整的世界观，由它支配、解释信念并赋予合法性。"[②] 比较而言，《中国共产党章程》《关于党内政治生活的若干准则》等多为原则性规定；《中国共产党纪律处分条例》《关于改进工作作风、密切联系群众的八项规定》等具体规章制度，则属于具体性、操作性的规矩。另外，党的规矩既包括实体性规范，也包括程序性规范，如对各级党组织的地位、职能、权限、作用等的规定等属于实体性规范；《党政领导干部选拔任用工作条例》《中国共产党地方组织选举工作条例》《中国共产党基层组织选举工作暂行条例》等多为程序性规范。（3）从约束力强弱看，党的规矩既包括党的纪律、国家法律等"硬规矩""刚性规矩"，也包括那些依靠自我约束或社会舆论约束而贯彻落实的"软规矩""柔性规矩"。（4）从制定主体看，党的规矩既包括中央层面制定的规章制度，也包括地方层面制定的规章制度；既包括由政党制定的党内规矩，也包括国家制定的法律与社会中形成的社会伦理道德。总之，对党及其成员而言，无论是成文还是不成文规矩、原则性还是操作性规范、实体性还是程序性规范、"硬规矩"还是"软规矩"，都是党的规矩。

---

① 《习近平在十八届中央纪委五次全会上发表重要讲话》，《人民日报》2015 年 1 月 14 日。
② ［美］V. 奥斯特罗姆等编：《制度分析与发展的反思》，上海三联书店 1991 年版，第 384 页。

其次，就规矩体系的内在层级与基本结构看，党的规矩作为由不同形式、不同类型的规矩而组成的行为规范体系，可谓是由一张张带电的网而构成的"天罗地网"，是由一道道带电的墙而组成的"多重防线"，其本身具有一定的层次性与内在结构性。简单说，从内到外，党的规矩体系大致可以分为七个层级：

第一层级，即党的规矩的原点或内核。这集中表现为党的意识形态、全心全意为人民服务的根本宗旨与党的历史使命，以及与此相应的理想信念等。可以说，这是党的最高、最根本的规矩，是讲党的规矩须臾不能忘记的；党章的制定与修改，也要围绕这一原点与内核而进行。正是在理想信念与宗旨意义上，习近平强调："衡量一名共产党员、一名领导干部是否具有共产主义远大理想，是有客观标准的，那就要看他能否坚持全心全意为人民服务的根本宗旨，能否吃苦在前、享受在后，能否勤奋工作、廉洁奉公，能否为理想而奋不顾身去拼搏、去奋斗、去献出自己的全部精力乃至生命。一切迷惘迟疑的观点，一切及时行乐的思想，一切贪图私利的行为，一切无所作为的作风，都是与此格格不入的。"[1]

第二层级，即党章。正如习近平所言：党章是全党必须遵循的总章程，也是总规矩。[2] 在党章中，不仅集中体现了党的性质和宗旨、指导思想、基本纲领，奋斗目标、基本路线方针政策，而且规定了党员与干部的条件、权利与义务，规定了党的组织制度与组织设置，规定了党的重要制度、体制机制与基本纪律，是全党必须共同遵守的根本行为规范。党内其他所有规矩的制定，都需要以党章为依据、不能与党章规定相冲突。因此，党员干部要讲规矩、守规矩，必须学习党章、遵守党章。正如习近平所言："在各级党组织的全部活动中，都要坚持引导广大党员、干部特别是领导干部自觉学习党章、遵守党章、贯彻党章、维护党章，自觉加强党性修养，增强党的意识、宗旨意识、执政意识、大局意识、责任意识，切

① 《习近平谈治国理政》，外文出版社 2014 年版，第 23 页。
② 《习近平在十八届中央纪委五次全会上发表重要讲话》，《人民日报》2015 年 1 月 14 日。

实做到为党分忧、为国尽责、为民奉献。"①

第三层级，即党的纲领、路线方针政策。它围绕党的性质、宗旨与历史使命而展开，其核心内容明确写入党的章程，靠党的规章制度来落实，靠党的纪律来维护，更靠广大党员干部的带头行动来实现。试想，如果党员干部不带头讲党的纲领、不带头执行党的路线方针政策，那么，党的纲领与路线方针政策如何实现？

第四层级，即党纪与党内具体规章制度，这是党内"硬规矩"，是为贯彻落实党的性质与宗旨、党的章程、党的路线方针政策等而制定的。当然，党纪只是党内规章制度的一种；党内规章制度本身也具有系统性与内在层次性，除党章是党内根本大法、具有最高效力以外，根据效力大小、从高到低，党内规章制度还包括准则、条例、规定、办法、细则等不同层级的一系列规章制度。

第五层级，即党的优良传统和工作惯例。正如习近平所言：党内很多规矩是我们党在长期实践中形成的优良传统和工作惯例，经过实践检验，约定俗成、行之有效，反映了我们党对一些问题的深刻思考和科学总结，需要全党长期坚持并自觉遵循。②

第六层级，即道德规范，包括家庭道德、职业道德、社会公德等。党员干部既是政治人，要严格遵守党内规章制度与国家法律；也是社会人，要严格遵守社会道德、职业道德、家庭道德，做道德楷模。对广大党员干部而言，厚德方能载物，道德高尚是党员干部的为人之本，也是做到清正廉洁的基础。

第七层级，即国家法律。任何政党都必须遵守宪法和法律、在宪法和法律范围内活动，党内规矩不能与国家法律相抵触，这是现代民主政治的通则与政治共识。对我们党而言，党领导人民制定宪法和法律、领导人民执行宪法和法律，党自身也必须在宪法和法律范围内活动，真正做到党领

---

① 习近平：《认真学习党章严格遵守党章》，《人民日报》2011 年 11 月 20 日。
② 《习近平在十八届中央纪委五次全会上发表重要讲话》，《人民日报》2015 年 1 月 14 日。

导立法、保证执法、带头守法。值得注意的是，国家法律作为一个体系，其本身也是具有一定的层级，其中，宪法为国家的根本大法。从世界各国情况看，政党法律规范包括宪法与宪法惯例、关于政党的基本法、选举法及相关法律、专项政党立法等不同形式。

就党的规矩体系的上述七个层级看，第一层级作为党的规矩的内核与原点，具有统领整个党的规矩体系之作用，要体现在党的建设、党的领导与党的执政的各个方面。第二到第五层级，属于党内规范，是加强党的自身建设的应有之义。其中，第二、第三层级的规矩比较原则、比较抽象，看起来难以操作，实则非常重要，第四层级属于党内"硬规矩"，具有比较强的可操作性，第五层级属于不成文的党内规范，但绝不是"党内潜规则"。第六、第七层级的规矩，对全党而言属于外部行为规范，是加强与改善党的领导与执政的应有之义。其中，在道德滑坡的社会转型期，广大党员干部要讲规矩，很重要的一点就是要讲道德、讲品格，做到言行一致，克服与杜绝"口是心非""言行不一""玩弄权术"等不良现象。而在现代民主法治国家，法律规范是具有权威性与主导性的"硬规矩"，正如有的学者所言："作为人类社会的行为规范，任何国家的法律都是人与人之间实现交往、确定关系及秩序的最重要途径。"①在全面推进依法治国的新时期，党必须在宪法与法律范围内活动，依法治国、依法执政、依宪执政，党员干部必须增强法治思维、提高依法办事的能力和水平。

需要强调的是，尽管党规党纪、国家法律、社会道德规范等都是党的规矩的重要组成部分，但三者的特点、效力与适应范围有所不同。其中，党规党纪严于国家法律与社会道德，社会道德规范要求高于法律，法律是全体党员干部的行为底线或者说"行为下线"。因此，我们不能将三者相混同，也不能将三者相互替代。否则，以道德代替法律必然会放纵罪犯，以道德代替党内规章制度必然会导致"人治"；以法律代替道德必然会导

---

① [德]京特·雅科布斯:《规范·人格体·社会法哲学前思》，法律出版社 2001 年版，总序第 2 页。

致滥施处罚，以法律代替党内规章制度必然会导致另一种形式的"党政不分"，必然会导致政党的国家化与行政化；而以党内规章制度代替国家法律，则必然会重蹈"党政不分""以党治国"的覆辙。我们只有将"党规党纪"当作"党规党纪"来看待，将"国家法律"当作"国家法律"来对待，将"社会道德"当作"社会道德"来对待，党规党纪、国家法律、社会道德等在从严治党中才能各具其意义、价值与作用，才能自内而外地形成全面从严治党的"三维空间"与三道防线。

（三）党的规矩建设的时代要求

在中国语言习惯里，"讲规矩、守规矩"既是一句家常话，也往往是一句严肃的话。如果有人反问"你懂不懂规矩、守不守规矩"，或者告诉你"要讲规矩、守规矩"，这实际上是一种严肃的质疑、警告乃至批判。如今，习近平总书记将"规矩"一词用到党内来，强调：各级党组织要把严守纪律、严明规矩放到重要位置来抓，努力在全党营造守纪律、讲规矩的氛围。各级领导干部特别是高级干部要牢固树立纪律和规矩意识，在守纪律、讲规矩上作表率。① 这一方面说明，党内不讲规矩的现象比较严重、从严治党的形势依然严峻；另一方面是对党员干部提出的新要求，也是对全面从严治党的新要求。

就党的规矩建设存在或面临的突出问题而言，"四风"与腐败问题明显是不讲规矩的突出表现。进一步而言，党内外不讲规矩现象不止"四风"与腐败问题，还有许多方面的表现，比如在理想信念层面，有的党员干部理想信念动摇，甚至信仰异化、信仰缺失、"不信马列信鬼神"；在宗旨层面，有的党员干部公私不分、沽名钓誉、贪图名利、铺张浪费，甚至权力异化、假公济私、以权谋私、吃拿卡要；在作风层面，有的党员干部态度与行为异化，搞官僚主义、形式主义、命令主义、自由主义、推诿扯

---

① 《习近平在十八届中央纪委五次全会上发表重要讲话》，《人民日报》2015年1月14日。

皮、暧昧纵容，甚至态度傲慢、行为专断、专横跋扈、滥用权力；在组织层面，有的党员干部搞好人主义、江湖义气、随波逐流，甚至搞山头主义、宗派主义乃至封建人身依附；在道德层面，有的党员干部好说空话、不守信用、言行不一，有的甚至人格异化、阳奉阴违、口是心非、弄虚作假、欺上瞒下、伪善多变，口言善、身行恶，以至于民众讥讽一些腐败官员"一边装学孔繁森、一面当着王宝森；一面装德才兼备，一面当着徐才厚"；在法律层面，有的党员干部法理不分、无法无天、贪赃枉法、践踏法律；等等。

我们党作为先进的马克思主义政党，纪律严明、讲规矩、守规矩是党的优良传统，如今在党员干部中为什么还有那么多不守规矩现象？究其原因，有许多方面。从个体角度看，有的与党员干部规矩意识、底线意识不强有关，有的与思想认识不到位、方法不对头有关，有的与"错把权力当能力、错把公权当私权、错把利益关系当朋友关系、错把职务影响当人格魅力、错把潜规则当行为规范"有关。总之，一些党员干部不讲规矩背后的阴影，有感情的影子、利益的影子、权力的影子乃至习惯的影子；但归根结底，都是与不当的钱欲、物欲、权欲等私欲燃烧有关，是由其世界观、人生观、价值观、权力观、事业观、政绩观、人情观等异化所导致的，更是由其政治立场异化所导致的。这正如毛泽东所言：在对待许多问题上，一些同志总说是方法问题，而我却认为，不是方法而是根本态度和立场问题。从全党角度看，不讲规矩现象与形形色色的"潜规则"在党内外的蔓延与流行，不能不说与党的规矩不张、正式制度不灵有关，与从严治党不严、从严治党不力有关。正如习近平针对"四风"问题所言："客观上说，主要原因是党要管党、从严治党方针在有些地方没有落到实处，在一些方面管党、治党失之于宽、失之于松"。① 党的十八大以来，面对党的建设严重形势，以习近平同志为核心的党中央高度重视党的规矩建

---

① 李斌：《党面临的"赶考"远未结束：习近平总书记再访西柏坡侧记》，新华网，2013年7月13日，网址：http://news.xinhuanet.com/politics/2013-07/13/c_116524927.htm。

设、并提出了明确要求，彰显了新时期党的规矩建设的基本思路与基本要求，概括说，主要有以下六个方面：

一是高度重视党的纪律建设，强化党的规矩意识。2013年1月，习近平在中纪委十八届二次全会上的讲话中明确强调：党面临的形势越复杂、肩负的任务越艰巨，就越要加强纪律建设，越要维护党的团结统一，确保全党统一意志、统一行动、步调一致前进。在此基础上，在中纪委十八届五次全会上，习近平又进一步强调：讲规矩是对党员、干部党性的重要考验，是对党员、干部对党忠诚度的重要检验；各级党组织要把严守纪律、严明规矩放到重要位置来抓，努力在全党营造守纪律、讲规矩的氛围。① 相关讲话充分说明了习近平对党的规矩建设的高度重视，彰显了新时期严明纪律、严明规矩的重要性与紧迫性。

二是明确指出党的规矩体系的主要表现形式。习近平在中纪委十八届五次全会上指出：党章是全党必须遵循的总规矩，党的纪律是刚性约束；国家法律是党员、干部必须遵守的规矩；党在长期实践中形成的优良传统和工作惯例也是重要的党内规矩。② 若仅从此次讲话精神看，好像习近平所讲的党的规矩只有上述四种形式；但如果系统、全面地梳理习近平总书记系列重要讲话就会发现，习近平非常重视党性、理想信念、道德的重要性，如强调广大党员干部要讲党性、重品行、作表率，要"三严三实"；强调"理想信念就是共产党人精神上的'钙'，没有理想信念，理想信念不坚定，精神上就会'缺钙'，就会得'软骨病'。现实生活中，一些党员、干部出这样那样的问题，说到底是信仰迷茫、精神迷失"③；强调"从思想道德抓起具有基础性作用，思想纯洁是马克思主义政党保持纯洁性的根本，道德高尚是领导干部做到清正廉洁的基础"④。总之，从习近平相关

---

① 《习近平在十八届中央纪委五次全会上发表重要讲话》，《人民日报》2015年1月14日。
② 《习近平在十八届中央纪委五次全会上发表重要讲话》，《人民日报》2015年1月14日。
③ 习近平：《紧紧围绕坚持和发展中国特色社会主义　学习宣传贯彻党的十八大精神——在十八届中共中央政治局第一次集体学习时的讲话》，《人民日报》2012年11月19日。
④ 《习近平谈治国理政》，外文出版社2014年版，第391页。

讲话中可以看出："三严三实"是党的规矩、坚持理想信仰也是党的规矩，践行社会主义核心价值观是党的规矩、保持高尚品格和廉洁操守也是党的规矩。

三是明确指出了严明党的纪律与规矩的关键内容与根本问题，那就是严明党的政治纪律、维护中央权威。正如习近平所言：党的纪律是多方面的，但政治纪律是最重要、最根本、最关键的纪律，遵守党的政治纪律是遵守党的全部纪律的重要基础；政治纪律更是全党在政治方向、政治立场、政治言论、政治行动方面必须遵守的刚性约束，[①] 并告诫全党："如果党的政治纪律成了摆设，就会形成'破窗效应'，使党的章程、原则、制度、部署丧失严肃性和权威性，党就会沦为各取所需、自行其是的'私人俱乐部'"。[②] 同时，明确提出严明党的政治纪律的五项要求，即"遵守政治纪律和政治规矩，必须维护党中央权威，在任何时候任何情况下都必须在思想上政治上行动上同党中央保持高度一致；必须维护党的团结，坚持五湖四海，团结一切忠实于党的同志；必须遵循组织程序，重大问题该请示的请示，该汇报的汇报，不允许超越权限办事；必须服从组织决定，决不允许搞非组织活动，不得违背组织决定；必须管好亲属和身边工作人员，不得默许他们利用特殊身份谋取非法利益"。[③]

四是明确指出了严明党的规矩、加强纪律建设的重点对象，那就是各级领导干部。如习近平在强调"党要管党，首先是管好干部；从严治党，关键是从严治吏"的基础上，[④] 进一步指出："各级领导干部特别是高级干部要牢固树立纪律和规矩意识，在守纪律、讲规矩上作表率"。[⑤]

五是明确指出了严明党的规矩、加强纪律建设的基本途径，那就是认真学习党章、严格遵守党章、增强党性修养。习近平强调：严明政治纪律

[①] 《习近平在十八届中央纪委五次全会上发表重要讲话》，《人民日报》2015 年 1 月 14 日。

[②] 《在第十八届中央纪律检查委员会第二次全体会议上的讲话》，《人民日报》2013 年 1 月 23 日。

[③] 《习近平在十八届中央纪委五次全会上发表重要讲话》，《人民日报》2015 年 1 月 14 日。

[④] 习近平：《在全国组织会议上发表重要讲话》，《人民日报》2013 年 6 月 30 日。

[⑤] 《习近平在十八届中央纪委五次全会上发表重要讲话》，《人民日报》2015 年 1 月 14 日。

要从遵守和维护党章入手，每一个共产党员特别是领导干部都要牢固树立党章意识，自觉用党章规范自己的一言一行，在任何情况下都要做到政治信仰不变、政治立场不移、政治方向不偏；"各级领导干部要把学习党章作为必修课，走上新的领导岗位的同志要把学习党章作为第一课，带头遵守党章各项规定"。① 因此要求广大党员干部要提高党性修养、强化党的意识、强化组织意识，"时刻想到自己是党的人，是组织的一员，时刻不忘自己应尽的义务和责任，相信组织、依靠组织、服从组织，自觉接受组织安排和纪律约束，自觉维护党的团结统一"。②

六是明确指出了严明党的规矩、加强纪律建设的制度保障与成败关键，那就是"使党的纪律真正成为带电的高压线"、坚持规矩面前没有例外。习近平强调："遵守党的纪律是无条件的，要说到做到，有纪必执，有违必查，不能把纪律作为一个软约束或是束之高阁的一纸空文"；③"各级领导干部都要牢记，任何人都没有法律之外的绝对权力，任何人行使权力都必须为人民服务、对人民负责并自觉接受人民监督。"④党内决不允许有不受党纪国法约束，甚至凌驾于党章和党组织之上的特殊党员。

总之，新时期强调严明党的规矩、加强纪律建设，其目的就是要克服党内自由散漫、软弱涣散现象，就是要破除山头主义、宗派主义、自由主义以及形形色色的"潜规则"，就是要树党的权威、立人民的信任、营造风清气正的政治氛围。习近平关于严明党的规矩、加强纪律建设的一系列重要讲话精神，涵盖了党的规矩建设的重要性与紧迫性、基本规矩形式、关键内容、基本要求、重点对象、基本途径、制度保障等一系列内容，明确了新时期党的规矩建设的基本思路与基本方法，也赋予新时期党的建设新内涵。这是新时期全面从严治党、全面推进依法治国、全面建成小康社

---

① 习近平：《认真学习党章　严格遵守党章》，《人民日报》2011 年 11 月 20 日。
② 《习近平在十八届中央纪委三次全会上发表重要讲话》，《人民日报》2014 年 1 月 16 日。
③ 《习近平在十八届中央纪委三次全会上发表重要讲话》，《人民日报》2014 年 1 月 16 日。
④ 习近平：《在第十八届中央纪律检查委员会第二次全体会议上的讲话》，《人民日报》2013 年 1 月 23 日。

会的必然要求，需要全体党员干部高度重视、身体力行。

最后，需要强调的是，新时期要加强党的规矩建设，讲规矩、重规矩、守规矩，还需注意三个方面的问题：首先，讲规矩需要既讲"硬规矩"，也讲"软规矩"。只有讲"软规矩"，始终坚持党的理想信念与政治立场、牢固树立宗旨意识与公权意识，才能牢固树立党的规矩意识与底线意识，才能理直气壮地去讲"硬规矩"。正如习近平所言：广大党员干部要"牢固树立正确的世界观、权力观、事业观，模范践行社会主义荣辱观，以理论上的坚定保证行动上的坚定，以思想上的清醒保证用权上的清醒，不断增强宗旨意识，始终保持共产党人的高尚品格和廉洁操守"。①之所以这么说，是因为实践反复证明：没有正确的思想，就难以有正确的行动，思想上无警戒线，行动上就无底线，而且，任何制度都会有漏洞，广大党员干部的党性修养与政治理性是自觉克服制度漏洞的关键。因此，新时期广大党员干部要讲规矩、守规矩，必须坚持党的立场观点与方法、不断增强党性修养，始终做到政治信仰不变、政治立场不移、政治方向不偏。只有如此，才能牢记党的宗旨、敬畏人民所赋予的权力，努力做到公私分明、克己奉公、严格自律，避免"公权异化"与"权为私用"。只有牢固树立底线意识与底线思维，清醒地认识到哪些事能做、哪些事不能做，哪些事该这样做、哪些事该那样做，才能自觉按原则、按规矩办事；"只要能守住做人、处事、用权、交友的底线，就能守住党和人民交给自己的政治责任，守住自己的政治生命线，守住正确的人生价值。"②

其次，要讲规矩、重规矩，必须正本清源、破旧立新、深化党的建设制度改革。在全党层面讲规矩、营造讲规矩守规矩的良好氛围，必须重视建章立制、破旧立新。因为任何规矩都具有一定的时代性；甚至可以说，规矩有新旧之分、传统与现代之分、好坏之分。从历史上看，"君君臣臣、父父子子、搞人身依附"的封建规矩，也是所谓的规矩；"称兄道弟、侠

---

① 《习近平谈治国理政》，外文出版社 2014 年版，第 391 页。
② 习近平：《在第十八届中央纪律检查委员会第二次全体会议上的讲话》，《人民日报》
2013 年 1 月 23 日。

肝义胆、搞感情用事"的帮派规矩，也是所谓的"规矩"。只不过这些都是已经过时的旧规矩，是我国民主法治建设、党的建设所要破除的"坏规矩"。因此，新时期要严明党的规矩、加强规矩建设，必须适应全面推进依法治国、全面从严治党的时代要求，正本清源、破旧立新，既要彻底破除那些与党的性质宗旨等格格不入的"封建规矩""朋党规矩""圈子规矩"，也要彻底破除那些上不得台面、见不得阳光的"潜规则"；更要与时俱进、深化党的建设制度改革，建立科学、完善、细致、严格、全面的党的规矩体系，使党的规矩成为天罗地网、疏而不漏，把党员干部的公共行为置于规范之中。其中，如何建立科学有效的选人用人制度，是事关党的规矩建设的"老大难"问题；如何使党的规矩体系具有时代意识、民主意识、法治意识等，则是党的规矩建设面临的新问题；如何使党的规矩全面准确、简单明了，做细、做小、做实，则事关党的规矩建设的成效。总之，只有破旧立新、使的规矩得到张扬，用"显规则""硬制度"来破除"潜规则"，才能在全党营造守纪律、讲规矩的氛围，营造风清气正、清正廉洁的政治新常态；才能使某些看起来无影无踪、无孔不入的形形色色的"潜规则"失去土壤、失去通道、失去市场。

再次，讲规矩、重规矩、守规矩必须坚持一视同仁、以上带下。概括说来，这至少包括三个层面的含义：第一，要在全党形成讲规矩、守规矩的氛围，必须坚持规矩面前人人平等、规矩面前没有特权、规矩约束没有例外；全党上下，不论官职大小，都要讲规矩、守规矩，做到上下一致、内外一致，如此才能"正乾坤"。第二，党员干部既要对上讲规矩、守规矩，也要对下讲规矩、守规矩；既要对党忠诚老实、也要对群众忠诚老实，把说的和做的真正统一起来、把对上负责和对下负责真正一致起来，避免假大空。这样的规矩，才是党需要的规矩，才是能够赢得广大人民拥戴的规矩。第三，讲规矩、重规矩、守规矩必须以上带下、自上而下。正如我们前文所言：其身正，不令而行；其身不正，虽令不从。历史充分证明："上行下效"是党风、政风、社风建设的基本定律，也是党的规矩建设的基本定律。只有从上做起、自上而下、以上带下，一级带一级、一级做给一级看，才能东风压倒西风、正气压倒邪气。

三、全面从严治党必须深化党的建设制度改革

面对我国经济政治社会发展的时代要求，党的十八届三中全会把"完善和发展中国特色社会主义制度，推进国家治理体系和治理能力现代化"作为新时期全面深化改革的总目标，并围绕这一总目标明确提出了"六个紧紧围绕"的改革思路，最终落脚在党的建设与党的领导上，落脚在深化党的建设制度改革上，强调要"紧紧围绕提高科学执政、民主执政、依法执政水平深化党的建设制度改革，加强民主集中制建设，完善党的领导体制和执政方式，保持党的先进性和纯洁性"。① 新时期要全面从严治党，必须深化党的建设制度改革，解决好以下几个关键问题：②

（一）完善民主集中制、健全党内民主制度体系

组织学原理告诉我们，组织制度、组织机制对组织功能和作用的发挥具有关键作用，即使完全相同的组织要素，如果组织制度与组织机制不同，其能力和效用也会大不一样。对一个政党而言，能否有组织、有秩序、有纪律地开展工作，能否保证党的各级领导机关、领导干部、广大党员正确贯彻执行党的路线方针政策，能否保证全党思想上、政治上、组织上、行动上的一致，能否实现党的建设的任务与目标，关键要看其组织原则、工作机制及其相关的一系列制度是否科学、合理。中国共产党是根据自己的纲领和章程、按照民主集中制组织起来的统一整体，民主集中制是党的根本组织制度和领导制度，它统领党内各项制度、贯穿于党内各项制

---

① 《中共中央关于全面深化改革若干重大问题的决定》，《人民日报》2013 年 11 月 16 日。
② 关于"深化党的建设制度改革"的相关内容，部分内容以《深化改革与推进治党理政现代化》为题发表于《中国社会科学报》2013 年 12 月 4 日；部分内容以《法治语境下党的领导体制探析》为题发表于《理论探讨》2006 年第 3 期。

度之中。新时期，深化党的建设制度改革，首先必须完善民主集中制、健全党内民主制度体系。

何谓民主集中制？简单说，就是"在民主基础上的集中，在集中指导下的民主"①，就是民主基础上的集中和集中指导下的民主相结合。理解民主集中制的关键，就在于正确理解民主与集中的关系。在民主集中制中，民主与集中是相辅相成、内在统一的，党内民主是党内集中的前提和基础，没有民主、就没有正确的集中；反之，没有集中，就不能形成正确的路线方针政策、不能形成全党的统一意志。只有坚持民主与集中的统一，才能使全党运转协调，工作高效，统而不散、统而不乱、统而不死，充满生机与活力。从根本上看，民主集中制反映了马克思主义政党的组织规律、工作规律、活动规律，具有很多优点，如讲究多数原则、按照多数人的意志决定问题，讲究民主与集中的统一，而不主张个人专断；讲究纪律与服从，具有简捷、灵活、高效的特点。而且，实践证明，民主集中制有利于保证党的团结和统一，有利于党的路线方针政策的正确制定和执行，其贯彻得好不好，关系到党的事业的兴衰成败。从历史上看，什么时候正确地贯彻执行了民主集中制，党就能巩固、发展、壮大；什么时候没有正确贯彻民主集中制、违背了民主集中制的科学精神，党就会削弱。然而，民主集中制是历史的、具体的、发展的，在革命时期与建设时期的要求有所不同，这正如毛泽东所言："要党有力量，依靠实行党的民主集中制去发动全党的积极性。在反动和内战时期，集中制表现得多一些。在新时期，集中制应该密切联系于民主制。"②新时期，时代发展、党内民主发展、民主政治发展等都要求我们要进一步发展完善民主集中制。

要进一步健全、完善民主集中制，首先必须正确认识民主集中制的基本要求。人们通常认为，"四个服从"即个人服从党的组织、少数服从多数、下级服从上级、全党服从中央，是民主集中制的基本要求。实际上这

---

① 《毛泽东选集》第 3 卷，人民出版社 1991 年版，第 1057 页。
② 《毛泽东选集》第 1 卷，人民出版社 1991 年版，第 278 页。

只是民主集中制要求的一部分，而不是全部。根据党章规定，民主集中制至少包括以下六个方面的基本内容或基本原则：一是服从原则，即党员个人服从组织、少数服从多数、下级组织服从上级组织、全党各个组织和全体党员服从党的全国代表大会和中央委员会。二是选举原则，民主集中制要求在党内坚持选举原则，党的各级领导机关，除它们派出的代表机关和在非党组织中的党组外，都由选举产生。三是党的最高权力机关是党的代表大会，党的各级委员会向同级代表大会负责并报告工作。四是监督原则，上下级组织之间要互通情报、互相支持和互相监督。五是集体领导和个人分工负责相结合的原则。重大问题都要按照集体领导、民主集中、个别酝酿、会议决定的原则，由党的委员会集体讨论，作出决定；委员会成员要根据集体决定和分工，切实履行自己的职责。六是禁止任何形式的个人崇拜。只有把以上六个方面联系起来、而非"只及一点不及其余"，才能科学把握民主集中制的真正内涵与基本要求，才能科学理解民主集中制作为党的根本组织原则与领导原则的基本精神；只有真正把这六条要求贯彻到党内民主制度建设中，才能建立与完善党内民主制度体系，正确处理包括领导者与被领导者、下级与上级、个人与组织、中央与下级之间的关系等，才能增进党内创新活力、实现党内团结统一。

其次，要健全与完善民主集中制，必须按照民主化、制度化、规范化、科学化原则，建立与完善党内民主制度体系。根据党的十八大报告的表述，党内民主制度体系主要包括以下五个方面：一是健全党员民主权利保障制度，保障党员主体地位，认真落实党员知情权、参与权、选举权、监督权。二是完善党的代表大会制度，落实和完善党的代表大会代表任期制，试行乡镇党代会年会制，深化县（市、区）党代会常任制试点，实行党代会代表提案制。三是完善党内选举制度，规范差额提名、差额选举，形成充分体现选举人意志的程序和环境。四是完善常委会议事规则和决策程序，完善地方党委讨论决定重大问题和任用重要干部票决制，强化全委会决策和监督作用。这要求我们必须按照民主集中制原则来建立健全各级党委工作制度，坚持集体领导与个人分工负责相结合，提高运用民主方法开展工作的本领。五是扩大党内基层民主，完善党员定期评议基层党组织领导班子等制度，增强党内生活原则性和透明度。这要求我们必须积极推进党务公开，做到事前公开、过程公开、结果公开，准确、及时地向党员公布信息，扩大党代表知情参与渠道，自觉接受党员监督。以上五个方面的民主制度，涉及党员权利保障制度、党内工作机制、领导制度、决策机制、选举制度、监督制度等各个方面。总之，新时期只有完善民主集中制、健全党内民主制度体系，才能为党的先进性与纯洁性提供科学的实践机制与制度保障，这是因为党的先进性和纯洁性不是停留在纸上的理论，必须贯彻到党的性质、宗旨、任务和全部工作中，落实到党的建设、党的领导、党的执政实践中，体现在党员干部的实际行动上，这需要科学的制度与机制作保障。总之，新时期要保持与实现党的先进性，就必须适应时代发展要求，坚持民主化、制度化、规范化、科学化的原则与方向，实现党内民主选举、民主管理、民主决策、民主监督；就必须坚持和健全民主集中制，大力加强党的思想建设、组织建设、作风建设、廉政建设以及制度建设，实现全面从严治党。

（二）深化体制机制改革、破解党的建设瓶颈

新时期，要深化党的建设制度改革，除了完善民主集中制、健全党内民主制度体系外，还必须深化有关体制机制改革、破解党的建设的瓶颈。其中，对党的建设和党的领导具有全局性、关键性影响的体制与机制，主要是改革完善党的领导体制、建设服务型政党与服务型政府，深化干部人事制度改革、建立完善党内选举制度与竞争性选拔干部方式，强化权力运行制约与监督体系、把权力关进制度笼子里。

首先，要深化党的建设制度改革，必须进一步完善党的领导体制和执政方式，推进国家治理体系和治理能力现代化。具体说，这主要包括两个方面的要求：一方面，加强和改善党的领导，必须改革完善党的领导体制与领导方式、建设服务型马克思主义执政党，因为科学的领导体制是有效

治党理政的关键。新时期，改革完善党的领导体制与领导方式，必须充分保障与发挥党"总揽全局、协调各方"的领导核心作用，提高党的领导水平和执政能力；同时，要确保人民当家作主，坚持党在宪法和法律范围内活动、维护宪法法律权威，依法执政、民主执政、科学执政。这要求我们，必须紧紧围绕党的领导、人民当家作主、依法治国的有机统一来深化政治体制改革，加快推进社会主义民主政治制度化、规范化、程序化，建设社会主义法治国家；必须全面落实依法治国基本方略，用民主、法治方式解决改革与发展中的问题，大力推进法治中国建设，只有在法治之下才能实现国泰民安、克服与避免"人治之下的人人自危"；必须正确处理好党、政府与人民群众之间的关系，全党及各级党委要善于通过国家政权依法实施对国家和社会的领导，不断完善领导体制与领导方式，不断提高领导水平和执政水平；必须努力破解"权力过分集中""权力通吃"等现象，避免党政不分、以党代政，以至于管了许多"不该管、管不好、管不了"的事，因陷于事务主义而不能自拔、陷于官僚主义而脱离群众。另一方面，加强和改善党的领导，必须深化行政体制改革、简政放权，努力建设服务型政府，因为从根本上看，行政体制改革也属于党的领导体制与政治体制改革的重要内容。新时期要深化行政体制改革、建立中国特色社会主义行政体制，必须按照党的十八大与十八届三中全会的要求，深入推进政企分开、政资分开、政事分开、政社分开，建设职能科学、结构优化、廉洁高效、人民满意的服务型政府。这要求我们，必须做好政府改革这篇大文章，摆正政府位置、转变政府职能、履行政府职责，推动政府职能向创造良好发展环境、提供优质公共服务、维护社会公平正义转变；必须提高政府管理能力，既要充分利用市场促进经济社会发展，又要克服与避免"民生与社会问题市场化""政府行为企业化"；必须加快行政管理体制改革，简政放权、降低行政成本、提高行政效率、创新行政管理方式，不断提高政府公信力和执行力。

其次，深化党的建设制度改革，必须深化干部人事制度改革、建立科学的选人用人机制。尽管党和国家的领导制度、领导体制具有全局性与根本性，但党和政府又具有一定的抽象性，再好的领导制度与领导体制本身不能自我运行，必须由具有主观能动性的现实的活生生的人去运作。办好中国的事情，关键在党、关键在干部，道理就在于此。改革开放以来，我们党一直强调要推进政治体制改革，但为什么难以推动，其最大阻力何在？说到底，关键还是人的因素、人的障碍。因此，新时期，只有深化干部人事制度改革、建立科学的选人用人机制，才能造就一支高素质的执政骨干队伍，才能提高各级领导干部推动改革的意志与能力。对于如何深化干部人事制度改革、实现选人用人的科学化，我们在前文已有比较详细的论述，在此不再赘述。

再次，深化党的建设制度改革，必须建立与完善权力运行制约与监督体系、有效防范与惩治腐败。腐败问题如果解决不好，会对党造成致命伤害。之所以如此说，是因为腐败问题不仅仅是金钱问题，而是从根本上关涉人民群众对党的认同问题。实践证明，腐败的深层次根源往往与政治经济体制改革的阻力交织在一起，其关键在于权力、资源、资金的过分集中与三者的结合。新时期要避免公权与私利的不当结合、防止权力腐败，有两点至关重要：一是要建立健全权力监督与制约机制，斩断权力与利益的结合链。一般而言不受制约的权力容易与资源、资本相结合，必然会导致腐败。因此，要建立与完善权力运行制约与监督体系，必须按照民主、科学、法治原则，实现决策权、执行权、监督权的有效制约，建立起结构合理、配置科学、程序严密、制约有效的权力运行与监督体系与机制，坚持用制度管权管事管人，让权力在阳光下运行、让人民监督权力；必须加强相关国家立法、健全相关党内规章制度，实现国家反腐法律与党内反腐倡廉规章制度的有机结合、协同作用；必须给权力涂上防腐剂、戴上"紧箍咒"，把权力关进制度笼子里，形成不敢腐的惩戒机制、不能腐的防范机制、不易腐的保障机制。二是要对腐败现象奉行"零容忍"，坚决反腐倡廉、严惩腐败现象。若对腐败抱有"适度容忍"心态，若有法不依、执法不严、惩处不力、惩办不公，即使建立起完善的权力制约与监督机制，也不足以防腐、反腐。这要求我们，既要加强反腐倡廉教育和廉政文化建设，使广大党员干部树立对腐败的"零容忍"态度，克服"腐败心理"、反对"特权思想"、肃清"腐败文化"；更要严格执纪执法，坚持法律面前人人平等、制度面前没有特权、制度约束没有例外，不管什么人，只要触犯党纪国法，都要严惩不贷。

总之，新时期要全面从严治党，必须深化党的建设制度改革、破解党的建设的瓶颈。那么，深化党的建设制度改革的动力何在、依靠何在？简单说，一靠党中央坚强有力的正确领导，二靠党内民主推动人民民主，三靠坚定不移地贯彻执行党的群众路线。这要求我们，既要坚持党的领导、加强顶层设计，也要贯彻党的群众路线，相信群众，依靠群众，从群众中来、到群众中去，更要尊重与保障人民主体地位，大力发展党内民主与人民民主，以党内民主和人民民主来推动党的建设制度改革。

(三) 完善并落实党建责任制

2014年10月，习近平在党的群众路线教育实践活动总结大会上强调："从严治党，必须增强管党治党意识、落实管党治党责任"，"各级各部门党委（党组）必须树立正确政绩观，坚持从巩固党的执政地位的大局看问题，把抓好党建作为最大的政绩。"[1]这两句话可谓一语中的，道出了党的建设的一个根本问题，切中当前党建工作的要害。从历史上看，我们党高度重视党的建设，围绕党的建设出台了不少制度、采取了不少措施，但许多问题至今尚未有效解决，这其中的原因之一，就是没有把从严治党落到实处、没有落实好从严治党责任，正如习近平所言："客观上说，主要原因是党要管党、从严治党方针在有些地方没有落到实处，在一些方面管党、治党失之于宽、失之于松"。[2]从现实角度看，我们党已经建立了党

---

[1] 习近平：《在党的群众路线教育实践活动总结大会上的讲话》，《人民日报》2014年10月9日。

[2] 李斌：《党面临的"赶考"远未结束——习近平总书记再访西柏坡侧记》，《人民日报》2013年7月14日。

建工作责任制，但是一些单位并未认真贯彻执行、没有落到实处，对照习近平总书记的三个追问："是不是各级党委、各部门党委（党组）都做到了聚精会神抓党建？是不是各级党委书记、各部门党委（党组）书记都成为了从严治党的书记？是不是各级各部门党委（党组）成员都履行了分管领域从严治党责任？"① 一些党组织及其书记恐怕难以给出"肯定"回答。相反，一些有悖于"党要管党、从严治党"的现象却比较常见，如在发展社会主义市场经济大潮中，有的党组织或书记记住了党的建设要"围绕中心任务来展开"，忘记了"朝着党的建设总目标来加强"，甚至将"党的建设密切联系党的政治路线"误读为"党的建设要围绕经济工作来进行"，以至于抓住了"经济建设"这个中心、忽视了党的建设；有的没有认真贯彻落实党建责任制，把"党要管党、从严治党"停留在文件中、停留在会议上、停留在口头上，一年开几次会议说说、布置一下就打发了，以至于疏于对党员干部的教育管理与监督；有的党组织"功能错位"、书记"职能错位"，忙于"抓经济、上项目、搞政绩"，忙于抓权、抓钱、抓 GDP，以至于党的书记成了"权力书记、项目书记、经济书记"，忽视或淡忘了"从严治党的书记"这一本职角色，以至于"种了别人的地、荒了自己的田"、淡化或忽视了党的建设；有的领导干部认为"党建务虚、经济务实""抓党建不容易出成绩、抓经济容易出成绩"，以至于"重业务、轻党建"，形成党建与业务"两张皮"；也有的领导干部为错误的政绩观所左右，热衷于搞"形象工程""政绩工程"，甚至像安徽原副省长王怀忠（人送外号"王三亿"）在酒桌上教导下属所言"关键不是让百姓看到政绩，而是要让领导看到政绩"。总之，历史与现实都告诉我们，"不明确责任，不落实责任，不追究责任，从严治党是做不到的"②。

新时期要贯彻落实党建责任制，首先各级党组织必须树立正确的政绩

---

① 习近平：《在党的群众路线教育实践活动总结大会上的讲话》，《人民日报》2014 年10 月9 日。

② 习近平：《在党的群众路线教育实践活动总结大会上的讲话》，《人民日报》2014 年10 月9 日。

观、把抓好党建作为最大的政绩。要做到这一点，必须注意两个方面的问题：一方面，各级党组织与党员干部必须清醒地认识到，党组织的政绩观不同于政府的政绩观、更不同于企业的政绩观，党组织应该把抓好党建作为最大的政绩。这是因为，政党、政府、企业的性质不同、使命不同，各自的责任与工作重心不同，其政绩观自然有所不同，如政府侧重强调管理、服务与效率，企业侧重强调生产、效率与效益，政党则要侧重讲政治、抓党建、管干部。试想，经济发展问题，若党组织不抓，还有政府、企业等来抓；党建问题，若党组织不抓、书记不抓，还有谁来抓？因此，各级党组织的政绩观应该立足于党的性质、宗旨与使命，坚持从巩固党的执政地位的大局看问题。这里的"大局"，说白了，就是要巩固党的领导地位与执政地位、实现长治久安与长期执政、早日实现中国梦。这要求各级党组织既要算好眼前账、更要算好长远账，既要算好经济账、更要算好"政治账"。试想，"如果我们党弱了、散了、垮了，其他政绩又有什么意义呢？"另一方面，各级党组织要树立正确的政绩观、把抓好党建作为最大的政绩，就必须紧紧围绕党的建设主线、党的建设战略布局、党的建设目标与任务来抓党建、看政绩。若脱离了新时期党的建设的主线、战略布局与目标任务，党的建设就会迷失方向、找不到抓手、看不到问题，就不可能取得应有的成效，"把抓好党建作为最大的政绩"也就不可能落到实处。①

其次，认真贯彻落实党建责任制，既需要强化书记抓党建的责任与意识、形成良好的党建工作格局，更需要建立科学的党建责任清单与评价体系。一方面，只有建立与完善"党委抓、书记抓、各有关部门抓、一级抓一级、层层抓落实"的党建工作格局，各级党委才能把党建工作和中心工作一起谋划、一起部署、一起考核，把每条战线、每个领域、每个环节的党建工作抓具体、抓深入，坚决防止"一手硬、一手软"。另一方面，只

---

① 关于"各级党组织必须树立正确的政绩观"的相关内容，部分内容以《从严治党要树立正确的政绩观》为题发表于《党建》2014 年第 12 期。

有建立科学的、可操作的党建责任制清单与评价体系，党建责任制才能落到实处。因为从根本上看，党建责任制不仅是一个责任问题，更是一个独立、完整、系统、科学、可操作的综合评价体系与评价机制。这一评价体系与评价机制，至少应包括以下基本要素与基本内容：（1）党建目标规划。这既包括党建年度目标、中长期目标，也包括根本目标，还包括专项任务目标；党建目标需要通过各级党组织的年度计划、中长期规划、届内规划等来展现，需要通过其具体工作来实现。对整个党的建设而言，若无目标引领，就会失去建设方向，就会陷入就事论事，就会陷入盲目乃至应付。若仅有年度目标而无届内规划与中长期规划，党的建设就会缺乏持续性、长效性与科学性，就难以形成整体的、科学的党建观。（2）党建责任清单。这主要包括各级党组织的责任清单与书记责任清单两个方面，当前尤其要明确各级党委书记的责任清单，克服与避免把书记的党建责任抽象化、模糊化、间接化。要做到这一点，就不能把党委书记的党建职责大而化之，就不能仅仅停留在纸面上、停留在书面汇报上、停留在抓干部上、停留在年终检查上，必须体现在书记抓事关党建全局的党建重点工作与关键工作上。概括说来，党委书记的责任清单至少应包括以下内容：负责制定本单位党建整体规划与年度工作计划；完成书记需要亲自完成的各项工作，如撰写党建述职报告、上党课、过双重组织生活、调查研究等；明察本单位党建基本情况，如党员思想状况与教育状况、干部队伍状况、基本党建制度建设状况、党建服务中心与服务载体建设情况、党务公开情况、党建项目落实、党建经费的保障等；督导下级党组织全局性党建工作，如下级党组织党建整体规划与年度报告、书记与班子建设情况、基本制度与基本服务平台建设情况等；督导专项党建工作的开展与完成情况，如"三严三实"专题教育活动等；督促本级与下级单位党建创新、党建整改、群众评议党组织等工作。总之，只有把各级党委书记的职责细化、具体化，才能克服与避免书记抓党建"抓空抓虚"，才能把"书记党建责任制"落到实处。（3）党建指标体系与评价标准，这主要涉及党建责任清单中的各项内容在整个党建考评中所占的比重与分值，以及各项内容的评价标准、等级划分、对应分值等。这是建立党建考评机制的基础。没有科学的指标体系与评价标准，就无法建立科学的考评机制。从实践角度看，党建考评是实行"千分考"还是"百分考"，可视具体情况而定。值得注意的是，在党建考评中，党员干部思想状况与思想教育成效等难以量化考评，只能通过党员干部的整体情况（如党员干部的违规违纪情况、发挥模范作用情况、促进中心工作情况等）来考评；而党员干部先进作用的发挥，不仅要看其无私奉献情况，更要看其尽职尽责、促进单位发展、赢得群众认同等方面的情况。总之，对党建考评，主要依靠看得见、摸得着的东西来检验，如单位的活力与创造力、中心工作情况、党员干部作用发挥情况、党风廉政建设情况、群众满意度等。（4）党建考评机制，这主要涉及考评的主体、内容、方式与比重等。其中，考核主体主要涉及由谁来考评、不同考评主体所占的比重分值等。一般而言，无论是对各级党组织还是各级党委书记的党建考评，应兼顾上级领导与主管部门、同级党委成员、同级党代表、单位党员的意见，还应该兼顾到辖区群众的意见，合理平衡各相关主体考评结果在党建考评中的比重。一般而言，党建责任制属于党内事务，为什么要加上群众考评呢？这是因为，党的建设的成效最终要靠服务群众、做群众工作的成效来检验，要靠群众满意度、认同度、支持度来检验。至于考核方式，主要涉及党建考评是采取年终考核、静态考核方式，还是动态考核与静态考核相结合、平时考核与年终考核相结合。对各级党组织及其党委书记而言，传统的年终考核侧重于写总结、看台账、听汇报，容易造成突击整材料、搞形式主义。为克服这种情况，必须充分运用信息网络技术对考评方式进行创新，实行动态考核与静态考核相结合、年终考核与平时考核相结合，努力做到党建考评既看台账、看形式，更看实际成效。（5）党建奖惩机制与责任追究机制，主要涉及基层党建考评结果的运用问题。要落实党建责任制，必须强化对考核结果的运用，使之作为对书记、党务干部等进行奖惩与提拔晋升的主要依据，而非"可有可无"的参考。对于落实党建责任制不力者、失职者等，必须进行责任追究。这要求我们，必须建立党建责任追究机制，明确谁来追究、如何追究、追究的结果等基本问题。①

　　最后，要以改革精神推进全面从严治党、切实提高党建成效。只有改革创新，才能突破陈规、建立新规、开创新局面。党的十八大以来，以习近平同志为核心的党中央以改革创新精神全面推进党的建设，并且强调要紧紧围绕提高科学执政、民主执政、依法执政水平深化党的建设制度改革。的确，以改革精神推进全面从严治党，需要做的工作很多，概括说来，主要包括党建理论创新、制度创新、方式方法创新三大方面。对于这三个方面的创新，我们在前面几章已有比较详细的论述，在此仅就党建模式与方式创新谈一点，那就是我们必须积极适应经济社会发展的时代要求，积极适应计划经济时代的"单位人"向现代"社会人"转变的时代要求，改变传统的"单位制"党建模式与方式、探索与实行"社会化"党建模式与方式，充分调动广大党员的积极性创造性来共同搞党建；必须顺应信息化发展的时代潮流，充分运用信息网络技术抓党建，积极推进"互联网＋党建"、区域化党建与互联网党建相结合，打破"单位制"党建困境。

---

① 关于"认真贯彻落实党建责任制"的相关内容，部分内容以《如何避免基层党建责任制"抓虚""抓空"》为题发表于《解放日报》2015 年 9 月 2 日。

参考文献

一、马克思主义经典著作

1.《马克思恩格斯选集》第1—4卷，人民出版社1995年版。

2.《马克思恩格斯全集》第1、3、19、23、47卷，人民出版社。

3.《马克思恩格斯文集》第1、2、3卷，人民出版社2009年版。

4.《列宁选集》第1—4卷，人民出版社1995年版。

5.《列宁全集》第5、6、10、38、39、43卷，人民出版社。

6.《毛泽东选集》第1—4卷，人民出版社1991年版。

7.《毛泽东文集》第1—8卷，人民出版社。

8.《邓小平文选》第1—3卷，人民出版社1994、1993年版。

9. 江泽民：《论党的建设》，中央文献出版社2001年版。

10. 江泽民：《论"三个代表"》，中央文献出版社2001年版。

11.《刘少奇论党的建设》，中央文献出版社1991年版。

二、中央文献资料

12. 中国共产党第十二次、十三次、十四次、十五次全国代表大会报告，资料来源：中国共产党新闻网。

13. 江泽民：《在中国共产党第十六次全国代表大会上的报告》，人民出版社 2002 年版，

14. 胡锦涛：《在中国共产党第十七次全国代表大会上的报告》，人民出版社 2007 年版。

15. 胡锦涛：《在中国共产党第十八次全国代表大会上的报告》，人民出版社 2012 年版。

16. 胡锦涛总书记系列重要讲话。

17. 习近平总书记系列重要讲话。

18.《中共中央关于加强党的执政能力建设的决定》，人民出版社 2004 年版。

19.《中共中央关于全面深化改革若干重大问题的决定》，《人民日报》 2013 年 11 月 16 日。

20.《中共中央关于全面推进依法治国若干重大问题的决定》，《人民日报》 2014 年 10 月 29 日。

21.《中共中央关于制定国民经济和社会发展第十三个五年规划的建议》，《人民日报》 2015 年 11 月 4 日。

22.《中办印发〈意见〉要求加强基层服务型党组织建设》，《人民日报》 2014 年 5 月 29 日。

23.《十八大以来重要文献选编》（上），中央文献出版社 2014 年版。

24.《中国共产党第十八次全国代表大会文件选编》，人民出版社 2012 年版。

25. 中共中央文献研究室编：《十三大以来重要文件选编》，人民出版社 1991 年版。

26.《中共中央文件选编》，中共中央党校出版社 1992 年版。

27. 中共中央宣传部：《习近平总书记系列重要讲话读本》，学习出版社、人民出版社 2014 年版。

28. 中共中央党史研究室：《中国共产党历史》，人民出版社 1991 年版。

29. 刘奇葆：《在全社会大力培育和践行社会主义核心价值观》，《人民

日报》2014 年 3 月 5 日。

30. 王岐山在第十八届中央纪律检查委员会第 1—6 次全体会议上的工作报告，资料来源：中央纪委监察部网站。

三、学术著作

31. 周宏仁：《信息化论》，人民出版社 2008 年版。

32. 周宏仁：《中国信息化形势分析与预测（2012）》，社会科学文献出版社 2012 年版。

33. 汪向东：《信息化：中国 21 世纪的选择》，社会科学文献出版社 1998 年版。

34. 向文化等：《科技革命与社会制度嬗变》，中央编译出版社 2003 年版。

35. 刘华蓉：《大众传媒与政治》，北京大学出版社 2001 年版。

36. 丁柏铨等：《执政党与大众传媒》，江苏人民出版社 2010 年版。

37. 孙小礼、冯国瑞：《信息科学技术与当代社会》，高等教育出版社 2000 年版。

38. 熊先树、邬焜：《信息与社会发展》，西南财经大学出版社 1998 年版。

39. 张文焕：《控制论、信息论、系统论与现代管理》，北京出版社 1990 年版。

40. 刘文富：《网络政治：网络社会与国家治理》，商务印书馆 2002 年版。

41. 李斌：《网络政治学导论》，中国社会科学出版社 2006 年版。

42. 闻钧天：《中国保甲制度》，商务印书馆 1935 年版。

43. 皮钧、高波：《治政论》，新华出版社 2004 年版。

44. 王守光主编：《信息网络化与党的建设》，中国方正出版社 2005 年版。

45. 马德秀主编:《电子党务初步实践与探索》,中共党史出版社 2006 年版。

46. 刘建兰:《中国电子党务建设》,社会科学文献出版社 2009 年版。

47. 曹泽林:《信息时代的党建创新》,中共中央党校出版社 2003 年版。

48. 黄远固等:《信息时代的执政党建设》,重庆出版社 2008 年版。

49. 中共中央组织部党建研究所:《全球化信息化背景下国外一些主要政党的组织发展趋势研究》,党建读物出版社 2008 年版。

50. 杨金卫:《网络:一种新的反腐利器——网络反腐的制度规范与机制创新研究》,山东人民出版社 2012 年版。

51. 乔德福:《举报与反腐败网》,中国社会科学出版社 2007 年版。

52. 齐先朴:《论增强党在信息时代的社会整合功能》,中央党校 2008 年博士学位论文。

53. 陈志:《信息时代执政党党建工作新模式:"电子党务"问题研究》,中央党校 2008 年博士学位论文。

54. 卢先福、赵云献:《马克思主义党的学说史纲》,中共中央党校出版社 1998 年版。

55. 范平、叶笃初:《党的建设词典》,上海人民出版社 1991 年版。

56. 王长江:《政党的危机:国外政党运行机制研究》,改革出版社 1996 年版。

57. 王长江:《政党现代化论》,江苏人民出版社 2004 年版。

58. 王长江:《现代政党执政规律研究》,上海人民出版社 2002 年版。

59. 王长江、姜跃:《现代政党执政方式比较研究》,上海人民出版社 2002 年版。

60. 林尚立:《政党政治与现代化》,上海人民出版社 1998 年版。

61. 施雪华:《政治现代化比较研究》,武汉大学出版社 2006 年版。

62. 况建军:《政党现代化与中国共产党》,江西人民出版社 2003 年版。

63. 金太军:《网络与政府管理》,贵州人民出版社 2002 年版。

64. 张明俊、袁峰:《网络社会的政府与政治——网络技术在现代社会中的政治效应分析》，北京大学出版社 2006 年版。

64.胡仙芝：《政务公开与政治发展研究》，中国经济出版社 2005 年版。

66.曹荣湘：《解读数字鸿沟：技术殖民与社会分化》，上海三联书店 2003 年版。

67.房宁：《民主政治十论》，中国社会科学出版社 2007 年版。

68.胡盛仪等：《中外选举制度比较》，商务印书馆 2000 年版。

69.姜士林等主编：《世界宪法全书》，青岛出版社 1998 年版。

70.俞可平主编：《治理与善治》，社会科学文献出版社 2000 年版。

71.朱昔群：《政党科学与政党政治科学化》，中央编译出版社 2015 年版。

72.何思因：《英美日提名制度与党纪》，理论与政策杂志社（台湾）1993 年版。

73.许介鳞：《政党政治的秩序与伦理》，国家政策研究资料中心 1990 年版。

74.苏俊雄：《政党规范体制的研究》，台湾"行政院政党审议委员会"1992 年委托研究项目之研究报告。

75.雷飞龙：《政党与政党制度之研究》，韦伯文化国际出版有限公司 2002 年版。

76.[美] 阿尔温·托夫勒：《第三次浪潮》，生活·读书·新知三联书店 1984 年版。

77.[美] 阿尔温·托夫勒：《力量转移》，新华出版社 1996 年版。

78.[美] 曼纽尔·卡斯特：《网络社会的崛起》，社会科学文献出版社 2001 年版。

79.[美] 丹尼尔·贝尔：《后工业社会的来临》，商务印书馆 1986 年版。

80.[美] 尼葛洛庞帝：《数字化生存》，海南出版社 1997 年版。

81.[英] 弗兰克·韦伯斯特：《信息社会理论》（第三版），北京大学出版社 2011 年版。

82.[美] 施拉姆:《大众传播媒介与社会发展》,华夏出版社 1990 年版。

83.[英] 查德威克:《互联网政治学:国家、公民与新传播技术》,华夏出版社 2010 年版。

84.[英] 巴雷特:《赛伯族:因特网的文化、政治和经济》,河北大学出版社 1998 年版。

85.[美] 达雷尔·M.韦斯特:《下一次浪潮:信息通讯技术驱动的社会与政治创新》,上海远东出版社 2012 年版。

86.[美] 亨廷顿:《变化社会中的政治秩序》,上海三联书店 1989 年版。

87.[美] 亨廷顿:《文明的冲突与世界秩序的重建》,新华出版社 2002 年版。

88.[美] 乔万尼·萨托利:《民主新论》,上海人民出版社 2009 年版。

89.[英] J.S.密尔:《代议制政府》,商务印书馆 1982 年版。

90.[法] 让-马里·科特雷:《选举制度》,商务印书馆 1996 年版。

91.[美] 哈罗德·F.戈斯内尔、理查德·G.斯莫尔卡:《美国政党和选举》,上海译文出版社 1980 年版。

92.[美] 科恩:《论民主》,商务印书馆 2005 年版。

93.[美] 罗伯特·达尔:《论民主》,商务印书馆 1999 年版。

94.[美] 罗伯特·达尔:《民主理论的前言》,生活·读书·新知三联书店 1999 年版。

95.[美] 熊彼特:《资本主义、社会主义与民主》,商务印书馆 2002 年版。

96.[美] 戴维·杜鲁门:《政治过程》,天津人民出版社 2005 年版。

97.[美] 希尔斯曼:《美国是如何治理的》,商务印书馆 1986 年版。

98.[美] 西摩·马丁·李普塞特:《一致与冲突》,上海人民出版社 1995 年版。

99.[英] 大卫·麦克里兰:《意识形态》,吉林人民出版社 2005 年版。

100.[德] 曼海姆:《意识形态与乌托邦》,商务印书馆 2000 年版。

101.[法] 让·布隆代尔等:《政党政府的性质》，北京大学出版社 2006 年版。

102.[德] 罗伯特·米歇尔斯:《寡头统治铁律: 现代民主制度中的政党社会学》，天津人民出版社 2003 年版。

103.[法] 莫理斯·迪韦尔热:《政治社会学》，华夏出版社 1987 年版。

104.[德] 卡尔·施米特:《政治的概念》，上海人民出版社 2003 年版。

105.[美] V.奥斯特罗姆等编:《制度分析与发展的反思》，上海三联书店 1991 年版。

106.[英] 米切尔·黑尧:《现代国家的政策过程》，中国青年出版社 2004 年版。

107.[德] 京特·雅科布斯:《规范·人格体·社会法哲学前思》，法律出版社 2001 年版。

108.[英] 安格斯·麦迪森:《世界经济千年史》，北京大学出版社 2003 年版。

109.[英] 戴维·米勒、韦农·波格丹诺:《布莱克维尔政治学百科全书》（修订版），中国政法大学出版社 2002 年版。

110.Austin Ranney, *Governing : An Introduction to Political Science*,6thed.New Jersey : Prentice-Hall,Inc., 1993.

111.Angelo Panebianco, *Political Parties : Organization and power*, Cambridge University Press,1988.

112.Costas Panagopoulos, *Part-e Politics : Investigating the Online Presence of Major Parties in the United States*, Campaigns & Elections, September 2003.

113.David H. Freedman,"Candidates You 'Like' ",Discover, Sep.2012.

114.E.E.Schattschneider, *Party Government*, New York : Holt,Rinehart and Winston,1942.

115.Giovanni Sartori, *Parties and Party Systems*, NewYork, Vail - Ballou Press, Inc., 1976.

116.Harmel Robert and Janda Kenneth,"An Integrated Theory of Party Goals and Party Change", *Journal of Theoretical Politics*,6（3）, 1994.

117.Jens Damm, Simona Thomas, *Chinese Cyberspaces : Technological Changes and Political Effects*, London and New York : Routledge,2006.

118.Junhao Hong, *Internet Control and Anti-control : An Examination of Public Deliberation through Networked Media on Civil Sovereignty in China*, State University of New York at Buffalo,2009.

119.John C. Dvorak, "Dirty Politics in the Internet Age", *PC Magazine*, September 2008.

120.Maurice Duverger, *Political Parties : Their Organization and Activity in the Modern State*, London,Methuen&Co., 1955.

121.Micah L. Sifry, "The Rise of Open-Source Politics", *The Nation*. November 22, 2004.

122.Otto Kirchheimer, "The Transformation of Western Europeans Party Systems", in Joseph La Palombara and Myron Weiner,eds., *Political Parties and Political Development*, Princeton University Press,1966.

123.Peter Mair, *Party System Change : Approaches and Interpretations*,Oxford : Clarendon,1997.

124.Peter Mair,"The Problem of Party System Change", *Journal of Theoretical Politics*, 1989.

125.Rachel Gibson, *Political Parties and the Internet : net gain?* Paul Nixon and Stephen Ward,New York, NY : Routledge,2003.

126.Randolph Kluver, *The Internet and Nation Elections : A Comparative Study of Web Campaigning*. London : New York : Routledge,2007.

127.Samuel P.Huntington, *Political Order in Changing Society*.New Heaven,CT : Yale University Press,1968.

128.Sigmund Neumann, *Modern Political Parties : Approaches to Comparative Politics*. Chicago : the University of Chicago Press,1956.

129.Thomas S.Kuhn,*The Structure of Scientific Revolutions*, Chicago：University of Chicago Press,1962.

130.Tim Jordan, *Cyberpower*：*The Culture and Politics of Cyberspace and the Internet*. London：Routledge,1999.

131.Yanqi Tong,"State, Society, and Political Change in China and Hungary"，*Comparative Political*, Vol.26，No.3，April 1994.

132.Zhou Yongming, *Historicizing Online Politics*：*Telegraphy, the Internet, and Political Participation in China*.Stanford University Press,2006.

四、期刊论文

133. 李醒民：《有关科学论的几个问题》，《中国社会科学》2002 年第 1 期《"科学、技术与社会发展"笔谈》。

134. 刘大椿：《现代科技革命与社会变革》，《中国社会科学》2002 年第 1 期。

135. 王敏慧：《科技革命对社会变革的影响：多样性、复杂性和一致性》，《管理世界》1987 年第 2 期。

136. 李荣海：《论科学技术进步与社会发展关系的平衡与非平衡》，《理论学刊》1987 年第 6 期。

137. 李志民：《信息技术发展与教育变革》，《中国德育》2015 年第 19 期。

138. 李国杰：《新一代信息技术发展新趋势》，《人民日报》2015 年 8 月 2 日。

139. 方兴东等：《中国互联网 20 年：三次浪潮和三大创新》，《新闻记者》2014 年第 4 期。

140. 朱嘉明：《互联网文明与中国制度转型》，《文化纵横》2014 年第 2 期。

141. 张恒山：《从文明转型看当代中国社会稳定状态》，《中共中央党校学报》2014 年第 3 期。

142.朱嘉明：《互联网文明与中国制度转型》，《文化纵横》2014 年第 2 期。

143.祝灵君：《政党发展与组织变迁》，《马克思主义与现实》2007 年第 4 期。

144.王长江：《政党改革的历史考察》，《马克思主义与现实》2006 年第 3 期。

145.王长江：《执政意识与执政党意识》，《中共福建省委党校学报》2007 年第 11 期。

146.林尚立：《党、国家与社会：党实现领导核心作用的政治学思考》，《中共天津市委党校学报》2001 年第 1 期。

147.于一夫：《"以党治国"面面观》，《炎黄春秋》2010 年第 7 期。

148.李景治：《中西执政党执政方式比较及其启示》，《中国人民大学学报》2005 年第 5 期。

149.王勇兵：《西方政党变革与转型理论初探》，《经济社会体制比较》2004 年第 6 期。

150.王学东：《一个老大政党的与时俱进：德国社会民主党是怎样从工人党变成人民党的》，《南风窗》2004 年第 18 期。

151.金安平：《中国政治语境下的政党概念》，《政治学研究》2004 年第 4 期。

152.禹海霞：《政党变革、政党体制变革、政党政治变革含义辨析》，《山东社会科学》2012 年第 1 期。

153.龚少情、孔凡河：《政党发展：意蕴及其价值》，《社会主义研究》2008 年第 5 期。

154.周建勇：《当代西方政党转型理论探析》，《复旦政治学评论》2009 年第 7 辑。

155.孙秋鹏：《国外马克思主义者关于资本主义发展阶段划分与特征的新探讨》，《当代经济研究》2011 年第 8 期。

156. 徐昕：《西方政党组织形态嬗变的背后：对"卡特尔"型政党组织形态的分析》，《江苏社会科学》2008 年第 3 期。

157. 董德刚：《论马克思主义威望下降的原因》，《上海思想界》（内部刊物）2015 年第 2—3 期。

158. 金民卿：《大力加强网络文化的价值观引领》，《光明日报》2014 年 4 月 20 日。

159. 李传军：《公民参与视角下的网络反腐研究》，《电子政务》2014 年第 1 期。

160. 刘逖：《论安格斯·麦迪森对前近代中国 GDP 的估算：基于 1600—1840 年中国总量经济的分析》，《清史研究》2010 年第 5 期。

161. 许耀桐：《党务公开论》，《理论探索》2012 年第 5 期。

162. 苏玉娟：《科技革命与中国社会的转型》，《理论探索》2006 年第 1 期。

163. 冯耀明：《网络化条件下党建工作的新探索：兼论网上党建阵地的构筑》，《前进》2001 年第 9 期。

164. 徐庆煌：《利用互联网优势拓展党建新领域》，《探求》2002 年第 2 期。

165. 王世谊：《构建"基层网络党建"工作的新模式》，《中国党政干部论坛》2002 年第 10 期。

166. 邱思开：《发展电子党务 增强执政能力》，《中共福建省委党校学报》2005 年第 1 期。

167. 张婷：《电子党务建设与提高党的执政能力》，《探索》2006 年第 3 期。

168. 段志超等：《网络化背景下党员生活方式的现代性转型》，《探索》2006 年第 4 期。

169. 刘军：《对党建工作网络化问题的思考》，《求实》2002 年第 5 期。

170. 冯仿娅：《电子党务：加强党的建设的重要平台》，《探求》2007 年第 1 期。

171. 刘贞晔：《谈谈知识经济时代条件下党建理论的创新》，《理论探讨》2001 年第 2 期。

172. 韩强：《我国电子党务的应用与发展》，《广东行政学院学报》2006 年第 3 期。

173. 易军：《应重视"电子党务"建设》，《求是》2002 年第 23 期。

174. 孙显元：《科技进步和党的建设》，《求是》2002 年第 1 期。

175. 高新民：《信息网络化中的党建工作》，《人民日报》2005 年 8 月 19 日。

176. 邓顺国：《积极利用互联网推进党建工作》，《人民日报》2007 年 3 月 19 日。

177. 李君如：《推进党建信息化是时代的要求》，《光明日报》2007 年 1 月 14 日。

178. 王爱云：《信息化：党建工作创新的利器》，《光明日报》2005 年 3 月 29 日。

179. 林英健：《利用互联网技术开展党建工作》，《党建研究》2003 年第 4 期。

180. 刘喜杰：《利用网络技术开展党建工作》，《党建研究》2004 年第 2 期。

181. 陈淑伟等：《论信息网络化条件下的党的建设》，《东岳论丛》2003 年第 3 期。

182. 齐先朴：《论增强党在信息时代的社会整合功能》，《中州学刊》2008 年第 1 期。

183. 齐先朴：《简论西方的政党"网络化"与"网络化政党"》，《燕山大学学报》2008 年第 3 期。

184. 葛丽：《全球化信息化背景下中国共产党组织建设研究》，《山东社会科学》2010 年第 2 期。

185. 费利群：《全球化信息化时代学习型政党建设的战略选择问题研究：兼论知识创新建党》，《山东社会科学》2011 年第 4 期。

186.张勇等:《网络反腐败研究综述》,《岭南学刊》2010 年第 2 期。

187.余远来等:《提高党的建设科学化水平的网络路径研究》,《南京政治学院学报》2011 年第 2 期。

188.中联部课题组:《全球化信息化背景下法国共产党组织发展趋势研究》,《当代世界与社会主义》2008 年第 3 期。

189.中国人民大学马克思主义学院课题组:《全球化信息化背景下西方主要政党组织发展趋势研究》,《当代世界与社会主义》2008 年第 3 期。

190.陈露:《西欧社会党的组织改革及政党现代化进程》,《当代世界与社会主义》2004 年第 1 期。

191.李永刚:《网络扩张对后发展中国家政治生活的影响》,《政治学研究》2000 年第 2 期。

192.郑曙村:《互联网给民主带来的机遇与挑战》,《政治学研究》2001 年第 2 期。

193.曹泳鑫:《西方网络民主思潮:产生动因及其现实性质疑》,《政治学研究》2008 年第 2 期。

194.李少斐:《国际互联网与党组织的功能开发》,《理论视野》2008 年第 5 期。

195.张锡恩:《略论无产阶级政党的现代化》,《文史哲》2001 年第 5 期。

196.韩隽:《澳大利亚工党现代化进程评析》,《聊城大学学报》2004 年第 4 期。

197.高民政:《政党治理与政党现代化》,《中国特色社会主义研究》2004 年第 2 期。

198.林德山:《英国新工党的现代化改革简析》,《欧洲研究》2006 年第 2 期。

199.吕昭义、李志农、吴彦勤:《中国国家现代化历程与中华民族的觉醒》,《思想战线》2002 年第 2 期。

200.王长江、季正矩:《热话题与冷思考:关于时代发展与政党现代化的一些思考》,《当代世界与社会主义》2002 年第 1 期。

后　记

本书乃 2012 年国家社科基金一般项目《信息化发展对党的建设的重大影响及其对策研究》（项目编号：12BDJ030）的最终成果，2015 年全国文化名家暨"四个一批"人才项目《信息化时代的从严治党：重点与难点问题研究》的阶段性成果，是作者近五年来对相关问题的系统思考、系统研究之结晶。

本书立足于信息网络发展对当今世界政党的影响与党的十八大以来全面从严治党的当代实践，主要内容包括七个方面：即第一章"信息化发展对当今世界政党的影响"，第二章"信息化发展对党的建设的宏观影响"，第三章"党建信息化与'互联网＋党建'"，第四章"信息化发展与党的思想理论建设"，第五章"信息化时代的组织建设与党内民主"，第六章"信息化时代的权力监督与党风廉政建设"，第七章"信息化时代的全面从严治党"。

本书由作者独立撰稿完成。在课题研究与写作过程中，得到不少专家学者的关心、支持与帮助，如中央党校卢先福教授、中国人民大学周淑真教授、北京市委党校姚桓教授、中国浦东干部学院刘靖北教授等，对课题研究提纲、基本内容等提出了宝贵建议，诸多专家在课题研究会中给予了不少思想启发；山东菏泽机关工委、全国基层党建研究中心等提供了相关案例研究素材；李卫华、杨久华、于红、孙爱华、周海波、韩洋等相关学友与学生参与了相关资料整理，袁超博士与研究生张国生对最终研究报告作了文字矫正与文献校对；另外，在本课题研究与写作过程中，作者参阅了国内学界的相关成果、汲取了相关思想观点。在此一并表示衷心感谢！

尽管本课题研究致力于理论性、前瞻性、实践性、对策性相结合，致力于研究结构的系统性与整体性、研究内容的深度与广度，尽管信息网络技术在我国已有 20 多年的发展、对党的建设诸方面的影响日渐深远，但是，我国信息网络技术发展远未结束，甚至说还处于初级阶段，党的建设理论与实践又是不断发展的。因此说，信息化发展对党的建设的影响远未结束，本课题对相关问题的研究远未穷尽，对一些问题的研究也只是提出了初步见解，许多问题有待于今后继续深入研究。而且，受作者能力水平所限，书中难免有这样那样的不足之处，敬请方家与读者指正！

刘红凛

2019 年 2 月

责任编辑:刘敬文
责任校对:吕　飞

图书在版编目(CIP)数据

信息化时代的政党重塑与党的建设/刘红凛 著. —北京:人民出版社,2019.3
ISBN 978 - 7 - 01 - 020450 - 5

Ⅰ.①信…　Ⅱ.①刘…　Ⅲ.①中国共产党-党的建设-研究　Ⅳ.①D26

中国版本图书馆 CIP 数据核字(2019)第 033529 号

信息化时代的政党重塑与党的建设

XINXIHUA SHIDAI DE ZHENGDANG CHONGSU YU DANG DE JIANSHE

刘红凛　著

人民出版社 出版发行
(100706　北京市东城区隆福寺街 99 号)

北京汇林印务有限公司印刷　新华书店经销

2019 年 3 月第 1 版　2019 年 3 月北京第 1 次印刷
开本:710 毫米×1000 毫米 1/16　印张:24.75
字数:355 千字

ISBN 978 - 7 - 01 - 020450 - 5　定价:60.00 元

邮购地址 100706　北京市东城区隆福寺街 99 号
人民东方图书销售中心　电话 (010)65250042　65289539